제3판

한국의 교육문화사

The history of educational culture in Korea

강창동 저

박영story

한국 교육은 사회 생존권의 경쟁에서 거의 벗어난 적이 없다. 교육을 통해 유리한 지위를 차지하려는 학력(學歷) 욕망이 작동하기 때문이다. 한국에서 학력은 가족의 계급적 상징물이며, 신분적 위세다. 학력은 개인의 사회적 출세와 지위를 보장하는 만능자격증이다.

학력에 의한 신분 출세를 위한 한국 교육은 여전히 변함이 없다. 한국 교육은 언제나 요동쳤으며, 온 국민의 관심사였다. 정부의 교육정책은 근본적인 해결 없는 미봉책에 불과했다.

최근의 대학입시정책에서도 잘 나타났다. 대학입시의 공정성을 위한 정시와 학교교육 정상화를 위한 수시의 견해 차이는 한국 교육의 불편한 역사와 같았다. 이를 반영하듯 S 여고에서 쌍둥이 자매의 내신 조작이라는 초유의 사태가 터졌다. 학부모들은 100일간의 촛불 집회를 열고 학교 당국에 적극적으로 항의하였다. 결국 쌍둥이 자매가 퇴학당하는 씁쓸한 일이 일어났다. 한국에서 대학입시는 누구도 반칙을 허용하지 않는 사회 금기와 같은 것이기 때문이다.

지금까지 우리를 힘들게 한 학력 욕망은 일시에 이루어진 것이 아니라, 우리의 전통적 교육문화와 밀접한 관계를 맺고 전개됐다. 고려와 조선시대의 교육 욕망이 근대화의 지표인 학력 욕망으로 바뀌었을 뿐이다.

조선시대의 전통적 교육문화를 보면 당시의 교육 욕망을 알 수 있다. 과거(科擧)에 합격하여 관료 지위에 도달하면 사회적으로 지위, 권력, 부를 일시에 얻을 수 있었다. 과거 합격은 단순히 개인의 명예가 아니라 가족의 사회적 지위를 높이는 집단적 열망이었다. 교육은 과거 합격을 위한 수단이었으며, 과거 합격을 위해 어떤 부정행위도 서슴지 않았다. 교육을 통해 사회적 지위를 높이려는 출세주의 인식은 현대사회에서도 명맥을 유지하고 있다. 교육 출세주의가 학력 출세주의로 바뀌었을 뿐이다.

전통적 교육문화는 일시에 형성된 것이 아니라, 우리의 역사만큼 긴 시간이 있었다. 일제강점기에는 중등학교 입시교육이 성행했으며, 우리에게 익숙한 초등학교 시절의 "전과"라는 참고도서도 이 시기에 처음 발간됐다. 1950년대는 중등 및 대학입시교육이 성행했으며, 6·25 전쟁 중에도 치맛바람이 극성을 부렸다. 1960~1970년대는 경기 중학교 입학시험 오류로 인한 무즙 파동과 창칼 파동이 발생하여 "엿 먹어라"의 기원이 되었다. 세칭 일류 중학교를 폐지하면서 '국6병 → 중3병 → 고3병'으로 나타났다.

1980년대는 7·30 교육개혁조치를 통해 대학생 정원을 일시에 30%를 증가시켜 교육문제를 해결하려고 했으나, 오히려 학력 인플레이션의 발생과 대학입시의 어려움을 가중시켰다. '행복은 성적순이 아니잖아요'라는 교육 자살로 상징되는 언표가 등장하여 아직도 회자되고 있다. 1990년대는 학력 도미노 현상으로 대학입시준비가 '고등학교 → 중학교 → 초등학교 → 유치원 → 유아 교육'으로 내려갔다. 대졸 출신의 학부모가 자녀의 대학입시 준비를 위해 전면에 등장하였다. 2000년대는 "죽음의 트라이앵글", "죽음의 사각지대", "죽음의 오각형"이라는 살벌한 대학입시 언표가 등장하였다.

오랫동안 한국 교육은 편안한 날이 없었다. 한국 교육은 우리 국민에게 언제나 불편한 대상이었다. 이 점은 교육을 사회적 이해관계 구현의 수단으로 인식하는 전통적 교육문화와 관련이 있었다. 교육 출세주의 욕망은 학력 출세주의 욕망으로, 교육 신분주의 욕망은 학력 신분주의 욕망으로 변형되었을 뿐, 그 본질은 시대의 구분 없이 일관되게 나타났다.

우리의 교육 문제 대부분은 학력 욕망이 빚어낸 결과다. 학력 욕망에 대한 이해는 한국 교육의 실체를 밝히는 단서가 될 것이다. 한국의 학력 욕망은 교육 욕망이 변형된 것이며, 교육 욕망은 전통적 교육문화에서 나타난 것이다. 한국 교육에 대한 심층적 이해는 전통적 교육문화에 대한 이해부터 출발해야 한다.

이 책은 한국 교육의 사회적 실체를 위해 전통적 교육문화를 이해하고자 하였다. 그동안 한국의 전통적 교육문화는 의외로 높은 연구 난이도와 광범위한 분석 대상으로 인해 학문적으로 소외됐었다. 이 책은 한국의 전통적 교육문화를 밝히기 위해 거의 처음 접근하였다.

이 책은 많은 독자와 전문가의 호의로운 지지로 인해 3판을 낼 수 있었다. 이 책은 학문적 세련미를 높이기 위해 새로운 자료를 보완했으며, 무엇보다 읽기 편하게 하기 위해 전반에 걸쳐 문장을 수정하고 내용을 가다듬었다.

이 책은 5부로 구성되어 있다. 제1부와 제2부는 연구방법을 중심으로 비교적 건조하게 전개되어 있다. 연구의 완성도를 높이기 위한 것으로 불가결하게 구성되었음을 밝힌다. 이 책은 역사를 논의하기 위한 것이 아니라, 교육에 대한 사람의 이야기를 하고 싶었다. 현대사회의 교육을 이해하기 위해 역사를 잠시 빌렸을 뿐이다.

어떤 독자는 이 책을 '교육 무협지'에 비유한다. 제3부의 제2장부터 흥미로운 교육 무협지의 성격을 드러내고 있다. 이 장부터 교육의 정치사회적인 역동적 관계를 전면 부각하고 있다. 제3부는 '전통적 교육문화를 이해하는 사회사적 배경'을 다룬 것이다. 제2장의 '과거제의 제도사적 배경'과 제4장의 '가족주의의 문화사적 배경'은 반드시 읽어야 할 중요한 부분이다. 이 장은 전통적 교육문화의 핵심적인 기반을 이루고 있으며, 우리의 역사에 대한 새로운 통찰력을 제공할 것이다.

제4부는 숭문주의, 입신양명주의, 문벌주의, 가족주의라는 전통적 교육문화를 직접 다룬 것이다. 전통적 교육문화에 대한 새로운 해석과 당시의 교육 욕망에 대한 실체를 밝히려고 노력하였다. 제4부를 제대로 알면 우리의 전통적 교육문화를 깊이 이해했다고 할 수 있다.

제5부는 근·현대 교육문화의 전개와 특징에 관해서 논의했다. 근·현대 교육문화도 전통적 교육문화가 시대의 새로운 옷을 입고 변형된 것에 불과하다. 오랜 역사에도 불구하고, 시종일관 교육이 사회적 이해관계를 구현하는 도구적 수단이란 점에서 변함이 없다. 시대별로 교육의 사회적 특징을 정리하여서 한국 교육의 심층적 이해에 많은 도움을 줄 것이다.

마지막으로 근·현대 교육문화에 대한 사회학적 논의를 통해, 기존과 다른 방법으로 한국 교육문화의 운동과 사회적 특징을 새롭게 해석하였다. 많은 점에서 한국의 교육문화에 대한 지적 안목을 넓힐 것이라고 기대한다.

이 책은 많은 사람의 친절한 도움이 있었다. 얼마 전 고인이 되신 지도교수인 정우현 선생님이 떠올랐다. 그분은 학문에 대한 열정과 겸손함을 가르쳐 주셨다. 이 책을 강의하고 미진한 부분을 지적해 주신 모든 교수님께 지면을 빌어 감사드린다. 이 책의 학문적 가능성을 알아 보시고 꾸준한 관심을 보여주신 박영사 관계자께 깊은 사의를 전한다. 이 책은 우리의 교육문화에 관심있는 모든 분들에게 한국 교육을 이해하는 작은 밑거름이 되었으면 한다.

한국 교육은 오랜 역사가 만든 거대한 산맥과 같아서 사람의 손길을 쉽게 허용하지 않는다. 이 점을 깊이 자각하고 한국 교육 앞에서는 늘 겸손해야 한다.

2019년 2월 7일

강 창 동

처음 이 책이 나왔을 때도, 한국 교육은 요란했다. 한국 교육은 우리를 언제나 불편하게 한다. 세월이 지났음에도 이런 상황은 호전되지 않았다. 한국 교육은 여전히 어두운 터널에 갇힌 것처럼 길을 잃고 있다. 많은 위정자들이 교육 수입품을 가지고 우리의 교육을 구원하는 해법인양 국민을 현혹시키지만, 오히려 교육상황은 악화만 되었다.

대부분의 사람들은 어렸을 때부터 교육적 모순을 온몸으로 직접 경험했기 때문에, 우리의 교육문제를 잘 알고 있다고 생각한다. 그래서 한국에서는 사람 수만큼 교육관이 있다고 한다. 누구나 한 번 정도는 한국의 교육상황을 논의할 수 있기 때문이다. 위정자들도 마찬가지다. 외형상 한국의 교육문제를 잘 알고 있기 때문에 쉽게 해결할 수 있을 것이라고 생각한다. 그것은 큰 오해다. 한국의 교육문제가 우리가 경험한 것처럼 그렇게 쉬운 문제라면, 아주 오래 전에 해결됐을 것이다.

한국의 교육문제는 어려우면서 쉽고, 쉬우면서 어려운 특징을 가지고 있다. 쉬운듯한 이 문제를 누구나 접근하려고 했지만, 역사적으로 거의 낭패만 보았다. 그 교육적 폐해는 어린 학생들에게 돌아갔다. 일제강점기부터 지금까지 한국의 교육문제는 조금도 흐트러짐이 없이 아직도 도도한 자태를 유지하고 있다. 세월이 흘렀음에도 한국의 교육문제는 한 번도 자신의 영역에, 어떤 해결책도 허락하지 않은 거만한 난공불락의 요새와 같았다.

사실 한국의 교육문제를 심층적으로 분석하면, 오늘날의 교육문제는 아주 오래 전부터 시작됐다. 한국의 교육문제는 교육을 통한 사회적 이해관계의 구현이라는 교육적 욕망의 역사적 뿌리가 매우 깊다. 그래서 한국의 교육문제는 긴 세월의 역사만큼 쉽게 자신의 영역을 허락하지 않았던 것이다.

이 점은 한국의 전통적 교육문화의 성격을 보면 알 수 있다. 과거와 같이 현재도 교육적 욕망을 통해 사회적 욕망을 실현하려는 것과 같다. 시대의 무대는 다르지만, 한결같이 교육 출세주의와 교육 신분주의 욕망이 작동한 것이다. 단지 현재는 학력 출세주의와 학력 신분주의로 바뀌었을 뿐이다. 교육적 욕망이 곧 사회적 욕망이라는 것이다.

지금까지 한국의 교육문제가 그토록 해결하기 어려운 것은 교육을 통한 사회적 이해관계의 구현이라는 사회적 욕망이 작동하고 있었기 때문이다. 한국의 교육운동 흐름도 교육적 욕망과 사회적 욕망의 결합의 정도에서 온다. 교육의 사회적 혜택 정도는 교육운동의 흐름에 직접적인 영향을 미친다. 교육적 욕망은 사회적 혜택에 의해 형성된다. 사회적 욕망이 교육적 욕망을 결정한다는 것이다.

한국의 전통적 교육문화는 이 점을 분명하게 보여주고 있다. 현재도 이런 흐름은 외형적 모습만 바뀌었을 뿐, 그 본질은 차이가 없다. 교육은 사회적 욕망을 실현하는 도구적 수단이다. 한국의 교육문제 속에는 사회적 요인이 숨어 있다. 그래서 한국의 교육문제는 언제나 사회적 차원을 고려해야 한다. 한국의 교육문제를 교육적 차원에서만 접근하면 예상하기 어려운 강력한 면역 체계를 가진 변종 슈퍼 바이러스처럼 왜곡된 모습으로 나타난다. 한국의 교육문제는 단순하면서 매우 복잡한 성격을 가지고 있다. 한국의 교육문제는 해결하기 어려운 까다로운 상대다.

한국의 교육문제는 확실히 쉬운 상대는 아니다. 이 책은 이 점을 인정하기 위해 씌워진 것이다. 그래야만 한국의 교육문제 앞에 겸손해질 수 있다. 그 자세만이 국민을 일시적으로 현혹시키는 얕은 단기적 처방이 아니라, 깊은 장기적 처방을 모색할 수 있게 한다. 깊은 장기적 처방은 뜨거운 사막의 타는 목마름과 산모의 고통을 인내해야만 잉태될 수 있는 해결책이다.

이 책은 한국의 교육문제가 거대한 상대라는 점을 인식시키기 위한 것이다. 이 책은 삼국시대부터 고려와 조선시대 그리고 일제강점기에서 현재까지 우리 교육문화의 사회적 성격을 역사적으로 추적한 것이다. 우리의 교육문제가 얼마나 뿌리깊은 문제라는 것을 알기 위한 것이다. 이 점에서 이 책은 어느 정도 성공을 거두었다고 할 수 있다. 독자들 반응 역시 상당히 호의적이었다. 이 책은 교육문화를 사회사적으로 통시적으로 분석한 처음의 책이기 때문이다. 새로운 글쓰기 방식도 주목을 받았다.

이 책은 약 10년 만에 개정판을 내기 위해 새로운 자료를 첨부하면서 다소

수정·보완을 거쳤다. 참고문헌을 정리하면서 한 세월이 지나간 것을 느꼈다. 당시에 학문적으로 왕성했던 분들이 지금은 비교적 조용하게 지내거나, 또한 많은 분들이 안타깝게도 은퇴했기 때문이다.

이 책 역시 지난 세월을 메우기 위해 새롭게 꾸밀 필요를 느꼈다. 특히 '2000년대 이후 교육문화의 특징'을 새로운 장으로 첨부하였다. '2000년대 이후 교육문화는 복잡한 교육의 격동기여서 장을 구성하는데 매우 까다로웠다. 전반적인 교육문화 운동의 흐름을 파악하는데 비중을 두었다.

이 책은 많은 사람의 도움으로 이루어졌다. 객관적이고 냉철한 지적 안목을 깨우쳐 주신 정우현 선생님께 늘 감사하는 마음이다. 이 책이 나오기까지 끊임없는 관심과 애정 어린 조언을 해 준 동료 교수들에게 진심으로 감사를 전한다. 그리고 까다로운 요구에도 밝은 모습으로 대해 준 원미사 직원들에게도 심심한 사의를 표한다. 특히 박준식 사장님은 지난 몇 년간 꾸준한 인내와 지속적인 관심을 보여 주었다. 감사할 뿐이다. 마지막으로 이 책이 한국 교육을 이해하는 데에 작은 도움이 된다면 그것으로 저자의 큰 기쁨이라고 생각한다.

2012년 11월 17일

강 창 동

한국에서 교육은 신앙에 가깝다. 한국에서 교육은 몸의 분신과 같은 것이다. 교육은 그만큼 우리 생활의 중요한 일부분을 차지하고 있다. 한국인 대부분이 교육에 대해 일가견을 가질 만큼 교육에 대한 관심이 크다. 한국에서 교육은 생존 경쟁의 중요한 수단이기 때문이다. 따라서 교육정책이 조금만 바뀌어도 일상생활의 주기를 바꿀 만큼 교육적 영향력이 매우 크다. 역으로 교육적 부작용이 크다는 것을 의미한다. 이에 대한 우려의 목소리는 교육적 차원을 넘어서 사회적으로 심각하게 제기되고 있다. 그러나 한국의 교육문제는 얽힌 난마처럼 해결의 실마리를 찾지 못하고 있다. 교육문제는 우리 사회에서 가장 해결하기 어려운 문제 중의 하나가 되었다.

특히 21세기는 교육의 세기다. 지식기반사회에서의 경쟁력은 고부가가치 지식의 창출력에서 비롯된다. 고부가가치의 지식 생성은 지적 상상력이 풍부한 창의적인 사고를 가진 인간에 의해 이루어진다. 교육은 합리적이고 국가 경쟁력을 의미하며, 교육은 미래사회의 비교 우위를 점하는 지표이다. 부존자원이 부족한 우리에게 교육은 미래며 시대정신이다. 교육을 포기하는 것은 미래를 포기하는 것이다 교육문제 해결을 위한 끊임없는 노력은 생존권적 차원에서도 필요하다.

교육 경쟁력을 높여야 할 이 시점에, 한국의 교육은 계륵 같은 존재가 되었다. 학생들을 편안하게 해 주어야 할 교육이, 오히려 신음 소리도 제대로 못 내게 하는 가위눌림으로 변했다. 한국의 교육을 피해서 외국으로 이민하는 서글픈 현상들이 이어지고 있다. 이런 현상은 정도의 차이는 있지만 해방 이후 현대사에서 꾸준히 나타난 문제였다. 국가적 차원에서 해결하기 위해 엄청난 노력을 한 것도 사실이다. 그러나 교육은 상처 난 환부처럼 건들 때마다 오히려 심각한 양상으로 변했다. 한국의 교육문제는 해결하기 어려운 영원한 숙제처럼 보인다.

한국의 교육문제를 해결하기에 앞서, 한국 교육의 성격을 먼저 이해할 필요가 있다. '정확한 문제 인식만이 명확한 해결의 실마리'를 제공하기 때문이다.

지금까지 한국 교육에 대한 인식은 서구 이론에서 해결책을 찾으려는 점이 없지는 않았다. 교육학 서적은 서구의 교육이론들로만 거의 메워져 있다. 서구의 교육이론들이 아무리 우수해도 우리 몸에 맞는 옷이 되어야 한다. 억지로 우리 몸에 맞추기 위해 다시 재단을 하게 되면 마침내 누더기로 변할 수 있기 때문이다.

한국의 교육 성격을 이해하기 위해서는 먼저 한국 사회를 이해하는 것부터 출발해야 한다. 한국의 문제는 한국 내부에서 찾아야 한다는 것이다. 그래야만 한국형 교육해법을 구할 수 있다. 이 점은 매우 상식적인 사고의 출발이다.

그러나 이런 상식적인 접근은 유감스럽게도 거의 도외시되어 왔다. 이해 못하는 바는 아니지만, 대부분의 교육정책이 한국형 가면을 쓴 서구의 교육이론으로 해결책을 모색한 것도 사실이다. 교육은 이해하지만 한국을 이해 못하는 기묘한 해결책이 교육정책의 주류를 이루어 왔다는 것이다.

『한국의 교육문화사』는 이런 문제 인식에서 출발하였다. 한국의 교육을 이해하기 위해서는 우리의 전통적인 교육문화를 먼저 알아야 한다는 것이다. 전통적 교육문화는 역사적으로 단절된 것이 아니라, 시대의 새로운 옷을 입고 우리 곁에서 살아 숨 쉬고 있기 때문이다. 한국의 전통적 교육문화를 이해한다는 것은 현 시점의 교육문화가 지닌 다양한 현상들의 역사적 준거를 밝히는 것이며, 이를 통해 한국 교육과 본질을 한층 이해하게 할 것이다. 그래야만 한국형 교육해법을 찾는 데 의미있는 단초를 제공받을 수 있다.

교육문화는 교육적 욕망의 사회적 흐름이며 인식의 경향성이다. 교육적 욕망은 교육의 집착 정도를 일컫는다. 교육적 욕망은 교육 실천력의 동인인 교육열로 나타난다. 한국의 전통적 교육문화는 교육 출세주의와 교육 신분주의에 입각한 도구적 가치가 교육적 욕망의 근원으로 자리매김하고 있다. 교육적 욕망의 사회 운동적 흐름은 도구적 가치가 근원적 힘으로 작동하고 있다. 이러한 도구적 가치는 인격 도야라는 교육의 본질적 가치에 의해 이념적으로 정당화된다.

전통적 교육문화는 숭문주의, 입신양명주의, 문벌주의 그리고 가족주의적 가치를 가지고 있다. 숭문주의 교육문화는 외형상 교육의 본질적 가치와 밀접한 관련을 가지고 있지만, 나머지는 도구적 가치를 가지고 있다. 이러한 모순된 교육가치가 있으면서 역사적으로 충돌되지 않고 자연스럽게 전통적 교육문화로 정착됐다. 오히려 교육문화 속에 내재된 양 극단의 가치들은 서로를 보호하는 버팀목으로 교육에 대한 긍정적 가치를 일신시키는 상승 작용을 했다.

현대사회에 들어서 교육은 '제도화된 가면인 학력'이란 이름으로 대치됐다. 교육 출세주의는 학력 출세주의로, 교육 신분주의는 학력 신분주의로 변했다. 교육은 궁극적으로 사회적 이해관계를 실현시키기 위한 기제라는 것이다. 교육적 욕망은 사회적 혜택을 합법적으로 점유하려는 사회적 욕망이다. 교육적 욕망은 사회적 욕망이며, 사회적 욕망은 교육적 욕망이라는 것이다. 전통사회와 현대사회의 교육문화는 교육을 사회적 욕망을 실현시키려는 기제라는 점에서 동일한 속성을 지니고 있다. 단지 시대의 성격에 따라 교육에 대한 사회적 표현 방법이 달랐을 뿐이다.

이 책은 시종일관 한국의 전통적 교육문화를 분석한 것이다. 현대사회의 교육문화도 전통적 교육문화의 맥락에서 재탄생된 것이다. 이런 점을 명확히 하기 위해 긴 논의 과정을 거쳤다. 이 책은 크게 5부로 구성되어 있다.

제1부는 주로 교육문화를 이해하기 위한 방법론적 차원에서 서술하였다. 제2부는 한국의 전통적 문화에 대한 이해의 필요성을 밝히고 교육문화의 기원을 추적하고자 하였다. 제3부는 한국의 교육문화를 정확히 이해하기 위해서 사회사적 배경을 먼저 고찰하였다. 이 부분은 교육문화를 역사적 준거를 밝히는 매우 중요한 장이다. 이 장에서 이념사적 배경, 제도사적 배경, 사회사적 배경 그리고 문화사적 배경을 나누어 분석하였다. 이 장은 선진유학과 신유학을 포함하여 정치사회사적 특성뿐만 아니라 문화사적 배경까지 다룬 매우 까다로운 부분이다. 제4부는 제3부를 토대로 전통적 교육문화인 숭문주의, 입신양명주의, 문벌주의, 가족주의의 교육문화 특성을 세밀하게 분석하였다. 그리고 전통적 교육문화를 사회사적 특성에 대해 종합적 논의를 하였다. 제5부는 한말부터 오늘날까지 교육문화의 사회적 맥락을 다루었으며, 마지막으로 현대 교육문화의 운동 특성을 밝히기 위한 종합적인 논의를 하였다. 원래 이 장은 집필 계획에서 제외됐던 부분이다. 전통적 교육문화만 분석하는 것도 힘겨운 작업이었기 때문이다. 그러나 이 장은 과거의 전통적 교육문화가 현재와 어떤 상관이 있느냐는

동료들의 애정 어린 지적과 관심에서 비롯됐다.

집필자의 전공 영역은 교육사회학이다. 1980년대에 공부할 무렵 서구의 사회과학적 이론만 머리에 차 있었다. 누구나 그러하듯 집필자 역시 서구이론 편향에 대해 상당한 회의감에 빠져 있었다. 외국 이론으로 한국 교육을 진단하고 처방하는 데에는 익숙하지만 한국 교육의 심층에 대한 안목은 결여되어 있었던 것이다.

그래서 한국 교육에 관한 자료를 찾기 시작하였는데, 가장 연구되어야 할 부분인 교육문화와 교육열에 관한 연구가 거의 전무한 실정이었다. 이 점은 학문하는 사람으로 하여금 깊은 자괴감에 빠지게 하였다. 우리 생활에서 가장 가깝고 잘 알 것이라고 기대됐던 주제가 어둠 속에 방치되어 있었던 것이다. 가장 많이 연구되어야 할 영역임에도 불구하고 너무 연구가 안 된 사실에 무척 놀랐었다.

1990년대 초반에 들어서야 이 문제에 대한 체계적인 연구들이 나오기 시작하였다. 그러나 대부분의 연구가 사회 현상적인 분석에 치중하여 깊이 있는 통찰을 제공하기에는 역부족이었다. 오히려 머릿속에 끊임없는 의문만 제기되었다.

그래서 교육문화에 대한 역사적 분석이 필요하다고 생각하였다. 전공 영역이 역사가 아니어서 모든 것이 서투를 수밖에 없었다. 그러나 일반 역사학자들의 풍부한 연구 성과에 힘입어 역사에 대해 새로운 눈을 뜨게 되었고 관심을 가지게 되었다. 그분들께 심심한 사의를 전한다.

이 책은 역사를 논의하기 위한 것이 아니라, 교육에 대한 사람의 이야기를 하고 싶었다. 현대사회의 교육을 이해하기 위해 역사를 잠시 빌렸을 뿐이다. 이 점에 대해 오해가 없기를 바란다. 이 글을 쓰면서 느낀 점은 글은 읽는 이에게 지적 상상력을 부여하는 것이라고 생각한다. 이 책을 통해 교육문화를 이해하고, 오늘날 교육성격을 밝히려고 애쓰는 분들에게 작은 지적 도움이 되었으면 하는 것이 개인적인 바람이다.

2002년 2월 22일

강 창 동

PART 03 한국 교육문화의 사회사적 배경

PART 04 전통적 교육문화의 사회사적 특징

PART 05 근·현대 교육문화의 전개와 특징

PART

01

교육문화에 대한 이해

CHAPTER 01 문화의 사회적 특징

01 문화의 사회적 의미

한 사회의 교육은 인간과 인간관계, 즉 정치적, 사회적, 역사적, 문화적 맥락과 성격을 포함하고 있다. 교육을 이해하기 위해서는 먼저 인간과 인간관계에 대한 이해가 있어야 하며, 인간을 형성케 하는 외부 조건의 역동적 관계를 밝혀야만 가능하다.

인간과 각종 외부 조건은 서로서로 형성케 하는 탄력적인 관계를 맺고 있으며, 시간과 공간에 따라 다른 모습으로 나타난다. 이런 관계는 물의 흐름과 같이 미시적으로는 무수한 변화를 겪고 있지만, 거시적으로는 일정한 흐름 틀을 유지하고 있다. 이런 흐름 틀을 이해하는 것은 앞으로의 진행 방향을 예측하게 하며, 부분적인 변화 과정을 알게 하는 데에 도움을 준다.

교육문화를 이해하는 것은 물의 흐름 틀을 이해하는 것과 같이 교육의 운동 특징과 진행 방향 그리고 성격을 파악하는 데 유용할 수 있다.

교육문화는 사회문화와 별개의 특성을 가진 것이 아니다. 한 사회의 교육문화는 사회공간과 무관하게 형성된 특별한 문화가 아니다. 그 사회가 지향하는 문화가 교육이라는 공간 속에서 발현된 문화, 즉 교육공간 속에서 사회문화가 변형된 것이다. 교육문화를 심도 있게 분석하면 사회문화를 이해할 수 있으며, 그 역도 성립한다. 사회문화라는 큰 틀 속에 교육문화가 자라나기 때문이다. 이 점에서 사회문화의 개념적 특성을 정리할 필요가 있다.

일반적으로 문화는 인간과 사회라는 외부 조건과의 관계 속에서 형성한다. 인간과 외부 조건의 관계가 변화하듯이, 문화는 끊임없이 변화·운동하는 탄력적인 성격이 있다. 따라서 문화의 개념은 포괄적인 성격을 담고 있어서 그 한계를 규정하기가 어렵다. 문화의 조건 속에는 인간과 외부 조건 그리고 정치·사회적 맥락뿐만 아니라 시·공간 모두를 포괄하고 있다. 이런 이유로 학자마다 문화에 대한 정의가 다양하고, 각종 해석이 가능해진다.

제한된 의미에서 '문화는 의미화의 사회적 과정'이다. 문화 속에는 의식적이든 무의식이든 인간이 개입되어 있기 때문이다. 문화를 분석하는 것은 이런 의미화 과정을 밝히는 해석적 행위다. 의미화는 너와 나의 공유된 관계 속에 형성·발전된다. 문화에는 사회관계의 특성이 함유되어 있다. 문화는 사회관계망을 형성하는 공유된 인지와 감정의 복합적인 특성을 포함하고 있다.

문화는 물의 큰 흐름과 같이 사회관계에서 파생한 정신적 경향성이다. 문화의 정신적 경향성은 한 개인의 실천 행위와 사회 운동의 양식에 직접적인 영향을 미친다. 문화의 구속력 정도는 개인과 사회에 따라 차이가 있지만, 많은 영향력을 미친다.

기어츠(C. Geertz)는 문화 개념은 개인과 사회의 인간관 형성에도 영향을 미친다고 하였다. 우리 생활에 형식, 질서, 초점, 지향성을 부여하는 역사적으로 창조된 의미 체계인 문화 패턴들에 의해서 한 개인이 형성된다는 것이다(문옥표 역, 1998: 72-73).

문화의 구속력은 모든 개인에게 균등하게 영향을 미치는 것은 아니다. 문화 자체는 사회적 흐름의 경향성으로 인해, 개인과 사회의 성격에 따라 영향력의 편차가 다르게 나타난다. 이 점이 개인과 사회에 따라 문화의 구속력이 차이나는 이유다. 즉, 집합적 문화에서도 개인주의적 성향이 있으며, 그 역도 성립한다. 문화의 구속력은 일정한 경향성을 띠고 있지만, 일상생활의 개인 행위를 규정하고 전체적인 사회관계 흐름을 주도한다.

사회구성원들은 공유된 의식과 감정인 문화적 인식 틀을 통해 다양한 사회갈등을 조절한다. 문화는 개인의 사회적 행위를 이해하는 중요한 준거로 활용될 수 있다. 문화를 해석한다는 것은 사회적 흐름을 이해하게 하고 개인의 행위를 일정한 범위 안에서 예측하게 한다.

문화는 기계적인 인과적 특성보다 개연적인 성격이 있다. 같은 관료주의를 도입해도 한국과 미국의 운영 방식은 매우 다르다. 새로운 문화가 도입되면, 시대와 공간 특성에 따라 각 문화는 자신의 흐름이나 특성에 접목하는 선택적 친화성(selective affinity)이 있다. 기존 문화는 새로운 문화를 흡수하여 자신의 큰 틀 내에서 변형된 새로운 문화를 창출한다. 문화는 계속된 운동을 통해 끊임없이 변모한다.

문화의 계속된 변동은 사회관계 양식의 변화를 의미하며, 역으로 사회관계의 조건에 따라 새로운 문화를 생성하기도 한다. 우리 주변의 다양한 문화들은 특정한 사회관계 속에서 생겨나고 지속되고 변형되고 또 사라진다. 사회관계가 어떻게 형성되어 있느냐에 따라 문화의 성격도 다양해진다(한국산업사회학회 엮음, 1998: 69). 문화와 사회관계의 양식은 불가분의 관계가 있다.

문화를 이해하면 일상생활뿐만 아니라 사회관계 흐름인 경향성을 알게 된다. 홉스테드(G. Hofstede)에 의하면 권력 거리가 큰 사회의 어린이는 자기 부모에게 복종할 것을 요구받는다. … 아이가 독립적인 행동을 하는 것은 좋게 여겨지지 않는다. 부모나 다른 연장자를 존경하는 것을 하나의 예의로 간주한다. 반면에 권력 거리가 작은 사회에서는 대체로 아이들이 활동할 수 있게 되면서 바로 동등한 대접을 받게 된다. … 타인과의 관계에서도 타인의 지위에 구애받지 않게 된다. 공식적인 존경과 경의 표시는 거의 찾아볼 수가 없다고 한다(차재호 외 역, 1996: 60).

문화가 다른 두 사회에서 개인의 행동 양식과 사회관계는 매우 다르게 표현된다. 문화는 사회관계의 경향성을 나타내므로 개인의 행동과 사회의 큰 흐름을 이해하는 중요한 준거가 된다.

02

문화와 사회적 욕망

인간을 중심으로 볼 때, 문화는 사회화된 욕망(무의식)의 내면화된 체계다. 인간은 외부 조건과 상호작용하면서 다양한 욕망을 표출한다. 문화는 인간의 욕망 에너지가 외부 조건과 서로 교차하면서 형상화된다. 프로이트(G. Freud)는 욕망을 결핍의 상태로 상정하고 있으며 이러한 결핍을 메우면서 생기는 것을 문화라고 한다.

들뢰즈(G. Deleuze)는 욕망은 결핍의 상태가 아니라 에너지가 내재해 있는 무정형(無定形)의 힘이라고 한다. 이런 욕망의 에너지가 사회적으로 표출되어 형성된 것이 문화다. 욕망은 에너지화된 욕망을 의미한다. 이런 욕망을 임의로 구분하면 '개인적 욕망'과 '사회적 욕망'이 존재한다. 사회적 욕망은 그 사회가 지향하는 특성을 의미하며 정치, 경제, 사회, 문화 등을 포괄한다.

개인이 사회화된다는 것은 사회적 욕망에 길들여진 것이다. 사회적 욕망은 앞서 논의한 물의 큰 흐름 틀로 이해해도 무리가 없다. 사회관계도 욕망의 배치에 지나지 않는다. 동양과 서양의 사회적 관계의 차이점은 추구하는 욕망과 배치 방식이 달랐기 때문이다. 사회관계는 사회적 욕망에 의해 규정되는 것이 아니라, 개인적 욕망과 서로 상호 교차하면서 시·공간의 위치에 따라 다양한 모습으로 나타난다.

한 사회에서 개인의 다양한 욕망은 큰 흐름을 지향하면서 일정한 사회 성격을 형성하게 한다. 같은 맥락에서 각 사회의 문화들은 인간들의 욕망이 집단화된 큰 흐름에 지나지 않는다. 문화가 변화하듯이 이 흐름은 시간과 공간 속에서 끊임없이 변화한다. 문화는 시대의 성격과 교차하면서 변화를 멈추지 않는다. 시대의 성격과 사회적 욕망은 긴밀하게 관련되어 있다.

니체(F. Nietzsche)의 질문 방식을 빌리면, 그 시대에서 특정의 문화 흐름을 주도하는 사회적 욕망은 무엇인가이다. 어떤 특정의 사회관계(문화)가 주목받아야 하며, 그것을 누가 왜 요구했느냐이다. 예컨대 조선시대의 남녀관이나, 억압적인 성문화는 성리학적 이념에 의해 많은 영향을 받았다. 여기서 조선시대는 왜 성리학을 이념적 도구로 삼았는가이다. 어떤 계층이 무엇 때문에 그것을 왜 요구했으며, 그 계층의 사회적 욕망은 무엇인가이다.

문화의 형성에 인간의 욕망이 개입되어 있으며, 그 사회가 요구하는 욕망의 성격에 의해 비롯된다. 사회학적으로 표현하면, 그것은 사회적 이해관계망이다. 사회적 이해관계는 그 사회의 성격에 따라 달리 나타난다.

각 개인은 사회적 이해관계(욕망 체계)에 의해 형성되고 영향을 받는다. 사회적 이해관계망은 물의 큰 흐름과 같은 것이어서 개인은 거시적으로 사회의 욕망 체계에 의해 영향을 받지만, 미시적으로 자신만의 독특한 개인의 욕망을 표출한다.

문화는 집단적 욕망의 표상화된 흐름 체계다. 표상(表象)은 추상적 사물이나 개념 등이 인간의 마음속에 떠오르는 어떤 이미지를 뜻한다. 집단 표상은 인간의 실천 방향을 형상화한 사회적 욕망의 인지적 그물망이다. 결국 문화는 욕망의 집단적 흐름과 경향성을 표현한 것이다. 이런 욕망이 사회적으로 발현될 때는 이해관계로 나타난다.

사회적 이해관계란 사회적 욕망의 관계망을 의미한다. 나라마다 사회적 이해관계가 다른 것은 사회적 욕망 틀이 다르기 때문이다. 사회적 이해관계는 각 개인의 욕망이 교차하여 만들어진 욕망의 사회적 그물망과 같은 것이다. 사회적 이해관계는 인간관계의 성격을 규정하기 때문에 문화관계와 밀접한 관련이 있다. 사회적 이해관계는 인간관계이며 동시에 문화관계라고 할 수 있다.

사회학적으로 사회적 이해관계의 경향성은 한 사회의 문화적 특성을 반영하고 있으며, 이러한 규칙에 따라 인간관계의 행동이 규정된다. 개인주의와 집단주의의 문화는 인간 행동의 지향성뿐만 아니라 사회적 이해관계의 표현 양식에서 차이점이 있다. 각 사회체계에서는 지향하는 욕망의 사회적 표현 양식이 달리 나타난다.

들뢰즈(G. Deleze)는 원시시대를 도착증적 사회, 왕조 봉건사회를 편집증적 사회, 자본주의 사회를 분열증적 사회로 구분한다. 극과 극에는 편집증과 분열증이 위치하여 있으며, 모든 욕망의 표현 방식은 이 양극 사이에서 다양한 스펙트럼으로 나타난다.

이런 관점에서 보면, 문화는 편집증적 문화와 분열증적 문화로 구분해 볼 수 있다. 편집증적 문화는 일정한 이념이나 원리에 의해 인간을 강하게 복속시키는 성격이 있다. 편집증적 문화는 추구하는 원칙과 표준이 강하며, 경계선이 분명하며, 집단적이고 수직적인 성격이 있다. 나치즘이나 성리학과 같이 이념의 강한 경계선에 인간의 욕망과 행동을 규정하는 것을 말한다.

분열증적 문화는 개인의 자율성을 보장하고 사회적 경계선이 약하며 개인의 행동과 욕망이 자유스럽게 표현되는 문화다. 분열증적 문화는 표준과 원칙이 약하며, 개인주의적 성향이 강하고 수평적인 관계를 지향한다.

어떤 사회든지 이 양극의 문화를 중심으로 수많은 문화가 혼재되어 나타난다. 단지 시대의 성격에 따라 어떤 문화적 경향성이 주목받느냐에 따라 사회적 관계와 특성이 규정된다. 편집증적 문화와 분열증적 문화 그리고 도착증적 문화는 궁극적으로 그 사회가 추구하는 집단적 욕망의 경향성을 의미한다. 따라서 개인은 사회의 큰 흐름 틀 아래에서 다양하게 반응하는 동시에, 그 체제가 지향하는 정신적인 경향성에 의해 영향을 받는다.

CHAPTER

02

교육문화의 사회적 특성

01

교육문화와 사회관계

교육문화는 교육의 사회관계에 대한 정신적 경향성을 의미한다. 정신적 경향성은 개인과 사회적 행위를 규정하는 인식 틀로 작용하여 사회적 실천 행동을 발현하게 한다. 교육을 통해 특정한 사회적 효과를 발생시킬 수 있다는 믿음은 교육문화의 표상 효과에 지나지 않는다. 알게 모르게 우리의 교육적 인식 틀을 형성하고 사회적 실천을 가능하게 한 것은 교육문화의 사회적 효과의 작용 때문이다.

교육문화는 단순히 문화로만 남는 것이 아니라 교육의 사회적 인식 행위에 영향을 주며, 교육의 실천 방향을 결정하고 교육관계의 형성에 큰 영향을 준다. 이종각(1995: 270)에 의하면 교육문화는 사람들이 마음에 품고 있는 교육의 형식이며, 교육을 지각하고, 관계 짓고 해석하는 모델이다. 교육문화는 단순히 교육에 관련된 관습의 집합이 아니라 교육에 관련된 생활양식이라고 한다. 교육문화는 개인의 인식에 영향을 주어 교육의 사회관계를 형성하게 한다.

엄격한 의미에서 문화 속에는 인간의 욕망이 잠재하고 있으며, 외부 조건과의 복합적인 관계를 통해 사회관계로 발현된다. 문화를 이해하는 것은 인간의 사회적 욕망을 이해하는 것이다. 교육문화에 대한 이해는 교육에 대한 사회적 욕망을 밝히는 것이며, 교육문화 속에 침전된 교육에 대한 욕망의 사회적 흐름을 해석하는 것이다.

한국 교육을 표현하는 다양한 언표들, 나홀로 아버지, 강남 8학군, 조기유학, 교육이민 등은 외형상 단순한 사회적 현상으로 받아들일 수 있지만, 그 속에는 그렇게 할 수밖에 없는 교육적 인식이 작동되어 있다. 교육적 인식은 교육열로 형상화되어 특정 형태의 교육적 실천을 강요한다. 교육열의 사회적 실천에는 많은 변인이 있지만, 교육문화와 집단적인 교육적 욕망 체계가 강력한 원인으로 작동하고 있다.

오랫동안 누적되어 온 교육적 욕망 체계인 교육문화는 인간의 인식에 영향을 주고 전체적으로 실천 방향을 가늠해 준다. 개인의 잠재적 교육열과 몇 가지 조건만 잘 맞으면 교육의 사회적 실천 방향을 예측할 수 있다. 홉스테드(G. Hofstede)는 이 점을 명확하게 보여주고 있다(차재호 외 역, 1996: 101).

> 학력에 대한 개인주의 사회에서는 졸업장을 갖게 됨으로써 경제적인 가치도 상승할 뿐만 아니라 자존심도 높아진다. 일종의 성취감을 맛보게 된다. 집합주의 사회에서는 졸업장을 가짐으로써 그가 속한 집단에까지 명예를 안겨주게 되며, 상류집단의 구성원과 교제할 수 있는 자격을 안겨준다. 예를 들면, 더욱 매력적인 결혼 상대자를 만날 수 있게 된다는 것이다.

사회문화와 같이 교육문화도 끊임없는 변화와 운동을 거듭하여, 우리에게 언제나 새로운 형태로 나타나는 것처럼 보인다. 교육문화 역시 교육에 대한 사회적 인식 흐름인 경향성을 내포하고 있다. 과거의 전통적 교육문화가 현재의 교육문화와 외형상 별개의 것처럼 보이지만, 그 속에는 교육에 대한 보이지 않는 역사적 흐름을 가지고 있다.

현재의 교육적 특성을 이해하기 위해서는 먼저 역사적으로 진행되어 온 교육문화에 대해 올바른 이해가 필요하다. 비록 시대의 조건이 달라 교육에 대한 사회적 표현이 다르게 나타났지만, 교육에 대한 심리적 경향성은 유사하며 이를 둘러싼 사회적 맥락 또한 일정한 경향성이 있다. 전통적 교육문화의 역사적 흐름을 통시적으로 밝히면, 오늘날 교육문화의 사회적 특성에 대한 심층적인 이해 틀을 시사 받을 수 있다.

교육문화는 인간관계를 전제하기 때문에 일반의 사회문화와 큰 차이가 있지 않다. 교육문화는 교육관계뿐만 아니라 사회관계를 포괄하고 있다. 교육관계는 교육이라는 공간 속에 나타난 사회관계의 변형에 지나지 않는다.

한국의 교육관계는 우리 상황에서 교사와 학생은 한국인이라는 공통분모에 의한 문화적 만남을 전제로 하여, 교육에 대한 개인 혹은 집단의 사회적 가치와 관련을 맺고 있다. 한국인의 전형적인 관계 양식과 가치관이 교육운동 특성을 주도하기 때문이다. 한국적 교육특성에 내재하고 있는 근본적인 동인이 무엇인가 하는 질문이 제기된다. 이런 점에서 교육문화에 대한 이해는 한국 사회를 해석하는 포괄적인 이해 틀을 제공한다.

02

교육문화의 형성 조건

사회학적으로 교육문화의 형성 조건을 규명한다는 것은 쉬운 일은 아니다. 그것은 복합적이고 다양한 사회적 변인과 맞물려 있기 때문이다. 교육문화를 제대로 해석하기 위해서는 교육문제뿐만 아니라 정치, 경제, 사회, 역사 등의 다양한 변인들을 고려해야 한다. 교육을 정의하는 개념적 성격에 따라서 교육문화를 이해하는 방향이 달라질 수 있다.

교육문화의 발생 조건에 대해 다양한 의견이 있을 수 있다. 교육과 문화라는 개념 속에는 무한한 해석 공간이 존재하기 때문이다. 교육문화의 형성을 살펴보기 위해 필요한 몇 가지 개념적인 전제가 있어야 한다.

첫째, 교육의 의미를 인간관계의 맥락 속에서 이해하고자 한다. 교육은 사회적 맥락 속에 존재하며, 사회를 떠나 독립적으로 존재할 수 없다. 이 점은 교육의 도구적인 측면에서는 이해가 쉽지만, 본질적인 측면에서는 다소의 해석이 전제된다. 교육의 본질적 측면에서 교육을 개인의 자아실현을 도모하는 효과적인 장치라고 본다면, 교육받은 사람들은 사회 공간과 떨어진 독립적인 대상인 것처럼 보인다. 자아실현도 엄밀히 말하면 사회와 밀접한 관련이 있다. 자아실현의 지향점도 시대적, 사회적 특성에 따라 그 추구하는 바가 달라질 수 있기 때문이다. 자아실현을 하는 개인은 사회 공간 속에 존재하며 시대가 요구하는 가치와 지식 체계 속에 제한될 수밖에 없다. 자아실현을 하는 개인은 사회관계 속에서 무의식적 형성 과정을 거쳐야 한다. 개인의 무의식에 내재하는 사회관계는 정도의 차이는 있지만, 어떤 형태로든지 개인의 자아실현 방향에 영향을 준다. 교육을 통한 자아실현도 사회 속에서 그리고 인간관계의 맥락 속에서 이루어진다.

둘째, 교육의 의미를 사회적 이해관계 속에 제한시키고자 한다. 역사적으로 교육이 있는 곳에는 어떤 형태든지 교육문화가 함께 존재했다. 단지 여기서는 문제의식을 분명히 하기 위해 교육과 사회적 이해관계를 연결했다. 이 점은 교육문화의 사회적 성격을 명료하게 파악하는 데 도움을 준다. 교육문화는 교육적으로 발현된 집단적 욕망의 흐름 틀이다. 집단적 욕망의 성격은 사회 성격을 규정하고, 개인의 인식과 실천에 직접적인 영향을 준다. 이러한 욕망은 사회적으로 발현되는 과정에서 이해관계망을 형성하고, 개인의 행동과 집단의 행동을 제약한다. 교육문화는 사회적 이해관계망과 밀접한 관련이 있으며, 사회적 이해관계에 따라 교육문화가 변화한다. 교육과 사회적 이해의 연계, 즉 교육 속에는 어떠한 형태의 사회적 혜택이 존재한다. 그래야만 교육경쟁이 일어나고, 이에 따른 교육문화가 형성될 수 있다. 사회적 이점(利點)과 연결되지 않은 순수한 교육문화도 존재할 수 있다. 이러한 교육문화는 교육경쟁을 초래하지 못하며 사회적으로 발현되기 어렵다. 사회학적 관점에서 볼 때, 사회관계는 집단 간과 개인 간의 이해관계 교차에 의해 그 성격이 규정되기 때문이다. 교육문화에는 개인이나 집단이 지향하는 욕망 체계가 내재해 있다.

셋째, 교육의 의미를 제도교육에만 한정하지 않고 비제도권 교육을 포함하여 논의한다. 이 점은 한국의 교육문화를 해석하는 데 있어서 매우 민감한 문제다. 교육문화의 형성 과정을 제도교육에만 한정하면, 해석상의 무리가 뒤따른다. 제도교육은 근대사회에 들어와서야 체계적인 학제로 발달하여 사회적 이해관계와 구체적으로 연결되었다. 제도교육과 사회적 이해관계는 교육문화를 이해하는 데에 매우 중요한 준거다. 교육문화를 좀 더 유연하게 이해하기 위해서는 비록 사회교육 형태를 띤 교육이라고 해도, 그것이 사회적 이해관계와 관련을 가지고 교육문화 형성에 큰 영향을 미쳤다면 중요한 변인으로 고려해야 한다. 제도교육만 교육문화의 형성에 영향을 미친 것은 아니기 때문이다.

넷째, 교육의 의미를 교육기회의 개방 정도와 관련시킨다. 문화 속에는 일정한 공간에서 대다수 사람이 공유하는 인식의 경향성이 내포되어 있다. 교육기회의 개방 정도는 집단적 차원에서 교육문화를 이해하는 데 유용하다. 역사적으로 교육기회가 제도적으로 개방하기 시작한 것은 근대 이후부터다. 이 점에서 보면 교육문화의 역사적 해석에 많은 제한점이 따른다. 제도적인 측면에서 교육기회의 의미를 한정시키는 것보다 교육인구와 관련시켜야 한다. 삼국시대의 교육문화를 이해하고자 할 때, 당시 교육은 귀족계층에게만 제한되어 있어서 일정 계층에게만 교육문화가 있다는 한정된 특징을 지니게 된다. 현대사회의 입장에서 보면, 삼국시대에서 교육문화의 존재 여부는 불투명해진다. 현대의 교육문화 입장에서 고려하면 교육문화가 미미하다고 할 수 있다. 그러나 이 시대의 문치주의적 경향은 교육문화 형성의 역사적 흐름을 지속시켜 주는 중요한 역할을 하였다. 이 시기를 현대적 입장에서 교육문화 형성의 잠재기라 할 수 있다. 이 점은 교육문화의 형성과 기원에 대한 준거를 제공하는 역사적 실마리가 된다.

다섯째, 숭문주의, 입신양명주의, 문벌주의, 가족주의를 한국의 전통적 교육문화로 간주한다. 학자마다 다소 의견이 다를 수 있으나, 이 네 가지 문화는 일반적으로 한국의 전통적 교육문화로 수용되고 있다. 이 네 가지 문화를 동시에 충족시키는 시대를 중심으로 교육문화 형성의 준거로 삼고자 한다. 시대별로 어떤 형태든지 교육문화가 존재해 왔기 때문이다. 이런 교육문화를 적절히 고려한다면 시대에 따라 나타난 교육문화의 사회사적 성격을 밝히는 데 한층 수월할 것이다.

CHAPTER

03

한국 교육문화에 대한 접근 방향

한국의 사회관계가 일시에 이루어지지 않았듯이, 교육문화도 오랜 역사적 과정을 통해 형성과 변모를 거치면서 진행됐다. 한국 교육문화의 운동 흐름을 제대로 이해하기 위해서는 교육문화 속에 있는 다양한 사회사적 변인의 특성을 밝혀야 한다. 사회사적 변인에 주목하여 교육문화의 역사적 의미를 명료하게 밝히면 교육문화에 대한 심도 있는 이해를 할 수 있다.

이 책은 성리학, 과거제도, 관직 경쟁의 특성 그리고 가족주의를 교육문화 형성의 사회사적 배경으로 설정하고 중요한 분석 대상으로 삼고자 한다. 이들 특성은 서로가 독립된 것이 아니라, 유기적으로 연결된 성격이 있어서 총체적인 관점에서 파악해야 한다. 논의의 전개를 위해서 임의로 구분했지만, 복합적인 관점에서 해석해야 한다. 예컨대 성리학은 여말선초(麗末鮮初)의 복잡한 정치사회적 배경과 역성혁명(易姓革命)의 정당화를 위한 이념적 특성을 가지고 대두됐다. 성리학이 조선시대의 통치 이념으로 사회 전반에 강한 영향력을 행사했지만, 불교와 도교 및 무속 같은 민간 신앙도 일반 계층에게 큰 영향력을 미쳤다.

조선시대의 사회적 특성을 형성하는 데 중요한 이념적 근간을 제공하고, 사회문화와 의식구조 형성에 결정적인 영향을 미친 이념적 기제는 성리학이다. 과거제(科擧制)와 관직 경쟁 그리고 가족제도는 성리학의 이념성과 밀접한 관계를 맺고 전개됐다. 각각의 다양한 사회적 특성은 성리학의 이념적 틀 내에서 상호 영향을 주고받으며 형성됐다.

성리학은 조선 전반에 걸쳐 중요한 정치사회적 이데올로기로서 개인의 일상생활과 사회 전반의 틀을 형성하는 데 실질적인 영향력을 미쳤다. 성리학의 이념적 성격은 교육문화를 해석하는 중요한 준거가 된다.

여기서는 성리학의 철학적 성격을 논의하지 않는다. 성리학 이념이 사회관계에 어떤 영향을 주었는지를 살펴봄으로써 교육문화의 역사적 성격을 명료하게 밝히려는 것이다. 조선 사회에서 성리학적 이념이 기계적으로 적용된 것이 아니라, 시대의 성격에 따라 어떤 면이 강조되고 그렇지 않은 이유는 무엇인가 하는 문제를 조명하려고 한다. 성리학의 이념적 성격은 사회의 이해관계에 따라 해석과 적용 양식이 달라질 수 있기 때문이다.

과거제는 교육문화와 구체적으로 관련되어 있다. 과거제는 그것이 갖는 정치적 동기를 제외한다면 능력주의 이념에 입각한 객관적이고 합리적인 제도적 장치다. 조선시대는 지위, 권력, 부가 집중된 양반 관료사회여서, 과거제는 일반 계층들에게 지위 상승의 거의 유일한 수단으로 인식될 만큼 중요한 장치였다. 혈연관계를 바탕으로 한 문음제(門蔭制)를 제외하고는 제도상으로 과거제가 거의 유일한 장치였다. 과거제는 공정한 경쟁을 통한 선발 과정을 표면적으로 내세우기 때문에 과거 합격은 객관적으로 인정받는 사회적 보증서였다. 과거 합격은 개인의 명예는 물론이고, 그 후광효과(hallow effects)가 가문에게까지 영향을 미치기 때문에 많은 사람에게 깊게 각인되었다. 과거 합격은 일시에 지위, 권력, 부를 획득할 수 있는 극적인 성격으로 인해 과거의 의미는 사회적으로 각별할 수밖에 없었다.

조선시대의 관직 경쟁은 교육문화 형성에 큰 영향을 미쳤다. 조선시대는 양반 관료사회지만 사대부(士大夫)로 남지 못하면 유한계급으로 전락할 수 있어서 양반 간에도 치열하게 경쟁하였다. 양반이라도 계급 간의 차이가 존재하기 때문에 자신의 사회적 지위를 고양하려는 노력이 가중되었다. 당시 가장 확실한 사회적 지위는 과거 합격을 통해 입사(入仕: 관직에 나아감)하는 것이다. 과거 합격 여부는 가문의 사회적 지위를 나타내는 중요한 기준이었다. 양반 간의 관직 경쟁이 심화될 수밖에 없었다. 이때 관직 경쟁에서 우위를 실현하는 사회적 기초 수단이 바로 교육이었다. 사회적으로 교육이 관직 경쟁의 중요한 수단으로 등장하였기 때문에 교육에 대한 사회적 인식은 매우 각별하였다.

조선 중기 이후에 나타난 장자중심주의 가족주의는 교육문화 형성에 크게 영향을 미쳤다. 고려시대의 양측적 가족주의는 친가와 외가가 구분이 없었다. 재산 분배에서도 남녀 균등주의를 지향하였으며 일정한 처가살이를 하는 남귀여가혼이 사회의 일상 상례였다. 이런 현상은 조선 중기 이후, 임진왜란과 병자호란 그리고 소빙하기(小氷下期: 혹은 소빙기라고 함. 각주 22와 70 참조)를 거치면서 일어난 극심한 폐해로 인해, 신분이 뒤섞이는 현상이 일어났다. 재산 집중화를 통해 가문을 보존하기 위해 종법제(宗法制) 가족주의가 대두될 수 있었다.

종법제 가족주의는 장자중심주의를 사회적으로 정착시켰으며 가문과 문중의 발달을 촉진했다. 교육의 의미는 가족 중심의 집단적 차원에서 사회적으로 확대됐다. 과거 합격은 개인의 명예보다 가문 중심의 영광으로 공유하였다. 교육은 단순한 과거 합격보다 가문의 성쇠를 결정하는 중요한 제도적 수단이었다. 교육의 의미는 가문의 생존권적 차원에서 매우 중요하였다.

조선시대의 다양한 사회사적 요인들은 숭문주의, 입신양명주의, 문벌주의, 가족주의 교육문화를 정착시키는 데 직접적인 영향을 미쳤다. 사회사적 요인과 교육문화는 선후의 인과적 관계보다는 서로서로 형성케 하는 상호 통합적 관계가 있다. 교육문화 속에는 사회사적 요인의 특성이 내포되어 있으며, 사회사적 요인 속에는 교육문화의 성격이 반영되어 있다. 사회사적 요인과 교육문화는 한 몸으로 이루어진 그물망 관계다.

이 책은 논의를 분명히 하기 위해 임의로 구분된 사회사적 요인의 특성을 먼저 밝히고, 한국의 전통적 교육문화의 성격을 밝히고자 하였다. 이를 통해 일반적으로 수용되고 있는 숭문주의, 입신양명주의, 문벌주의, 가족주의 교육문화에 대한 새로운 이해를 도모하고자 하였다. 전통적 교육문화에 대한 재해석은 오늘날 교육운동의 사회적 특성을 이해하는 데 유용한 이론적 실마리를 제공하기 때문이다.

지금까지 교육문화에 대한 연구는 역사적 중요성에 비해 양적·질적으로 부족한 실정이다. 그나마 교육문화에 대해 본격적인 논의가 시작된 것은 1990년대 전후며 아직도 소수에 불과하다. 기존의 대다수 연구는 사회 현상적인 해석 수준에서 머무르고 있으며, 중요한 연구 변인인 역사적 성격을 도외시하고 있다. 그 이유를 생각해 보면, 교육문화가 우리 생활에 밀접히 관련되어 있어서 소홀히 하는 경향도 있지만, 높은 수준의 연구 난이도를 요구한다는 점이 중요한 요인이 아닌가 한다.

한국의 교육문화를 분석하기 위해서는 우리의 역사를 전반적으로 알고 있어야 하며, 성리학의 사상체계, 과거제도 그리고 가족제도 등에 대한 이해가 선행되어야 한다. 그뿐만 아니라 당시의 정치사회적 역학 관계를 이해해야만 한국 교육문화의 성격을 더욱 명확히 밝힐 수 있다. 한국의 교육문화를 분석한다는 것은 매우 광범위한 작업을 요구한다. 교육문화가 요구하는 역사적 성격의 폭이 매우 넓기 때문이다.

이 책은 교육문화에 대한 깊은 이해를 도모하기 위해 먼저 사회사적 배경을 검토하였다. 이를 토대로 한국의 전통적 교육문화의 사회적 의미와 실체를 밝히고자 하였다. 현대사회의 교육문화와 전통적 교육문화는 어떤 관계가 있으며, 이런 교육문화를 가능케 했던 사회운동의 실체가 무엇인가를 알고자 하였다. 현대사회의 교육문화에 영향을 미친 전통적 교육문화의 사회사적 맥락의 실체를 밝혀, 궁극적으로 한국 교육의 사회적 특성에 대한 이해 수준을 높이고자 하였다.

PART

02

한국 교육문화의 형성

CHAPTER 1 한국 교육문화의 기원

CHAPTER 2 한국 교육문화의 형성

CHAPTER

01

한국 교육문화의 기원

한 사회의 성격을 분석하기 위해서는 역사적 형성 과정을 자세히 추적할 필요가 있다. 과거는 현재와 단절된 개념이 아니라 연속적인 흐름을 지탱하는 연결 고리의 역할을 하기 때문이다. 과거는 현재와 유리된 것이 아니고, 단지 현재라는 시간과 공간의 특성에 자신의 모습을 숨기고 있을 뿐이다. 시·공간적으로 현재는 과거의 난설 속에 이루어진 것이 아니라, 과거의 기반 속에 재탄생한 것이다. 물론 부분적으로 단절된 특성이 있지만, 전체적으로 역사의 지평 아래에서 형성된다. 역사는 결국 인간이 살아 숨쉬던 시·공간이기 때문이다. 현재의 특성을 명료화하기 위해서는 과거의 전통에 대한 깊이 있는 이해가 있어야 한다.

오늘날 교육문화를 명확히 이해하기 위해서는 역사의 연원을 추적하고 심도 있는 논의 과정이 요구된다. 역사적으로 한국의 교육문화는 다양한 변화를 하면서 전개됐다. 그러나 역사의 기반 위에서 교육문화의 기원을 추적한다는 것은 매우 어려운 일이다. 교육문화는 교육이라는 공간 속에서만 발현된 것이 아니라, 다양한 사회적 변인과 복합적으로 맞물려 전개됐기 때문이다. 사실 광의의 의미로 교육문화를 정의한다면 교육이 있는 곳에는 어떤 형태의 교육문화를 수반한다. 교육문화의 성격과 영향력 정도의 차이만 있을 뿐이다. 교육문화는 어느 시대에도 존재할 수밖에 없다. 단지 현대적 의미에서 교육문화의 특성을 기준으로 살펴보면, 각 시대에 나타난 교육문화의 성격이 더욱 명료해질 수 있다.

한국의 교육문화를 이해하기 위해서는 유교(儒敎) 사상이 시대적으로 얼마나 수용되고, 정치뿐만 아니라 사회생활에 얼마나 깊이 관계하고 있는지를 밝혀야 한다. 숭문주의, 입신양명주의, 문벌주의, 가족주의라는 한국의 전통적 교육문화에는 유교 사상이 깊숙이 스며들어 있기 때문이다. 유교 사상은 불교나 도교와 달리 현실생활의 실천윤리를 강조하여서, 사회제도 특히 교육제도에 흡수될 수 있는 조건을 갖추고 있었다. 제도적으로 유교 사상은 교육내용의 핵심이었으며 아울러 교육풍토 조성에 많은 영향을 미쳤다.

유교 사상은 교육문화 형성의 필요조건이지만 충분조건은 아니다. 유교 사상과 그 당시의 사회적 역학관계를 밀접히 관련지어 이해해야만, 교육문화의 구체적인 모습이 나타날 수 있다. 유교적 영향 변인은 단지 교육문화를 이해하는 중요한 준거라는 것이다. 교육문화사의 관점에서 유교 사상은 시대를 통괄하고 있어서, 시대별 교육문화의 기원을 분석하기 위한 유용한 설명 체계를 가지고 있다.

교육문화는 어느 시대에도 존재한다. 자연히 삼국시대와 고려시대에도 그 시대 특성에 따른 교육문화가 있었다. 제도교육이든 사회교육이든 교육이 있는 곳에는 어떤 형태의 교육에 대한 문화적 인식을 수반하기 때문이다. 삼국시대와 고려시대는 유·불·선이 공존한 시대이므로, 유교 사상이 그 시대의 교육문화와 직접적인 관계가 있다고는 할 수 없다. 삼국시대는 귀족 사회이므로 교육에 대한 이해관계가 다른 시대와 많이 달랐기 때문이다.

삼국시대의 교육은 주로 귀족 계층에게만 한정됐지만, 유교 사상이 학교교육에 중요한 과목으로 채택됐다는 점에서 숭문주의 교육문화의 형성에 전혀 기여하지 못했다고는 볼 수는 없다. 이런 의미에서 이 시기를 '교육문화의 잠재기'라 부를 수 있다.

고려시대는 삼국시대와 달리 과거제의 도입이 중요한 준거가 되었다. 과거제로 인해 문벌주의를 촉진한 사학(私學)과 좌주문생제(座主門生制)가 출현하였고, 무신정권기에는 향리(鄕吏) 계층이 중앙에 직접 진출하여 신진사대부(新進士大夫) 계층을 형성하였다. 그러나 고려시대는 과거제가 비교적 활발하지 않았고 지배계층에게만 제한되어 있었다. 이 때문에 유교 사상이 일반서민에게까지 깊숙이 침투하지 못했지만 교육문화의 모습을 서서히 갖추어가고 있음을 보여 주는 사례를 곳곳에서 발견할 수 있다.

전반적으로 고려시대는 조선시대와 비교하여 미약하지만 숭문주의, 입신양명주의, 문벌주의 교육문화의 모습이 형성될 수 있는 기반을 제공한 시기다. 이러한 고려시대 특성에 비추어 볼 때, 이 시기를 '교육문화의 토대기'라고 할 수 있다.

조선 전기는 과거제도가 고려시대보다 비교적 개방적이고 활발한 편이었으며, 특히 성리학이 국가 이념으로 전면적으로 등장한 시기다. 이 시대의 왕조는 일반 서민에게까지 성리학을 보급하기 위해 노력하였다. 조선 전기는 숭문주의, 입신양명주의, 문벌주의 교육문화가 뚜렷한 윤곽을 드러낸 시기다.

그러나 이 시기는 고려시대의 사회생활과 규범이 여전히 강하게 남아 있었으며, 조선 초기부터의 성리학적 교화 노력에도 불구하고 사대부뿐만 아니라 일반 서민의 사회질서와 생활 의식을 일시에 바꾸지는 못했다. 장자 중심의 가족주의적 경향이 미약한 시기다. 이런 의미에서 이 시기를 '교육문화의 형성기'라 할 수 있나.

오늘날의 교육문화 형성은 조선 중기에 해당하는 16세기 중·후기에 발생한 사회변화와 예학(禮學)의 발달과 밀접한 관련이 있다. 이 당시의 예학 이념은 구체적인 일상생활에까지 침투하여 의식 형성과 실천에 직접적인 영향을 주었다. 종법제(宗法制)와 함께 장자중심주의 원리가 사회 전반에 걸쳐 전면적으로 부각됐으며, 족보 체제가 발달하여 혈연을 중심으로 한 가문에 대한 개념이 한층 강화된 시기다.

이 시기는 전통적 교육문화의 네 가지 특성을 모두 함유하고 있으며 시간이 지날수록 전통적 교육문화가 서서히 굳어진 '교육문화의 정착기'라 할 수 있다. 여기서 중요한 점은 예학의 발달만이 교육문화 형성에 영향을 준 것은 아니라는 점이다. 예학이 발달할 수밖에 없는 정치사회적인 복잡한 동인들이 오히려 교육문화 형성에 더욱 중요한 원인 변인이라는 것에 주목해야 한다.

CHAPTER

02

한국 교육문화의 형성

01

삼국시대의 교육문화

한국에서의 유교 전통은 그 역사가 깊다. 고대사회에서도 그 흔적이 엿보인다. 중국의 「산해경」에서 "동이(東夷)는 대(大)를 따르는 큰 사람(大人)이다. 이의 풍속은 어질다. 어진 자는 장수하니 군자가 죽지 않는 나라다"라고 적고 있다. 「후한서」에는 "동이는 천성이 유순하며 … 공자는 도(道)가 행해지지 않음을 슬퍼하여 바다에 뗏목을 띄워 구이에 살고자 하였다"라고 한다(한국철학사연구회, 1997: 31). 이 점은 당시의 유교에 대한 일면을 엿보게 하지만, 유교 사상은 한국의 고유 사상과 융합되어 형성·발전됐다.

제도적인 측면에서 유교 사상이 정착하기 시작한 것은 고구려의 소수림왕(小獸林王) 2년 태학(太學)의 설립에서 비롯됐다. 태학은 귀족 자제들을 대상으로 유교의 오경(五經)과 삼사(三師)를 중심으로 가르친 유교 대학이라 할 수 있다.

또한 일반 서민이나 천민의 자제들을 대상으로 사립학교인 경당(扃堂)을 세워 태학과 같이 유교 경전을 중심으로 가르쳤으며, 동시에 무예도 전수하였다. 「신당서(新唐書)」 고구려조에 보면 "사람들이 배우기를 좋아하고 궁벽한 촌리(村里)나 백정 같은 천한 집에 이르기까지 상부상조하였다. 거리 옆에 엄옥(嚴屋, 큰 집)을 지어 경당이라 이름하고, 미혼의 자제들이 모여서 경(經)을 외우고 활쏘기를 익혔다"라고 한다(유승국, 1999: 50, 재인용).

경당의 향학열은 문무일치주의를 지향했으며, 그 열기가 매우 높았다. 향학열의 동기는 당시 고구려의 특수한 지리적 상황과 관련이 있으나, 사람들이 배우기를 좋아했다는 것은 교육문화에 대해 의미 있는 시사를 준다.

고구려 후기에는 유교 사상이 점차 정치 이념으로 자리 잡기 시작했다. 일상생활의 상례(喪禮)에서도 부모와 남편이 죽었을 때 3년 상복을 입을 정도로 유교가 정착됐지만, 불교의 사회적 영향력도 만만치 않았다. 불교의 종교적 특성과 달리, 유교는 현실 생활의 실천 윤리의 강조로 인해 제도적 편입이 쉬웠으며, 이로 인해 숭문주의 교육열을 촉진하는 유인력이 되었다.

백제 역시 유교 사상의 영향력이 매우 컸었다. 물론 근초고왕 때 도가(道家)의 책이 성행했고 침류왕 때 불교가 처음 전래했지만, 일상생활이나 정치 이념에서는 유교 윤리의 흔적이 많이 보였다.

정치적으로 보면, 고이왕 27년 육좌평(六좌佐平)과 16관등(官等)이 설치되었다. 육좌평은 주례(周禮)에 나오는 육전조직(六典組織)을 수용한 것으로 보이며, 16관등의 명칭이라든가 공복의 복색, 중앙관제 및 지방 행정구역의 편제 등에 있어서는 음양 내지 오행사상과 십간, 십이지의 관념이 그 저변에 깔려 있었다(한국철학사연구회, 1997: 43). 생활과 풍속은 주서(周書) 백제조에 잘 나타나 있다. 백제의 풍속은 말타기와 활쏘기를 중히 여겼고, 겸하여 서책과 역사의 기록을 애호하였으며, 그 뛰어난 사람들은 매우 글을 잘 지었고 또한 음양오행법을 해득하였다(유승국, 1999: 69). 혼인의 예법은 대략 중국과 같고 부모와 지아비가 죽으면 3년간 복을 입었다(이병훈, 1989: 27).

백제의 대학에 대해서는 문헌에서 찾을 수는 없지만, 근초고왕 때 왕인의 예에서 알 수 있듯이 일찍이 박사제도가 있었다. 특히 오경박사(五經博士)는 역경(易經), 서경(書經), 예기(禮記), 춘추(春秋) 등의 경서에 능통한 사람에게 주어지는 호칭이었다.

성왕 12년(534)과 19년(541)에는 중국 양나라에 사신을 보내 모시박사(毛詩博士), 강례박사(講禮博士)를 구빙(求聘)한 일이 있었다. 백제에서 오경에 대한 연구가 상당히 활기를 띠어 유학의 중심을 이루었으며, 유학 연구가 상당히 심화하였다(한국철학사연구회, 1997: 45).

백제는 정치 제도뿐만 아니라 일상생활에서도 유교를 권장하고, 높은 수준을 유지하고 있었다. 불교의 발전도 괄목할 만하였지만, 유교 사상은 현실적 제도와 결합할 가능성이 크다는 점에서 주목해야 한다. 사회제도에 편입된 제도화된 유교 이념은 사회 구성원들의 교육적 동기를 자극했기 때문이다. 이로 인해 유교적 문치주의 경향이 사회적으로 확대될 수 있었다.

신라는 문화뿐만 아니라 여러 면에서 후진국으로 출발하였다. 그러나 지증왕과 법흥왕 그리고 진흥왕을 거치면서 급속히 발전하여 고대 국가의 체제가 확립되었다. 이 시기는 백관(百官)의 공복(公服)과 율령(律令)을 반포하고, 상복제를 정하고 순장제를 폐지하였으며 유교식 연호를 사용하는 등 유교 사상이 사회질서 이념으로 확고하게 뿌리를 내렸다.

진흥왕은 말년에 개인적으로 불교를 숭상했으나 정치 이념적으로는 유교 윤리에 입각한 여러 덕목을 권장함과 동시에 신상필벌(信賞必罰)의 원칙을 뚜렷이 하여 백성이 나아갈 바를 확연히 제시하여 화랑도 정신에 영향을 주었다(한국철학사연구회, 1997: 49).

진흥왕의 비문에는 유교적 수기치인(修己治人)과 충신절의(忠臣節義)에 대한 흔적이 남아 있다. 삼국유사에서는 "진흥왕은 화랑도에 실천 윤리로서 효제충신(孝悌忠信)의 도(道)를 가르쳤으며 … 윗사람을 공경하고 아랫사람에게 순하게 하니 오상(五常), 육예(六藝), 삼사(三師), 육정(六正)이 왕의 시대에 널리 행하여졌다"라고 하였다(한국철학사연구회, 1997: 51). 당시 국가의 지배 사상은 불교였으나, 현실 정치는 유교 사상에 기반을 둔 전제정치가 행해졌다.

삼국통일 후, 문무왕은 유교의 왕도정치를 기반으로 통치했으며, 일상생활에서도 유교의 실천윤리가 깊숙이 파고들었다. 유교는 중요한 통치수단으로 국가 이념에 많은 영향을 미쳤으며, 사회 저변에까지 확대·보급되었다. 이런 배경에는 강수(强首), 설총(薛聰), 최치원(崔致遠)과 같은 탁월한 유학자가 있었으며, 아울러 유교를 장려한 교육기관의 발달과 당(唐) 유학생의 증가가 중요하게 작용하였다.

삼국통일 이후 신문왕 2년(682) 처음으로 오늘날의 국립대학과 같은 국학(國學)이 설립되었다. 교과내용은 유교 경전이 중심이었으며 세 등급으로 구분되어 있었다. 논어(論語)와 효경(孝經)은 모든 등급에서 필수 공통 과목이었다. 논어와 효경을 제외하면 예기(禮記), 주역(周易), 춘추좌씨전(春秋左氏傳), 문선(文選), 곡례(曲禮) 등이 주요 교과내용이었다.

국가 교육기관에서 유교 경전이 주요 교과내용으로 채택된 까닭은 유교 사상이 정치뿐만 아니라 사회 윤리로서 확대되기를 지배계급이 원했기 때문이다. 이 점은 유교의 통치 이데올로기적 역할 여부를 떠나, 유교적 문치주의 경향의 사회적 확대 기반을 제공했다는 점에서 의미가 있었다.

원성왕 4년(788)에 관리 선발 성격이 강한 독서삼품과(讀書三品科)의 설치는 숭문주의 관점에서 보면 시사하는 바가 크다. 독서삼품과는 국학에서 고급관리를 선발하는 시험제도로서 상품(上品), 중품(中品), 하품(下品)으로 구성됐으며 교과내용은 유교 사상이 중심이었다. 독서삼품과를 통해서 능력에 따라 관리를 선발하였는데, 주로 진골(眞骨)과 육두품(六頭品)을 위한 교육기관이었다.

육두품은 귀족국가나 왕국의 귀족가문 및 진골에서 강등된 가문 출신들로 구성되어 있었다. 당시의 뛰어난 유학자인 설총, 강수, 최치원도 육두품에 속했다. 독서삼품과가 능력을 중요시했지만, 육두품 계층은 지배 귀족세력인 성골과 진골에 막혀 일정 신분 이상의 출세를 못 했으며, 유학이나 외교문서 작성, 시간 관측, 율학 등의 행정실무에 종사하였다. 육두품 출신은 능력은 있지만, 골품제(骨品制)의 한계로 인해 사회적으로 차별 대우를 받아야 했다. 신라 말기에 육두품 출신은 호족(豪族) 세력에 편입되거나, 반신라적 성격을 가졌다.

독서삼품과는 외형상 능력을 강조했지만, 골품제의 신분적 한계로 인해 일정 이상의 출세를 못 하는 제한된 능력주의를 강조한 것에 불과했다. 실력보다 제한된 사회적 보상을 주는 독서삼품과에 대한 사회적 매력은 떨어질 수밖에 없었다.

골품제의 한계인 능력 중심의 신분 상승의 기회가 차단됨으로써 독서삼품과에 대한 교육의 사회적 동기는 줄어들었다. 이런 점은 교육은 사회적 이해관계에 따라 교육의 사회적 성격에 영향을 미칠 수 있다는 것을 시사하고 있다.

삼국시대는 유교만 강조된 사회는 아니다. 정치뿐만 아니라 일상생활의 실천윤리에서도 유·불·선이 동시에 영향을 미쳤다. 유교와 더불어 불교도 매우 발전하였다. 교육문화사 관점에서, 유교는 사회적 실천윤리의 성격이 강하여 국가 차원에서 제도적으로 수용될 사상체계를 가지고 있었다.

불교와 도교는 사상적인 발전에도 불구하고, 한 국가의 이념으로 제도적 차원에서 수용되기에는 한계를 가지고 있었다. 국가적인 차원에서 유교는 그 자체의 내적 논리와 더불어 문치주의라는 제도적 요소를 갖추고 있어서, 활발히 전개될 수 있었다.

교육문화사 관점에서 볼 때, 삼국시대의 교육문화를 명확하게 규명하기는 어렵다. 그러나 삼국시대는 우리의 교육문화를 형성케 하는 잠재적 요소들을 갖추고 있었다. 삼국시대에서 유교 사상은 제도적으로 잘 수용됐지만, 유교 경전을 직접 접촉할 수 있는 계층은 귀족에게만 한정되어 있었다. 인쇄술의 미발달로 인해 낮은 신분계층은 유교 경전을 습득할 기회가 적었으며 현실적으로 그 혜택은 귀족에게만 돌아갈 수밖에 없었다. 설령 유교 경전을 습득하여도 신분제의 한계로 인해 교육 출세주의를 부추길만한 사회의 유인력은 거의 없었다.

유교 사상은 불교와 도교의 발달로 인해 일반 서민까지 폭넓고 깊게 전파되기에는 한계가 있었다. 그러나 유교 사상은 국가가 제도적으로 수용하는 중심부 이론으로서 주변부에 파급 효과를 낼 수 있는 이데올로기적 성격을 가지고는 있었다. 일반 서민들은 구체적인 유교 사상을 습득하지 못한다고 해도, 통치 이데올로기적 측면에서 유교 사상은 사회 풍습과 규범을 강화하여 교화시키는 역할을 하였다.

유교 사상은 이데올로기적으로 지배계급의 상대적 우월성 확보와 효과적인 통치 기제로 사용될 수 있었다. 유교 사상은 전반적으로 귀족계급에게 제한되어 있었지만, 일반 서민들의 풍습과 규범에 스며들면서 숭문주의 경향을 서서히 강화하는 이데올로기 기반으로 작용하였다.

02

고려시대의 교육문화

고려시대의 교육문화를 이해하기 위해서는 과거제(科擧制)와 학교제(學校制)를 주목해야 한다. 과거제와 학교제는 붕당의 원인이었던 좌주문생제(座主門生制)와 사학12도(私學十二徒)의 출현 그리고 신진사대부의 등장과 밀접한 관련이 있으며, 교육문화의 형성을 이해하는 데에 중요한 실마리를 제공하기 때문이다.

태조(太祖) 왕건(王建)에 의해 건립된 고려는 초기만 하여도 호족연합의 불안한 정권이었다. 정권의 불안정을 극복하기 위해 광종(光宗)은 후주(後周) 쌍기(雙冀)의 건의를 받아들여 과거제와 노비안검법(奴婢按檢法)을 도입하고 광군(光軍)을 설치하였다. 이는 호족세력의 권력을 약화하고 왕권 강화를 도모하기 위한 정책이었다.

특히 과거제는 대호족의 견제세력을 양성하려는 목적이 있었다. 고려시대 전반에 걸쳐 과거제가 완전히 성공하지는 못했지만, 과기제와 관학(官學)의 연계를 통해 왕권 강화를 도모하고자 하였다. 당시 왕권은 유교의 충효 원리를 현실적인 통치 이데올로기로 삼았으며, 과거제와 학교제는 유교가 중심을 이루었다.

성종(成宗) 역시 과거제와 학교제를 왕권 강화 목적에서 운영하였다. 그는 유교를 치도(治道)의 근본이념으로 삼아, 과거제와 학교제를 통해 사회 전반에 확산하려고 노력했으며 유교 문인을 숭상하였다. 무신정권기(武臣政權期)를 제외하고 문인들이 정치의 핵심을 이루었다. 예종(睿宗) 대에는 무과(武科)가 과거제에 포함됐으나 곧 폐지되어, 문과(文科)가 고려 전반에 걸쳐 과거제의 중심을 이루었다.

고려시대는 과거제와 학교제의 연계로 인해 유교 사상이 중심을 이루었다. 고려 초에 문벌귀족(門閥貴族)의 관직 독점으로 인해 과거제는 크게 발달하지 못하였다. 정5품 이상에게 혜택을 부여하는 폐쇄적인 음서제(蔭敍制)에 의해 능력 위주의 과거제가 순조롭게 발전하지 못했다.

문종(文宗) 대는 좌주문생제와 사학12도를 통해 문벌귀족은 붕당을 통해 정치 권력을 독점하여, 고려시대 전반에 걸쳐 정치적 폐해를 초래했다. 좌주문생제와 사학은 정치적 학연(學緣)을 초래했으며, 그 폐해가 매우 심각하여 공민왕(恭愍王) 대에 강한 정치 개혁의 대상이 되었다.

고려 중기에는 문신 귀족들의 정치적 독단에 대해 강한 불만을 느낀 무신들이 문벌세력의 문신들을 거의 제거하여 무신정권을 설립하였다. 무신들은 문신들에 대해 반감이 많았지만, 외교문서 작성, 행정 실무 처리 등의 현실적 문제를 해결하기 위해 불가피하게 지방 향리계층의 새로운 문신들을 유입하였다. 이로 인해 능문능리(能文能吏)의 신관인층(新官人層)은 고려 사회의 새로운 세력으로 등장하여, 신분체제 재편과 더불어 신진사대부(新進士大夫)가 출현하였다. 고려 후기의 신진사대부들은 구귀족(舊貴族)의 불교와 사장(詞章) 중심의 한당유학(漢唐儒學)을 배격하고, 송(宋)의 신유학(新儒學)인 성리학(性理學)을 신봉하였다.

충렬왕(忠烈王) 때, 안향(安珦)에 의해 도입된 성리학은 정몽주, 이색, 길제, 정도전 등에 의해 많은 발전을 할 수 있었다. 이성계의 역성혁명(易姓革命)도 성리학 이념의 기반에서 이루어졌으며 왕도정치(王道政治)의 초석이 되었다. 역성역명을 둘러싸고 당시의 지지 세력과 반대 세력을 이룬 신진사대부 계층은 크게 보아 정도전 중심의 급진 세력과 정몽주 중심의 온건 세력으로 나누어졌다. 이 양 세력은 조선시대의 훈구파(勳舊派)와 사림파(士林派)를 형성하는 역사적 배경을 이루었다.

훈구파와 사림파는 다른 사상적 기반을 가진 것이 아니라, 성리학의 사상적 틀 내에서 자신들의 정치적 이해관계를 관철하기 위해 대립하였다. 따라서 조선시대는 성리학이 독보적인 지배이념으로 강한 영향력을 행사하였다. 조선 사회는 성리학의 독보적 위치로 인해 새로운 사상을 수용할 수 있는 학문적 토양이 허약했으며, 같은 신유학이라도 양명학(陽明學)에 대해서는 매우 배타적이었다.

고려 말에 신진사대부의 불교에 대한 비판은 성리학의 이론적 우위성을 확보하는 데 중요한 역할을 하였다. 고려 초에 최승로는 시무책(時務策)을 통해 불교를 비판했으나 그것은 불교의 사상적 측면보다 사회적 폐해에 관한 것이다. 당시의 사원들은 많은 토지를 차지하고 고리대금업과 상업에까지 손을 대었으며,

패역(避役)의 소굴로까지 변하는 등 폐단이 심하였다. 불교는 점차 사상계에서도 민심을 잃어 그 지도력을 상실해 가고 있었다. 당시의 불교가 정신적·물질적 면에서 크게 타락하여 그 권위를 잃어가자 신진사대부들은 성리학을 그들의 정신적 기반으로 삼게 되었다(최완기, 1983: 5).

신진사대부는 정교해진 성리학 이론을 바탕으로 불교를 정면으로 비판하였다. 정몽주, 정도전 등의 신진사대부는 불교의 사회적 폐해뿐만 아니라 불교의 이론적 불합리성을 공격함으로써 성리학의 통치 이념을 정당화하였다. 이런 상황은 성리학이 역사적으로 확고한 정치사회적 이념으로 뿌리를 내릴 수 있는 중요한 계기가 되었다.

고려시대의 교육문화는 삼국시대와 달리 구체적으로 나타났다. 왕권 강화를 위한 유교적 문치주의는 숭문주의 교육문화를 촉진했으며, 과거제와 학교제의 발달은 입신양명주의와 문벌주의 교육문화를 형성하는 근간으로 작용하였다.

고려시대의 정치사회적 측면은 교육문화 형성에 큰 영향을 미쳤으며, 몇몇 제도적 장치들은 교육의 사회적 동기를 촉진하는 계기가 되었다. 많은 한계에도 불구하고 고려시대의 객관적 선발제인 과거제는 교육의 사회적 효과에 대한 인식을 각인시켰다는 점에서 역사적 의미가 크다고 할 수 있다. 과거제의 사회적 혜택은 좌주문생제에서 나타났듯이 학연 중심의 정치적 붕당을 이루는 동기로 작용하였다.

고려시대는 숭문주의와 입신양명주의 그리고 문벌주의 교육문화가 이루어져, 조선시대의 교육문화 형성에 중요한 가교 역할을 했다. 고려시대의 가족주의는 조선시대의 부권과 장자중심주의 그리고 가문의 강한 결속력 등의 종법제(宗法制) 질서보다 매우 미약하였다. 이런 측면에서 보면 고려시대는 교육문화가 완전히 정착됐다고 볼 수 없지만, 전체적으로 교육문화 형성에 큰 영향을 미쳤다.

PART

03

한국 교육문화의 사회사적 배경

CHAPTER 01
신유학의 이념사적 배경

01 신유학의 이론적 특징

가. 선진유학의 특징

조선시대에서 성리학은 사회 전반의 질서 체제를 변화시킬 만큼 큰 영향을 미쳤다. 조선조의 정치사회적 질서와 생활 의식을 알기 위해서는 성리학에 대한 이해가 선행되어야 한다. 조선시대의 사회질서 의식은 교육문화 형성과 밀접한 관련이 있으며, 그 이념적 원동력은 성리학이었다. 성리학에 대한 이해는 교육문화를 분석하는 데에 중요한 준거가 된다.

성리학을 이해하기 위해서는 고대유학(古代儒學)과 신유학(新儒學) 그리고 신유학 내의 이론적 상이성을 고찰해야 한다. 그래야만 조선조 성리학 이념의 정치·사회적 의미를 쉽게 규명할 수 있으며, 아울러 성리학의 이론적 경직성에서 야기된 사회적 배타성과 강한 위계적 생활 의식을 이해할 수 있다.

조선시대의 성리학적 사회질서의 이념적 특성을 밝히기 위해서는 고대유학과 신유학에 대한 개괄적 흐름을 살펴볼 필요가 있다. 유학은 크게 선진유학(先秦儒學)

과 한당유학(漢黨儒學) 그리고 신유학으로 구분된다. 선진유학은 고대유학(古代儒學)이라고 하며 공맹 사상을 중심으로 나타났다. 신유학은 공맹 사상을 바탕으로 발전한 정주학(程朱學)과 양명학(陽明學), 그리고 기학(氣學) 및 실학(實學)이라고 불리는 고증학(考證學)을 포괄한다. 이렇게 다양한 신유학을 이해하기 위해서는 공맹 중심의 선진유학을 먼저 알아야 한다. 공맹 중심의 유학은 신유학의 사상적 기반을 형성하기 때문이다.

공자(孔子)가 살았던 춘추시대(春秋時代)는 극심한 정치적 혼란과 사회적 무질서의 난무로 인해 인간성이 고갈되고 있었다. 그의 사상에는 이런 정치사회적 무질서를 극복하고 인간성을 회복하여 이상세계를 구축하고자 하는 지극한 인본주의(人本主義)적 맥락이 깔려 있었다. 그는 사회적 상하 관계가 있으면서 없는 듯하고,[1] 서로가 아끼며 사랑하고 예(禮)로써 성심껏 대하는 요순(堯舜)시대의 사회질서를 모범으로 제시했다. 그는 이상세계인 요순시대로 돌아가기 위해서는 인도사상(人道思想)의 적극적 실현이 필요하다고 하였다.

---

1 유학의 분(分) 사상은 사회 신분 질서를 나타낸다. 사람마다 천명(天命)에 의해 품수를 받은 기질 차이가 있다. 이런 기질은 천리(天理)의 본연지성(本然之性)으로 발현하여 천도(天道)를 실현한다. 하늘이 준 기질에는 높낮이가 존재하는 것이 아니다. 분 사상의 핵심은 모든 사람이 주어진 기질을 잘 닦아 모든 만물이 화합하도록 도모하는 데 있다. 명(命)에 의해 품수를 받은 기질을 과유불급(過猶不及)의 중화(中和)를 통해 대동세계(大同世界)를 구축한다. 공자의 분(分)은 주어진 기질을 발현하여 기질의 차이에 분화되는 임무를 수행하는 역할론(役割論)과 관련이 있다. 신분적 높낮이가 있는 것이 아니라 주어진 자기의 위치에서 중화세계를 구축하는 역할만 있는 것이다. 공자의 분 사상에는 수직적 관계와 수평적 관계가 공존한다. 그러나 성리학은 위계화된 신분 개념인 계급론(階級論)과 밀접한 관련이 있다. 성리학은 리(理)를 가치론적으로 객관적이고 절대적이며 초월적인 존재로 상정하면서 기(氣)를 가치론적으로 열등하다고 본다. 성리학은 이론적으로 수직적이고 차별적인 질서를 암묵적으로 내장하고 있다. 성리학의 예치(禮治)는 신분적 위계질서를 공고히 하는 도덕 이데올로기의 성격을 가지고 있다. 성리학은 신분계습의 위계화를 정당화하고 있다. 주희(朱熹)는 원래 사람과 사물에는 귀천의 차이가 없다고 하였다. 성리학에서 분 사상의 신분 차별적 위계화론은 사실, 사회의 평등 관계에 대해 다양한 해석 가능성을 가지고 있다. 성리학의 위계화론 역시 공자의 역할론 성격을 가지고 있다. 그러나 인간의 현실적 욕망이 개입되면서, 사상적 의도와 달리 분 사상은 신분 차별의 강력한 계급 이데올로기의 기제로 활용됐다.

공자 사상의 핵심은 인(仁)이다. 대다수 학파의 유학 사상은 인 사상의 연장에 불과하다. 인은 개인적으로 내면의 본질을 구현하고, 이를 통해 사회적으로 확대해 가는 도덕적 개념이다. 인(仁)은 人과 二가 결합된 회의자이므로 두 사람을 전제로 한 사회적 개념이다.

인은 타인을 전제하고 있다. 인은 타인과 가장 바람직한 관계를 나타낸다.[2] 타인과 도덕적 관계를 맺기 위해서는 먼저 자아(自我)의 자각(自覺)을 위한 수신(修身)에서 출발해야 한다. 천리(天理)가 요구하는 인은 개인의 내면에서 깊이 체득해야만 타인에게 확장될 수 있다. 인의 내면적 자각은 자연스럽게 타인의 인을 도모하는 자율적 성격을 가지고 있다. 인의 참된 실현은 타인과 함께 공유하는 선(善)의 보편성을 가지고 있다.

인[3]은 넓은 의미에서 타인을 사랑하는 도덕적인 성격이 있다. 인은 인간을 인간답게 하는 실천적 기준을 제시한다. 인의 개념은 단순한 덕목(德目)으로서 인이라기보다는 총체적 성격으로 천성(天性)과 물성(物性)을 모두 소통하는 의미로서의 인이다(유칠노, 1996: 27).

공자의 인은 우주를 주관하는 천도(天道)와 소통하는 천지지심(天地之心)이며 순수지성(純粹之性)이다. 인은 모든 사람의 마음속에 깊이 숨겨져 있는 천부적인 성품인 동시에 본능이므로 미발지중(未發之中)의 상태에 있다. 이런 성품은 인간 모

2 논어(論語)에서 공자는 인자(仁者)는 자신이 서고자 함에도 남도 서게 하며, 자신이 통달하고자 함에 남도 통달하는 것이라고 하였다. 번지(樊遲)가 인을 묻자 공자는 사람을 사랑하는 것이라고 하였으며, 지(智)를 묻자 사람을 아는 것이라고 하였다(성백주 역주, 1999a).

3 주희(朱熹)는 인(仁)은 사랑의 리(理), 심(心)의 덕(德)이라고 하였다. 인은 뿌리요, 사랑은 싹이다. 등잔은 인이고 빛은 사랑이다. 빛이 없으면 등잔의 작용이 없듯이 사랑이 없으면 인의 작용도 없다. 인은 체(體)요, 사랑은 용(用)이라고 하였다(이형성 역, 1999: 422-423). 인은 사욕이 없는 본연지성(本然之性)이며, 그 자체로 천리와 관통하고 있다. 따라서 공자는 인은 극기복례(克己復禮)라고 하였다. 자기와 타인을 사랑하기 위해서는 사욕(私慾)을 없애고 맑고 투명한 마음으로 유지하여, 인의 요소인 지(智)의 분별에 의해 이루어져야 한다. 이러한 인 사상 속에는 자연히 타인과의 관계를 포함하는 사회질서를 내포하고 있다.

두에게 내재해 있어 선성(善性)의 보편성을 가지고 있다. 인간은 사욕을 절제하여 순수지성(純粹之性)인 인을 회복하면 대동세계(大同世界: 대도(大道)가 실현된 공평무사한 유토피아 세계)를 구축할 수 있다.

인을 자각(自覺)하는 것은 천리(天理)를 아는 것과 동일시된다. 인은 천도에 의해 부여됐기 때문에 인 자체가 천도(天道)라는 것이다. 공자의 도(道)는 모든 만물을 관통하는 일이관지(一以貫之)의 성격이 있다.

인은 충서(忠恕)와 동일한 맥락 속에 있다. 충(忠)은 마음의 중심과 관련된 내면의 진심, 정성스럽게 자신의 마음을 다하는 것을 의미하는 주체적 입장을 뜻한다. 서(恕)는 나의 입장에서 타인을 고려하는 것이다. 자신의 마음을 미루어 남의 마음을 아는 것이다. 내가 좋아하는 것은 남이 좋아하고, 내가 싫어하는 것은 남도 싫어한다. 남의 처지에서 미루어 생각하는 역지사지(易地思之)를 보여준다.

정자(程子)는 자신으로서 남에게 미침은 인이요, 자기 마음을 미루어 남에게 미침은 서이니, 중용(中庸)에서 충과 서는 거리가 멀지 않다. 충서는 일이관지(一以貫之)이니 충은 천도(天道)요, 서는 인도(人道)이며 … 서는 충을 이행하는 것이다. 충은 체(體)요, 서는 용(用)이니 대본(大本)과 대도(大道)라고 하였다(성백주 역주, 1999a: 78).

인은 홀로 독존한 것보다 시종일관 사회관계의 삶을 중요시한다. 인은 사랑과 밀접한 의미가 있다. 사랑한다는 개념은 타인과의 관계를 전제한다. 인은 자기와 같이 타인을 사랑하는 실천 사상을 요구한다. 남을 사랑하기 위해서는 사랑의 진정한 의미를 먼저 자각해야 한다.

인은 주체의 내면적 자각을 위한 수신에서 출발하여 사회적으로 확대·실현되는 것이다. 공자가 제시한 군자(君子)는 사회적으로 인의 확대를 실천하는 최고의 인간상이다. 군자는 자신의 사리사욕보다 타인에 대한 배려인 공익(公益)을 우선시하는 인간상이다.

논어(論語)에서 공자는 인은 마음의 덕이니, 마음이 인을 떠나지 않는다는 것은 사욕이 없어 그 덕을 간직한 것이라고 하였다. … 정자(程子)는 인을 떠나지 않는 것은 다만 털끝만 한 사욕도 없음이니, 조금이라도 사욕이 있다면 인이 아니라고 하였다. 인은 사욕이 곧 모두 없어져 심덕(心德)이 온전한 것이다"라고 하였다(성백주 역주, 1999a: 111-129). 인의 획득은 수신을 통한 자아의 자각에서 비롯되어 자연스럽게 사회적으로 확대되는 것이다. 따라서 공자는 "인이란 사랑의 원리요 마음의 덕이니, 위인(爲仁)이란 행인(行仁)이란 말과 같다"라고 하였다(성백주 역주, 1999a: 19).

인은 사회 실천(實踐)을 전제하고 있다. 공자의 인 사상의 출발점은 자기완성의 자아사상(自我思想)에서 출발하지만, 내면의 자아에만 머무르는 것이 아니라 타인과 함께 공유하는 사회 실천과 인본사상을 지향하고 있다. 인 사상은 자아의 성립에서 이성과 감정의 내적 합일(合一)을 요구하고 있으며, 아울러 타인과 함께 공유해야 한다.

인의예지신(仁義禮智信)인 오상(五常)도 인의 확대 개념에 불과하다. 인의예지신은 인의 기반 없이 성립될 수 없으며, 인에서 파생된 개념이다. 인은 주역의 계사전(繫辭傳)에서 천도(天道)를 나타내는 원형이정(元亨利貞)의 원(元)에 해당하는 인도(人道)의 근본적 개념이다.

의(義)는 나와 타인의 관계가 인으로 맺어지는 것을 말한다. 의라는 것은 인이 실천된 사회관계를 나타낸다. 의는 자신의 육체적 욕망과 사리(私利)보다 타인을 배려하는 인의 실천과 옳고 그름의 윤리적 행동의 기준이 된다. 굳이 구분하면 인이 자아의 덕이라면 의는 사회관계의 덕이다. 의는 사회관계의 윤리적 기초가 되는 중요한 개념이다.

맹자(孟子)는 도덕적 당위성의 기준인 의는 인성에 내재한 것으로 사물의 법칙성과 같은 관점에서 고려해야 한다고 하였다(이재룡, 1995: 140). 예(禮)는 인을 실천하는 행위의 객관적 표준이며, 지(智)는 인을 구하고 실천하는 지혜다. 인 사상 속에는 개인의 욕망과 사리를 극복하기 위한 절제를 요구하고 있다.

인 사상의 구체적인 사회적 출발점은 친친(親親)의 원리인 효제(孝悌)에서 비롯된다. 효(孝)는 나와 부모의 인 관계며, 제(悌)는 나와 형제의 인 관계다. 따라서 효는 부모와 자식 간의 관계며, 제(悌)는 형제 간의 관계와 윗사람 간의 관계를 의미한다. 효를 실천하기 위해서는 부모를 인으로서 잘 섬겨야 하며, 제는 형제 간의 우애가 있어야 하며, 윗사람을 공경으로 대해야 한다. 효제(孝悌)는 순수지성(純粹之性)의 덕(德)이다.

논어에서 공자는 "효제(孝悌)를 집안에 행한 뒤에 인과 사랑이 남에게 미치는 것이니, 이것이 이른바 친한 이(親戚)를 친히 하고 백성을 사랑한다는 것이다. … 인이 효제의 근본이 되는 것이다. … 혹자가 묻기를 효제로 말미암아 인에 이를 수 있는 것입니까? 이것은 아니다. 인을 행하는 것은 효제로 시작됨을 말했을 뿐이다. 효제는 인의 한 가지 일이니 … 인은 본성(本性)이요, 효제는 용(用)이다. 성(性) 가운데 다만 인의예지(仁義禮智) 네 가지가 있을 뿐이니, 어찌 일찍이 효제가 있겠는가. 그러나 인의 사랑은 어버이를 사랑하는 것보다 더 큰 것이 없다. 그러므로 효제란 인을 행하는 근본"이라고 하였다(성백주 역주, 1999a: 19−20).

인을 기반으로 한 효제의 경덕사상(敬德思想)은 집안에서부터 시작하여 사회 실천을 강조한다. 효제는 인의예지에서 파생되었다. 효제는 인을 실현하는 현실적인 실천 사상이다. 인은 형이상학적인 성격을, 효는 사회 실천적인 성격을 가지고 있다. 효는 인의 사회 실천의 시작이며, 끝이라고 할 수 있다.

효경(孝經)에서 공자는 부모를 잘 섬기는 것이 효이니, 사람의 행실에는 효보다 큰 것이 없다고 한다. 요순은 큰 성인(成人)이었으되, 그 도(道)가 효제에 불과하다고 하였다. 효경(孝敬)에서 효는 오상(五常)의 근본이고 백행(百行)의 근원이며, 인을 행한다는 것은 반드시 효로부터 나오니 … 효로서 임금을 섬기는 충(忠)이고, 형을 섬기면 제(悌)이고, 백성을 다스리면 애(愛)이고, 어린이를 어루만지면 자(慈)이니, 하나의 효가 성립되면 온갖 선(善)에 따라 행해진다고 하였다(정태현 역주, 1999: 2−29).

공자는 효는 하늘의 경(經)이며 땅의 의(義)이며 백성의 행(行)이라고 하였다(정태현 역주, 1999: 53). 인의 실천적 의미인 효는 부모와 자식 간에만 국한된 것이 아니라 모든 사회 원리며 통치원리이기도 하다. 모든 사회 원리는 효의 연장에 불과하다. 효 사상에는 인의 특성이 모두 포함되어 있어서, 공자의 실천 윤리를 효 사상으로 함축할 수 있다.

공자의 인 사상을 바탕으로 맹자(孟子)는 인성론(人性論)을 한층 발전시켰다. 그는 사단칠정론(四端七情論)에서 인간의 성선(性善) 가능성을 제시하였다. 사단(四端)은 인간의 본질적 욕구인 선(善)이며, 칠정(七情)은 욕망을 자극하는 악(惡)이다. 인간은 칠정을 억제하고 사단을 지향함으로써 선성(善性)을 유지할 수 있다. 맹자의 성선설(性善說)은 합리적 기준과 이성을 통해 인간의 욕구를 억제하여 선성(善性)을 회복시키는 인위성(人爲性)을 강조한다.

맹자에게 있어서 인간의 본질적 욕구는 인의예지(仁義禮智)의 확충이다. 인의예지는 인간 심리의 깊숙한 밑바닥에 숨어 있으며, 그의 끄트머리인 측은(惻隱), 수오(羞惡), 사양(辭讓), 시비지심(是非之心)이 빙산의 일각처럼 드러나 있다는 것이다. 인간의 심층에 있는 인의예지를 드러나게 하여 개인적으로 사회적으로 실현하는 것을 확충이라 하였다(이강수, 1996: 201).

맹자의 성선설은 누구나 마음 깊숙한 곳에는 성선인 인의예지가 고유하고 보편적으로 내재하고 있으며, 인위적인 노력으로 이를 자각하는 데 있다. 맹자의 성선은 순선(純善)을 의미한 것이 아니라, 이성적 자각을 통해 사단(四端)과 오륜(五倫)을 지향함으로써 성선을 유지할 수 있다는 인간적인 믿음을 바탕으로 하고 있다. 역으로 인간의 억제 능력과 이성적 자각 능력이 약화하면 인간은 언제든지 약해질 수 있다.

맹자의 이런 사상은 강한 도덕적 규범의 당위성을 제시하며, 선악을 구별하는 기준으로 사단(四端)과 오륜(五倫)을 제시하였다. 오상(五常)의 기준은 인간 행동의 표준으로 제시되지만, 경직된 규범적 표준으로 이용될 수 있었다. 이런 맹자의 인성론은 성리학의 발전에 중요한 초석이 된다. 성리학에서 사단은 인의예지(仁義禮智)의 성(性)에 의해 발현된 순선의 정(精)이고 칠정(喜怒哀樂愛惡慾)은 선악을 겸비하고 있다. 따라서 사단은 리(理)와 연결되며, 칠정은 기(氣)와 연결된다. 이기론(理氣論)으로 설명되는 인성론(人性論)은 성리학 내에서도 많은 논쟁을 일으켰다.

공맹의 인 사상을 종합하면 인은 하늘이 부여한 선성(善性)이며 보편성이기에 인 자체가 천도라는 것이다. 인을 알면 천도를 알 수 있고, 인에 따라 행동하면 하늘에 부합될 수 있다. 인은 인간과 모든 만물을 통괄하는 천부적 성품이다. 인은 선진유학의 가장 핵심적인 개념이라 할 수 있다.

나. 신유학의 특징

선진유학은 천도론(天道論)을 바탕으로 한 인성론에 중점을 두었지만, 본체론(本體論)에 대한 설명력이 미약하여 불교와 노장 사상보다 이론적으로 미흡하였다. 유학 사상이 철학적으로 진일보하고 불교와 도가 사상을 극복하기 위해서는 우주 본체론에 대한 정립이 선행되어야만 했다. 우주 본체론의 정립은 인성을 이해하는 논리적 실마리와 이론적 체계를 높일 수 있는 기반을 제공하기 때문이다.

우주 본체론에 대한 이해는 사실상 신유학이 대두되면서 정립됐다. 신유학은 주렴계(周濂溪)의 태극론(太極論)을 시작으로, 주렴계를 포함하여 북송오자(北宋五子)로 지칭되는 소강절(昭康節), 장횡거(張橫渠), 정명도(程明道), 정이천(程伊川) 등에 의해 우주 본체론적 이해의 영역을 넓히기 시작하여 불교와 도가 사상을 극복할 수 있는 이론적 실마리를 제공하였다. 이들 사상을 바탕으로 남송(南宋)의 주희(朱熹)는 성리학을 집대성할 수 있었다.

주렴계에 의해 제시된 태극론에 의해 우주 본체론에 대한 논의가 시작되어 신유학은 사상적으로 체계화되었다. 주렴계의 태극론은 불교와 도가 그리고 주역의 계사전의 영향을 받아 신유학의 본체론을 최초로 정립한 이론이다. 그는 본체론적 입장에서 태극을 제시하여 음양오행(陰陽五行)과 사시운행(四時運行) 등의 기(氣)의 운행이 우주 생성의 법칙이라 보고, 이러한 체계 속에 인성론을 이해했다. 소강절은 주역의 영향을 받아 만물이 분화(分化), 유행(流行)하는 것은 태극(太極)에서 파생된 것이며 마음과 천지 운행 그 자체가 태극이라고 하였다. 태극과 마음을 동일시하였다.

장횡거는 모든 사물의 운행과 형상을 기(氣) 중심으로 설명하였다. 태극 자체는 일기(一氣)며 여기서 파생된 음양(陰陽) 양의(兩儀)의 기가 혼재(混在)하여 만물을 구성한다. 그는 태극을 기로 파악하고, 이런 입장에서 성(性)을 천지지성(天地之性)과 기질지성(氣質之性)으로 구분하였다. 막힘이 없는 태허(太虛)의 기, 즉 청명하고 맑은 기가 감응(感應) 소통되면 천지지성을 이루고, 만물에 내재해 막혀 있는 기는 기질지성을 이룬다. 기질지성은 천지지성을 보유하고 있으며 수양을 통해 만물과 감응할 수 있는 천지지성을 드러낸다.

정명도는 우주의 생성과 변화의 작용을 일기론(一氣論)으로 설명하였다. 그에게 있어서 리(理)는 기(氣)를 떠나 존재하는 것이 아니라, 기 속에 있어 움직인다. 리는 기의 자연적 움직임 그 자체다. 그의 입장은 태극을 기로 보는 본체론적 입장에 있다. 기의 역동적 특성인 생생(生生)은 매우 중요한 의미가 있다. 천지나 인성은 기의 생(生)에 의해 드러나기 때문이다.

모든 만물은 생성(生成)에 의해 탄생하기 때문에 성(性)도 생(生)의 전제로 이루어지는 생지위성(生之謂性)이라 할 수 있다. 성은 미발지중(未發之中)의 정체적 상태에 있는 것이 아니라 역동적인 생(生)의 상태에 있다. 그는 역동적인 생생(生生)의 실체는 기이므로, 성은 곧 기라는 성즉기(性卽氣)의 입장을 보인다.

정명도는 선악에 대해 생생기(生生氣)는 성이고, 기는 선악을 품고 있기 때문에 성도 선악을 동시에 내포하고 있다고 한다. 사람은 기품(氣稟)에서 생겨나며 리에도 선악이 있다. 그러나 성 가운데 원래 이들이 상대해서 태어난 것은 아니다. … 선은 진실로 성(性)이다. 그러나 악 또한 성이라고 하지 않을 수 없다고 한다(유인희, 1996: 253).

정명도에 의하면 성(性)은 장횡거가 제시한 것처럼 천지지성과 기질지성으로 구분돼 있는 것이 아니라, 성 그 자체가 선악을 동시에 품고 있는 것이 기(氣)라고 하였다. 단지 사람은 기의 품수(稟受)에 따라 인품이 달라진다고 한다. 정명도의 성은 천지지성을 나타낸 것이 아니라, 궁극적으로 기질지성을 가리키는 성일원론(性一原論)을 의미하고 있다.

대부분 북송학자는 본체론을 주기론(主氣論)으로 이해하지만, 정이천은 이들과 달리 본체론을 리(理)라고 정의하면서 리기이원론(理氣二元論)의 새로운 이론적 분수령을 이루게 하였다. 그는 우주만물이 운행하는 법칙인 태극을 리로 보고 음양이 변화되는 것을 기라고 하였다. 어떤 사물이든지 리에 의해 움직인다는 것이다. 그는 천리(天理)에 따라 부분 리(개체)가 생기며 부분 리는 결국 천리에서 파생된다는 리일분수론(理一分殊論)을 주장하였다.

정이천은 리를 절대적이고 초월적인 위치에 놓는다. 본질적이고 능동적이고 동시에 선(善)인 것을 리라고 하며, 부수적이며 수동적이며 동시에 악(惡)인 것을 기(氣)라고 하였다. 그에 의해 주기론에서 주리론으로 전환하는 계기가 되어 송명이학(宋明理學)이 탄생할 수 있었다.

정이천은 천(天)에서는 명(命)이요, 의(義)에 있어서는 리(理)요, 인(仁)에서는 성(性)이요, 신(身)에 있어서는 심(心)이라고 하며 … 심이 기발(氣發)한 것에 대해서는 심이라 하지 않고 정(精)이라고 하였다(김충렬, 194: 297). 그가 말하는 명, 리, 성, 심은 같은 체계 속에서 이루어지며 미발(未發)의 정체 상태에 존재하는 활동력을 잃은 추상적 개념이다. 기발(起發)의 상태, 활동을 하게 되면 정(精)에 의해서 가능하며 악의 기원이 된다. 성이 미발의 상태일지라도 정(精)에 의해 나타나기 때문에, 비록 나타나지 않았다 하더라도 미발(未發)이기에 정(精)한 것이며, 능동할 수 있는 능동성을 함유한 정(靜)이다(유정동, 1996: 101).

기(氣)가 움직이는 것은 리의 적극적 개입에서 비롯된다. 성을 형이상(形而上), 기(情)를 형이하(形而下)로 구분하고 선악의 분기점으로 삼는다. 그래서 정이천은 성을 순선(純善)인 의리지성(義理之性)과 기질지성(氣質之性)으로 구분했다. 의리지성은 천명(天命)에 의해 품수(稟受)된 것으로 모든 사람에게 공통으로 내재하고 있으나, 기질지성은 각 개인의 성의 성격에 따라 달리 나타난다. 따라서 그는 수신하면 천지지성을 품수할 수 있다는 인성론을 제시한다.

주희는 정이천의 리(理)를 수용하면서 북송오자의 학설을 집대성하여 성리학으로 발전시켰다. 성리학은 동시대에 일상생활의 보편적 지침서로 삼을 만큼 엄청난 영향을 미쳤다. 주희는 정이천이 제시한 리의 모호성을 명확히 하여 주리론을 체계화시켰다.

주희는 만물(萬物)을 표상화시킨 태극을 리(理)의 관점으로 접근했다. 리[4]는 초

---

4 주희는 리(理)에 대해 절대성과 상대성, 정과 동, 동일성과 상이성, 포괄성과 개별성을 동시에 지니고 있다는 모호한 태도를 보였다. 리(理)가 논리적 선후관계에 있을 때, 절대적이며 초시간 및 공간적인 초월적인 위치에 있다. 그러나 리(理)는 기(氣)와 상즉불리(相卽不離)의 관계에 있다. 리(理)는 기(氣)와 항상 함께 존재하기 때문에 상대적이며, 개별적 특성을 드러낸다. 이 점은 리기합리(理氣合理)의 사유 방식으로 리가 기에게 떨어져 있으면 논리적 측면으로 볼 때 초월자적인 정적 위치에 놓이게 되지만, 실질적으로 리와 기가 언제나 동시에 있기 때문에 상대적이며 다양성과 개체성을 드러내는 운동적

월적이고 영원불변의 보편적 성격을 가진다. 우주 전체를 나타내는 태극의 리는 만물로 분화되어 각 개체의 리를 탄생시킨다. 리는 관념적이고 초월적이기 때문에 만물은 형상화될 수 있는 질료(質料)인 기를 수반하게 된다. 기는 언제나 리를 내재하여 만물을 이룬다. 사물 속에는 리기가 분리되어 존재하는 것이 아니라 리기합일(理氣合一)의 상태로 공존하고 있다. 주희는 리가 기보다 논리적으로 언제나 앞서 있다는 리선기후론(理先氣後論)을 제시하여 리 우위성을 강조하였다. 그는 모든 기의 운동은 초월자인 리에 의해 조종되고 이루어지므로 리기는 위계적 관계를 맺고 있다고 하였다.

주희에게 마음 그 자체는 기로 이루어졌지만, 리기는 떨어질 수 없는 관계이므로 마음속에 리는 자연히 포함되어 있어서, 성 자체는 리일 수밖에 없다. 주희는 심(心)을 능히 지각하여 외물(外物)에 응하는 주체로 이해하여, 능히 지각할 수 있고 외물(外物)에 응접할 수 있는 리를 성(性)이라고 하였다(유인희, 1996: 258). 마음은 기의 힘을 빌려 깨닫는 능력인 지각 작용에 의해 리를 포섭할 수 있다는 것이다.

마음속에 숨어 있는 리는 개체 인간의 리인 인(仁)을 의미하지만, 궁극적으로는 우주 본체의 생생리(生生理)와 연결되어 있다. 리를 포섭할 수 있는 마음이 있기 때문에 인간은 주체자(主體者)로 인식할 수 있으며, 우주 본체와 소통될 수 있는 리를 갖추고 있기 때문에 만물의 리를 깨달을 수 있다. 그래서 사람들은 마음속에 내재해 있는 절대선이며 순선리(純善理)를 깨닫기 위해서는 경(敬: 사욕이 없는 순선한 상태)을 수반해야 한다.

주희는 선악과 관련하여 성(性)을 본연지성(本然之性)과 기질지성(氣質之性)으로 구분하였다. 본연지성과 기질지성은 모두 천리의 명(明)에 의해 결정된다. 본연지성은 천리의 순선을 의미하여, 인간 개체를 형상화하고 그 속에 있는 것은 기질지성이다. 사람마다 성격이 다른 것은 기질의 차이, 즉 품수(稟受)가 다르기 때문이다.

관계를 맺고 있다(이형성 역, 1999: 29-65).

가치론적 입장에서 보면 기질지성은 악의 근원이 된다. 기질지성의 중심부에는 생생리인 본연지성이 내재해 있으며, 수양을 통해 천리의 절대가치인 순선을 획득할 수 있다. 천리의 일리(一理)가 마음속에 있기 때문에 만물을 통괄하는 불변의 법칙인 일리(一理)에 의해 만물의 분수리(分殊理)를 체득할 수 있게 된다. 주희에게 있어서 천리의 본연지성은 인을 의미하며, 이런 인을 확대하면 인의예지신(仁義禮智信)의 오상(五常)이 된다.

주희는 인간의 욕구를 천리와 구분하지 않았다. 천리가 요구하는 욕구는 순선하고 자연스러우며, 인위적으로 요구하는 사욕(私慾)은 악의 근원이라고 하였다. 당연리(當然理)를 자각한 욕구를 보존하는 것이 천리에 부합되는 것이다. 그는 정론(精論)에서도 비슷한 태도를 보였다. 정은 선악을 동시에 겸비하고 있다. 어떤 정이 표출되느냐에 따라 선악이 갈라진다고 하였다. 그래서 그는 마음속에 내재해 있는 정의 문제에 대해서도 성정(性情)과 결부시켜 설명하였다.

주희는 정태적인 위치에 있는 성(性)은 물과 같은 것이고 정(情)은 물의 흐름과 같다고 하였다. 성이 발현되려면 정의 도움을 받아야 한다. 성은 마음의 정을 통해서 자신을 나타낸다. 정의 도움으로 나타난 성이 맹자가 말하는 사단(四端)인 순선이다. 그러나 정이 성에 따르지 않고 사욕에 따라 움직이면 악이 된다. 마음속에 내재해 있는 도덕적 자각을 통해서 사욕을 제거하고 성을 회복하여 실천하는 것이 인을 구현하는 것이다.

주희는 모든 것에 리를 우위에 두고 만물을 설명하였다. 주희에게 있어서 리는 보편적인 불변의 법칙이다. 그는 사물 속의 리기를 동시에 포함하고 있지만, 사물에 외재하는 초월적 위치에 다시금 영원불변자이며 유(有)와 무(無)를 동시에 겸비한 리를 위치화시킨다(이형성 역, 1999). 또한 리를 순선한 마음인 성(性)과 동일시하며 전체적으로 절대선으로 상정한다. 이런 리는 매우 추상적이고 관념적인 성격을 띠게 되므로 사회 현실로부터 유리될 수밖에 없었다.

김충열(1994: 281)에 의하면 관념적인 천리(天理)를 중히 여기고 실제적인 인사(人事)를 외면하는 행위의 경시 사조로 굳혀지고, 다투어 천리만을 향해 추구해 가는 거룩한 모습은 의외로 개인 공부에 편중하고 내심존양(內心存養)에 치중한 나머지 숙정(宿情)에 빠져 들어가 오히려 독선적이고, 비세간적 폐단을 낳았다고 한다. 리(理) 자체는 순선하지만, 보편적이고 객관적이라는 경직성을 포함하고 있기 때문에, 현실적으로 인간의 사욕이 개입하여 리(理)를 도구적 이데올로기로 만들어 사회적으로 많은 폐단을 불러일으켰다.

대진(戴震)은 백성이 주리고 추위에 떠는 것, 그들의 근심과 걱정, 음식 남녀 등을 인욕으로 간주하는 당시의 리학(理學)을 가리켜 비상보다 독하다고 하며, 혹리(酷吏)는 법으로 사람을 죽이지만 송유(宋儒)는 리(理)로 사람을 죽인다고 하였다(김충열, 1996: 178).

명대(明代)에 들면서 주희와 동시대에 살았던 육구연(陸九淵)의 심즉리(心卽理) 사상을 계승한 왕양명(王陽明)이 심(心) 사상을 더욱 체계화시킨다. 주희는 본체론적 입장에서 천리를 먼저 논하고 리기이원론(理氣二原論) 입장에서 마음의 선악을 논하지만, 왕양명은 마음을 논하고 난 다음 본체론을 논하고 다시 마음을 논하였다. 즉, 마음속에 천리가 갖춰져 있으며, 만리(萬理)가 연결되어 있다는 리기일원론(理氣一原論)을 주장한다. 출발부터 주자학과 양명학은 다른 철학적 체계 속에서 진행되었다. 양명학(陽明學)의 핵심 개념은 심즉리(心卽理)와 치양지(致良知) 그리고 지행합일(知行合一)이다. 서로 다른 표현이지만 심즉리가 외연적으로 연장된 개념이다.

주희는 심(心)에 대해 리를 인간의 본성인 천지지성이라고 하며, 기를 개체의 성(性)을 구분하는 차이고 선악을 품고 있으며 궁극적으로 악(惡)의 근원이라고 인식했다.

왕양명은 리와 기는 서로가 분리될 수 없는 하나의 세계로 보았으며, 리는 기 속에 있어 음양의 동정(動靜)이 이루어진다는 일기론(一氣論)을 주장하였다. 우주 만물의 모든 존재물은 리기가 서로 분리된 것이 아니라 하나의 일체를 이루어 운동을 진행한다. 우주 만물은 리기가 통괄되어 움직이기 때문에 개개의 만물과 일치한다.

주희는 마음속에는 우주 만물을 통괄하는 리(理)가 포함되어 있기 때문에, 마음을 올바르게 수양하면 우주 전체와 만물을 이해할 수 있다는 심즉리(心卽理)를 강조하였다. 마음 본체를 천지(天地)의 태허(太虛)와 같이 맑고 맑으며 투명하여 어디에도 미치지 않은 곳이 없으며, 선악이 존재하지 않은 무형(無形)으로 파악하였다.

왕양명은 마음속에는 천리를 품고 있기 때문에 이러한 것을 저절로 깨닫는 지(知)를 양지(良知)라고 하였다. 양지는 마음의 가운데 있는 허령(虛靈)하고, 밝고 맑으며 미발지중(未發之中)의 상태에 있는 기운이다. 맑은 마음을 어둡게 하고 불순물이 끼어 혼탁하게 하는 것을 사욕(私慾)이라고 한다. 마음의 불순물을 제거하고 사욕을 없애 천지의 기운인 태허로 돌아가려는 노력을 치양지(致良知)라고 한다.

왕양명은 선도 없고 악도 없는 것은 심(心)의 체(體)요, 선도 있고 악도 있는 것을 의(意)의 움직임이요, 선을 알고 악을 아는 것은 양지(良知)요, 선을 알고 악을 제거하는 것이 격물(格物)이라고 하였다(나광, 1996: 282). 마음속에 만리(萬理)가 갖추어 있기 때문에 마음 밖에는 아무것도 있을 수 없다는 것이다.

마음은 허령하면서 무형이며, 밝고 투명하여 미치지 않은 곳이 없다. 마음을 통해서 만리를 알 수 있으며, 자연히 마음의 주재에 따라 행동하게 된다. 양지(良知)에 이른 마음은 천리와 통하고 만물과 교감할 수 있기 때문에 조리(條理)에 맞는 행동이 저절로 이루어지는 지행합일(知行合一)에 이른다.

지행합일은 심즉리의 연장 개념이다. 따라서 양지의 마음은 그 자체가 순선한 리기를 포함하고 있으므로, 육체의 주제자인 마음은 사욕을 배제하고 천리인 인에 따라 자연스럽게 행동으로 옮겨진다. 양지(良知)의 심(心)은 실천과 분리된 것이 아니라 하나의 일체(一體)를 이루고 있다.

청대에 들면서 현실성이 결여된 송명이학은 더욱 혹독하게 비판받는다. 왕부지(王夫之), 안원(顔元), 대진(戴震) 등은 초월적이고 절대적인 리의 위치를 격하시키면서 기를 우위에 두어 본체론과 인성 그리고 사회문제에 대해 논의한다. 리는 기 속에 포함된 것이며 기 없는 초월자인 리는 존재할 수 없다. 기 자체가 실체(實體)이며 실유(實有)라는 것이다.

이런 입장은 전체적으로 기학(氣學)이나 실학(實學)으로 불린다. 형상이 없고 광대한 태허(太虛)도 기며, 이 기(氣)가 운동과 변화를 일으켜 모든 개체 만물을 창조한다. 태극의 본질은 기라는 것이다. 기가 생성 변화하고 만물을 발생시키는 것은 태극의 기가 잠시의 멈춤도 없이 계속 운동하는 생생 그 자체이기 때문이다. 기, 즉 실사(實事) 바깥에는 리가 없으며 기 자체가 리라는 것이다. 음양의 기가 끊임없이 생성하고 변화하기 때문에 주제자인 리가 필요 없게 된다.

이들은 실유(實有)를 강조함으로써 인성론에서 형상화된 인간 자체를 해석의 중심으로 삼았다. 성리학과 같이 성을 본연지성과 기질지성을 구분하지 않고, 개인에게 내재한 기질지성을 성(性)의 본체로 삼았다. 성리학에서 악의 근원이 되는 인간의 욕망도 결코 악이 아니고 천리가 요구하는 자연적인 욕구다. 리는 욕구라는 형상 속에 있으며 결국 인욕(人慾)만이 존재한다는 것이다.

가치론적 측면에서는 하늘이 요구하는 욕망과 부합하여 사욕을 배제하여 타인에게 넓혀 가느냐에 따라 선악이 구분된다. 욕망 그 자체는 악이 아니지만 지나치게 많이 요구하거나 천리에 부합되지 않는 사욕은 타인과 충돌하여 갈등을 일으키는 악의 근원이 될 수 있다. 이런 욕망을 적절하게 조절하는 절제(節制)가 필요하며, 이를 통해서 타인과 순선한 관계를 맺을 수 있다. 인(仁)은 천리에 부합된 절제된 자신의 욕망을 통해 타인의 욕망을 실현해 준다는 것이다.

중국의 신유학은 북송오자에서 출발하여 주희에 의해 성리학으로 집대성되었다. 성리학은 귀족 계층의 단순한 전유물이 아니라, 실제 사회생활에 보급되어 서민의 일상생활을 규정하는 보편적 지침서였다. 성리학은 보편적이고 객관적이며 초월적인 위치에 리를 놓았다. 관념적이고 실체가 없는 실천윤리 기준으로 작용한 리는 일상생활의 형식화와 의례화를 촉진하여 사회를 경직되게 하였다.

유교의 근본이념은 인본주의를 지향했음에도 불구하고, 오히려 실체(實體)가 없는 리가 역으로 인간을 구속하는 틀로 작용하는 폐해를 낳았다. 이러한 리학(理學)에 대한 비판은 어느 정도 예견된 것이었다.

양명학(陽明學)은 심(心)은 태허(太虛)의 기와 같이 맑고 투명하여 모든 만물과 소통할 수 있으며, 양지 상태의 심 자체가 천리라는 심즉리(心卽理)를 강조한다. 왕양명은 치양지(致良知)를 통해 사욕을 배제하고 태허의 기를 품수한 마음의 상태를 돌아가면 자연히 천리를 깨달을 수 있으며, 이를 통해 천리에 부합하는 실천이 자연스럽게 이루어진다는 지행합일론(知行合一論)을 주장한다. 양명학은 심 속에 기의 품수를 강조하고 있어서 기학(氣學)의 이론적 실마리와 성리학을 비판할 수 있는 근거를 제공한다.

청대의 기학은 정주학(程朱學)의 리를 노골적으로 비판하였다. 형체가 없으며 관념에 지나지 않은 리가 생기발랄한 정(情)을 억제하고, 인간의 욕망을 악의 원인으로 돌림으로써 사회생활을 피폐화시켰다는 것이다.

리(理)는 기(氣) 바깥에 없으며, 기가 있기 때문에 리가 존재할 수 있다. 리의 존재 근거는 기라는 것이다. 기는 끊임없는 생성과 변화를 주재하며 만물은 서로 간의 생생한 관계를 유지한다. 이런 관계를 단절하는 것이 불선(不善)이며, 자연스럽게 천리에 따라 관계를 유지하는 것이 선(善)이다. 인간의 욕망도 자연스러운 생의 본능에서 나온 것이지, 성리학에서 말하는 악의 근원이 아니다. 개인이 사욕을 배제한 자연스러운 생의 욕망을 살려 타인과 관계를 맺어 갈 때 인을 실천할 수 있다는 것이다.

중국의 신유학은 다양한 역사적 경로를 통해 발전했으며, 시대적 상황과 조건에 따라 성(性)을 해석하는 관점이 매우 달랐다. 신유학은 성리학의 관점에만 집중된 것이 아니라, 성리학의 문제점을 극복하기 위한 반성적 검토를 통해 새로운 이론적 체계를 정립하고자 노력하였다. 따라서 인성에 대해 다양한 해석이 공존할 수 있었으며, 학문적으로 비교적 개방적일 수 있었다.

중국의 신유학적 태도는 오로지 성리학에만 집중했던 조선시대와 매우 다른 점이다. 조선시대의 성리학은 사회생활 전반에 엄청난 변화를 수반하게 하였다. 조선 왕조의 지속적인 노력과 유향소(留鄕所), 향약(鄕約) 보급, 서원(書院) 등을 통해 지방 곳곳에 성리학적 이념이 전파될 수 있었다. 이런 노력으로 조선 중기부터 예학이 발달하기 시작했으며, 아울러 종법제 질서가 정착될 수 있었다.

종법제 질서는 장자 중심의 위계질서를 강조하였으며, 사회생활 전반에 깊은 영향을 미쳤다. 종법제 도입은 위계적 질서 의식의 강화와 문중 개념의 발달 등을 촉진했으며, 교육문화의 형성에도 깊은 영향을 미쳤다. 성리학적 질서 체계에 대한 이해는 교육문화의 발달사를 규명하는 데 중요한 실마리를 제공할 것이다.

02

조선 성리학의 형성과 특징

가. 성리학의 대두 배경

성리학은 조선시대 전반에 걸쳐 정치적 규범부터 일상생활 의식과 행위에 많은 영향을 미쳤다. 조선시대의 정신사(精神史)를 논의하려면 성리학에 대한 심층적 이해가 있어야 한다. 성리학은 조선 중기부터 사회생활의 전반에 걸쳐 실질적인 영향을 미친 종법제 질서 정착의 이념적 근간으로 작용했기 때문이다. 조선시대의 사회 전반을 주도한 성리학의 영향력을 깊이 이해하기 위해서는 고려시대로 거슬러 올라가야 한다.

고려시대 전반은 정치적으로 유학의 실천학을 중요하게 여겼다. 고려 건국 초기부터 태조(太祖) 왕건은 유학을 권장하였다. 성종(成宗)은 고려시대 왕 중에 가장 많이 유학을 숭상하였으며, 실질적인 유학 부흥의 토대를 마련하였다.

고려 중기에는 관학(官學)과 사립중등학교인 사학12도(私學十二徒)로 인해 유학이 한층 발전할 수 있었다. 이때까지의 유학들은 사장(詞章) 중심의 한당유학이 지배적이었다. 과거제에서도 사장 중심의 제술과(製述科)가 경학(經學) 중심의 명경과(明鏡科)보다 더욱 선호되었다. 예종(睿宗) 때는 잠시 무과(武科)가 신설되었으나 곧 폐지되어, 주로 문인 중심의 정치 체제로 이루어졌다.

당시 지배층은 고려 초기에 형성된 호족 계층, 신라의 구귀족과 육두품 출신들로 구성되었다. 이들은 일찍이 중앙 정계에 진출하여 자신들의 입지를 강화하여 문벌귀족으로 성장하였다. 물론 능력에 의해 관리를 선발하는 과거제가 있었지만, 크게 활성화되지 못하였다. 그 이유는 정5품 이상에게만 주어지는 음서제(蔭敍制)의 혜택으로 관리를 세습할 수 있는 제도적 장치와 폐쇄적인 신분 구조와 밀접한 관련이 있었다.

고려시대에서 정5품 이상과 정2품 재상들은 신분 기준에 중요한 의미가 있었다. 이들은 관리 지배층이었지만 강한 집단적 유대 관계를 통해 문벌귀족을 형성하여 자신들의 정치사회적 입지를 지속해서 강화했다. 천거제나 음서제를 통해 자신들의 사회적 혜택을 제도적으로 세습·강화했다. 관료 선발은 표면적으로 개방적인 성격을 띠고 있었지만, 지배 관료 계층의 세습화로 인해 실질적으로 귀족적 성격이 강했다. 고려사회를 귀족 관료사회라고 일컫기도 한다.

고려 중기의 무신난(武臣亂)으로 인해 지배계층 구조에 지각 변동이 일어났다. 그동안 문인(文人)들에게 불만을 느꼈던 무인들이 의종(毅宗) 말년에 난을 일으켜 문인들을 대학살하였다. 예컨대 경인년에는 정중부가 사람을 시켜서 길로 다니면서 문인의 의관(衣冠)을 한 자는 서리(胥吏)에 이르기까지 씨도 없이 죽이라고 하니 사졸들이 봉기하여 다수의 문신을 찾아내어 죽였다(이병훈, 1989: 77).

이 시기는 유학사상의 암흑기였지만 동시에 새로운 지배층이 대두될 수 있는 정치적 기반을 제공하였다. 지배층의 무인들은 기존의 귀족 관료보다는 지방의 문사(文士)인 향리 계층을 등용함으로써 역사적으로 새로운 정치 지배층인 신진사대부(新進士大夫)를 출현하게 하였다. 이를 계기로 무신정권 기간 현실적인 행정과 외교문서 처리로 인해 서서히 문치주의(文治主義)를 회복하였다.

최씨 정권인 최충헌(崔忠獻)과 그의 아들 최우(崔瑀)는 문사를 후하게 대접하고 유학을 중요하게 여겼다. 이런 정치적 상황에 새로운 세력으로 등장한 계층이 지방 향리다. 무인 집권 초기에는 무인들의 문신들에 대한 반감 때문에 리(吏)들도 매우 불운한 처지에 몰리게 되었지만 동시에 문사를 차별하지 않는 관행이 이때 생김으로써 장차 리(吏)가 자신의 능력을 인정받으며 문(文)이나 다름없는 출세를 할 수 있었다. … 마침내 능문능리(能文能吏)의 새로운 관인층이 형성되었는데, 이런 변화에 가장 능동적으로 대처할 수 있던 계층이 곧 지방의 향리층이었다(정두희, 1992: 93). 향리 계층은 고려 말 새로운 지배계급 세력인 신진사대부의 인적 기반이 되었다. 신진사대부들은 한당유학 중심의 훈구파와 달리 성리학을 정치사회적인 사상적 기반으로 삼았다.

유학을 최초로 도입한 사람은 13세기인 충렬왕(忠烈王) 때의 안향(安珦)이었다. 안향은 원(元)에 가서 주자학을 수용하여 국내에 도입하였다. 당시 이제현(李齊賢)에 의하면, 백이정(白頤正)은 충선왕(忠宣王)을 따라 원(元)의 연경에 갔다가 10년 만에 돌아왔는데, 그때 성리서(性理書)를 구하여 가지고 왔고, 권부(權溥)는 그 후

주희의 사서집주(史書集註)를 간인(刊印) 전파했다고 한다(윤사순, 1989: 17).

안향이 도입한 신유학은 남송 주희의 주자학(朱子學)이었다. 주희는 당 말부터 북송과 남송 성리학을 집대성한 인물이다. 북송에는 주돈이(周敦頤), 소옹(邵雍), 장재(張載), 정호(程顥)와 정이(程頤) 형제 등의 신유학이 성행하였다. 이러한 학문 체계가 집대성된 것이 성리학이다. 북송의 신유학은 대다수 주기설과 관련이 있지만, 정이와 주희는 주리설(主理說)을 강조하였다. 주자학을 정주학(程朱學)이라고 지칭하는 것도 이런 이유 때문이다.

성리학은 이론의 성격상 치밀한 논리를 요구하고 있으며 경학(經學)을 중요시하였다. 성리학은 강한 실천윤리를 지향하고 있으며 신진사대부들의 새로운 통치 이데올로기로 주목을 받았다. 고려 말, 성리학이 주요 사회적 이념으로 등장할 수 있었던 것은 다음과 밀접한 관련이 있었다.

첫째, 당시의 학풍은 사장 중심에 대해 비판적이었다. 충렬왕 때 종래의 학문은 사장을 숭상하여 과거(科擧)에도 제술(製述)을 귀하게 여기고 명경(明經)을 천시하였다. 그러나 고려 말의 신진사대부는 구귀족이 지향하는 한당유학의 사당 중심의 제술에 대해 비판적인 입장을 보였다. 그 당시에 대해서 경사(經史)의 학은 쇠퇴하었는데, 왕은 국학생을 위하여 경사교수(經史教授)를 두고 또 조신(朝臣)들을 위하여 따로 '경사교수도감'을 두었으니 이것은 종래의 학풍에 대한 반동이었다고 한다(이병훈, 1989: 85). 충선왕과 이제현의 대화에서도 경학의 중요성이 잘 나타나 있다(허흥식, 1991: 44).

> 이제 전하(殿下)가 학교를 널리 세우고 상서(庠序)에 힘써서 문예(文藝)를 높이고 오교(吾教: 儒教)를 밝혀 선왕(先王)의 도(道)를 천명(闡明)한다면 누가 진유(眞儒)를 버리고 석자(釋子)를 따르며, 실학(實學)을 버리고 장구(章句)나 익히겠습니까. 장차 미사여구(美辭麗句)나 다듬는 무리로 하여금 모두 경학(經學)에 밝고 행실을 닦는 선비가 되게 할 것입니다.

둘째, 당시 불교의 폐해는 성리학의 사상적 입지를 강화하게 하였다. 고려시대 전반에 걸쳐 불교의 영향력은 대단하였다. 고려 말에 이르러 불교계는 점점 부패하여 사원은 토지를 겸병하여 모리(謀利)의 소굴이 되고, 간승(奸僧)들이 발호하여 날마다 호화로운 생활을 일삼고 심지어는 주색에 탐닉조차 하였다(이병훈, 1989: 98). 이러한 불교의 폐해에 대해 성리학계의 신진사대부들은 전면적으로 비판하였다. 성종 때의 유신(儒臣)인 최승노가 불교의 폐해를 지적하였지만, 불교사상 자체에 대해 비판한 것은 아니었다. 고려 말의 신진사대부들은 불교의 폐해뿐만 아니라 사상적인 공격을 하였다. 특히 신유학은 우주 본체론의 입장에서 인성론의 정립으로 인해 불교를 비판할 수 있는 이론적 기반을 가지고 있었다. 당시 이제현뿐만 아니라 정몽주도 불교를 비판하였다. 정도전은 "불씨잡변(佛氏雜辯)"을 통해 불교를 조목조목 반박하였다. 이러한 배경 아래 시대의 역사적 성격과 현실 생활의 실천 윤리로서 성리학은 사상적 입지를 구축할 수 있었다.

셋째, 고려 말의 관학 진흥책으로 인해 성리학은 학문적 발전뿐만 아니라 인적 확보가 쉬워졌다. 예컨대 안향의 문하(門下)로 백이정, 신청, 우탁, 권보 등이 있었으며, 백이정의 문하로는 이제현이 있었다. 이제현은 고려 말 유학을 진흥시키는 데 중요한 역할을 한 이색(李穡)을 문하로 둔다. 이색은 성균관의 대사성(大司成)으로 임명되면서 정몽주, 이숭인, 김구용, 박상서 등이 교수로 임명된다. 이색의 문하로는 박상서, 정도전, 권근, 하륜, 길재 등이 있었다. 고려 말 성리학의 거유(巨儒)들은 이색의 영향권 아래서 배출되었으며 이들은 대다수 지방의 중소 지주에 기반을 둔 향리층이었다. 이렇게 내로라 하는 선비들이 배출될 수 있었던 것은 공민왕(恭愍王)의 과거제와 관학 진흥책을 통한 개혁정치와도 밀접한 관련이 있었다.

당시 과거제는 관학(官學)과 직접 연결되지 않았다. 과거제에 대한 관학의 혜택이 적어서 관학은 교수 구성원에서부터 그 수준이 낮아 시선을 끌기에 부족하였다. 반면에 사학12도와 같은 중등사립기관은 훌륭한 교수진을 두고 있었다. 사학12도로 인한 학연 형성과 좌주문생제로 생긴 붕당 폐해 그리고 문벌세력이 형성되면서 공민왕의 개혁정치에 부담을 주었다.

공민왕은 자신의 개혁정치에 걸림돌로 작용하는 문벌세력을 혁파하기 위해 이들 세력과 대항할 수 있는 새로운 신진세력이 필요하였다. 이런 문제를 해결하기 위해 관학과 연계된 과거삼층법(科擧三層法)을 실시하였다. 관학의 과거제 혜택에 대한 공민왕의 지원은 관학의 사회적 지위를 높였으며, 관학의 교수진은 당대의 최고 학자들로 구성될 수 있었다. 이런 역사적 상황은 성리학에 대한 학문적 이해를 높였으며, 성리학의 저변 확대와 훌륭한 문인을 배출할 수 있게 하였다.

따라서 고려 말의 신진사대부는 조선 초에 지배세력으로 등장할 수 있었다. 성리학 중심의 신진사대부들은 조선 초에 들면서 훈구파와 사림파로 갈라졌다. 정도전과 권근을 중심으로 한 혁명파와 정몽주와 길재를 중심으로 한 온건파는 성리학적 이데올로기 내에서 자신들의 정당성을 주장하면서 대립 관계를 유지하였다. 정도전과 권근은 역성혁명을 통해 당시의 연합세력인 호족과 함께 지배층인 훈구파를 형성하였다. 정몽주와 길재를 지지하는 신진사대부들은 지방의 중소 지배층으로 전락하게 되어 사림파 형성의 인적 기반이 되었다.

조선 초, 정국의 주도권을 잡은 훈구파들은 과전(科田)의 수조권(收組權)을 할양받아 많은 혜택을 누렸다. 과전은 녹봉(祿俸)과 별개의 것으로 점차 상속화되어 사전화(私田化)되는 경향이 많았다. 이들은 지방 향리의 토지를 빈번히 제재하였으며 중앙집권화가 강화됨에 따라 지방 향리의 입지는 약화하였다. 지방의 중소 지주인 사림파는 자신들의 입지를 강화하기 위해 유향소(留鄕所)라는 자치 기구를 조직하였다.

조선조에 들어서도 훈구파와 사림파는 끊임없이 갈등하였다. 15세기의 농업경제발전과 16세기의 농업 및 상업 그리고 수공업 발달로 재원의 유통이 활발해지자, 관료들은 이를 배경으로 치부(致富)하는 등의 심각한 부패를 보였다.

세종(世宗)에 의해 유교 정치가 확립되어 성리학은 정치 이데올로기의 지배이념으로 정착하기 시작했다. 성종 대에 들어 사림파가 중앙정치에 전면 참여할 수 있었던 것은 이러한 정치사회적 배경과 무관하지 않았다. 그들은 강한 도덕적 실천 윤리로 무장하여 기존의 지배 계층인 훈구파를 신랄하게 비판하였다. 그들은 성리학적 이념을 바탕으로 한 절의관계(節義關係)를 매우 중요시하였다. 그들의 이러한 성리학적 이념은 훈구파와 역사적으로 대립 관계에 있었다. 이런 점들이 사화(士禍)를 불러일으키는 원인으로 작용하였다.

사림파는 이념적으로 매우 엄격한 도덕정치를 추구했으며, 성리학은 교조주의적 성격이 강했다. 사림파는 정통 학맥을 정몽주 → 길재 → 김숙지 → 김종직 → 김굉필 → 조광조로 보고 있으며, 이들은 절의를 중요시했다는 특징을 가지고 있다. 이런 정치사회적 배경은 이황, 이이, 기대승 등과 같은 걸출한 성리학자들을 배출하고 성리학의 발전을 가져오게 했다.

나. 성리학의 발전과 특징

조선조 성리학의 특성은 주희의 영향권 아래 형성·발전됐다. 주희의 성리학은 리와 기의 엄격한 구별뿐만 아니라 리에 절대가치를 둠으로써 잠재적으로 수직적인 위계적 특성[5]을 이론적으로 내장하고 있었다. 성리학은 단순히 학문 수준에서만 논의된 것이 아니라, 일상생활 전반에 영향을 미치는 이데올로기적 기능을 하였다.

성리학은 강한 위계적 원리[6]를 내재하고 있는 충효(忠孝)를 강조함으로써 왕권 강화를 위한 국가 통치 이데올로기로 작용하였다. 아울러 재지(在地) 양반 사

5 주희는 리(理)를 가지고 말하면 만물의 근원이 하나이므로 본래부터 사람과 사물에 귀천의 차이가 없다고 하였다. 기를 가지고서 말하면 바르고 통하는 것을 얻어서 사람이 되고, 치우치고 막힌 것을 얻어서 사물이 되니, 혹은 귀하고 혹은 천하여 같아질 수 없게 된다고 하였다(이형성 역, 1999: 36).

6 유교는 민본주의(民本主義)를 바탕으로 한 사회실천 사상이다. 사회 질서는 리의 초월적인 위치에서 일이품수(一以稟受) 사상에 따라 각자의 기질(氣質) 차이에서 오는 역할에 따른 신분 차이에서 형성된다. 인 사상은 지(智)의 분별을 요구하듯이, 차별적인 적용을 한다. 예(禮)도 엄격한 상하 원리인 신분적 기준에 따라 적용 기준이 달랐다. 인 사상의 분별성은 사회실천에서 사랑의 효과성을 극대화하여 만민(萬民)이 만족하는 사회를 지향하고자 하는 의미를 담고 있다. 이렇게 본다면 사상의 문제라기보다는 그것을 수용하는 사람이 문제가 된다. 아무리 좋은 사상이나 종교라도 그것을 이용하는 현실적인 인간 욕망이 어떤 성격에 있느냐에 따라 사상이나 종교적 행위가 달라질 수 있다. 그것을 이용하는 인간 욕망 틀의 시대적 성격이 어떤 위치에 놓여 있느냐에 따라, 해석의 방향과 일상생활 세계에서 적용하는 준거가 원래 유교 사상이 요구하는 본질과 다른 형태로 움직여질 수 있다는 것이다.

족(士族)이 지배계급으로 정착될 수 있는 이념적 도구로 활용됐다. 성리학이 사회적으로 전면 주목받을 수 있었던 것은 사림파가 기존의 훈구세력에 대해 윤리적 우위성을 확보할 수 있는 이념적 성격을 지녔기 때문이다. 성리학의 발전은 재지사족(在地士族)과 사림파의 성장[7]과 밀접한 관련이 있었다.

사림파의 부각은 기존의 훈구파 세력의 도덕적 부패와 실정과 관련이 있었다.[8] 사림파는 성리학적 이념에 따라 강한 실천 윤리를 지향하고 명분(名分)과 절의(絕義)를 중요시하였다. 사림파는 이념적으로 훈구파보다 도덕적 우월성을 가지고 있었으며, 훈구파의 실정을 날카롭게 비판할 수 있는 지적 안목을 갖추고 있

7 고려 말 성리학을 지지하던 신진 사대부가 조선조에 들면서 훈구파와 사림파로 나누어지면서 끊임없이 정치적 갈등을 빚는다. 훈구파는 중앙 정부에 의한 관권 중심의 권력에 의존하였으나 사림파는 향촌 중심의 재지사족에 의존하였다. 유학 사상에서 훈구파는 한당유학을, 사림파는 성리학을 지지하였다. 훈구파는 지치(至治) 중심의 대학(大學)을, 사림파는 수신 중심의 소학(小學)을 중요시하였다. 예학에서 훈구파는 국조오례의(國朝五禮儀)나 한당례(漢唐禮)를, 사림파는 성리학 중심의 고례(古禮)와 주자가례(朱子家禮)를 중요시하였다. 과거제에서 훈구파는 사장(詞章)을, 사림파는 경학(經學) 위주의 강경(講經)을 강조하였다. 교육에서 훈구파는 관학(官學)을, 사림파는 서원(書院) 같은 사숙(私塾)을 중요시했다. 이런 입장은 단순히 이념적 차이만을 나타낸 것이 아니라, 그 기저에는 정치사회적 이해관계와 밀접한 관련이 있었다. 훈구파와 사림파는 이러한 사상적 배경을 중심으로 정치적으로 치열하게 대립하였다. 4대 사화(士禍)가 일어난 배경도 이와 무관하지 않았다. 대부분 훈구파가 정권을 장악하지만, 사림파는 그들의 인적 공급의 젖줄인 향촌의 재지사족(在地士族)과 복잡한 정치적 역학관계로 인해 선조(宣祖) 대에 들어 사림파가 완전히 정권을 획득하였다. 이때부터 사림파는 동인과 서인이라는 붕당정치의 파벌이 형성되면서 새로운 정치적 갈등이 표출되는 전기를 맞았다.

8 사림파가 중앙정치에 등장한 것은 성종(成宗) 때부터다. 조선 초의 개국 공신과 달리, 세조의 집권을 도모한 공신들이 훈구세력으로 등장하면서 권력을 남용하기 시작하였다. 이 시기는 농업 생산력과 상업의 경제력이 확대되었으며, 과전법에서 지주-전호제로 이양되었다. 훈구파는 이런 사회적 배경 아래 양민을 강제로 천인으로 삼았으며, 고리대금 사채를 통해 양민을 강제로 수탈하였다. 훈구파의 권귀화(權貴化) 현상은 성종에게 정치적으로 큰 부담으로 작용하였다. 사림파는 훈구파의 비리를 비판하고, 정치적으로 훈구파의 견제 필요성으로 인해 등장할 수 있었다. 이렇게 등장한 사림파는 선조 때 그들이 완전히 정권을 장악하기 전까지 훈구세력과 계속된 정치적 긴장 관계를 유지했으나, 사화 등을 겪으면서 정치적으로 큰 영향력을 발휘하지 못했다(국사편찬위원회, 1995(26): 15-28).

었다. 사림파는 단순히 성리학의 이념적 우월성에 기대어 성장한 것만은 아니었다. 사림파가 성장할 수 있었던 까닭은 정치적 역학관계에 따라 그들의 인적 공급원이었던 재지사족들과 상호 이해관계를 도모하면서 발전됐기 때문이다.

조선 초기부터 사림파는 자신들의 명분과 절의의 순수성을 강조하기 위해 그들의 시조를 고려 말의 정몽주와 길재로부터 출발하였다. 사림파가 중요시한 것은 학문적 수준보다 오히려 성리학에서 강조하는 의리(義理) 정신이었다. 지조(志操)와 절개(節概)를 통해 자신들의 내면적 의지를 관철한 고려 말의 충신들은 사림파에게 있어서는 좋은 본보기였다.

조선 초기에 들어오면서 이들의 정신을 이어받은 대표적 인물이 김숙자(金叔滋)였다. 그는 세종 때 출사하였으나 세조가 즉위하자 바로 벼슬을 그만두고 후학 양성에 전념하여 사림파의 학문적 기반을 형성하였다. 그의 아들 김종직(金宗直)은 일생을 관직에서 종사했으며, 신진사류들의 중앙 정계 진출을 도모했다. 그 중에 소학동자(小學童子)라고 일컫는 김굉필(金宏弼)도 포함되어 있었다.

김굉필은 다른 유학자와 달리 소학이 모든 학문의 기초라고 하며, 소학의 중요성을 평생 강조하였다. 그는 소학의 가르침대로 자신의 이념을 실천에 옮기려 하였으며, 도학정신을 굳건히 지키려고 노력하였다. 그러나 김굉필은 김종직의 문도(門徒)라는 이유로 무오사화(戊午士禍) 때 유배를 당하고, 갑자사화(甲子士禍) 때는 결국 처형당하고 만다. 이러한 정신을 이어받은 사람이 조광조(趙光祖)다.

그는 유교의 지치주의(至治主義)를 극명하게 실천한 인물이다. 그는 유교의 도에 의한 정치를 실현하고자 덕치(德治)와 예치(禮治)를 강조하였으며, 이를 위해 언로(言路)에 의한 공론정치(公論政治)를 추구하였다. 중종(中宗)은 조광조에 의해 왕권 강화를 위한 일정한 기틀을 마련할 수 있었으나, 계속된 공론정치의 추구로 인해 왕의 권한이 점차 제한되자, 반대파는 기묘사화(己卯士禍)를 통해 조광조를 정치적으로 제거하였다.

계속된 사화[9]는 사림파를 크게 위축시켰다. 특히 명종(明宗) 대의 을사사화(乙

9 4대 사화는 훈구파와 사림파의 첨예한 정치적 갈등에서 비롯되었다. 대부분 훈구파가 승리하여, 그나마 인적 기반이 허약한 사림파는 중앙정치에서 더욱 불리한 처지에 놓인다.

巳士禍)로 인해 사림파는 큰 정치적 타격을 받았으며, 이로 인해 소윤(小尹) 척신과 훈구파가 정치의 중심을 이루었다. 그러나 사림파는 명종 말에 다시 등장할 수 있었다. 그 이유는 크게 세 가지로 들 수 있다.

첫째, 정치적으로 소윤의 권력 기반인 문정왕후가 죽자 소윤과 훈구계열은 자연스럽게 몰락하였다.

둘째, 사회적으로 명종 대는 많은 민란이 발생하였다. 대표적인 민란이 황해도 일대에서 일어난 임꺽정의 난이다. 난이 계속 일어난 원인은 당시의 권세가 위주의 사회경제적 모순에서 기인하였다. 이런 이유로 향촌 사회의 재지사족과 연결된 사림파는 권력의 중심부로 등장하였다.

셋째, 향촌 사회에서 재지사족의 지속적인 성장은 사림과의 인적 공급을 충족시켰다. 이로 인해 사림파는 계속된 사화에도 불구하고 성장할 수 있는 인적 기반을 갖출 수 있었다.

주목할 점은 사화를 겪으면서 뜻있는 사족들은 정치에 흥미를 잃기 시작하

무오사화(戊午士禍)는 연산군 4년 훈구파인 이극돈, 유자광, 윤필상 등이 점필재의 조의제문(弔義帝文)을 이유로 김종직을 부관참시하고 김일손 등의 사림파를 참형이나 유배시켰다. 연산군 10년에는 폐비 윤씨로 인해 두 번의 갑자사화(甲子士禍)가 일어나면서 김종직 계열의 김굉필, 정여창, 윤필상 등의 사림파들이 엄청난 죽임을 당했다. 기묘사화(己卯士禍)는 중종 14년에 일어났다. 당시 현량과(賢良科) 등으로 사림파가 요직을 차지하고, 조광조를 위시한 신진사류가 중종반정의 공신 76명의 박탈을 주장하자 사장파인 심정, 남곤 등의 주도하에 반역을 빌미로 삼아 조광조를 위시한 그의 붕당의 신진사류들이 죽임이나 유배를 당했다(이병훈, 1989: 152~176). 을사사화(乙巳士禍)는 명종 즉위년 경장왕후 소생인 인종의 외척인 대윤(大尹)의 윤임이 문정왕후 소생인 명종의 외척인 소윤의 윤원형과 훈구파가 대윤을 심정적으로 지지했던 사림파가 크게 화를 입었던 사건이다. 계속된 사화를 통해 사림파는 크게 위축됐으며, 뜻있는 유생들은 과거를 단념하고 주로 산림처사에 남아 학문에만 매진했다. 그러다가 명종 20년 문정왕후가 죽자 소윤의 윤원형과 훈구 척신세력이 서서히 몰락하게 되었다. 명종 말년에 들면서 명종비인 인순왕후의 친정인 심통원 중심의 심가 세력과 사림이 정국의 주도권을 장악하였다. 그러다가 선조에 들어서 사림파가 완전히 정권을 장악한다. 이러한 정치적 과정에 사장과 경학의 갈등, 소학과 향약 그리고 서원의 실시 등에서 심각한 갈등을 겪는다. 계속된 사화를 거치면서도 사림파가 성장할 수 있었던 것은 지방의 중추세력인 재지사족이 기반으로 작용했기 때문이다.

여, 주로 지방의 처사(處士)로 남아 학문적 발전에 매진했다는 점이다. 당시의 학문적 노력은 자생적으로 성리학을 매우 높은 수준까지 끌어올렸으며, 이를 통해 학통 관계가 성립되는 계기가 되었다. 대표적 인물이 서경덕(徐敬德), 이황(李滉), 이이(李珥), 조식(曹植) 등이다. 이들의 학문적 발달은 학연관계를 유지하면서 사림의 인적 구조를 팽창시키는 데 기여했다. 또한 명종 대에 꾸준히 세워진 서원을 통해 향촌 사회의 재지사림(在地士林)은 학문적 축적뿐만 아니라 인적 자원을 충당할 수 있었다.

사림파의 성장은 성리학이 학문적으로 비약적인 발전을 이루게 하였으며, 아울러 예학의 발달을 가져오게 하였다. 조선 중기에 들면서 성리학은 그동안의 학문적 축적을 통하여 다양한 학파가 생겼다. 화담 서경덕과 회재 이언적을 필두로 퇴계 이황과 율곡 이이, 남명 조식 등을 중심으로 한 학파가 등장하였다. 대표적으로 화담학파, 퇴계학파, 율곡학파, 남명학파를 들 수 있다.

서경덕은 소이연(所以然)으로서 기의 주재를 밝히려고 하였다. 그는 북송오자 중의 하나인 장재의 영향을 받아 기의 근원을 태허(太虛)로 논하고, 무한한 공간은 하나의 빈틈없이 기로 꽉 차 있으며 이러한 기의 운동으로 만물이 형상화된다고 하였다. 그는 본체론적 입장인 태허의 기 상태를 선천(先天)이라 하고, 운동하여 사물의 형상이 드러나는 것을 후천(後天)이라고 하였다.

리와 기는 함께 존재하며 시간상으로는 시작도 끝이 없으며 공간적으로 어느 곳에나 존재하게 된다. 그는 태극과 음양같이 리기는 함께 움직이지만, 언제나 리는 기를 떠나서 존재할 수 없는 내재한 법칙에 불과하다는 주기론적 태도를 보였다. 서경덕의 주기론은 율곡 이이에게 많은 영향을 주었다. 서경덕을 중심으로 한 화담학파는 박순, 이구, 허엽 등을 들 수 있으며 후에 주로 율곡학파에 흡수됐다.

이언적은 리설(理說)에 입각한 성리학 체계를 세우면서 퇴계 이황에게 영향을 주었다. 그는 허무적멸설(虛無寂滅說)을 비판하면서 리의 실체를 강조했다. 그에 의하면 리는 비록 지극히 높고 지극히 표한 것 같으나 그 실체가 붙어 있는 것을 궁구(窮究)하며, 또한 지극히 가깝고 지극히 충실한 것이라고 하였다(한국철학사연구회, 1997: 156, 재인용). 리는 기를 떠나지 못하나 기와 섞이지 않는다. … 유가(儒家)의 허는 비었으나 유(有)이고, 이단의 허는 비었으며 무(無)라는 것이다(국사편찬위원회, 1998(31): 273). 리는 비록 무성무취(無聲無臭)하지만 기 속에서 기를 주재하는 실리(實理)며, 천지만물을 주관하는 근거라는 것이다.

조식과 정인홍을 중심으로 한 남명학파는 광해군 때 급부상하였으나 인조반정(仁祖反正) 이후 대북인(大北人)의 몰락으로 대다수가 퇴계학파에 흡수됐다. 성리학은 퇴계학파와 율곡학파의 양대 산맥을 중심으로 발전하였다. 사림파는 퇴계학파와 율곡학파를 중심으로 선조 대에 동인(東人)과 서인(西人)이라는 맥을 이어감으로써 붕당정치가 확립되었다. 동인과 서인은 정치적 이해관계에 따라 다양한 학파 중심의 붕당으로 분화됐으며, 이런 붕당들은 공론 정치를 기반으로 역사적으로 팽팽한 대립 관계를 유지하였다.

학파 중심의 붕당정치 구조는 성리학 중심의 이론적 대립을 심화시켰으며 많은 논쟁을 일으켰다. 대다수의 정치적 의사결정이 성리학 이념에 의존했기 때문에 이론적 우위성은 정치권력 획득에 직접적인 영향을 주었다.

조선 성리학의 학문적 발달은 당시의 정치사회적 특성과 무관하지 않았다. 사림파는 중앙 권력의 핵심이 되면서부터 정치 이념뿐만 아니라 모든 것을 성리학의 이념적 틀 내에서 해결하려고 하였다. 이런 역사적 배경은 성리학을 깊이 이해하게 했으며, 학문적으로 심화 발전시키는 계기가 되었다.

조선 성리학이 비약적으로 발전할 수 있는 기틀을 마련한 대표적 논쟁은 사단칠정론(四端七情論)이다. 이 논쟁은 단순히 성리학의 학문적 발전만 심화시킨 것이 아니라, 인심(人心)에 대한 본원적 성격을 규정하는 것으로서 조선 중기 예학(禮學)의 발달과 종법제 질서를 정착시키는 이념적 기반으로 작용하였다. 사단칠정론(四端七情論)과 인심도심설(人心道心說)은 퇴계학파와 율곡학파의 학문적 차이를 극명하게 보여 준다.

처음 출발은 이황이 사단칠정론에 관한 의문을 기대승한테 보낸 서신으로 시작하여 7년 동안 논쟁을 하였다. 이황은 리와 기를 별개로 보며 리가 만물을 주재한다는 주리론을 내세웠다. 이황에게 있어서 리는 기의 주재자이며 명령만 내릴 뿐 기에 구속되지 않는 초월적 존재며, 절대 선이고 보편적인 법칙이다. 따라서 이황은 사단은 순선이기 때문에 초월자인 리에서 발(發)하고, 칠정은 선악을 포함하고 있기 때문에 기에서 발한다고 하였다.

기대승은 리에 대해 사단은 칠정 중 순선만을 가리킨 것으로 그 근원은 칠정 속에 있다고 하였다. 사단은 전체적으로 기에 포함된다는 것이다. 사물은 리와 기의 구분으로서가 아니라 리기의 합(合)으로 이루어진다. 사물에 있어서 기를 떠난 리의 작용을 생각할 수 없다. 리기는 의미상의 구별이지 실제 현상에는 리와 기가 함께 작용한다는 것이다.

이황은 사단은 순선이고 칠정은 선악이 포함된 미정(未定)의 상태이므로 리와 기는 의미상으로 구별되어 진다고 하였다. 여기서 그는 본연지성(本然之性)으로부터 사단이 발로(發路)가 되고, 칠정은 외물(外物)과 응접하는 과정에서 발로된다는 기질지성을 구분하였다. 이 점에 대해 기대승은 기질지성 역시 기만으로 표현된 것이 아니라 리기가 함께 공존한다는 입장을 보였다. 또한 사단도 성(性)이 발하여 나타난 정(情)이므로 기와 독립적으로 떨어질 수 없다는 것이다.

논쟁이 깊어지면서 이황은 사단과 칠정 모두가 리기가 관계한다는 점을 인정하여 수정론을 제시하였다. 사단은 리가 발한 것을 기가 따르고 칠정은 기에서 발하나, 리는 기를 탄다는 것이다. 사단칠정론에 대한 이황의 이러한 해석을 리기호발설(理氣互發說)이라고 한다. 이황의 인성론은 성선(性善)에 가까우며 인간의 수양적 노력에 따라 순선인 리를 보존할 수 있다. 인간이 순선인 리를 마음속에서 깊이 자각하면 도덕적 질서를 회복할 수 있다는 것이다.

리를 강조했던 이황과 달리 이이는 리를 대자연의 법칙이자 초월적인 무위(無爲)지만, 기는 사물의 형상을 구체적으로 드러내게 하는 유위(有爲)라고 하였다. 단지 리는 기의 소이연(所以然) 법칙으로 존재할 뿐이라고 했다. 리는 무위로서 기의 주재자이지만 기가 없으면 존재 근거가 사라지기 때문에 리기는 하나이면서 둘이요, 둘이면서 하나이기 때문에 리기는 서로가 떨어질 수 없는 불상리(不相離)의 관계다. 리기가 분리되는 것은 관념상에서나 이루어지는 것이지, 실제로는 분리될 수 없다는 것이다. 리는 모든 사물의 존재나 원리로 규정하는 소이연인 보편자이지만 기는 구체적인 사물의 질료를 가리키는 리통기국(理通氣局)의 의미를 지닌다.

이이의 이런 관점은 사단칠정론에서도 그대로 이어진다. 순선 리인 사단은 칠정이라는 기에 의존할 수밖에 없으며, 거기서 존재 근거를 찾는다는 것이다. 관념적 존재인 리는 기 속에 있기 때문에 사단은 칠정 속에 존재 의미가 규정된다. 도심(道心)을 나타내는 본연지성(本然之性)도 홀로 독립적으로 존재하는 것이 아니라 실제 인간의 성을 구성하는 기질지성(氣質之性)에 의존하여 함께 존재한다. 이런 관점은 도심(道心)뿐만 아니라 성리학 전반에 걸쳐 퇴계학파와 다른 태도를 보였으며, 나아가 역사적으로 붕당적 정치 대립을 이루는 사상적 근거로 작용하였다. 이런 논쟁은 성리학의 이론 수준을 높였으며 조선 말의 인물성동논쟁(人物性同論爭)으로 이어지게 했다.

성리학에 대한 높은 이해는 조선시대의 사회생활 의식에 깊은 영향을 주었다. 조선조 성리학은 주희의 경구를 모든 해석의 표준으로 삼았으며, 성리학의 미진했던 부문을 발전시키려고 노력하였다. 조선조 성리학은 이론적으로 리기를 위계적 관계로 파악했으며, 생활 규범에서도 이런 관계를 적용하였다. 또한 일이분수(一以分殊)에 의해 기질지성은 사람마다 차이가 있어서 하는 일이 다르며 자신의 기질의 차이에 따라 하는 역할이 달라진다고 하였다. 사회적으로 보면 계급적 위계성을 인정하는 이념적 특성을 보였다.

조선조 성리학은 명분과 절의를 중요하게 여기어 형식과 의례에 얽매이게 하였다. 조선조 성리학의 이상주의적 의리 중시 태도는 물론 실질보다는 명분에 치중하는 사고였다. 원리 원칙에 따라 매사를 처리하려는 다분히 형식 논리 방식의 사고가 깃들어 있어서(윤사순, 1989: 55) 명분과 형식에 치중한 배타적 성격[10]을 강하게 드러냈다. 예컨대 양명학에 대해서도 성리학 계통에서는 사문난

10 조선조 성리학은 학문적 배타성이 매우 강하였다. 조선조 성리학은 정치적 이해관계와 밀접한 관련이 있었기 때문이다. 조선 중기의 장유(張維)에 의하면 중국의 학술은 다기(多岐)하여 정학(正學)이 있고, 선학(禪學)이 있고, 단학(丹學)이 있고, 또 정주(程朱)를 배우는 자도 육씨(陸氏)를 배우는 자도 있어서 문경(門徑)이 획일적이지 않다. 그러나 조선은 유·무식(有·無識)을 막론하고 책을 가지고 글을 읽는 사람은 모두 정주(程朱)를 읊조려 다른 학(學)이 있음을 듣지 못하니, 우리의 사습(士習)이 과연 중국보다 낫기 때문이겠는가 하였다(이병훈, 1989: 364－365, 재인용). 성호 이익(李瀷)은 주자의 글에 대해 한 글자라도 의심을 두면 망녕된다 하고, 비교하여 검토하면 죄라고 한다. 주자의 글도 오히려 이와 같으니 하물며 고경에 있어서랴, 우리나라의 학문이 우둔함을 벗어나기

적이라고 하여 역사적으로 철저히 배제하였다.

조선조 성리학이 강한 교조주의(教條主義)[11]를 지향한 것은 성리학 내의 이론적 경직성에서 기인했지만, 조선조의 정치사회적 배경과 매우 밀접한 관련이 있었

어렵다고 하였다. 박제가(朴齊家)는 중국의 서적을 읽지 않는 것은 사람을 속이는 것이라고 하였다(한국철학회 편, 1987(하권): 109－133) 단재(丹齋) 신채호(申采浩)는 유교의 학문적·사회적 폐해를 신랄하게 지적하면서, 유교 중심의 당시 도덕을 약자, 패자의 도덕이고, 노예 도덕이며 망국의 도덕으로 간주하였다. 망국의 도덕을 뒷받침함으로써 유교는 망국의 사상이라는 지탄을 면치 못한다는 것이 곧 그의 생각이었다(윤사순, 1989: 213－214). 김충열(1996: 181－182)은 중국에서는 지난(支難)한 주자학에서 벗어나 역간(易簡) 공부를 중시하고 지행합일(知行合一)을 추구하는 양명학(陽明學)이 신풍(新風)을 일으키고 있을 때 "우리나라에서는 이미 지난한 주자학을 더욱 번쇄(煩瑣)하게 하는 사단칠정론쟁을 일삼는 데 정력을 낭비했고, 중국에서는 반송명이학(反宋明理學)의 기치를 드높이고 빼앗겼던 인간의 행동 세계를 되찾으려고 달정수욕(達精遂慾) 같은 새로운 인성론을 제시하고 있을 때 우리는 주설을 털끝만큼이라도 건드리면 사문난적(斯文亂賊)으로 몰아 죽이는 금기(禁忌)가 행해졌고 주주요설(朱註饒舌)을 저작(詛嚼), 엉뚱한 인물성동이론쟁(人物性同異論爭)이나 벌이고 있었으니 어찌 한심하지 않으리오."라고 하였다. 중국과 일본 등 유교 문화권에서는 육왕학(陸王學)과 정주학(程朱學)은 서로 그 장단점을 보완하여 학술 발전에 크게 기여했다. 그런데 조선만은 오로지 주자학을 선별적으로 도입하여 숭상했다. 육왕학에 대해서는 불학(佛學)이라고 싸잡아 비난하기도 하고 선학(禪學)만도 못하다고 턱없이 깎아내렸다. 육왕학자들에게는 사문난적(斯文亂賊)이라는 죄명을 뒤집어씌워 가혹한 처벌을 단행하였다(김길락, 1996: 7).

11 조선조 성리학은 매우 경직되었으며, 형식주의적 성격이 강했다. 그것은 성리학이 사회이념으로 적용되면서 소이연(所以然)으로서의 성리학이 아니라 소당연(所當然)의 성리학만 강조됐었다. 소당연은 사(事)의 당연시되는 규칙(規則)을 의미하고, 소이연은 소당연이 되어야 하는 본래의 근본적 이치를 말한다. 엄격한 의미에서 소당연은 소이연과 동전의 양면과 같은 성격이 있다. 올바른 의미에서 소당연을 안다는 것은 소이연을 동시에 알고 있어야 한다. 소당연은 사회적으로 세속화됨으로써 형식성을 중요시하게 된다. 소당연으로서 효(孝)는 인륜의 법칙이지만 효를 행하는 근본 까닭은 소이연이다. 소당연이 형식과 관련이 있다면 소이연은 질과 관련이 있다. 인의 실천에서 예(禮)는 외형적 행동이나 형식에만 치중한 것이 아니라, 그 본질적 이치를 깨달아 저절로 우러나오는 마음으로 추구해야 한다. 인(仁)의 실천은 시간과 장소에 따른 상대적 소당연을 추구할 수 있지만, 소이연은 절대 불변의 성격이 있다. 조선조에 있어서 사림파가 추구했던 성리학적 이념은 역사적으로 본질보다 명분의 소당연에만 집착함으로써 이념적으로 교조주의적 성격이 강하게 되었다.

다. 명분과 절의를 중시하는 사림파의 등장은 모든 것을 성리학의 엄격한 틀 내에서 해석했으며, 다른 학문 체계에 대해서는 매우 배타적인 입장이었다. 사림파는 성리학적 배타성으로 자신들의 정치적 정당성을 확보하려는 것이었다. 관학인 성리학은 단순한 학문적 대상이 아니라 정치권력과 밀접한 관련을 가지고 발전됐다. 성리학 이론의 경직성은 조선 중기와 말기를 거치면서 종법제적 사회질서를 확립하는 데 중요한 역할을 하여 일상생활의 실제 기준으로 작용했다.

다. 성리학 이념의 사회적 교화

조선 초기, 태조는 역성혁명(易姓革命)을 정당화하고 왕권을 강화하기 위해 성리학을 통치 이념으로 내세웠다. 혁명 초기의 정권 불안을 극복하고, 동요하는 민심을 수습하기 위해서는 위계적 원리를 중시하는 성리학 이념이 매우 효과적이라고 생각했다. 당시의 사회 규범은 성리학이 요구하는 사회 질서와 거리가 멀었다. 종교적으로는 유·불·선을 공유하고 있었으며, 생활 전반과 밀접한 관련이 있는 관혼상제(冠婚喪祭)도 불교 의식이 중심이었다. 정치적으로 훈구파는 한당유학을 지지하였다. 사회적으로는 재가(再嫁)가 어느 정도 허용된 분위기였으며 재산 분배에서도 남녀균등주의(男女均等主義)를 지향하고 있었다. 이런 경향은 조선 중기에 들어서 성리학을 기반으로 한 예학이 발달할 때까지 지속하였다.

성리학이 조선조 내내 일상생활의 주요 규범으로 등장할 수 있었던 것은 그 자체 내에 삼강오륜(三綱五倫)과 같은 현실 윤리를 반영했기 때문이다. 삼강오륜은 부모 중심의 계제(階梯)적 원리가 사회적으로 확대된 윤리적 성격을 규정하고 있다. 삼강오륜의 계제성은 왕권 강화의 차원이나 양반 계급의 이해를 정당화하게 한다. 이런 점에서 성리학[12]은 크게 두 가지 차원에서 고려될 수 있다. 하

12 공맹 사상의 유교주의는 민본주의(民本主義)에서 출발한다. 그러나 천(天)과 부(夫)의 위계적 원리는 의도와 달리 정치적으로 신분적 차별을 정당화하였다. 성리학 역시 이념적으로 해석 여지가 많이 있으나 현실적으로 사회의 이해관계를 반영함으로써 소당연(所當然)의 형식 이데올로기로 변질한다. 유교의 핵심인 인은 수신(修身)을 통해 그 본질을 습득하여 사회적으로 실천하는 것이다. 인을 통한 사회실천은 인이 요구하는 원칙인 예

나는 왕권 강화의 차원이고 다른 하나는 양반 계급, 즉 재지사족의 정당성에 관한 것이다.

고려 말 신흥사대부들에 의해 도입된 성리학과 주자가례(朱子家禮)는 조선 개국의 중요한 이념이었다. 조선 왕조는 정권의 정당성 확보와 교화(敎化)를 목적으로 효(孝)와 충(忠)을 강조하고 장려하였다. 구체적으로 일반 서민을 대상으로 인륜의 기본이 되는 소학과 삼강오륜에 관한 서적을 발간, 유포시킴으로써 일상생활 의식에 깊은 영향을 미쳤다. 조선 초기의 사회생활 규범은 성리학이 요구한 것과 거리가 멀었으나 지속적인 정책적 배려와 보급으로 인해 서서히 성리학 이념이 생활 윤리의 기준이 되었다.

조선 왕조는 정권 초기부터 불교 의식이나 자연신 숭배를 금지하고 생활 규범은 유교적 의례를 지속해서 강조하였다. 특히 주자가례[13]는 법으로 규정하였으며, 아울러 이와 관련된 서적을 간행하였다. 구체적으로 태종 2년에 예제(禮制)에 관한 연구기관인 의례상정소(儀禮詳正所)를 설치했으며, 세종 때는 오례(五禮)를 정리하였다. 세조 2년에는 오례의주(五禮儀注)를 편찬하였다. 그동안의 연구를 기반으로 성종 5년에는 국조오례의(國朝五禮儀)를 집대성하였다. 국조오례의는 그 체계 속에 왕실뿐만 아니라 사대부, 일반민까지 포함하고 있으며 지역적으로는 서울뿐만 아니라 주현, 향촌까지 포함하고 있어서 국가 전체의 지배 이념으로

(禮)의 기준에 의해 행동하는 것이다. 그러나 참된 인의 추구 없이 인의 원칙인 외형(外形)만 강조하게 되면 사회적으로 형식화와 의례화 그리고 위계화된 역할 차별성이 정당화될 수 있었다. 중요한 점은 아무리 순수한 사상일지라도 그 사상을 이용하는 사람들의 집단적 욕망이 사회적 이해관계에 따라 변형, 적용될 수 있다는 것이다. 이는 사상의 문제라기보다는 사상 속에 개입된 인간의 세속적인 욕망과 밀접한 관련이 있다는 것이다.

13 가례(家禮)의 보급과 계몽은 고려와는 비교가 되지 않을 정도로 눈에 띄는 현상이었다. 태조 때부터 경제육전을 통한 오복제(五服制)의 준용과 더불어 가례의 삼년상 및 가묘제 등이 시행되었다. 태종 때에는 가례 시행에 관한 여러 구체적인 시책이 나왔으며, 평양부(平壤府)로 하여금 가례를 印造(150部)하여 각 사(司)에 반사(頒賜)케 하였다. 그뿐만 아니라 입사자(入仕者)에게 가례를 시험 치게 함은 물론, 이미 입사한 경우라도 7품 이하는 역시 그것을 시험케 하였으며, 양반층에서 가묘입사(家廟立祀)를 불이행할 때는 엄벌에 처하게 하였다(윤사순, 1989: 61).

기능을 할 수 있었다(고영진, 1996: 34).

세종 10년에는 효행록(孝行錄)을 간행하여 유포시켰으며, 13년에는 그림과 시를 넣어 삼강행실도(三綱行實圖)를 편찬하였으며, 말년에는 벽지까지 전국적으로 배포하였다. 삼강행실도의 편찬 목적은 양반 사대부보다는 일반 백성이 교화의 목적이었다(박주, 1997: 9). 성종 12년에는 쉽게 이해시키기 위해 언문삼강행실열녀도(言文三綱行實烈女圖)를 대량으로 간행하여 반포하였다. 중종은 삼강행실도뿐만 아니라 속삼강행실도(續三綱行實圖)와 신동국여지승람(新東國輿地勝覽) 등의 각종 유교 윤리서를 간행, 보급하였으며 이를 통해 사대부와 일반 백성을 유교적으로 교화시키려고 하였다.

유교의 중요한 기본 윤리서인 소학(小學)은 조선 초기부터 적극적으로 교화 이념의 중요한 서적으로 권장되었다. 소학은 조선 초기부터 사회 교화 정책의 일환으로 성균관(成均館), 사학(四學), 향교(鄕校) 등의 관학을 통하여 널리 보급되었다. 그 가운데 태종 7년 권근(權近)의 권학사목(勸學事目)을 계기로 교육(敎育)과 생원시(生員試)에서 그것이 필수 과목이 된 사실은 교화정책에서의 제도적인 큰 성과였다(박주, 1997: 79).

소학은 대학과 달리 실실적인 사회생활의 예목을 다룬 것으로 제도적인 차원에서 중요할 수밖에 없었다. 소학은 내용 구성상 쉽게 교화시킬 수 있는 특성을 보여서 교육기관이나 생·진시 같은 관료 시험에서 중요한 과목으로 채택됐으며 일반 백성에게도 교화의 중요한 생활 지침서로 널리 보급되었다. 특히 소학동자라고 일컫는 김굉필에 의해 소학의 중요성이 주목받음으로써 사림파에게 있어서 소학은 교화의 핵심이 되는 사회생활 윤리서로 강조되었다. 사회적으로 소학[14]이 주목받은 것은 권력의 중심에 있었던 사림파와 무관하지가 않았다.

14 사림파에서 소학(小學)은 실천 윤리의 기준이었다. 소학은 사림파의 정신이자 학문적 지침서다. 소학의 강조는 단순히 학문적 성향을 나타내는 것이 아니라 정치권력 기반의 성격과 밀접한 관련이 있다. 물론 소학은 조선 초기부터 사학, 향교, 성균관을 통하여 가르쳤고 세종 때만 해도 여러 차례나 간행, 반포되었다. 그러나 소학에서 가르치는 수양(修養)과 율신(律身)이 곧 성리학적 의식의 핵심이라고 이해한 것은 15세기 후반에서 16세기 초반이었다. 소학을 중시한 학자들이 사림파였으며 그중에서도 김굉필, 김안국 등이

조선 왕조는 정책적으로 삼강오륜과 소학을 실천 윤리로서 일상생활에 신속하게 보급하고 권장하기 위해 지속해서 정표(旌表) 정책을 폈었다. 정표란 충신, 효자, 열녀 등을 기리기 위해 집이나 마을 입구에 세운 붉은 색의 홍살문을 뜻한다. 정표정책은 삼강오륜을 실천에 옮기는 것을 기리기 위해 국가적 입장에서 포상하는 것을 말한다. 정표정책은 남녀노소나 귀천의 신분 구별 없이 적극적으로 장려됐으며 그 대상자들을 관직에서도 우대하였다. 따라서 지배층이 강조하는 삼강오륜을 실천한 사람들에 대해서는 정표 등을 통해 사회적으로 포상했지만, 삼강오륜에 배치되는 행위를 자행한 사람들에 대해서는 엄격하게 처벌하였다(김대용, 1992: 173).

정표정책은 그 대상자들에게 문려(門閭)나 기둥 혹은 비석을 세워 이름을 새기게 하고 실직(實職)뿐만 아니라 경제적인 혜택을 부여하기도 하였다. 삼강오륜의 실천을 나타내는 정표는 양반 사족들에게 있어서 가문의 상징이었다. 조선 중기에 예학이 발달함에 따라 정표의 가치는 더욱 중요하게 주목받았다. 정표정책은 제도적으로 엄격한 효치주의(孝治主義)를 강조한 것이며, 생활 실천 윤리로서 일반 백성을 교화하는 데 실질적인 기능을 하였다.

심지어 조선 사회는 부모가 살해당했을 때 아들의 복수를 용인할 정도로 효도를 강조하였다. 부모, 조부모, 부, 형을 위한 복수는 사형(死刑)을 멸(滅)하여 정배형(正配形)에 처했다. 이러한 멸사정배(滅死正配)의 특전을 받으려면 복수한 다음, 즉시 관에 자수해야 하는 것이 상례였다(박주, 1997: 221). 삼강오륜의 위계적 질서는 조선조의 입장에서 단순한 이념이 아니라 국가를 지탱하는 버팀목이었다. 삼강오륜을 제도적으로 장려하는 정표정책은 사족(士族)뿐만 아니라 일반 백

대표적인 인물이다(윤사순, 1989: 61). 조선시대 일반민의 교화에 큰 영향을 미친 향약 보급 운동도 소학 실천 운동의 일환에 지나지 않는다. 소학은 사림파의 이념적 연대감을 상징하는 것으로서 소학 보급 운동이 활발히 전개된다는 것은 신진사류들의 정치세력이 강화되고 있다는 것을 의미한다. 예컨대 기묘사화와 함께 조광조 등 신진사류들은 제거되었고 소학도 흉서로 금지되었다(박주, 1997: 81). 이런 이유로 사림파에 주도되었던 향약 보급 운동도 주춤하게 됐다. 소학의 전파는 사림파의 정치적 부침과 일정한 함수관계를 가지고 있었다.

성의 적극적인 교화를 위한 정치적 배려였다.

조선조 유교가 일상생활 속에 침투하여 자리를 잡을 수 있었던 것은 국가 차원의 정책적 배려만으로는 가능하지 않았다. 구체적인 실례로 조선 중기까지 유교적 생활이 일상화되지 않았으며 심지어 사대부까지 관혼상제를 주자가례에 따르지 않았다. 유학의 실천 이념에 대한 조선 왕조의 계속된 관심과 정책적 배려는 점차 일상생활을 변모시키고 있었지만, 완전히 정착시키지는 못하였다. 조선조가 정책적으로 삼강오륜을 지속해서 장려하고 효치주의를 강조했지만, 일반 백성에게까지 전파되었던 것은 향촌 사회의 지배계층인 재지사족들의 영향이 컸었다.

재지사족[15]은 고려 말 향리 계층의 일부가 품관을 받아 조선조의 향촌 사회의 주도적 역할을 담당하였던 지방의 양반 계층을 말한다. 재지사족들은 이념적으로 성리학을 기반으로 하고 있으며, 향촌 지배층으로 영향력을 행사하기 위해 중앙 정치와 계속된 긴장 관계를 유지하며 발전하였다.

재지사족들은 자신들의 신분적 이해관계를 높이기 위해 비사족층인 향리(鄕吏) 계층을 중인(中人)으로 전락시키고 성리학적 이념에 의해 계급적 신분 관계를 정당화하였다. 즉, 일이분수(一以分殊) 사상에 따라 사람마다 기질의 차이가 있으며 사회적 역할이 다르기 때문에 계급적 위계의 신분적 차이는 정당하다는 것이다. 재지사족들은 지방의 지배층으로 군림하면서 중앙정치와 연결된 사대부 계

15 고려 중기, 정중부는 무신난을 일으키면서 권문세력의 문신들을 대대적으로 제거하여 새로운 지배계급 형성에 정치적 기반을 제공했다. 무신난 초기에는 문리(文吏)들에 대해서도 반감이 있었으나 서서히 그 차별이 줄어들었다. 무신정권기의 문음(門蔭) 출신의 이족(吏族)들은 부모나 가문의 도움 없이 능력에만 의존하여 출세했기 때문이다. 무신정권기에는 외교, 행정 등의 새로운 변화를 수용하기 위해 문인(文人)의 정치적 필요성이 증대되었다. 이때 등장한 것이 지방의 향리 계층의 문인이었으며 신진사대부의 기원이 된다. 향리(鄕吏)들은 조선시대에 들어오면서 재지사족(在地士族)과 재지이족(在地吏族)으로 분화한다. 재지사족은 품관을 받은 지방의 향리로 구성되어 있으나 재지이족은 그렇지 않은 경우이다. 재지사족은 지방의 양반 계급은 성장하여 향촌 사회의 중심 세력으로 조선시대 내내 영향력을 행사한 사림파의 직접적인 인적 기반이 된다. 재지이족은 조선 초기에 재지사족과 긴장관계를 유지했으나 점차 중인으로 전락했다.

층으로 성장하였으며 사림파의 직접적인 인적 기반이 되었다.

재지사족들은 향촌 사회에서의 자율권과 이해관계를 높이기 위해 군현의 자치 기구인 유향소[16]를 조직하여 지방의 수령과 대립 및 타협 관계를 유지하였다. 유향소는 재지사족이 지방의 지배권을 증대하기 위한 것으로서 왕권 강화에 어긋났기 때문에 태종 때부터 몇 차례 혁파되는 우여곡절을 겪기도 하였다. 이런 이유로 세종 때에 중앙집권화를 강화하기 위해 유향소를 통제할 수 있는 경재소(京在所)를 두고, 지방을 통제하기 위해서는 수령권 보호를 위한 부민고소금지법(部民告訴禁止法)을 만들어 재지세력을 견제하였다. 점차 유향소는 훈구파의 이해관계를 대변하고, 원래 의도와 달리 서서히 변질하기 시작하여 선조 대에 완전히 혁파됐다. 16세기 중반 이후 교육 기능을 담당하는 서원으로 서서히 대치됐다. 17세기 초부터 나타난 교육기관인 서원[17]의 등장은 외형적으로 정치적

16 유향소는 향촌 사회를 지배하기 위한 재지품관(在地品官) 중심의 자치 기구였다. 유향소는 재지사족의 이해관계를 대변하는 향촌 사회의 통제기구였으며 일반민에 대한 성리학적 이념의 직접적인 교화 기구였다. 향약 보급 운동도 유향소를 통해 이루어졌다. 그러나 유향소는 중앙집권화 정책에 직접 어긋나자 태종에 의해 혁파되었다. 그러다가 세종 때에 왕권 강화를 위해 재경관인 중 지방과 연결된 사람이 경재소(京在所)를, 지방의 유향품관에게는 유향소를 통제하게 하였다. 경재소는 유향소의 좌수(座首)나 별관(別館)에 대한 인사권을 가지고 있었다. 원래 의도는 경재소를 통해 유향소를 견제함으로써 중앙집권화를 도모하려고 하였다. 성종 대 이후 유향소는 경재소를 통해 훈구파에 의해 지배되었으며, 오히려 성격이 변질하고 이를 통해 부정이 자행되었다. 훈구파는 경재소와 유향소를 통해 향촌의 재지사림과 연결하여 지방을 통제하고 이해관계를 도모하는 기구로 변질함으로써 왕권 체제에 의해 계속된 견제를 받아왔다. 이런 이유로 사림파가 오히려 적극적으로 유향소의 폐지를 주장하였다. 결국 경재소는 선조 36년에 혁파됐으며 그 이후 유향소는 향청으로 격하되어 기능이 약화하였으며 동시에 서원(書院)이 재지사족의 중요 기구로 주목받았다.

17 서원은 사림의 교학진흥책 장소였다. 중종 대에 훈구파는 관학(官學)을 중요시했고, 수신(修身)을 강조한 사림파는 서원의 증설을 강력하게 요청하였다. 당시 훈구파가 지지하던 관학과 사장 중심은 조광조 등에 의해 신랄하게 비판됐다. 조광조는 교학진흥책으로 수신을 강조하는 소학과 의리를 중시한 존현들의 제향, 그리고 사우지도의 확립 등을 내세웠다. 특정 인물을 제향하는 사우와 서원의 건립 가능성을 나타냈고, 사우지도의 확립은 학파 형성을 정당화하여 나중에 붕당정치를 이루게 한다(정만조, 1997: 12–23). 중종 대의 사림이 주장한 교학진흥책에 대한 논의는 점차 서원의 존재를 부각했다. 중종 36년

의심에 벗어날 수가 있지만, 차츰 재지사족의 이해관계를 반영하는 기구로 변질하였다.

이 시기에 주목할 점은 소학 실천을 위한 향약[18] 보급 운동이다. 향약 보급 운동은 사림파에 의해 전국적으로 실시됐다. 한때 기묘사화로 인해 조광조의 실각과 함께 소학 실천뿐만 아니라 향약 보급 운동이 훈구 세력에 의해 저지되기도 하였다. 그러나 선조 대에 들면서 사림파가 정권을 장악하게 되자 향약이 전국적으로 보급되었다. 새 지배세력은 성종 대의 향음주례(鄕飮酒禮) 보급 운동, 중종 대의 향약 보급 운동 및 소학 실천 운동, 선조 대의 서원 건립 운동 등, 시기에 따라 다양한 방법으로 향촌 사회 지배를 위한 시도를 하였다. 그중 가장 큰 영향을 미치고 실천을 하게 한 것은 향약 보급 운동이다(국사편찬위원회, 1998(31): 24).

지방의 중소 지주층으로 구성된 재지사족들의 관심은 향촌 사회에서 지배권을 확보하고 자신들의 정치적 영향력을 증대시키고 아울러 경제적 부를 확장하는 데 있었다. 이런 이유로 재지사족들은 그들의 명단인 향안(香案)과 내부 성원

에 주세붕의 백운동서원이 처음으로 건립됐다. 그 이후 사림파가 권력을 잡게 되고, 특히 17세기 들어서면서 서원이 대폭으로 증설되었다. 서원은 그동안 향촌 사회를 주도하던 유향소를 대신하여 소학 및 향약 보급과 사림 계열의 문묘 종사에 기여했다. 따라서 교육기관인 서원은 문묘 종사 운동을 함으로써 이름난 도학자나 그 지방의 유학자를 모시는 사우 역할을 하였다. 서원은 중앙의 정치권력에 예민하게 반응하는 공론 장소로 이용됐다. 서원은 자연스럽게 붕당정치와 밀접한 관계를 맺게 된다. 서원을 통한 여론 정치는 성리학의 형식 논리인 명분과 의리를 이념적으로 더욱 강화한다. 서원을 통한 사우의 발달은 자신의 조상을 문묘에 모시게 함으로써 문중서원을 발달시키게 한다. 문중은 동계와 동약 및 동성촌의 성장으로 인해 문중 중심의 사우가 발달하게 된다. 그러나 서원은 재지사족의 이해관계를 대변하고 붕당에 의한 파벌정치를 조성하는 등 많은 문제점을 드러낸다.

18 이태진(1990: 91－92)에 의하면 향약(鄕約)은 군현 단위의 성리학적 질서의 사회관계를 나타내는 것으로 유향소가 향약을 보급하다가 17세기 서원이 발달함으로써 서원이 향약 시행의 중심으로 내세워진 예가 있는 것을 보면 그것이 비록 교육기구라고 하더라도 … 서원은 명목상 어디까지나 교육기구이므로 정치적 탄압을 피하는 데 유리한 점이 있었을뿐더러 성리학파의 질적, 수적 향상에도 직접 기여를 했다고 한다.

의 규약인 향규(鄕規)를 만들어 신분적으로 철저히 배타적인 성격을 드러내는 연합체적 성격을 지녔다. 그들은 유향소, 향약, 서원 등과 같은 것을 통하여 그들의 신분적 지위를 확인시켜 주는 성리학적 사회 질서를 유지하고자 했다. 향촌 사회를 지배하는 재지사족들은 그들의 공론과 맞지 않으면 공권력과 맞먹는 영향력을 행사하기도 하였다.

결국 재지사족들에 의해 주도되는 성리학적 사회질서의 구현은 정치적으로는 향촌 사회에 지배권을 행사하여 중앙권력에 대해 자신들의 입지를 강화하기 위한 것이었다. 사회적으로는 조선 초기의 불분명한 신분적 위치[19]를 정립하여 계급적 차별성을 정당화하기 위한 것이다. 이런 경향은 재지사족의 말단 조직인 동계에 의해서도 나타난다. 동계는 자연촌을 중심으로 16세기에 이르러 촌락 단위로 지연, 혈연 중심으로 자체 결속을 강화하기 위해 나타났다. 16세기의 동계 조직들은 새롭게 재지기반을 마련해 가는 사족층의 결사적인 성격이 강하여 ① 친린적 유대, ② 학문적인 성향이나 동문 의식, ③ 연령이나 지역적인 연결을 도모하고 있었고, 공통으로 성리학 사회 질서와 이념을 향촌 사회에 이식시키는 성향이 강하였다(국사편찬위원회, 1998(31): 44).

재지사족들의 성리학 이념의 보급은 자신들의 이해관계와 그들의 신분적 입지와 밀접한 관계를 맺고 있었다. 성리학적 이념을 통하여 자신들에게 유리한 사회질서를 형성하기 위한 것이다. 유향소, 향음주례, 소학 보급, 향약 보급 운동, 서원 등은 형태만 달리할 뿐 재지사족의 이해관계를 대변하는 이데올로기 역할을 하였다.

임진왜란과 병자호란의 양난 이후에는 재지사족들의 이해관계를 대변하는 서

19 재지사족은 조선 초부터 법제적으로 신분이 굳어진 것은 아니다. 그들의 신분적 뿌리인 향리 계층은 사족과 비사족으로 구분되며 사족은 주로 품관층으로 이루어졌다. 당시 신분 계층은 엄격히 구분되지 않았다. 16세기 중반 이후부터 사족과 상민을 엄격하게 구별하기 시작하였다. 그 전에는 사족과 향리층에서 통혼을 하는 경향이 있었다. 재지사림들이 향약 보급 운동 등을 통해 신분적 차별성을 꾸준히 추구한 것은 자신들의 지위에 따른 이해관계를 극대화하기 위한 노력으로 볼 수 있다. 향약의 내용도 성리학적 이념에 따라 지배 양반 계급 중심으로 이루어졌다.

원이나 향권이 약화되었지만 대신 예학(禮學)을 통한 혈연관계의 문중(門中) 결속력이 강화됨에 따라 지속해서 지배권을 행사할 수 있었다. 재지사족들은 자신들의 권익을 높이고 신분적 위치를 강화해 주는 성리학적 이데올로기를 보급하여 일반 백성을 교화시키는 것을 중요한 일로 생각하였다.

실제, 조선 중기 이후의 향촌 사회에서 그들은 유교 윤리 기준에 의해 형벌과 맞먹는 권력을 행사했다. 재지사족은 성리학적 이념을 통해 자신들의 사회적 이해관계를 높이기 위해 일반 백성을 교화시키려고 노력하였다. 이런 노력은 성리학적 윤리 기준이 일상생활 곳곳에 깊숙이 침투하게 된 계기가 됐으며, 궁극적으로 유교 사회를 건설하는 데에 강력한 힘이 되었다.

유교주의를 구현하려는 국가적 입장과 재지사족들의 성리학 이념의 보급 노력은 그 이유가 무엇이든, 양 입장의 지속적 노력을 통해 성리학적 윤리 기준을 일상생활 의식으로 정착하게 하였다. 성리학 질서의 정착은 어느 한순간에 이루어진 것이 아니고 지속적이며, 적극적인 교화 노력으로 가능하였다. 이런 교화 노력은 조선 중기에 들면서 예학이 발달할 수 있는 사회적 기반으로 작용하였다.

조선 중기와 말기에 들어서며, 더욱 강화된 성리학적 사회질서가 자리 잡게 되었다. 조선 중기에 예학의 발달은 종법제 질서의 이념적 근간으로 작용하였으며, 이로 인해 장자중심주의, 가족주의 교육문화 형성에 큰 영향을 미쳤다. 이렇게 보면 교육문화의 형성은 복잡한 정치사회적 역학관계와 밀접한 관련이 있으며 오랜 시간에 걸쳐 이루어졌다.

라. 예학의 발전과 사회 변화

조선 중기에 예학의 발달은 단순히 학문적 차원에만 머문 것이 아니라, 이념적으로 자연스럽게 종법제를 정착하게 하는 중요한 가교 역할을 하였다. 종법제의 도입은 일상생활, 규범, 그리고 거주지 공간, 의복 등에 이르기까지 사회 전반에 큰 변화를 가져오게 했다.

조선 초기의 사회질서는 조선 중기 이후의 사회질서와 많은 점에서 달랐다.

조선 초기에는 지배층을 포함해서 자유혼(自由婚)과 재가(再嫁)가 성행하였고, 남녀균분 상속이 이루어졌다. 혼인 제도에서는 동성혼(同姓婚)이 어느 정도 이루어졌으며 남귀여가혼(男歸女家婚)[20]이 성행하였다. 사회규범으로서 종법제 질서의 정착은 갑자기 이루어진 것이 아니라, 조선 초기부터 왕조의 꾸준한 교화 노력과 사림파의 성리학 질서에 대한 지속적인 계몽에 의해서 가능하였다.

조선 초기에 태조 이성계는 성리학적 사회질서를 확립하기 위해 유교 의례를 매우 강조했다. 태종 대부터는 과거시험과 7품 이하의 관료들에게 주자가례를 시험 보게 했으며, 또한 예제 연구기관인 의례상정소(儀禮詳定所)를 설치하였다. 세종은 집현전을 통해 오례(五禮)를 정리했으며, 세조 때는 오례의주(五禮儀注)를 편찬하였다.

성종 대에는 지금까지의 연구를 기반으로 국조오례의(國朝五禮儀)를 집대성하였다. 중종 대부터는 신진사대부인 조광조 등의 사림파가 등장하면서 훈구파와 예제(禮制)에 관해 직접적인 대립을 하였다. 훈구파는 국조오례의와 한당례(漢唐禮)를 강조하였으나 사림파는 고례(古禮)와 주자가례(朱子家禮)를 강조하였다. 즉, 주자가례의 부분적 시행을 주장하는 국조오례의파와 주자가례의 전면적 시행을 주장하는 사림 중심의 고례파[21]로 나뉘어 첨예하게 대립하였다(국사편찬위원회, 1998(31): 172). 이때는 주자가례를 완전히 이해할 정도로 성리학에 대한 학문적 수준이 성숙 단계에 도달했던 것은 아니다.

20 종법제가 정착되기 전까지 주자가례로 해결하기 힘든 것 중의 하나가 남귀여가혼(男歸女家婚)을 친영제(親迎制)로 정착시키는 것이다. 예컨대 태종 7년(1407년)에 왕실에서 세자가 친영하였으나 당시 사대부가에서는 이 친영을 피하려고 연소한 처녀들을 모두 혼인시켜버리는 소동이 벌어지기도 하였다. 사대부 계층에서도 친영이 거의 행해지지 않았다(고영진, 1996: 43, 재인용).

21 고례(古禮)는 주례(周禮), 의례(儀禮), 예기(禮記)의 삼례(三禮)를 말하며 고대 주공에 의해 만들어져 공자에 의해 집대성되었다. 고례를 바탕으로 국가적 전례를 연구한 것은 고려 인종대, 최윤겸의 고금상정례(古今詳正禮)가 최초의 예서(禮書)이다. 조선 초기 정도전의 조선경국전(朝鮮經國典)과 경제문감(經濟文鑑)은 주례(周禮)의 육전체제(六典體制)를 기반으로 하였으며 권근의 예기천견록도 고례(古禮)에 대한 연구를 집대성한 것이다. 이러한 연구를 바탕으로 국조오례의(國朝五禮儀)가 집대성되어 편찬될 수 있었다.

성리학의 학문적 수준이 높아지고 주자가례에 대한 체계적인 이해가 한층 심화한 것은 조선 중기 이후부터다. 성리학에 대한 깊이 있는 이해를 바탕으로 당시의 학자들은 주자가례에 대한 관심이 높아지면서 예학에 관한 책들을 저술하였다. 16세기 후반부터 예론(禮論)에 관해 학문적으로 연구하는 사람이 증가하기 시작하였다.

선조가 즉위한 뒤 사림파가 정치 주도세력이 되면서 예(禮)는 개인이나 향촌 차원이 아닌 국가적 차원에서 강조되었다. 주자가례를 중심으로 한 유교 의례가 사회 전체에 확대되고 예에 대한 이론적 탐구가 본격화되면서 예에 대한 관심 영역도 제례(祭禮)에 국한되지 않고 특히 상례(喪禮)에까지 넓혀져 갔다(고영진, 1996: 145).

예학에 대한 연구도 활발히 전개됐다. 16세기 중반 이후에는 가례에 대한 연구가 주로 이루어졌으나 17세기 이후에는 고례(古禮)에 대한 연구가 이루어지면서 한층 심화 발전될 수 있었다. 대표적인 학자가 김장생과 정구, 그리고 허목 등이다. 16세기 후반에서 17세기에 나온 구체적인 저서들로는 김장생의 가례집람(1599년)과 의례문해(1620년대), 정구의 예의 차등화를 강조한 오선생예설분류(1603년), 예기상례분류(1615년) 등, 이언적의 예의 본질에 관해 언급한 봉섭잡의(1550년), 이덕홍의 가례해(1570년 전후), 김성일의 상례고증(1581년), 봉선제규(1587년), 김집의 고금상례이동의(1649년) 등 예서에 관한 서적들이 집중적으로 출간되었다.

조선 중기의 예학 발달과 종법제의 도입은 사회질서와 의식을 근본적으로 바꿀 만큼 그 영향력이 대단하였다. 특히 예학의 발달은 종법제의 이념적 근간을 제공하였다. 조선 중기에 예학이 발달할 수 있었던 것은 복합적인 정치사회적 변인과 관련이 있었다.

첫째, 성리학 이념을 기반으로 한 사림파의 정치사회적 이해관계와 밀접한 관련이 있었다. 사림파의 인적 공급원이었던 재지사족들은 조선 초기부터 자신들의 신분적 이익을 높이기 위해 향약이나 유향소 등의 자치 기구로 성리학적 질서의 정당성을 보급하려고 노력하였다. 또한 사림파는 중앙귀족인 훈구파와의 반목되는 정치적 갈등 관계에서 우위를 확보하기 위해 자신들의 이념적 기반인 성리학 체계를 심화·발전시킬 필요가 있었다.

둘째, 사화(士禍) 등의 정치적 상황으로 인해 오히려 조선 중기의 성리학은 학문적 수준을 높일 기회가 되었으며 예학 발전의 이론적 기반이 되었다. 성리학의 높은 학문 수준으로 인해 고례와 가례에 대한 연구를 심층 발전시킬 수 있었다.

셋째, 선조(宣祖) 대에 들어서 사림파가 완전히 정권을 장악하였으나 내부의 학파 분열로 인하여 예학에 대한 다양한 이해가 전개될 수 있었다. 이 시기에 예학에 관한 서적들이 집중적으로 출간됐다.

넷째, 예제에 관한 문제는 정치적으로 매우 민감한 사안이었다. 17세기부터 왕실 종통과 계승에 대한 전례 문제는 정치적으로 심각한 대립을 초래하였다. 왕실의 전례 문제는 정치권력의 향방을 결정할 만큼 중요했다. 예제에 대한 이해는 정치적 차원에서 매우 중요한 사안이었다.

다섯째, 임진왜란과 병자호란으로 인해 사회적·신분적 질서 혼란이 대두됐다. 전란으로 인해 중인과 양인 심지어 천민까지도 신분 상승할 수 있는 합법적인 통로가 마련됐기 때문이었다. 선조 27년, 군공천의 보고에 의하면 공, 사천도 적 1명을 베면 면천하고 2명을 베면 익림위에 소속되게 하고 3명을 베면 허통하고 4명을 베면 수문장으로 제수할 수 있다고 할 정도였다(국사편찬위원회, 1998(31): 143).

또한 임진왜란과 병자호란 자체도 사회적으로 매우 힘든 고통인데도, 이 시기에 소빙하기(小氷河期: 각주 70 참조)[22]라고 지칭되는 세계적인 자연재해가 발생했

22 세계적으로 17세기는 반란, 혁명, 전쟁 등이 격심하게 일어나 그 원인을 찾으려던 서구 학자들에 의해 17세기 위기론이 대두됐다. 17세기는 다른 시기에서 보기 어려운 자연재해가 장기적으로 지속했으며 기근과 전염병이 빈발하여 반란, 혁명, 전쟁 등의 사회 불안이 계속됐다. 17세기 위기론의 발생 원인은 세계적으로 미스테리한 사건이었으며, 다양한 추측만 있었다. 17세기 위기론에 대해 1976년 미국 콜로라도 국립천문연구센터의 존 에디는 기온 강화의 원인으로 태양 흑점 활동의 쇠퇴설을 내놓았다. 미국의 물리학자 알바레스 팀은 거대한 운석이 지구에 떨어져 충돌한 여파라고 하였다. 17세기 위기론이 정확하게 밝혀진 것은 조선왕조실록에 의해서다. 이태진은 조선왕조실록을 통해 17세기 위기론의 실체를 밝혀서 세계적으로 인정받았다. 조선왕조실록에 의하면, 1480년에서

다. 소빙하기로 인해 사회적으로 심각한 동요가 있었다. 조선 사회는 양난과 자연재해로 인한 사회적 무질서를 시급히 회복하기 위해 더욱 강한 예제 질서를 요구하였다. 이런 무질서 현상들은 예학 연구를 촉진하는 사회적 계기가 되었다. 조선 중기 이후부터 강조된 예학으로 인해, 이때를 예학시대(禮學時代)라고 일컬으며 강력한 예치주의(禮治主義) 사회로 전환하였다. 예 사상은 위계화된 질서 체계를 내재하여 신분적 질서의 확립을 위해 쉬운 이념적 역할을 하였기 때문이다.

예는 유교 사상에서 매우 중요한 이론적 위치를 차지한다. 유자(儒者)를 예를 실현하고 도와주는 상례자(喪禮者)라고 할 만큼 예는 유교 사상에서 매우 중요하다. 논어에서 공자는 예는 천리(天理)의 절문(節文)이요, 인사(人事)의 의칙(儀則)이라고 하였다(성백효 역주, 1999a: 27). 예의 근본 사상은 인이며, 인에서 예가 파생된 것이다. 예는 인의 실현 원칙이며 형식 원리인 것이다. 그래서 삼강과 오상은 예의 대체(大體)라고 하였다(성백효 역주, 1999a: 49). 수신을 통하여 자연스럽게 획득된 인은 예라는 형식을 빌려 발현된다는 것이다. 공자는 논어에서 예가 없으면 보지 말고, 예가 없으면 듣지 말고, 예가 없으며 말하지 말라고 하였다.

성리학은 예의 위계적 사상을 더욱 강조한다. 주희는 리를 절대선을 지향하는 초월적인 원칙이자 만물을 관통하는 보편적인 기준으로 보았다. 그에게 있

1760년 사이에 전체 기록의 80%인 23,000건의 자연 이상 현상이 나타났다고 한다. 하늘에 붉은 기운, 흰 기운, 검은 기운, 불 기운 등이 출현하여 먼지가 안개처럼 자욱하여 사방을 볼 수 없는 상황이 한 달씩 지속할 때도 있었으며 비린내가 난다는 등의 기록들이 수없이 많았다고 한다. 실제로 인종실록에는 기온 강하에 해당하는 현상으로 때아닌 눈과 서리, 우박을 동반한 천둥·번개와 태풍, 가뭄, 홍수, 기근, 질병 등 수많은 천재지변에 관한 기록들이 있다. 현종 대에는 기근과 전염병으로 백만 명 이상이 죽어가는 상황이 몇 차례 반복되었다고 한다. 이 시기의 자연재해는 다른 시기와 비교가 안 될 정도의 가공스러운 것이었다(이태진, 1998). 조선왕조실록에 나타난 유성 출현 기록 3,640회 중 90% 정도가 16세기에서 18세기 중반기에 집중되어 있다. 이때는 뚜렷한 한랭화 기후를 나타내는 우박이나 서리가 다른 시기에 비해 몇 배나 됐다고 하였다. 또한 역사상 가장 큰 흉년이 1671년에 일어나기도 하였다. 당시의 상황은 굶주림을 이기지 못해 시신뿐만 아니라 다른 사람이나 혹은 어린 자식의 인육을 먹었을 정도로 끔찍한 대기근이었다(박홍갑, 2001: 249－271).

어서 예는 인간이 살아가는 객관적이며 합례적 규칙으로 불변의 성격을 지니고 있다. 리는 인간에게 내재하며 이것을 객관적인 예제에 의해 행할 때 개인, 국가, 세계는 천인합일의 경지에 이를 수 있다고 여겼다. 예 학자들은 예가 단순히 외재적 규범이 아니라 인간에게 내재하는 리를 발휘하는 수단이라고 인식하였다(한국철학사연구회, 1997: 224–226).

예는 리의 법칙을 사회에 실천하기 위한 도덕 행위의 준거가 된다. 성(性)에 내재한 리는 절대적 가치를 지닌 행위 원칙으로서 인간의 욕망과 사심을 제거하여 본연지성을 드러내기 위해서 사회 실천으로서 예의 규범을 요구한다. 선악을 포함하고 있는 칠정을 성에 합치하여 순선한 리를 지향하기 위해서는 수신과 극기복례(克己復禮)가 필요하다.

예는 천리를 지향하는 원칙이지만, 인의 행동 규범을 나타내는 순수한 도덕적 가치를 포함하고 있다. 시·공간에 따라 인의 개념은 상대적으로 다르게 발현될 수 있듯이 아울러 예의 원칙도 달라질 수 있다.[23] 주희도 이 점을 인정하였다. 그만큼 예는 탄력적인 개념이다.

예는 인의 형식성인 소당연(所當然)이지만 소이연(所以然)[24]은 아니다. 논어에서

---

23 예(禮)는 항상 시대와 사회의 변천에 따라 개폐(改廢)되어 구체적 타당성을 유지해야 한다. 장횡거는 "非禮之禮와 非義之義는 時中의 道에서 벗어난 것"이라 하였다. 정자(程子)는 "禮가 古制에만 구애되어서는 아니 되니 당시의 기풍(氣風)을 보라.", 주자(朱子)는 "禮가 時期가 중대하니 繁縟한 古禮를 지금 어찌 다 行할 수 있겠느냐." 했다. 예의 생명은 시대성(時代性)에 있는 것이다. 그래야만 인간으로 하여금 인(仁)으로 돌아가게 할 수 있기 때문이다(지교헌 외 2인, 1991: 40). 황원구(1981: 84)에 의하면 예는 義(宣), 稱, 時의 세 가지 요소를 가지고 있다고 한다. 의는 정신을 말하고 칭(稱)은 표준과 형식을 의미하며 시는 시류(時流)를 뜻한다. 예의 정신은 보편타당한 것으로 시류에 구애받지 않지만, 표준은 시대에 따라 변화할 수 있다. 칭(稱)만 내세우고 의가 없으면 안 되고 의만 주장하고 칭(稱)이 시대정신(時代精神)과 결합하지 않으면 안 된다는 것이다. 예는 인간 상하 관계의 질서를 의미하지만 예는 부단히 변화할 수 있다. 인간 내부 심성의 탄력성 여부는 예의 가변성과 상응 관계를 지녀야 하기 때문이다(이재룡, 1995). 예의 정신은 일관되나 시대의 성격에 따라 그 형식은 융통성 있게 다양히 변화될 수 있다는 것이다.

24 원래 소이연과 소당연은 동전의 양면과 같다. 예도 같은 성격을 지니고 있다. 단지 여기서는 예의 형식성이 소당연과 같다는 것은 소당연이 규범과 관련됐기 때문이다. 예의 소

공자는 질(質: 본바탕)이 문(文: 아름다운 외관)을 이기면 촌스럽고, 문이 질을 이기면 사(겉치레만 잘함)하니 문과 질이 적당히 배합된 뒤에야 군자라고 하였다(성백주 역주, 1999a: 117). 이때 문은 예를 의미할 수 있다. 문에만 치중한 예, 즉 인의 외면인 형식만을 강조한 예는 인의 본질이 빠진 예라는 것이다. 예는 궁극적으로 인을 통해 만물이 화합하기 위한 절제(節制)를 포함하고 있다. 예는 질과 문 중 어느 하나에 치우침이 없이 동시에 이루어져야 한다.

성리학의 위계적 질서 체계는 예 사상이 반영되어 있다. 예의 강조는 신분의 위계적 질서를 확립하는 데 중요한 이념적 역할을 하였다. 성리학자들은 불변의 리(理)에 근거시킨 철저한 명분론을 내세워 현실의 계급적 신분 질서를 정당화시키고자 하였다. 예 규범은 대의명분 아래에 기존의 계급적인 신분 체계를 유지·옹호하는 종적이고 권위적인 질서를 중요시하였다(이재룡, 1995: 38).

조선시대의 예는 사대부의 계급적 자각에 의해 소극적 개념의 예를 적극적으로 실천한 것으로 볼 수 있다. 계층에 따라 다양하게 예가 적용되어야 하는 데도 치자(治者)와 권력 중심적인 예에 대한 편중적인 이해로 인해 경직된 예제만을 일관했다(황원구, 1963).

조선 중기 이후, 예학 연구가 활발해진 이유도 정치사회적 이해관계의 필요성 때문이다. 즉, 재지사족의 향촌 사회의 지배권 획득, 사림파의 붕당 간 정치적 이해관계, 양난으로 인한 신분혼란의 극복 등을 들 수 있다. 당시 사회는 예의 본질적 실현보다도 경직된 합례적(合禮的) 생활 원칙을 통해 확고한 신분적 질서를 확립하는 데 있었다. 사회생활에서 예의 원칙에 어긋나지 않기 위해서 형식성인 명분과 의리가 중요한 판단 기준이 되었다. 정치사회적으로 예는 통치 기준으로 확고한 위치를 자리 잡게 된다.

이 시대의 예 통치에 대해 윤사순(1989: 71)은 그 준례정신(遵禮精神: 예에 순종하는 것)이 혹심 철저함이 예의 신앙의 차원에 이른 것이라고 하며, 예의 신앙으로 종교화된 시대가 곧 17세기라고 하였다. 예의 형식성에 대한 지나친 강조는 그

당연을 잘못 추구하게 되면 예의 형식성에만 의존하게 된다.

본질인 인간의 내면적 가치[25]를 전도하는 도착적(倒錯的) 성격을 드러낸다. 지나친 형식성은 폐쇄성과 배타성으로 인해 인간 생활의 경직성을 가져오게 함으로써 궁극적으로 인간의 가치를 저해하여 인간을 억압하는 틀로 작용하였다.

조선 중기 이후의 예학 발달은 종법제와 자연스럽게 연결되면서 성리학적 사회질서로 정착하였다. 종법제는 사회 전반에 걸쳐 생활의식의 기준으로 등장하였으며 새로운 질서가 형성되었다. 구체적으로 혼인 문제에 있어서 남귀여가혼에서 친영제의 정착, 재산 분배에 있어서 남녀균등주의에서 장자중심주의의 변화 등을 들 수 있다. 동성촌(同姓村)의 발달로 인한 가문의 결속 의식과 문중의 발달과 관혼상제의 변화 등으로 인해 사회생활 전반에 걸쳐 근본적인 변화를 가져오게 하였다.

조선 중기의 급속한 사회변화는 종법제의 예 규범이 사회 구성원들의 자율 판단보다는 신분 질서를 확립하기 위한 도덕적 강제성을 띤 형법 수준의 규제 때문이다. 종법제의 기본 구조 내에서 예 규범의 정착화를 통한 도덕적 가치의 실현을 이념으로 한 대전(이하 경국대전, 속대전 병칭)은 유교적 예의 차등적 신분 질서를 옹호한다는 신분 형법의 특성과 함께 인륜을 장려한다는 도덕 형법의 성격을 지니고 있었다(이재룡, 1995: 251). 강한 신분적 질서를 반영하고 있는 예 규범은 사회적으로 빠르게 정착할 수 있었다.

예학의 발달과 종법제적 사회질서 체제는 교육문화사적 관점에서도 대단히 중요할 수밖에 없다. 종법제의 체계가 사회생활을 영위하는 기준으로 정착됨에 따라 교육문화도 종법제 질서 체계와 맞물려 움직였기 때문이다. 종법제 질서는 우리 교육문화의 근간인 가족주의 교육문화를 정착시키는 데 큰 영향을 미쳤다.

---

25 조선조 허균은 불교를 좋아했다는 이유로 사헌부에 탄핵을 받았다. 그때 그는 예교(禮敎)란 차라리 구방(拘放)해야 할 것이요, 자연스러운 인정 그대로 부침(浮沈)할 것이다. 그대는 그대의 예법(禮法)으로 할 것이요 나는 내 나름대로 내 생명을 다할 것이다. … 허균은 남녀 정욕은 천(天)이 부여한 것이요, 분별(分別) 윤기(倫紀)는 성인의 가르침이다. 천(天)이 성인보다 높으니 성인의 예교(禮敎)는 어길지언정 천품(天稟)의 본성을 감히 위배할 수 없다고 하였다(한국철학회 편(하권), 1987: 20).

CHAPTER
02
과거제의 제도사적 배경

01
과거제의 사회적 특징

가. 과거제의 형성 의미

과거제는 공적 지위(관료)를 신분이나 빈부의 차별 없이 모든 사람에게 공평하게 개방(기회균등)하고 정기적으로 일정한 과목을 시험하여 덕과 인격을 갖춘 유능한 인재를 선발하는 제도다(오금성, 1992: 2). 과거제[26]는 혈통에 의한 귀

26 과거제는 원래 중국에서 관료를 선발하기 위해 고안된 제도적 장치다. 고대사회의 관료 선발 제도는 한대(韓代)의 향거리선제(鄕擧里選制)와 위진남북조 시대의 구품관인법(九品官人法)이 있었다. 이 제도들은 경쟁에 의한 선발보다 추천에 의해 관료를 선발하여 문벌 폐해가 심하였다. 수 문제는 이런 폐해를 막고 왕권 강화를 위해 과거제를 도입하였다. 수 문제의 과거제 도입은 강력한 중앙집권화의 도모와 합법적인 시험 경쟁에 의해 유능한 관료를 선발하여, 추천제에서 오는 문벌 폐해를 견제하기 위한 것이었다. 과거제는 원래 천자(天子)가 귀족과 맞서 싸우기 위한 무기로 창안된 것이다. 당대(唐代)를 거치고 송대(宋代)에 이르러 천자에 맞설 정도의 강력한 귀족이 사라지자, 과거제는 안정적으로 접어들면서 전성기를 맞이하였다. 특히 북송(北宋)의 왕안석(王安石)은 과거제와 학교제

족제나 음서제와 달리 개인의 능력을 중요시하는 선발 제도여서, 적어도 표면적으로는 보편주의와 업적주의를 내세웠다. 전근대사회의 과거제는 신분에 의해 과거 응시 기회를 제한하여, 지배층의 지위를 확인해 주는 귀속적 성격이 있었다.

과거제는 관직을 얻기 위해 일정한 시험을 통해 능력에 따라 인재를 선발한다. 과거제는 능력주의(meritocracy)를 원칙으로 하는 보편주의와 선발 평가에 있어서 정실의 개입을 줄일 수 있는 중립적인 객관주의로 인해 중국과 한국,[27] 그리고 베트남에서 효과적인 인재선별 장치로 이용됐다. 전근대사회의 과거제는 지위, 권력, 부를 독점하는 특권 계급인 관료를 선발하는 중요한 제도적 장치였다. 미분화된 사회에서 정치적·사회적 특권이 거의 관료 계층에게만 집중되었기 때문에, 관료가 될 기회를 제공하는 과거제는 자연히 모든 계층에게 주목의 대상이 됐다. 과거 응시 자격을 가진 계층들은 과거제를 통해 사회적으로 신분상승할 기회를 얻을 수 있었다.

관료를 선발하는 제도적 장치는 과거제 이외에도 향거리선제(鄕擧里選制)와 구

의 병행을 주장하였다. 원대(元代)를 거치고 명대(明代)에 이르러 과거제와 학교제가 연계되어 함께 발달하였다(중국사연구회 역, 1993: 18-21). 과거제는 16세기 말, 마테오리치에 의해 유럽 세계에 알려졌고 그곳의 공무원 선발 시험제도의 기원이 되었다.

27 한국의 과거제는 고려 광종(光宗) 때의 후주(後周) 쌍기(雙冀)의 건의에 의해 관리 선발제도로 정착하였다. 그 이전에는 신라 원성왕(元聖王) 때, 과거제와 비슷한 시험 제도인 독서삼품과가 있었다. 독서삼품과는 국학생을 대상으로 성적을 상품(上品), 중품(中品), 하품(下品)의 차등에 의해 관료를 선발하는 시험 제도였다. 그러나 독서삼품과는 시험에 따라 한품(限品)을 두는 혈통 중심인 골품제도(骨品制度)의 한계를 벗어나지 못해, 사회적으로 큰 기능을 하지 못하였다. 독서삼품과는 매우 폐쇄적인 관료 선발장치로 인해 개방성을 지향하는 과거제와 큰 차이를 보였다. 고려시대의 과거제는 유능한 관료를 선발하기 위한 사회 목적보다 왕권 강화를 위한 정치 목적과 깊은 관련이 있었다. 고려 초기는 호족 연합 정권이라 할 만큼 정치적으로 불안정하였다. 과거제는 이런 호족세력의 권력을 합법적으로 약화하기 위해 대두된 것이다. 과거제는 지방 호족의 자제, 특히 신라 육두품 계열을 중앙 관료로 편입시켜 중앙의 대호족을 견제하고 왕권 강화를 도모하기 위한 것이다. 고려 광종 대의 노비안건법이나 광군의 증설도 과거제와 같이 호족세력의 권력을 누르고 중앙집권화를 강화하기 위한 정치적 맥락이 있었다(이성무, 194: 23-43).

품관인법(九品官人法)[28]과 같이 추천에 의해 결정되는 추천제(推薦制)와 혈통이나 신분에 의해 지위가 결정되는 음서제와 같은 인사 제도가 있었다. 추천제와 음서제는 관료를 선발하는 데 있어서 강한 영향력을 행사했지만, 주관적이며, 특수주의적 성격이 강하여 이념적으로 객관성을 확보하지 못하였다.

과거제는 사회적 객관성이 있어서 개인적으로는 능력에 의한 지위 이동을 가능하게 하고, 사회적으로는 학교교육의 발달을 촉진했으며, 정치적으로는 왕권 강화를 도모하는 합법적인 장치였다. 과거제는 정치사회적으로 중요한 기능을 담당하였다. 과거제의 이런 기능을 정치사회적 측면과 교육적 측면으로 구분하여 살펴볼 수 있다. 과거제의 정치사회적 기능은 다음과 같다.

첫째, 과거제는 왕권 강화를 위한 중앙집권화를 도모하는 기능을 하였다. 과거제는 지배세력인 문벌귀족을 타파하고 견제세력을 합법적으로 양성할 수 있는 관료 선발의 특성이 있었다. 과거제는 왕권을 강화하기 위한 수단으로 시대특성에 따라 다양한 형태로 변모하여 중앙집권화를 강화하는 기능을 하였다. 중앙집권적인 왕권 강화를 위해 고려와 조선시대는 관료들 간의 상호경쟁, 상호감시를 강화하고 왕권에 대한 신민(臣民)의 무조건 복종을 요구할 뿐만 아니라 이를 유교의 실천 윤리로 합리화하였다(이성무, 1992: 78).

둘째, 과거제는 정치사회적 이해관계와 밀접한 관련이 있었다. 과거제와 학교제는 표면상 유능한 관료 인재를 선발하기 위한 것이지만, 그 이면에는 정치사회적 이해관계가 깊이 관여하고 있었다. 예컨대 고려와 조선시대에서 구귀족과 훈구파는 사장 위주의 제술업을, 개혁파와 사림파는 경학 위주의 명경업을 중심으로 정치적 반목과 갈등이 있었다. 자신들의 정치적 입지를 강화하기 위해, 관료선발 장치인 과거제에 대해 매우 민감하였다.

셋째, 과거제는 문벌 형성을 촉진하였다. 과거제는 지위구조 편입의 효과적

---

28 향거리선제는 향당(鄕黨)의 인물평에 따라 지방 관리를 추천하는 제도다. 구품관인법은 향당의 여론을 정치에 반영하는 것으로 지방의 각 군의 중정관(中正官)이 과거(過擧) 지망자를 향촌의 여론에 따라 재덕을 조사하여 그 품격을 9등급으로 나누어 조정에 보고한다. 조정은 이를 참조하여 그에 상응하는 품관에 임명한다(역사학회 편, 1992: 6-7).

인 수단이었다. 과거를 통해 관료에 진입하면 일종의 지위집단(status-group)인 문벌을 형성하여 인사 및 승진 등에 많은 영향을 미쳤다. 대표적으로 고려시대의 사학12도와 좌주문생제를 들 수 있다. 좌주(시험관)가 중심이 되고 문생끼리 붕당(朋黨)을 형성하여 정치 특권을 행사했다. 조선시대에서 과거 합격은 개인이나 가문의 사회 특권을 유지하는 기능으로 인해 과거제를 통해 문벌이 형성됐다. 실제 문무과(文武科)에 문벌의 영향이 크게 작용하였으며, 합법적으로 비합법적으로 문벌 자제에게 유리하게 운영되었다(이성무, 1976). 과거에 합격해도 문벌 가문이 좋아야만 청요직(清要職: 최고의 요직, 각주 68 참조)에 배치받을 수 있었으며 승진에서도 유리하게 작용하였다.

과거제의 교육적 기능은 다음과 같다.

첫째, 과거제는 문치주의(文治主義)를 강화하였다. 대부분의 과거제에서 중요한 관직의 선발시험 내용은 경학(經學)과 문학(文學)이 중심이었다. 중국에서도 생원·진사 같은 학위 신분층이 사회적 위신이 높았으며 잡과(雜科)는 이보다 천시되었다. 고려시대의 과거제는 제술과와 명경과 출신의 문인을 우대했으며, 무과에 대한 과거제는 거의 실시되지 않았다. 조선시대의 과거제는 문과와 무과 그리고 잡과로 구성되어 있는데 문과 출신자들이 실제적인 정치 지배층이 될 수 있었다. 무과의 최고직은 정3품이 한품(限品)이었으며 잡과의 경우는 대부분 일반 하위계층이 응시하였다. 지배 계층은 그들의 지위를 유지하기 위해 유교적 실천 윤리를 중심으로 문치주의의 정당성을 계속 강화하였다.

둘째, 과거제는 사회적으로 입신양명주의를 촉진했다. 과거제는 시대에 따라 그 영향력에서 다소 변화가 있었으나, 개인의 능력을 통해 지위 이동을 할 수 있는 합법적이며 객관적 장치로 기능하였다. 조선시대의 관료는 높은 정치·사회적 혜택을 보장받는 최고의 사회적 지위였다. 과거제를 통해 관료가 된다는 것은 개인적, 사회적으로 중요한 의미가 있었다. 과거제는 다른 선발 제도와 달리 초자(超資)·초직(初職)의 성격으로 인해 최고 관직의 승진과 인사에서 유리하게 작용하였다. 과거제의 이런 성격은 언제나 주목의 대상이었다. 과거제는 개인의 능력으로 높은 관직에 오를 수 있으며 그 기회가 비교적 개방됐다는 이점(利點)으로 사회적으로 지위지향주의를 촉진했다. 반면에 고급 관료의 자제에게 주어지는 음서제는 그 기회가 제한됐으며, 초입사로(初入仕路)의 성격으로 인해 과거제를 통하지 않고서는 승진 기회가 비교적 적었다.

셋째, 과거제는 학교 제도의 발전에 큰 영향을 주었다. 고려와 조선시대의 고등교육기관은 국가가 필요한 유능한 관리를 양성하기 위해 과거제와 직접 연계되었다. 조선시대의 성균관은 소과(小科)에 합격한 생원과 진사 그리고 음서제에 의한 고급관료의 자제들에게만 입학기회를 부여하였다. 성균관은 소속 학생들에게 대과(大科) 응시 자격을 부여하기 때문에 과거제와 직접 연계되었다. 학교제와 과거제의 연계성은 궁극적으로 왕권 강화와 같은 정치적 이해관계에 의해 많은 영향을 받았다. 고려시대의 구귀족은 사학(私學)을 중심의 문벌을 형성하여 붕당 폐해를 초래했다. 고려 말의 개혁세력인 신진사대부는 관학(官學)을 중심으로 자신들의 입지를 강화하였다. 조선시대의 훈구파는 관학을 중요시했으나 사림파는 오히려 관학보다 서원 같은 사학에 관심을 두었다.

나. 과거제의 사회적 의미

사회의 역동적 관계망은 그 사회가 추구하는 이해관계에 따라 형성된다. 사회 구성원들은 자신들이 이해관계를 높이기 위해 다양한 형태로 대립과 갈등 그리고 변화를 거듭한다. 사회의 역동 속에는 사회의 이해관계가 깊게 자리 잡고 있으며, 이를 중심으로 사회의 운동 흐름이 결정된다.

과거제와 학교제도 예외가 아니다. 과거제와 학교제는 사회적 혜택에 따라 주목의 정도가 달랐다. 관학이 과거제와 연계가 미약하면 관학은 부실해지거나 쇠퇴하였다. 과거제는 정치사회적 이해관계와 밀접한 관련이 있었다. 과거제가 역사적으로 주목받을 수 있었던 것은 비교적 정실의 개입이 적은 객관적인 시험경쟁에 의해 관리를 선발할 수 있는 제도적인 장점이 있었기 때문이다.

전근대사회에서 관리는 사회의 최고 신분을 의미하고, 후광효과(hallow effects) 역시 대단하였다. 과거제에 의한 관직 경쟁은 매우 치열하게 전개됐다. 과거제가 처음 대두됐을 때는 의도한 만큼의 기능을 하지 못하였다. 귀족 사회의 지배집단은 과거제를 거치지 않고서도 관리가 될 수 있어서 굳이 어려운 길을 선택하지 않았다.

문무산계(文武散階)의 확립으로 인한 관료제의 정착은 과거제를 급속히 주목받게 했다. 과거제는 문무산계에 의한 관료제와 직접 연계됐기 때문이다. 이성무(1994: 42-44)에 의하면 고려 성종 때 문무산계가 실시됨으로써 이때부터 과거제의 중요성이 인식됐으며 과거에 합격하지 않으면 고급 관료가 될 수 없다는 것이 하나의 원칙으로 받아들여졌다고 한다.

관료제의 발달로 인해 과거제로 선발된 관료는 대단한 사회 혜택을 보장받았다. 조선시대에서 관료 신분은 매우 높았으며, 같은 양반[29]이라도 그 집안의 관료 배출 여부에 따라 가문의 위세(威勢)가 달랐다. 과거를 통해 관료가 된다는 것은 사회적으로 최고의 명예를 획득한 것이나 다름없었다. 자연히 과거의 의미는 중요했으며 과거에 대한 사회 관심은 커질 수밖에 없었다. 구체적인 이유는 다음과 같다.

첫째, 과거제와 관료제의 직접적인 연계성이다. 전근대사회에서 관료는 최고

29 양반(兩班)은 크게 문반(文班)과 무반(武班)이 합쳐진 지배 신분층을 의미한다. 고려시대는 문반과 무반 그리고 잡직인 남반(南班)도 있었다. 고려 성종(成宗)에 의해 호족(豪族)에서 격하된 향리(鄕吏)들은 조선 초, 정권의 불안정을 무마하기 위한 정치적 유화 정책으로 인해 양반의 주요 공급원이 되었다. 차츰 양반의 수가 증가하여 기존 양반의 신분적 혜택이 줄어들자 향리를 다시 중인으로 격하시켜, 관료 통로인 과거제를 제한하였다. 양반은 사대부(士大夫), 사족(士族), 사류(士類) 등으로 불리는데 사대부는 문반의 4품(四品) 이상을 대부(大夫), 5품(五品) 이하를 사(士)라고 하며 공경대부(公卿大夫)는 2품 이상을 말한다. 사대부는 문반 관료를 지칭하는 명칭이었다가 무반 관료도 포함하게 되었다. 양반 가문은 적어도 사조(四祖: 父, 祖, 曾祖, 外祖) 내에 현관(顯官: 9품 이하 문무관)을 지낸 사람이 있어야만 양반 신분을 유지할 수 있었다(이성무, 1992: 15-40). 그러나 양반은 법제적으로 규정된 것이 아니고 비제도적 요인인 사회 관습에 의해 형성된 개념이다. 조선의 신분제가 제도적으로 확립된 것은 조선 중기 이후여서, 양반에 대한 관점이 달라질 수밖에 없었다. 김영모(1977: 16-27)는 양반은 조관(朝官: 동서반), 진사(進士), 생원(生員) 그리고 유학(幼學) 신분으로 되어 있으며, 양반을 관료 양반, 무업(無業)인 관료 양반 그리고 유업(有業)인 비관료 양반으로 구분하였다. 중요한 점은 같은 양반이라도 관료가 되어야만 위세 있는 가문이 될 수 있었다. 관료는 가문의 위세를 결정하는 직접적인 사회적 기준이었다. 관료 진입의 통로인 과거제는 사회적인 주목을 받을 수밖에 없었다.

의 신분적 위치와 사회적 위세를 보장받았다. 관료는 사회적 혜택을 합법적으로 부여받았다. 관료가 되기 위한 노력은 매우 치열하게 전개됐다. 문무산계는 과거제를 더욱 중요하게 부각했다. 문무산계의 정착은 관료제의 발달을 의미하며 동시에 관료 선발제인 과거제의 발달을 촉진하였다. 과거제는 모든 계층에게 자연히 중요한 주목 대상이었다. 과거제를 통해 관료가 되면, 직접적인 사회적 혜택을 누릴 수 있었기 때문이다. 만일 과거제가 그에 따른 사회적 혜택이 없었다면 주목의 대상이 될 수 없었다. 과거제의 도입 초기에 지배 귀족은 과거제를 통하지 않고서도 관료가 될 수 있어서, 과거제라는 굳이 어려운 길을 택하지 않았다. 과거제의 사회적 효과가 기대한 만큼 크지 않았기 때문이다. 과거제가 중요하게 주목받은 것은 과거제와 문무산계의 연계 확립과 개인의 능력에 의해 관료가 되는 거의 유일한 제도적 선발 통로로 정착됐기 때문이다.

둘째, 과거제는 신분 혈통에 의존한 음서제와 달리, 개인의 능력에 의해 관료가 될 수 있는 객관적 장치다. 과거제의 가장 큰 장점은 공개적 경쟁을 통해 관료 인재를 선발하는 것이다. 고려시대보다 조선시대에 과거제가 더욱 발달한 것은 음서제보다 과거제의 역할이 커졌기 때문이다. 고려시대[30]의 음서는 전기에는 5품 이상, 중기에는 4품 이상, 말기에는 3품 이상 관리의 자제에게 문음(門蔭)의 혜택이 주어졌다. 조선시대는 3품 이상의 관료에게만 주어졌다.[31] 조선시대의 과거제는 고려시대보다 더욱 개방적이었다.

셋째, 과거제는 개인의 능력에 의해 신분 상승할 기회를 부여했다. 고려와 조선시대에도 양반과 향리를 포함하여 양인까지 과거 시험에 응시할 수 있었다.

30 일정한 학교를 통해야만 과거 응시 기회가 주어질 때, 학교 입학에도 신분 차별이 심했다. 약간의 예외 규정이 있기는 하지만 인종 때는 문무 2품 이상의 아들과 손자는 국자감(國子監), 문무 5품 이상의 아들과 손자는 태학(太學), 문무 7품 이상의 아들과 손자는 사문학(四門學), 향교는 7품 이상의 아들과 서인(庶人)이 입학할 수 있었다.

31 관품에 따른 차이와 장·차남에 대한 차이는 있었다. 구체적으로 정1품의 장자 산관은 정7품, 장손·차자의 산관은 종7품, 종1품은 종7품과 정8품, 정2품은 정8품과 종8품, 종2품은 종8품과 정9품, 정3품은 정9품과 종9품, 종3품은 종9품의 음직(蔭職)이 주어졌다 (이성무, 1976: 116).

양반을 제외하고 한품의 제한이 있었지만, 천민을 제외하고는 누구나 응시할 수 있었다. 단지 학업을 계속 정진하기 위한 경제적 이유로 인해 양인의 과거 합격은 찾아보기 어려웠다. 중요한 점은 과거제를 통해 누구나 신분 상승할 기회는 열려 있었다는 점이다. 일반 백성도 과거를 통해 자신의 신분을 높이는 희망을 품을 수 있어서, 과거에 대한 관심은 자연히 높아졌다.

넷째, 과거제는 초입사로뿐만 아니라 초자·초직과 인사 승진에서 유리하였다. 과거제의 매력은 개인의 능력에 대한 객관적 보장과 함께, 관리가 되면 많은 사회적 혜택을 받을 수 있다는 것이다. 조선시대의 문과에서 장원(壯元: 1명)은 종6품, 갑과(甲科: 2명)는 정7품, 을과(乙科: 7명)는 정8품, 병과(兵科: 23명)는 정9품직을 제수받았다. 유직자(有職子)인 경우 문과는 장원(1명)은 4계, 갑과(2명)는 3계, 을과(7명)는 2계, 병과(23명)는 1계를 승진해 준다. 과거를 통한 관리는 승진[32]에서도 유리할 뿐만 아니라 사회적으로 객관적 능력을 인정받는다는 점에서도 주목의 대상이었다. 심지어 관리가 된 문음 자제들도 사회적으로 객관적 능력을 인정받기 위해 과거 시험에 재응시하였다.[33] 현직 관료인 경우 고려시대는 참하관(參下官) 이하에게만 과거 응시 자격을 주던 것을 조선시대는 당하관(堂下官) 이하로 확대한 것도 중요한 이유로 작용하였다(이성무, 1992: 112).

다섯째, 과거 합격은 신분 지위뿐만 아니라 가문의 위세에도 큰 영향을 미쳤다. 과거 합격은 개인 능력의 사회적 공인(公認)과 자신이 속한 가문에도 직접적

32 조선시대의 인사 제도는 순자법(循資法)과 행수법(行守法)으로 구분할 수 있다. 순자법은 근무연한제이고, 행수법은 근무월수를 기초로 하고 있다. 이 인사 제도에 의하면 종9품에서 당하관(堂下官)인 정3품까지 승진하는 데 약 41년이 걸리고 기술관(技術官)인 경우 44년이 걸린다. 또한 종6품의 참상관(參上官)은 7년의 승진 기간이 필요한데, 문과 장원은 바로 제수받은 인사 특권을 가지고 있었다(이성무, 1992: 109－110).

33 이미 당상관에 올랐거나 종실(宗室)로 사회적 지위를 누리고 있어도 문과에 응시하여 사회의 인정과 명예를 얻으려고 하였다. 윤근수는 월정만필(月汀漫筆)에서, 과거를 거치지 않고 당상관에 오른 참의(參議) 유조인이 소(疎)를 올려 화산군 권반의 예를 들어 과거에 응시할 것을 청하였으나 허락을 받지 못하였다. 유조인이 과거 응시를 원했던 것은 반드시 등제(登第)를 해야 세상에 전해서 행세할 수 있다는 생각을 했기 때문이라고 한다(최진옥, 1998: 67).

인 영향을 미쳤다. 당시 관료는 엄청난 사회적 위세가 있었기 때문이다. 아무리 미천한 가문이라도 과거에 합격하면 일시에 사회 보상을 받을 수 있었다. 과거 합격의 상징적 위세는 죽어도 퇴화하지 않는 사회의 만능자격증과 같았다. 한국과 같이 중국[34]에서도 과거에 대한 집착은 대단히 강하였다. 과거 합격은 사회적으로 그만큼 극적인 요소를 가지고 있었다. 같은 양반이라도 관료인 양반과 그렇지 않은 양반의 신분적 차이는 극명하게 달랐다. 한 가문에 관료를 얼마나 배출했느냐에 따라 가문의 사회적 위세가 결정되었다. 과거제를 통한 관직 획득은 가문의 신분적 지위의 유지뿐만 아니라 그 자손에게도 직접적인 영향을 미친 사회적 자격증과 같았다. 관직을 획득하기 위한 노력은 치열하게 전개됐다. 조선시대 사화(士禍)와 당파(黨派)의 깊은 이면에는 관직 경쟁과 무관하지 않았으며, 과거제와 직접적인 관련이 있었다.

여섯째, 관직(官職)과 관계없는 과거 합격자라도 그 상징적 지위로 인해 상당한 사회적 위세를 누렸다. 예컨대 명초에는 진사와 거인(擧人)만이 집에도 금으로 글자를 쓴 비단 기(旗)를 게양할 자격이 있었으나, 명 말에 오면 모든 종류의 공생(貢生)도 그 특수 지위를 과시하기 위해 진사·거인 같이 문기(門旗)를 게양하였다(조영록 외 역, 1988: 32−33). 실제 이들은 일정한 학위 수여식을 의례화하였으며 일반 서민층보다 많은 사회적 혜택과 권위를 행사했다. 그 후에 신사계층(紳士階層)[35]이라는 문벌을 형성하여 많은 영향력을 행사했다.

---

34 중국의 과거 집착은 우리와 같이 대단하였다. 과거가 주는 사회적 혜택이 그만큼 컸기 때문이다. 점쟁이 집안에서조차 조상의 명예가 올라갈 수 있었으며 부모를 영광스럽게 하는 것도, 심지어 학문하는 것도 과거 합격과 관련이 있었다. 집안에 재능 있는 사람이 있으면 그를 공부시키기 위해 가족들은 궂은 일도 주저하지 않았다. 심지어 어떤 상인은 공부를 좋아하는 아이를 미래의 사위로 점찍고 경제적 도움을 주는 것을 마다하지 않았다. 비록 관직이 아닌 단순한 과거를 통한 학위 신분층이라도 사회에서 높은 대우를 받았으며 그 위세는 대단하였다. 과거 합격은 모든 것을 해결해 주는 만능자격증이었다(조영록 외 역, 1988: 98−104).

35 현직 및 퇴직 관인 계층(紳)과 학위 신분층(士)은 유교 경전을 공부한 지식인이라는 문화적 연대감을 통해 상호 연합하여 사회적 이해관계를 높였다. 이들 계층은 문화적 동류의식을 통해 사회의 영향력을 행사할 수 있는 지위 집단적 결속력을 보였다. 신사 계층

조선시대에서 소과(小科) 합격자인 생원과 진사는 대과(大科)에 응시할 수 있는 자격에 지나지 않는 학위 신분층이었지만, 국가에서는 이들의 상징적 지위를 높이 평가하였다. 생원·진사의 학위 자격증은 재지사족으로 지방에서 실질적 영향력을 행사할 수 있는 공인된 양반 자격증이며 가문의 위세를 상징하는 사회적 지표로 이용됐다. 생원·진사의 상징적 가치는 실제적 영향력을 행사하는 위세를 가지고 있었다.

조선시대는 생원과 진사만으로도 개인의 능력을 보장받을 수 있었으며, 관료층뿐만 아니라 유력 계층과 유교적 동류의식을 형성할 수 있었다. 유교적 동류의식은 신분적 혜택을 높이는 기초적인 사회적 자산이었다. 중국의 신사 계층과 같이 생원과 진사는 단순한 상징적 학위가 아니라 실재 영향력을 행사할 수 있는 사회적 후광 효과가 있었다. 자연히 생원시와 진사시의 경쟁은 치열하게 전개됐으며 조선 중기와 후기로 갈수록 합격자의 나이가 많아졌다.

02

과거제와 학교제의 정치사회적 특징

과거제와 같이 학교제는 표면적으로 국가에 필요한 인재를 육성하고 관료로서 갖추어야 할 인격의 함양을 도모하는 데 있었다. 관학은 국가에서 교육재정을 부담하면서 국가관리를 육성, 공급하는 관료 예비사관학교라고 할 만큼, 그 기능이 관료 선발과 밀접한 관련이 있었다. 관학의 학교 시험은 과거제의 예비시험의 성격을 띠고 있었다. 과거제와 같이 학교제 역시 정치사회적 측면과 무관할 수 없었다.

의 집단적 힘은 정부가 고심할 만큼 사회적으로 많은 영향력을 행사하였다(역사학회 편, 1992: 45-56).

과거제와 학교제의 연계도 궁극적으로 왕권 강화와 관직 경쟁의 정치적 이해관계에 따라 움직였다. 정치적 역학관계에 의해 과거제와 학교제의 연계 방식도 변화했고, 훈구파와 개혁파 간의 관직 경쟁에 따라 과거제와 학교제에 대한 관점이 달랐으며, 끊임없는 정치적 갈등의 원인으로 작용하였다.

특히 과거제와 학교제는 왕권 강화를 위한 통치 이데올로기의 교화 수단과 정치 견제세력의 양성을 통한 권력 균형을 위한 도구로 이용됐다. 훈구파와 개혁파 간의 관직 경쟁에서는 과거제의 선발 방법과 선발 내용, 과거제와 학교제의 연계 방식,[36] 그리고 관학과 사학의 관점에 따라 정치적 이해관계가 달랐다. 과거제와 학교제는 표면적으로는 국가에 필요한 유능한 인재 양성과 관련있지만 이면에는 정치적 이해관계와 밀접한 관련이 있었다. 과거제와 학교제는 정치적으로 동전의 양면과 같았다.

가. 고려시대의 특징

고려 광종은 호족세력을 약화하고 중앙집권화를 도모하기 위해 과거제를 실시하였다. 그 이면에는 왕권을 위협하는 무장 세력을 누르고 문(文)의 등용을 개방

36 중국에서 학교제와 과거제의 연계는 북송시대의 왕안석(王安石)에 의해 주장되어 명·청시대에 실시되었다. 명 대부터 과거 자격이 국립학교의 학생인 생원에게만 주어졌다. 학교시는 과거시의 예비시험이 되었다. 학교시는 현시(縣試), 부시(附試), 원시(院試), 세시(歲試), 과시(科試)로 구성되어 있다. 현시는 동시(童試)라 불리며 현(縣)에서 실시한 초급시험이었지만 그 경쟁이 매우 치열했으며, 합격자를 동생(童生)이라 불렀다. 부시는 동생을 대상으로 원시를 치를 자격이 있는지를 확인하는 시험이다. 원시는 학교 입학시험이며 통과되면 생원(生員)이나 수재(秀才)라고 칭했다. 생원은 비록 학생이지만 신사의 한 사람으로 구품관을 상징하는 모자와 특별한 복장을 하였다. 세시는 생원을 대상으로 한 일종의 학력시험이었다. 과시는 향시를 치를 수 있는 자격 여부를 판별하는 시험이었다. 과시는 학교 내의 수재들을 중심으로 친 시험으로 성적 우수자는 향시에 응시할 수 있었다. 과거시는 크게 향시(鄕試), 회시(會試), 전시(殿試)의 세 단계로 구성되어 있다. 향시는 1년에 3회 실시하는데 합격자는 거인(擧人)이라 부른다. 회시는 거인을 대상으로 하며 여기에 합격하면 진사(進仕)가 될 수 있었다. 전시는 황제가 직접 친림하여 회사 합격자인 진사를 대상으로 친 시험으로 탈락자는 없고 성적 우열만 정한다.

하여 문치주의를 지향하기 위한 것이다. 성종(成宗) 14년 문무산계(文武散階)가 확립됨에 따라 과거제에 의한 관직 임명은 더욱 합리적으로 운영되었다. 과거제는 관직의 발달과 밀접한 관계를 맺고 있었다. 성종은 유교를 국가 이념으로 숭상했으며, 그동안 이름뿐인 국학을 강화하여 국자감을 창설하고 아울러 다양한 교육진흥책을 통해 지방의 향리 자제를 적극적으로 교화[37]하려고 하였다. 지방의 향리 자제를 교육하려고 했던 것은 이들을 관료화시킴으로써 향리의 세력을 억제하고 왕권 강화를 꾀하려는 중앙집권책의 하나였다(국사편찬위원회, 1993(12): 153).

학교교육을 통해서 얻은 지적 관료들로 무사적 기질의 호족세력을 지배 통제하는 일이야말로 중앙집권적 관료 체제를 이룩할 최상의 방법이었다. 학교를 넓히고 교육을 대중화, 보편화하는 것은 그것이 바로 이풍역속(移風易俗)의 지름길이 되므로 백성 교화의 최대 효과를 거두는 방책이었다(박찬수, 1991: 32).

성종 때 처음으로 최종 시험인 예부시(禮部試) 합격자를 왕이 친히 시험하는 복시(覆試)를 실시했는데 이는 왕권을 강화하기 위해서다. 고려 전기는 복시를 실시할 수 있었지만, 중기인 무신정권기에는 복시가 자취를 감추었다가 충렬왕 대에 왕권이 서서히 회복됨에 따라 다시 복시가 실시되었다. 성종의 이런 노력에도 불구하고 과거제나 교육이 크게 진흥된 것은 아니었다.[38] 중앙집권화가 미약한

37 당시 지방 호족세력을 물리력을 이용하여 통치하는 것은 비효율적이었다. 성종은 관학을 통해 지방 호족을 지배 통제하는 것이 효과적이라고 보았다. 이 점에 대해서 성종은 "임금이 천하를 교화하기 위해서 가장 급한 것이 학교를 세우는 일이고 … 국법을 제정하고 신분 질서를 바로잡기 위해서는 훌륭한 유자(儒者)에게 맡기지 않고서는 궤범을 이룰 수 없으며, 나라를 다스려 큰 공업을 성취하려면 학교 숭배를 잠시라도 폐할 수 없다(高麗史, 世家 成宗 11年 12月)."라고 하였다(박찬수, 1991: 31-36).

38 성종 대에는 과거 응시 자격뿐만 아니라 국자감(國子監)도 하위 계층에게 개방됐으나 많은 호응을 얻지 못하였다. 지방의 호족 자제들은 일정한 신분 보장이 되어 있었기 때문에 굳이 힘들게 국자감에서 과거 준비를 하려고 하지 않았다. 지방의 많은 호족 자제들 대다수가 고향에 돌아가려고 하였다. 그래서 성종 5년에 고향에 돌아가는 사람뿐만 아니라 학교에 남는 사람에게 쌀과 베를 주어 위로하기도 하였다. 성종은 지방 교육을 위해 12목에 각 1인의 경학박사(經學博士)와 의학박사(醫學博士)를 파견하여 쓸만한 인재를 천거하게 하였다.

상황이기 때문에 학교 교육이 제대로 발달하지 못하였고 지방의 호족 자제[39]들은 아무런 예비시험을 거치지 않고 과거시험에 응시할 수 있었기 때문이다.

현종(顯宗) 15년(1024년)에는 지방에 계수관(界首官)이 파견되어 주변 군현에서 시험을 시행하여 여기에 합격한 향공진사(鄕貢進士)가 중앙의 시험에 응시할 수 있게 하는 지방의 향시와 같은 계수관시를 실시하였다. 덕종(德宗) 즉위년(1031년)에는 국자감시가, 의종(毅宗) 원년(1147년)에는 승보시(陞補試)가 생겼다.

문종(文宗) 대에는 최충(崔沖)의 문헌공도(文憲公徒)를 위시한 사학12도가 크게 발달하여 과거준비 교육기관으로 명성을 날림에 따라 상대적으로 관학 교육은 부실해졌다. 좌주(座主: 급제자의 시험관)문생(門生: 좌주가 급제자를 부른 말)제가 발달하자 문벌[40]과 붕당 정치가 성행하기 시작하였다. 당시 사학이 성행[41]할 수 있는 이유는

---

39 고려의 관인 계층인 사족은 문반(文班)과 무반(武班) 그리고 남반(南班)으로 구성되어 있다. 문반은 1품까지 무반은 3품, 잡직에 해당하는 남반은 고려 초기에는 4품이었다가 문종 대에서는 7품으로 제한되었다. 5품 이상의 음서 혜택은 문반과 무반에만 주어졌다. 여기서 주목할 점은 향리(鄕吏) 계층이다. 같은 호족이라도 중앙에서 문벌 귀족이 된 호족과 지방의 행정 실무를 담당하는 향리로 구분할 수 있다. 향리는 점차 양인으로 전락했만, 중앙에 진출할 수 있는 통로는 있었다. 향리는 지방의 실세였으며 향리직은 세습되었다. 향리는 세 아들 중의 한 명이 기인(其人)이 되어 중앙의 서리직(胥吏職)에 나갈 수 있는 특권이 부여됐으며 과거시험을 통해 관직에 종사할 수 있었다. 당시 과거제는 일반 농민에게도 열려 있었지만 가장 중요한 제술업에 응시할 수는 없었다. 그러나 향리는 제술업을 포함하여 과거의 전 분야에 응시할 수 있었으며 벼슬길에도 제한이 없었다(국사편찬위원회, 1995(15): 13−38). 고려시대의 향리층은 양반 공급원이었다. 무신정권기에 능문능리인 신관인층의 등용, 문벌귀족을 견제하기 위한 신진사대부 계층의 급성장으로 인해 관료직이 포화 상태가 되어서, 향리의 과거 응시 자격과 관리 진출은 제한받게 된다. 조선 초기에 들어 향리는 확실한 제한을 받게 되며, 중인으로 전락한다. 향리의 과거제 제한은 치열한 관직 경쟁으로 인한 신분의 이해관계와 밀접한 관련이 있다.

40 성종 대부터 고려 관직을 세습할 수 있게 한 음서제가 발달하기 시작하였다. 5품 이상의 관리에게 음서 혜택을 준 것도 이때부터다. 당시의 지배층은 중앙의 관직 생활을 바탕으로 한 권력과 정치적 지위를 축적하고 있었다. 대표적인 가문이 서희 가문이었다. 이들은 과거나 음서 또는 왕실과 통혼을 통해 문신귀족을 형성하여 귀족정치를 하였다. 따라서 중앙의 관료들은 서서히 귀족화되었으며 지방에 남아 있던 그들의 친족과 구분되어 재지세력과 재경세력으로 분리되기 시작하였다(국사편찬위원회, 1993(12): 180−181).

41 문종 대의 당시 학도들은 국자감을 기피하고 국자감에 수학하던 학생들도 국자감을 버

관학의 부실도 중요한 원인이지만, 관학의 과거제 혜택이 사라져 귀족계층의 자제들이 굳이 하류계층과 함께 공부할 필요성을 느끼지 못했기 때문이다.

예종(睿宗) 대에 침체에 있던 국자감을 쇄신하기 위하여, 이들 재생에게는 성적에 따라 예부시에 직시할 수 있는 특전을 부여하였다. 이렇게 되자 이제까지 사학을 선호하고 국학을 기피하던 귀족의 자제들이 국자감으로 모여들어 국학 중흥의 계기가 되었다(박찬수, 1991: 4). 제술과와 명경과에 합격한 사람들과 사학12도 출신의 문벌귀족 자제들도 국자감에서 3년 동안 300일을 수학해야만 과거응시 자격을 줌으로써 과거제와 학교제를 연계하였다. 예종의 과거제도 개혁론은 최고 학부로 국자감의 위상[42]을 높이고자 했으며, 사장 중심의 구귀족 세력을 견제하기 위해 경학을 과거제에 도입하고 교육에도 이를 적용하여 왕권을 강화하고자 하였다.

인종(仁宗) 대에는 송(宋)의 삼사법(三斜法: 상사(上斜), 내사(來斜), 외사(外斜))에 영향을 받아 내사인 국자감 안에 국자학, 태학, 사문학을 두어 과거제와 직접적인 연계 체계[43]를 이루었다. 그렇지만 국자감의 입학 자격을 관품(官品)에 따라 한정하여

리고 사학에 진출했으며 … 숙종 초에는 사학12도가 완성된다. 사학12는 단순한 사학이 아니라 과거제에 직접 연계된 국가적으로 공인된 학제였다. 국가는 사학12도 출신에게 예종 이전까지는 바로 최종 시험인 예부시에 응시할 수 있게 하였다. 또 학전을 지급하여 재정을 지원하기도 하였다. … 사학12도가 완성된 숙종 때에는 이들이 국자감을 대체할 수 있을 정도로 … 국자감 무용론이 대두된다(국사편찬위원회, 1994(17): 69).

42 예종은 왕권을 강화하기 위해 과거제와 국자감을 연계시켜서 국자감의 위상을 높이고자 하였다. 당시까지 과거 응시에 아무런 제한이 없던 사학12도 출신이나 문벌귀족들의 자제들도 3년 동안 국자감에 수학하지 않을 수 없게 되었다. 결과적으로 지금까지 국자감과 같은 비중으로 존재했던 사학12도는 국자감 하위의 교육기관으로 전락하지 않을 수 없게 되었다(국사편찬위원회, 1994(17): 23).

43 당시의 관학 체제인 국학7제는 상사, 국자감은 내사, 외사는 지방의 오부학당(五部學堂)으로 구분되어 있었다. 국자감시는 국자감 입학자격 시험인 조선 시대의 소과인 진사시(進士試)에 해당한다. 국자감생은 6년간 수학하면 최종 시험인 조선시대의 대과인 동당감시(東堂監試), 즉 예부시(禮部試)의 초장(初場)에 해당하는 1차 시험에 응시할 수 있었다. 승보시(陞補試)는 조선시대의 소과인 생원시(生員試)에 해당하는 것으로 국자감생이 승보시를 거쳐 7제에 올라갈 수 있었다. 동당감시는 성적에 따라 3차 시험으로 나누어지

오히려 귀족 문벌정치를 강화하는 계기가 되었다.

무신정권기에 접어들면서 문신들은 큰 수난을 당하기 시작하였다. 의종 24년 무신들이 봉기하면서 "무릇 문관(文冠)을 쓴 자는 서리(胥吏)라 할지라도 남김없이 죽이라"고 하였다. 명종 3년에도 무신들에 의해 문신들은 대학살을 당하였다. 두 차례에 걸친 문신의 수난으로 인해 살아남은 문신들은 깊은 산 속이나 불문에 들어가 가사를 입고 숨어 지냈다(국사편찬위원회, 1993(18): 216-219).

그러나 무신들은 자신들의 정치적 정당성과 외교 문서 및 실무 행정을 담당할 문신들이 필요하였다. 이때부터 대두된 것이 능문능리의 신관인층(新官人層)이었으며 고려 후기의 신진사대부계층의 기반이 됐다. 신관인층은 주로 과거제에 의한 출신의 지방향리 계층이 중심을 이루었다.

신관인층의 대두는 문신들의 필요성을 느낀 무신들 특히 최씨 정권의 문신 우대정책에서 비롯되었다. 새로운 문신들은 집권 세력에 영합하여 자신들의 사회적 안정과 지위를 보장받고자 하였다. 무신들의 처지에서 볼 때 문신들의 발탁으로 흉흉한 민심을 잠재우고 정치적 안정성을 확보할 수 있었다.

문신들은 무신들과의 통혼 등을 통해 자신들의 정치사회적 지위를 영속화하고자 하였다. 무인들의 문신 발탁은 주로 과거제를 통해서 이루어졌다. 과거제는 외교, 행정 실무를 위한 직접적인 필요성과 더불어 새로운 문신의 정치적 지지 계층을 확보하기 위한 것이었다.

특히 최씨 정권에 발탁, 등용된 문신들은 과거합격자 출신이었다. 최충헌의 문인 우대는 문인들의 정치, 사회, 경제적 조건의 보장에 대한 반대급부로 최씨 정권에 예속시켜 놓으려는 것이었다. 최충헌은 집권 초기부터 과거제를 강화하였다. 과거제의 강화는 최씨 정권의 확립을 위한 정치·문화적 사업이었다.

는데 7재생은 학교 시험인 행예시(行藝試) 또는 고예시(考藝試)의 성적에 따라 동당감시인 2차(中場), 3차(終場) 시험에 직시할 수 있었다. 대과에 해당하는 동당감시는 크게 제술업(製述業)과 명경업(明經業)으로 구분된다. 제술업은 진사과로 불리기도 하며 사장품인 한당유학을 중요시한다. 명경업은 경학 중심인 신유학과 관련이 있다. 고려시대 내내 명경업보다 사장 중심의 제술업이 훨씬 중요하였다.

지공거(知貢擧: 과거 시험관)를 최씨의 측근이나 심복으로 삼아서 최씨를 중심으로 한 은문(恩門: 급제시의 시험관)·문생(門生: 좌주가 급제자를 부른 말)의 상하관계가 형성될 수 있었다(박창희, 1991: 50-51). 최우(崔瑀)가 한사(寒士)로 발탁한 인사는 문신들의 가문은 한미하였으나 문장은 탁월한 인물들이었다. 이들 대부분은 좌주(座主: 급제자의 과거 시험관)에 의해 영향을 받았으며 좌주는 최씨 정권의 측근 문신으로 구성되었다. 좌주에 의해 발탁된 문신들은 자연히 최씨 정권의 영향력 아래 놓일 수밖에 없었다(국사편찬위원회, 1993(18): 230-233).

좌주문생제가 처음 생긴 것은 무신정권기인 명종 대부터다. 좌주문생제로 인해 강력한 문벌정치가 성행했으며 그 폐해가 매우 심하였다. 당시 사학 출신 문신들의 득세는 과거 시험관인 지공거에게 영향력을 행사하여, 학벌과 문벌을 중요하게 여기게 되어 정치적 붕당[44]을 초래하였다. 결과적으로 이 시기는 좌주문생제를 통해 많은 과거합격자를 배출한 사학이 크게 발달했으나, 관학인 국자감의 교육기능은 약화하였다.

무신정권이 몰락하자 왕권은 구귀족을 누르기 위해 우선 과거제와 학교제를 정비하기 시작하였다. 사학에 눌려온 관학을 부흥시키고 과거제와 직접적인 연계와 무신정권기에 폐지됐던 복시를 다시 실시하여 왕권을 강화하였다. 충렬왕 34년(1308년)에 관학인 국자감을 성균관으로 개칭하였다. 이 시기는 주자학의 보급기였으며 이를 통해 새로운 신진사대부 계층이 주요 세력으로 등장할 수 있었다.

44 사학과 좌주문생제는 직접적으로 연계되어 있었다. 좌주문생제의 붕당이 성행할수록 사학의 권위가 높았다. 좌주문생제는 사학의 연장 선상에서 이해해야 한다. 문신귀족들은 특권적 혜택에도 불구하고 합법적으로 관리를 양성하는 과거제를 독점하기 위해 과거준비 교육기관인 사학12도를 설치하였다. 이들 사학은 과거에 고관이나 지공거를 지낸 사람이 설립자가 되고, 그 문하에서 급제한 선배들이 강사가 되어 교육하는 특권적인 사립학교였다. 여기에는 귀족 자제들만 입학하여 교육을 받을 수 있었다. 문신귀족정치가 실시되던 고려전기는 사학의 전성기였다(역사학회 편, 1992: 81). 문벌정치가 강화될수록 관학은 쇠퇴하였고, 아울러 문벌중심의 붕당정치가 성행하였다. 따라서 고려시대 관학의 부흥은 왕권강화와 직접적인 관련이 있었다. 사학과 관학의 대립은 왕권과 문벌의 미묘한 정치적 긴장관계가 있었다.

특히 공민왕은 왕권을 강화하고 고려의 자주성을 높이고자 친원 세력과 대농장 중심의 구귀족을 약화하기 위한 대대적인 개혁을 하였다. 과거제와 학교제는 구귀족을 누르기 위한 개혁 기관이었다. 구체적으로 구귀족 세력의 기반인 사학을 누르기 위해 관학인 성균관을 강화하였다. 과거에 응시하려면 반드시 성균관을 거치도록 하였다. 관학을 강화한 것은 좌주문생제에 의한 붕당정치를 막기 위한 것으로 그 근원지인 사학을 눌러야 했기 때문이다. 그러나 구귀족은 사학에만 의존한 것이 아니라 농장을 중심으로 서제(書齋)를 발달시켜 과거 준비 교육을 하였다. 좌주문생제의 붕당적 폐해는 고려가 무너질 때까지 계속되었으며 조선조의 태종에 와서야 완전히 폐지할 수 있었다.

공민왕은 승보시를 생원시로, 국자감시[45]를 진사시로 바꾸었다. 사장 중심의 한당유학에 의존하던 구귀족 세력을 약화하기 위해 신진사대부는 경학 중심의 신유학을 중요시하였다. 특히 그는 향시(鄕試), 회시(會試), 전시(殿試)로 이어지는 과거삼층법을 실시하여 시험의 연계성을 강조하였다. 계수관시가 향시로, 동당감시가 회시로, 복시가 전시로 개칭된 것은 왕권을 강화하기 위한 것이다. 그는 관학과 과거제의 연계성을 높이기 위해 성균관의 출석 일수를 점검하는 원점제[46]를 도입하였다. 이런 정책은 그동안 과거제 혜택을 보아왔던 문벌 귀족의 저항을 받았으며 결국 공민왕은 반대 세력에 의해 암살당하였다.

우왕(禑王)이 등극하자 학교제는 변하지 않았으나 과거제는 구귀족에게 유리한 기존 방법으로 돌아갔다. 과거삼층법을 요구하는 신진사대부는 구귀족과 갈등할 수밖에 없었다. 이성계를 위시한 신흥 무장 세력과 정몽주, 정도전, 조준의 신진사대부가 합세하여 구귀족을 타파하고 창왕 대의 과거삼층법을 부활시

---

45 문벌귀족들은 정치적 영향력을 행사하여 그들 자제가 어린 나이에 국자감시에 합격하여 예부시에 응시할 수 있게 하였다. 이런 이유로 국자감시는 문벌귀족들에 의해 붕당과 학벌 그리고 족벌에 이용됐었다. 공민왕은 이런 폐단을 바로잡기 위해 예부시의 응시 연령을 원래 18세에서 25세로 다시 20세로 제한하였다.

46 대과인 문과에 응시하기 위해서는 성균관의 원점 300점을 딸 것을 요구하였다. 원점 1점은 아침과 저녁에 식사했다는 식권을 의미한다. 원점 300점은 성균관에 300일을 출석한 것이다. 이 제도는 조선시대에도 계속 이어진다.

켰다. 이렇게 고려시대의 과거제와 학교제는 집권 세력의 이해관계에 따라 영향을 받았고 그때마다 자신들에게 유리한 방향으로 조성되었다. 정치·사회적 이해관계의 정도나 방향에 따라 과거제와 학교제는 다양한 모습으로 변했다.

나. 조선시대의 특징

고려 말에 이르면 붕당정치와 문벌적 폐해의 제도적 원인인 감시(監試)와 사학12도, 그리고 좌주문생제가 직접적인 개혁의 대상이 되었다. 공양왕 3년에 사학12도를 대신하는 오부학당(五部學堂)이 생기지만 감시와 좌주문생제는 조선 초에 들어서야 폐지될 수 있었다. 이 점은 조선 초기 중앙집권화를 이루려는 이성계를 위시한 개혁파들의 정책적 노력과 밀접한 관련이 있었다. 조선 초기의 과거제와 학교제는 왕권 강화와 직접적인 관련이 있었으며 통치 이데올로기인 성리학을 전파하기 위한 수단으로 기능하였다.

조선 초기에는 관학 부흥 운동이 일어났다. 관학은 크게 성균관과 사부학당, 향교로 구성되어 있다. 성균관은 문과의 초장에 합격한 생원·진사[47]가 입학하여 원점 300점을 따면 대과에 응시할 수 있는 자격을 부여한다. 성균관 유생은 상

47 고려 말의 개혁파들은 사장(제술)보다 경학(명경)을 우선시하였다. 조선조에 들면서 태조가 생원 출신이라는 이유도 있지만, 국가 이데올로기인 성리학을 신봉하는 정도전을 위시한 개혁파들은 사장 중심의 진사시를 혁파하였다. 태종 대에는 생원은 입사(入仕)의 문(門)이요, 급제는 입사(入仕)의 길이라고 하였다. 정도전이 죽자 권근 등은 사장의 중요성을 계속 강조하여 세종 때 일시 복구되었다가 다시 폐지되지만 단종 대에 들면서 완전히 복구되었다. 조선 초기에는 생원시가 우위에 있었지만 조선 후기에는 진사시가 생원시보다 더욱 중요하게 취급되었다. 생원·진사는 문과의 소과에 합격하여 대과를 응시할 자격증에 지나지 않았지만 그 권위는 대단하였다. 문무과에 합격한 사람은 급제 출신이라고 한 것에 비해 생원·진사시에 합격한 사람은 입격(入格)이라고 하였다. 생원·진사시의 합격증인 백패(白牌)는 과거보가 찍혀 있을 정도로 국왕이 인정하는 합격증이었다. 따라서 관직에 실패한 생원·진사는 무직(無職)의 사류(士類)로 남더라도 지방의 실력자로서 영향력을 행사할 수 있는 확실한 양반 자격증이었다. 이들은 실제 향교, 서원 등에서 지배력을 행사하였다. 생원·진사가 상징적 자격증에 지나지 않았지만, 그 위세는 대단해서 생원·진사가 되기 위한 과거 경쟁은 치열했다.

재생(上齋生)과 기재생(寄齋生)으로 되어 있다. 상재생은 정규생으로 생원과 진사 유생이며, 기재생은 사학에 승보시를 거친 4학 승보생과 문음 자제인 문음 승보생으로 되어 있다. 조선 초기에는 관학과 과거제의 직접적인 연계를 위해 원점[48] 300점을 획득할 것을 강력히 요구하였다. 원점을 통해서 관학과 과거제를 강하게 연계하기 위한 것이다. 관학의 중흥은 중앙집권과 밀접한 관련을 맺고 있었다.

그리고 중등교육기관의 역할을 한 4부학당과 향교가 있었다. 양반들은 4부학당과 향교를 거쳐 생·진사가 된 다음 성균관에 들어가 문과 대과에 응시할 수 있었다. 4부학당과 향교는 여러 면에서 달랐다. 4부학당은 중앙의 양반 자제를 가르쳤지만, 향교는 지방민의 자제를 가르쳤다. 4부학당은 향교보다 여러 가지 특권을 받았다. 승보시를 거쳐 성균관의 기재생이 될 수 있으나 향교[49]는 그렇

---

48 원점은 식당도기(食堂到記)라고 불렀다. 도기(到記)라는 관학교육의 활성화를 위한 특별 시험이 있을 정도였다. 즉, 왕이 불시에 식당도기에 적혀 있는 사람을 대상으로 강경이나 제술 시험을 보아 그중에 우수한 사람은 문과 회시에 직시할 수 있는 특전을 부여하였다. 이것은 관학과 과거제의 강한 연계성을 추구하기 위한 것이다. 그러나 점차 관학교육이 부실함에 따라 원점제의 의미도 약화되었다. 원점제의 약화는 정치사회적 이해관계와 밀접한 관련이 있어 훈구파와 사림파는 원점에 대한 관점이 달랐기 때문이다. 원점제의 약화는 관학과 과거제의 연계성이 줄어든 것을 의미하며 역으로 사학 교육이 성행하게 된 계기가 되었다.

49 향교는 양반과 양인이 함께 교육을 받을 수 있었으나 사족 자제는 동재(同齋), 서얼과 평민은 서재(西齋)에 거처를 달리할 정도로 신분적 차별이 있었다. 향교는 양반 사족에게 사회적으로 그렇게 매력적이지 못하였다. 교생(校生) 중 나이가 많고 성적이 좋지 않은 자는 서리(書吏)가 되었다. 서리는 양반에게는 신분이 하락하는 것을 의미하며 평민에게는 중인이 되어 반대로 신분이 상승하는 것을 의미한다. 따라서 향교는 중인들에게는 군역(軍役)이 면제되고 신분 상승의 장점으로 인기가 있었다. 향교의 교관 역시 한직이기 때문에 문과 출신자나 진사, 생원에게는 좌천되거나 무능한 자의 직책이라고 생각하였다. 향교의 교육 기능은 교관의 자질 부족, 재정 문제 등으로 부실화되어 갔다. 향교의 교육 기능은 줄어들었지만 후기에 들면서 향교는 지방의 이데올로기적 제례 기능과 교화 기능이 강화됨으로써 지방의 지배권을 행사하는 기관으로 변모하였다. 양반은 과거에 응시하려면 향교에 이름을 등록해야 하는 규정으로 인해 확고한 재지사족으로 굳히기 위해서는 향교에 등록해야 했다. 재지사족들은 주자학 교화 기능을 향교를 중심으로 시행했으며 이를 통해 확고한 양반 위치를 차지하였다. 향교의 청금록(青衿錄)은 향안(鄕案)과 더불어 지방의 확실한 양반을 나타내는 자격증과 같았으며 과거와 연결되어 있

지 못하였다. 이 점은 양반의 이해관계와 밀접한 관련이 있었기 때문이다.

조선 초기 국가는 관학 진흥책의 일환으로 양현고(養賢庫)뿐만 아니라 학전, 노비 등과 같은 다양한 재정적 지원을 하였다. 관학이 과거제와 연결되기 위해서는 교육의 질을 높여야만 했으며 아울러 관학의 울타리 내에서 국가가 요구하는 관료를 효과적으로 양성할 수 있었기 때문이다.

관학과 과거제의 연결은 조선 초기에는 잘 시행되었지만, 점차 관학은 쇠퇴하여 조선 전반에 걸쳐 사학이 우위에 놓이게 된다. 그 이유는 크게 세 가지로 논의할 수 있다.

첫째, 관학 진흥을 위해서 국가는 많은 재정적 부담을 안게 되었다. 권근 등은 국가의 재정적 부담을 이유로 사학의 필요성을 주장하였다. 이들 세력은 고려 말부터 농장을 기반으로 서재를 통해 과거를 준비했던 경험이 있었기 때문이다. 또한 관학의 재정 지원이 줄게 되어 그 교육의 질이 떨어지자 양반들은 사학을 선호하였다.

둘째, 양반의 신분적 이해관계와 관련이 있었다. 신분 체계가 점차 확립됨에 따라 양반 계급은 과거제뿐만 아니라 모든 제도에서 신분적으로 자신들에게 유리하게 재편성하였다. 이 점은 양반 계급이 사학을 선호하게 된 이유이기도 하다. 양반 집권층들의 궁극적인 목표는 관료가 되기 위한 것이다. 자신들이 쉽게

기 때문에 향안보다 더 중시되었다(국사편찬위원회, 1994(23): 300-312). 향교의 교육 기능과 제례 기능의 모순적 위치는 향교의 부실과 부정을 낳는 결과를 초래하였다. 지방 사족들은 향권의 지배권에만 관심이 있어서 향전(鄕戰)으로 얼룩졌으며, 당시 향교 유생(儒生)들은 유교의 교리를 잘 모르는 사람과 시정잡배와 이익에만 관심이 있었으며 심지어 문자를 전혀 해독하지 못하는 수준 이하의 사람도 있었다. 향교는 평민에게는 달랐다. 양반들은 교생으로 선발되는 것을 마치 사지로 전락하는 것으로 여겨 수령에게 이를 취소해 달라고 탄원하였으나 평민의 입장에서는 교생이 다른 군역보다는 훨씬 가벼웠기 때문에 갖은 방법을 동원해서라도 교생이 되려고 노력하였다(한국역사연구회 조선시기 사회사 연구반, 2000: 223-230). 향교에 대해 양반과 평민의 입장 차이는 매우 달랐다. 향교를 보면 계급적 이해관계에 따라 접근 방식과 태도가 다르다는 것을 알게 한다. 향교는 그 속에 있는 사회적 이해관계의 표출과 신분적 지위를 높이기 위해 계층에 따라 다른 접근 방식을 보여주고 있다.

관료가 되어, 사회의 이해관계를 높이기 위한 효과적인 교육방법으로 사학이 훨씬 유리했기 때문이다.

셋째, 조선 중기부터 사림파가 정치적으로 지배적인 위치에 놓이게 되자 그들의 이데올로기 근거지인 서원이 급속하게 보급되었다. 중종반정 후 공신계열은 교학진흥책(敎學振興策)의 일환으로 관학을 마련하기 위해 흥학론(興學論)을 주장하였다. 공신계열의 입장에서 보면 사림파를 견제하기 위해 중앙에서 적절히 통제할 필요가 있었다. 조광조 등 사림파들은 관학의 중요성은 인정하지만, 관리양성기구로서의 원래 기능을 하지 못하고 있다고 강하게 지적하였다. 오히려 서원의 교육적 역할을 강조하였다. 수신과 경학을 중시하는 사림파는 서원을 주자학을 보급하는 교화 장소로 보았기 때문이다.

조선 중기 이후 서원은 교육 기능보다 사우(祠宇: 조상의 신주를 모셔 놓은 집)의 기능이 더 강하였다. 서원을 통해 사림파는 향권뿐만 아니라 자신들의 정치적, 신분적 입지를 강화하였다. 사림파의 입장에서 보면 서원은 자신들의 입지를 강화하고, 신분적 이해를 높이는 이데올로기적 기관의 성격을 가지고 있었다. 사림파가 정치적 지배권을 행사한 이후인 조선 중기와 말기는 서원 같은 사학이 관인 배출의 중요한 기능을 담당하였다.

사림파의 정치적 이해관계와 직접 연관된 서원의 부각으로 인해 조선 초기를 제외하고는 과거제와 관학의 연계성이 약화되었다. 사림파가 정권을 장악한 이후에는 관직 경쟁이 치열해지자 서원같은 기관을 통해 학연, 지연 등이 형성되어 붕당의 원인을 제공하였다.

왕권 강화는 관학 중심, 그리고 과거제와 학교제의 직접적인 연계성과 밀접한 관련이 있었다. 조선시대 전반에 걸쳐 과거제와 학교제의 연계성이 반드시 일치하지는 않았다. 그것은 관학보다 사학이 우위에 있었기 때문이다. 구체적으로 중종반정 이후 관인이 되기 위해 훈구파는 관학을, 사림파는 서원 중심의 사학을 강조하였다. 사림파의 집권과 더불어 양반의 신분적 이해관계의 고양과 밀접한 관련이 있는 서원은 관인 배출의 주요 기관으로 자리 잡았으나, 반면에 과거제와 관학의 연계성은 약화되었다. 과거제와 학교제의 연계성, 관학과 사학의 사회적 위치 등은 정치사회적 이해관계에 따라 반응하였다.

03

과거 선발제의 정치사회적 특징

가. 고려시대의 특징

과거제의 선발 방법은 관료 선발과 직접적인 연관성을 맺고 있기 때문에, 고려와 조선시대에 걸쳐 정도의 차이는 있지만 정치사회적으로 민감하였다. 과거제는 일차적으로 왕권 강화와 관련이 있지만, 자신들의 입지를 계속 유지, 강화하려는 지배 세력과 이에 대해 비판과 저항을 통해 새로운 위치를 차지하려는 개혁 세력과의 정치적 긴장 관계 속에서 그 성격이 형성됐다. 과거제와 관학, 그리고 사학의 관계를 보더라도 알 수 있다. 과거제의 선발 방법과 내용을 두고 정치사회적으로 첨예한 이해관계를 바탕으로 노골적으로 대립하였다. 즉, 왕과 보수파, 그리고 개혁파 간의 밀고 당기는 복잡한 정치 관계에 따라 과거제의 선발 방법과 내용은 변형, 조정되었다.

고려시대의 과거제는 성종 때 체계화되기 시작했지만, 호족의 호응은 좋은 편이 아니었다. 따라서 계수관시를 만들어 한편으로는 지방 호족들을 회유하고 다른 한편으로는 지방의 인재를 관인화하여 왕권 강화를 하고자 하였다. 특히 복시는 예부시에 합격한 사람들을 대상으로 급락과 관계없이 왕이 친히 주재하여 다시 시·부만 가지고 시험하여 급제 순위를 정하는 시험이었다. 복시는 그동안 많은 영향력을 행사했던 지공거나 동지공거를 견제하고, 앞으로 정치력을 행사할 예비 관료들에게 왕의 권위를 높이기 위한 것이다. 왕권 강화와 관련된 복시는 역사적 부침에 따라 복시의 실시 횟수가 많아지거나 적어지기도 하였다. 예컨대 무신 정권 때는 복시가 폐지되었으며 그 이후에 왕권 강화를 위해 부활하기도 하였다.

고려 전기는 점차 귀족화 경향이 강해졌다. 사학12도와 좌주문생제의 발달로 인해 문벌 귀족화 경향이 더욱 강하게 나타났다. 이를 중심으로 학벌과 붕당이 형성되어 그 폐해가 고려시대 내내 무거운 짐으로 작용하였다. 사학과 좌주문생제로 인한 붕당의 폐해가 심각해지자 예종은 국학을 부흥시키기 위해 7제를 두었고 아울러 국자감을 과거제와 직접 연결함으로써 사학을 약화하려고 하였다. 이러한 왕권 강화 노력은 고예시(考藝試)의 실시에서도 보였다. 국자감생 중 성적이 좋은 학생은 예비시험 없이 동당감시(東堂監試)에 직시할 수 있는 특전을 부여하였다. 고예시의 이런 특전은 관학 육성과 이를 통해 왕권을 강화하고자 하였다.

예종은 경원 이씨 중심의 문벌 귀족을 견제하기 위해 새로운 신진관료를 필요로 하였다. 당시 문벌 귀족들은 사장과 한당유학을 추구하였다. 과거제에서 사장적 전통이 강하여 문벌 귀족의 인적 공급 역할을 하였다. 예종은 사장풍의 문벌 세력을 대신하기 위해 국자감에서 경학을 흡수하여 신관료 충원의 기반이 되게 하였다. 예종의 이런 혁신적 노력에 대해 구귀족의 반발과 논란은 끊이지 않았다.

예종의 노력에도 불구하고 인종 대에 들면서 내사(內司)에 해당하는 국자감은 관품에 따라 차등을 두어 국자학, 태학, 사문학에 입학하게 하였다. 국자감시는 국자감 입학시험으로 국자감에서 6년 동안 수학하면 최종시험인 예부시에 응시할 수 있는 자격이 주어졌다. 국자감시는 비록 입학자격에 불과한 시험이지만, 여기를 거치지 못하면 예부시에 응시할 기회조차 상실될 수 있었다. 국자감시는 관품에 따라 차별함으로써 귀족들은 자신들의 권력과 이해관계를 강화할 수 있었다. 국자감시는 사학과 좌주문생제와 더불어 학벌 조장과 붕당 형성의 원인으로 작용하였으며 끊임없는 개혁의 대상이 되었다.

붕당적 폐해를 조장하는 문벌귀족의 타파는 무신정권에 들어와서야 가능하였다. 무신정권기에는 능문능리에 익숙한 지방 향리 출신의 신관인층이 부각되어 신진사대부의 기반이 됐다. 무신정권기에 부상한 신관인층은 고려 말까지 다양한 형태로 분화, 발전되었다. 즉, 신관인층은 지배세력에 부합하거나 혹은 주자학으로 무장한 개혁의 주도세력으로 조선 건국에 이르기까지 중앙정치에서 중요한 역할을 담당하였다.

무신정권이 몰락하자 관학 부흥 운동이 일어났다. 충렬왕 때에 국자감이 성균관으로 개칭됐으며 또한 과거제가 다시 체계적으로 운영되기 시작했다. 특히 공민왕은 왕권을 회복하기 위해 시종일관 개혁 정치로 일관하였다. 그는 성리학으로 무장된 이색, 이제현 등의 신진사대부들과 함께 구귀족 세력을 누르기 위해 과감한 개혁을 시도하였다. 이제현의 좌주문생적 동문과 그와 정치적, 학문적 노선을 같이했던 사람들을 통해 공민왕은 정치적 기반을 강화하였다.

공민왕 17년에는 구귀족의 문벌과 좌주문생제의 폐해를 약화하기 위해 국자감시의 폐지를 단행하였다. 특히 공민왕은 향시, 전시, 회시로 이어지는 과거삼층법을 실시하였다. 그동안 중앙에서 과거를 독점하던 귀족들을 견제하기 위해 지방에서 향시를 거치지 않고는 회시에 직접 응시할 수 없게 하였다. 또한 왕이 직접 친시(親試)하는 전시를 정례화하여 왕권을 높이고자 하였다. 그는 국자감시를 진사시로, 승보시를 생원시로 바꾸었다.

공민왕은 신진사대부를 중심으로 국학 중흥을 위해 학교 증축뿐만 아니라 학생 수도 늘리는 등 적극적인 노력을 하였다. 이색의 주장에 따라 과거제와 학교제를 강하게 연계시켜 성균관을 거쳐야만 과거에 응시할 수 있게 하였다. 성균관에서 원점 300점을 획득해야만 예부시에 응시하게 함으로써 관학교육을 강화하였다. 공민왕 대의 개혁세력인 신진사대부들은 이념적으로는 성리학으로 무장되어 있어서 사장 전통보다 경학을 강하게 지지하였다. 공민왕은 과거제에 경학을 중요하게 반영하였다.

신진사대부와 신돈을 앞세운 공민왕의 급진적 개혁정치는 구귀족의 저항을 받게 되었다. 우왕 대에 들어서 구귀족인 이인임에 의해 정권이 주도되자 공민왕의 개혁정치는 실패하였다. 신진사대부들은 이인임 세력에 대항했지만 역부족이었다. 위화도 회군으로 신진사대부가 집권세력이 되어 구귀족을 타파하였고, 창왕 대에는 다시 과거삼층법이 실시되었다.

고려시대 과거제의 선발 방법 이면에는 정치사회적 맥락이 깊숙이 작용하였다. 고려시대는 성종 대 문무산계가 확립되고 관료제가 발달함에 따라 정치세력화의 양상이 달라지기 시작했다. 신라시대만 하여도 신분에 의해 관품이 규정되는 골품제로 인해 신분의 벽을 넘을 수 없었다. 고려시대는 과거제의 도입으로 비록 제한적이지만 신분제적 능력주의로 관료 진출에 활기를 띠게 되고 아울러 관료 중심의 정치사회적 세력화가 일어났었다. 관료에 대한 사회적 중요성은 점점 가중됐으며 과거제의 선발 방법도 이런 맥락과 무관할 수가 없었다. 이처럼 과거제의 선발 방법은 정치사회적 흐름과 밀접한 관련이 있었다.

나. 조선시대의 특징

조선시대의 과거제도는 크게 문·무과와 잡과로 이루어졌다. 문과(文科)는 과거제도의 핵심이었다. 문과 합격자는 정치사회를 움직이는 실질적인 주도세력인 핵심 관료를 배출하기 때문이다. 따라서 문과의 선발 방법[50]은 정치사회적 이해관계에 따라 민감하게 다루어졌다. 어떤 선발 방법을 택하느냐에 따라 정치세력화의 양상이 달라졌다. 문과의 선발 방법 이면에는 자기가 속한 집단의 이해관계가 반영되어 있었기 때문이다. 특히 문과 선발 방법에서 정치적으로 첨예한 대립 양상은 사장과 경학, 원점제 그리고 별시(別試)에서 잘 나타났다. 이 세 가지 선발 방법은 비록 외관상 다르게 보이지만 정치사회적 세력화 양상이라는 같은 맥락 속에서 움직여졌기 때문에 비슷한 특징을 보였다.

(1) 선발 방법의 특징

사장과 경학에 대한 입장은 강경(講經: 구술 시험)과 제술(製述: 필답 시험)[51] 논쟁으

---

50 문과 시험은 크게 식년시(式年試)와 별시(別試)로 이루어졌다. 식년시는 3년에 한 번씩 치루는 정규 시험이지만 별시는 비정규 시험이었다. 문과 별시는 증광시(增廣試), 알성시(謁聖試), 춘당대시(春塘臺試), 외방별시(外方別試), 정시(庭試), 통독(通讀) 등 다양한 시험이 있었다. 정규 시험인 식년시의 선발 방법은 초시(初試), 회시(會試: 覆試), 전시(殿試)로 이루어졌다. 문과 초시는 향시(鄕試), 한성시(漢城試), 관시(館試)로 나누어지고 향시는 지방 8도에서, 한성시는 한성부에서, 관시는 성균관에서 실시하였다. 여기서 성적에 따라 회시와 전시를 보았다. 식년시는 3단계로 이루어졌지만 별시 문과는 2단계인 초시와 전시로 이루어졌다. 별시의 초시는 식년시의 회시에 해당한다.

51 일반적으로 강경은 구술 시험, 제술은 필답 시험을 의미한다. 강경(講經)은 본문을 보지 않고 물음에 답하는 배강(背講), 본문을 보지 않고 외우는 배송(背誦), 본문을 보고 물음에 답하는 임문고강(臨文考講)으로 구분된다(한국고문서학회, 1996: 364). 강경은 경학을 강독하는 것으로 경전의 실질적 이해 정도를 직접 알아보는 데 유리하다. 제술(製述)은 시(詩), 부(賦), 송(頌), 시무책(時務策)같이 문장을 중시하는 사장과 관련이 있다. 제

로 이어졌으며 정치적 이해관계에 따라 그 비중이 달랐다. 경학과 사장의 정치적 대립은 개국 초기부터 정도전과 권근에 의해 나타났다. 정도전과 권근은 성리학을 기반으로 한 신진사대부였지만 그 입장은 크게 달랐다.

고려 말 신진사대부는 사전 개혁 문제를 놓고 정도전과 조준 등을 중심으로 한 급진개혁파와 이색과 권근 등을 중심으로 온건개혁파로 나누어졌다. 권근은 공민왕 대에 이제현, 이색으로 이어지는 좌주문생의 세력 결집을 통해 고려 말 내내 개혁의 주도세력으로 남았다. 온건개혁파인 신진사대부들은 차츰 문벌화 경향을 드러내어 세족화되고 있었다. 이런 이유로 정도전과 권근은 지지 세력이 달랐으며 과거제와 학교제에 대해 다른 입장을 가졌다.

정도전은 중앙집권화를 위해 관학 교육의 진흥을 주장했으며, 그동안 붕당 폐해의 직접적 원인이었던 좌주문생제의 폐지와 사장(詞章: 시, 문학 등) 중심의 진사시 폐지를 주장했다. 정도전은 이념적 기반인 경학의 중요성을 강조하면서 이를 위해 강경을 시험 방식으로 채택할 것을 요구했다.

권근의 지지 세력은 관학의 재정적 부담으로 인한 사학의 필요성과 자신의 정치 기반인 좌주문생제를 지속시킬 것을 주장했다. 권근의 지지 세력은 관직 생활과 외교관계 등에서 필요한 사장 능력을 강조하여 진사시의 복구를 강하게 요구했다. 경학에 대한 시험 방식에서도 제술을 강조했다. 따라서 정도전의 경학 중심의 강경과 권근의 사장 중심의 제술은 극명한 차이를 보였으며 정치적

술은 대외 관계나 외교 문서 작성에 매우 필요한 능력이었다. 사장(詞章)은 유교 경전의 기초 아래 이루어지나 창의력과 재능을 요구하기 때문에 이를 습득하기 위해서는 많은 시간이 필요하였다. 과거제에서 제술은 기득권 세력에게 유리할 수밖에 없었다. 기득권 세력은 어렸을 때부터 체계적인 교육을 통해 제술에 잘 적응할 수 있었기 때문이다. 따라서 조선시대에 강경은 사림파(士林派)와, 제술은 훈구파(勳舊派)와 연결되어 있다. 과거에서 생원시는 강경과, 진사시는 제술과 밀접한 관련이 있었다. 과거에서 강경은 암송이라는 약점이 있었으며, 제술은 경전에 대한 깊은 이해보다 단순한 재능에 의해 선발되는 약점이 있었다. 그러나 강경과 제술은 동전의 양면같이 서로 필요한 능력이었으나 많은 부작용과 이해관계로 인해 두 방법을 두고 정치적으로 첨예하게 대립하였다. 즉, 경학에 대한 시험 방법으로 강경과 제술이 동시에 쓰였지만, 그 비중과 적용 방법에서 훈구파와 사림파의 입장에 따라 달랐다.

으로 심각하게 대립하였다.

조선 초기는 경학과 사장의 논쟁에서 출발하여 그 후에는 경학의 시험 방식을 둘러싼 강경과 제술의 대립으로 이어졌다. 이 시기에는 사장보다 경학이 전반적으로 우세하였다. 경학에 대한 시험 방식도 제술에서 강경 중심으로 바뀌었다.

그러나 사장의 필요성으로 인해 과거 초장의 경학 시험방식을 둘러싸고 강경과 사장의 논쟁이 끊임없이 이어졌다. 그동안 초시든 복시든 강경으로 실시해야 한다는 의견에서 세조(世祖)에 이르러 초시에서는 제술로, 복시에서는 강경으로 실시한다는 절충안이 마련되었다. 별시 역시 경학에 대한 시험 방식을 식년시와 같이 강경으로 실시하였으나 문장력 약화를 이유로 들어 차츰 제술을 실시하였다.

세조 이후 형성된 훈구파와 사림파의 대립은 경학의 시험방법에 대한 강경과 제술의 논쟁으로 이어졌다. 성종 대에 식년시는 경학에 비중을 두었으며, 별시는 처음에 강경이 중심이었으나 점차 제술로 바뀌었다. 이때의 집권세력은 강경에만 치중하면 대외관계에서 요구하는 문장력이 약화된다는 이유로 경학뿐만 아니라 사장도 함께 겸비할 필요성을 주장하였다.

중종반정 후에는, 그동안 별시의 경학에 대해 제술이 중심이었다가 강경으로 시행하였다. 이때의 집권세력은 사장(詞章)의 한계를 인정하면서 경학의 중요성을 들어 식년시와 별시에서 강경의 비중을 높였다. 그러나 식년시의 초장에서 실시하는 강경은 외형상 비중이 높았으나 단순 암기 중심이었다. 결국 사장 능력이 급제를 좌우하였다. 암송 위주의 강경은 경학에 대한 표피적인 학습만 확인하는 데 불과했기 때문이다.

조광조를 위시한 사림파는 고시 과목에서 사장을 중요시하는 집권세력을 비판하였다. 사림파는 성리학적 의리의 도에 대해 마음속 깊이 자각을 하면서 사회적 실천을 강조하였다. 경학에 대한 깊은 자각에 의한 철두철미한 이해만이 수신의 밑거름이 된다고 생각했다. 사림파의 입장에서 경학에 대한 채점 기준은 이해의 중심이 될 수밖에 없었다. 경학에 대한 시험 방식을 둘러싸고 조선 초기의 강경과 제술의 논쟁이, 이때 들어 강경의 채점 기준인 암기와 이해의 논쟁으로 바뀌게 되었다. 외형상 강격과 재술, 그리고 암기와 이해의 대립으로 보였지만 궁극적으로 사장과 경학에 대한 정치적 대립이었다.

중종 대의 사림 세력은 식년시뿐만 아니라 별시의 강경에서도 이해 위주로 채점할 것을 요구하여 이를 점차 관철했다. 그러나 기묘사화를 계기로 사림세력이 약화되자, 훈구세력은 식년시의 강경에 대한 비판과 함께 경학의 이해 위주로 인해 제술 능력이 천시됨으로써 사장 능력까지 약화되는 결과를 초래하였다고 비판했다. 훈구세력은 고시 과목을 사장 위주로 시행하였으며 채점 기준에서 암송의 비중을 높였다. 별시에서도 사장의 비중이 점점 커질 수밖에 없었다. 명종 대에도 이런 과정은 계속되었으나 집권 후반기에 들어 사림세력이 서서히 권력을 회복하자 고시 과목에 대한 사장과 경학의 대립이 다시 격화되었다.

선조 대에 들어 사림세력이 정권을 완전히 장악함으로써 고시 과목이 경학 중심으로 바뀌었으며, 강경의 비중이 커졌다. 특히 임란 이후에는 사회질서의 혼란으로 경학의 채점 기준인 강경이 더욱 중요시되었다. 경학의 중요성에도 불구하고 식년시의 강경은 의리를 정확히 해독할 수 있는 이해 위주로 시행되어 많은 문제점을 노출했다.

인조 12년 예조판서 조익(趙翼)에 의하면 시관은 강경을 시행할 때, 한 글자라도 잘못 외우거나 토와 해석이 경성의 인본(印本)과 다를 경우에 모두 낙제시켰다고 한다. 심지어 향시의 시관들은 응시생 중에서 암송을 잘한다는 명성만 있으면 제술 능력이 형편없어도 방문해 가면서까지 선발했다고 한다(차미희, 1999: 94-96).

사림세력이 정권을 잡은 후에도 암송 위주의 채점이 성행했던 것은, 사림세력이 정치적으로 붕당으로 분화하면서 그들의 인적 기반인 지방 유생에 대한 배려라는 정치적 배경이 작용했기 때문이다. 사실 별시는 비정규 시험이므로 지방 유생에게 불리하였다. 그래서 별시 합격의 약 80%를 서울 유생이 차지하였다. 그 이유는 교통 사정으로 인해 전국에 전달하는 데만 거의 3개월이 걸려서 지방 유생이 체계적으로 준비할 시간이 부족했기 때문이다. 비정규의 과거는 길어야 한 달 정도, 대개는 10일 내외, 심할 때는 4~5일 정도의 여유밖에 주지 않았다. 비정규 과거시험에서 서울 지역의 특정 가문 출신으로 급제가 급증하는 것은 당연한 일이었다(정두희, 2001: 109).

정규 시험인 식년시는 지방 유생들에게 중요하였다. 식년시가 암기 위주의 강경으로 실시된 것은 지방 유생들의 제술 능력이 부족했기 때문이다. 오히려 변려문이나 사육문 등과 같은 제술은 오랜 습득 시간과 체계적인 훈련이 필요한 고도의 능력을 수반하기 때문에 지방보다 서울 유생에게 유리하였다. 따라서 식년시의 암기 위주의 강경 실시[52]는 경학에 밝지 못하고 사장 능력도 부족한 사람을 배출하는 결과를 초래하였다. 심지어 식년시의 강경을 암송 위주로 시행하자 강경에서 만점을 받은 지방 출신의 급제자 서찰을 읽거나 쓰지 못하거나, 서울 유생은 식년시를 기피하고 주로 별시에 응시, 급제하는 문제점이 나타났다(차미희, 199: 95).

숙종 대부터 이런 문제점을 개선하기 위해 다양한 논란이 제기되었지만, 궁극적으로 식년시와 별시에서도 경학에 대한 이해를 높이고자 하였다. 집권세력은 식년시를 개선하려고 노력했으나 지방 유생들의 반발로 여의치 않았다. 식년시에서 지방 유생들의 합격률은 86%며, 별시의 합격률은 식년시보다 현격한 차이를 보였다(차미희, 1999: 113). 따라서 식년시를 사장에 능한 서울 유생에게 유리하세 바꾸려는 시도에 대해 지방 유생이 반발하는 것은 자연스러운 일이었다. 이들의 반발이 가능했던 것은 사림의 인적 기반인 재지사족들의 무시할 수 없는 영향력 때문이었다.

이처럼 식년시의 강경은 암송 위주였으며, 암송에 의해 과거 합격이 결정됐다. 지방 유생에 대한 정치적 배려는 영조(英祖) 대에서도 나타났다. 식년시의 암

---

52 경학에 대한 채점 기준을 강경의 이해 위주로 시행하지 못한 것은 크게 네 가지 이유 때문이다. 첫째, 먼저 의리에 대한 채점 기준이 명확하지 못했다. 둘째, 시관 한 명이 약 25명 내외의 많은 응시생을 평가해야 했다. 아울러 시관은 경학에 대한 깊이 있는 이해를 갖추어야 할 뿐만 아니라 해박해야 했다. 셋째, 특히 별시에서 강경의 이해 위주의 시행은 소요 비용과 시간이 지나치게 많았다. 넷째, 학교 교육내용과 문과 선발기준의 괴리가 있었다. 성리학에서 요구하는 관료는 의리에 대한 깊은 자각과 그것을 덕행으로 옮길 수 있어야 했다. 그러나 문과 시험은 그것을 보장할 수 없기 때문에, 학문과 다른 과거용 시험으로 변질하였다. 특히 양난을 거치면서 별시에서 이해 위주의 강경 실시는 더욱더 어려울 수밖에 없었다.

송 위주의 강경에 대한 논란은 계속 제기됐지만, 결국 지방 유생들이 중앙 정치에 참여할 수 있는 중요한 통로였기 때문에 식년시는 암송 위주로 그대로 이어졌다. 특히 영조는 친림시(親臨試)에서도 지방의 유생들을 배려하였다. 당시 서울을 기반으로 한 중앙정치세력이 분열되어 극단적인 대립으로 치닫고 있어서, 이를 무마하기 위해 탕평책(蕩平策)을 시도하였다. 영조의 입장에서 지방 유생에 대한 배려는 이런 상황을 벗어나기 위한 새로운 정치세력의 필요성과 무관하지 않았다.

(2) 원점제의 선발 특징

원점제는 관학교육과 직접 연결된 과거 응시 자격에 불과하지만, 관료 선발뿐만 아니라 정치세력화와 밀접한 관련이 있었다. 원점제는 고려 말에 왕권을 강화하려는 조치로써 과거제와 관학을 연결하기 위한 제도적 장치였다. 조선 초기는 왕권강화와 관련된 관학교육의 진흥을 위해 원점제가 그대로 도입되었다. 초창기에는 생원·진사[53]가 성균관에 거관하여 원점 300점을 획득하면 식년시의 관시에 응시할 수 있었다. 이런 원점 규정은 외형상 관학교육과 왕권을 강화할 목적이었으나, 그 이면에는 집권세력 이해의 도모와 관련이 있었다.

세조 때의 형성된 집권세력인 훈구파는 자신들이 입지를 강화하기 위해, 정치사회적으로 자신들에게 유리한 방향으로 이끌어 갔다. 즉, 성종 대에 문음 출신들의 생원·진사들이 특수시위군에 입속하면 성균관의 출석 원점을 150점으로 줄여 식년시의 초시에 응시할 수 있는 혜택을 주었다. 이를 통해 문과에 합격하면 승진이나 인사에 유리한 위치에 설 수 있었다. 문음제의 이런 특혜는 집권세력의 귀족화를 촉진했다. 경국대전의 원점 규정은 관학교육과 문과를 연결하려는 의도로 마련되었지만, 현실적으로는 집권세력의 이익을 보호하는 측면에서 실시되었다(차미희, 1999: 35).

---

53 생·진시는 초시와 복시의 2단계의 시험으로 되어 있다. 생·진시의 초시는 향시와 한성시가 있으며, 여기서 선발되면 예조에서 실시하는 복시(회시)를 통해 각각 100명이 선발된다.

중종 대에 사림파가 중앙정계에 급속히 진출함에 따라 훈구파와 원점에 대한 갈등이 표면화되었다. 집권세력인 훈구파는 과거제와 연결된 관학교육의 발전에 집착하였다. 훈구파는 지방의 재지사족을 통제하고 자신들의 입장을 관철하기 위해서는 관학인 성균관과 향교를 발전시킬 필요가 있었다. 집권세력은 관료가 되기 위한 지방 사족의 욕구를 자신들이 주도권을 가지고 있는 관학 교육을 통해 통제하려 했다.

집권세력은 끊임없이 관학 교육의 중요성을 견지했지만, 의도와 달리 성균관과 향교는 부실로 이어졌으며 급기야 외면되는 실정이 되었다. 관학에 드는 재정적 부담도 큰 문제였지만, 생·진사들은 성균관에 거관하기보다는 원점에만 관심이 있었으며, 실제 원점 혜택이 부여되는 특수시위군이나 향교의 교수가 되는데 노력을 아끼지 않은 전도(顚倒) 현상이 일어남으로써 성균관은 부실해졌다. 이런 문제점으로 인해 집권세력은 사림파에게 끊임없는 견제를 받았음에도 불구하고, 그들은 자신들의 문음혜택 유지와 관학 교육의 강화를 요구했다.

중종 대는 조광조를 위시한 사림파와 훈구파가 심각한 대립 양상을 띠고 있었다. 사림파와 훈구파는 원점제에 대해 예민하게 접근할 수밖에 없었다. 집권세력은 관학과 문과의 연계를 더욱 강화하기 위해 그동안 원점이 필요 없었던 유학[54](幼學)에게까지 원점을 확대 적용하였다. 유학은 사학과 향교의 소속 증명서[55]만

54 학당의 학생을 유생(儒生)으로, 향교의 학생을 교생(校生)이나 공생(貢生)으로 불렀으며, 서얼을 업유(業儒)라고 지칭하였다. 유학(幼學)은 초기에는 유생(儒生), 학생(學生), 교생(校生) 등 학교에 적을 둔 사람을 의미했으나, 실제로는 벼슬을 하지 않은 유생을 지칭하였다. 업유(業儒)는 조선 초기에는 유학의 단련을 의미하여 사족자제도 업유라고 했으며, 과거 응시에서도 유학과 업유의 구별 없이 사용하였다. 임진왜란과 병자호란을 거치면서 업유의 상대적 지위 저하와 신분혼효 현상 등으로 인해 숙종 대에 들어 양반 사족과 구분하기 위해 서얼(庶孽)의 직역명을 업유라고 하였다. 조선 중기 이후 유학과 더불어 업유 역시 양역이 면제되어 나중에 유학과 업유의 모칭이 피역의 수단으로 사용됐다(이준구, 1993: 40－49).

55 17세기 중엽 이후, 성균관과 사학에서 작성한 청금록(青衿錄)을 모방하여 향교에서도 유생 명부를 별도로 작성하였다. 향교의 청금록은 문벌로서 문학이 있는 유생들을 입록하여 동재(東齋)라고 하였고, 한산(寒産)과 서얼 및 백성 가운데 빼어난 자를 교생(校生)이

있어도 문과 초시에 응시할 수 있었다.[56]

원점의 확대 시행은 집권세력의 관학 교육의 부흥을 통한 중앙 집권화와 관련이 있었다. 따라서 사림파는 관학 교육의 중요성을 인정하지만 교육방법이나 내용이 과거준비교육에 치우쳐 경전에 담겨있는 미묘한 도(道)의 진리를 파악할 수 없으며, 원점으로만 관학 교육을 진흥시킬 수 없다고 보았다. 사림세력은 원점에 의한 관학 교육 진흥에 대해 철저히 비판적 태도를 보였다.

성종 대에 특수시위군에 소속된 문음 자제에게 혜택을 주던 원점이 절반인 150점으로 줄어들자 생원·진사들은 수단과 방법을 가리지 않고 특수시위군에 소속하려고 하였다. 중종 대는 원점 150점을 문음의 자제가 아닌 생원·진사들에게도 확대해 시행하였다. 아울러 유학에게도 원점을 요구했으며 별시(別試)의 초시에도 원점을 적용했지만 곧바로 폐지되었다(차미희, 1999: 44).

집권세력의 의도와 달리 유생들은 관학에 기거하지 않고 원점만 획득하려 했기 때문에, 관학의 기능은 점차 상실되었다. 사림 세력들은 이런 양상에 대해 끊임없이 문제를 제기했지만, 이는 기묘사화로 인해 주춤했다.

선조(宣祖) 대에 사림파가 집권세력으로 등장하지만, 양난으로 인해 사회질서가 흔들리자 성리학적 질서 회복과 왕권강화를 위한 관학교육의 진흥을 위해 다시 원점이 강화되었다. 광해군 대에 원점이 300점으로 복구되었지만, 유생들

라 하여 서재(西齋)에 거하게 하였다. 따라서 청금록은 양반신분의 동재 유생 명단을, 교안은 비양반신분인 서재 유생명단을 수록한 것이다. 그러므로 직역을 학생이라고 지칭할 수 있는 청금록 입록자는 곧 양반 유생인 유학을 뜻한다(이준구, 1993: 130). 이 시기에 들어 살아서는 유학, 죽어서는 학생(生稱幼學 死稱學生)이라는 말이 통용된다.

56 조선시대의 교육은 외형상 관학과 과거제가 일치하였다. 조선 후기까지 향교나 학당의 소속 증명서가 있어야만 생원·진사를 응시할 수 있었다. 향교에서 청금록이 중요한 것은 이런 이유 때문이다. 관학과 과거제는 제도적으로 연결되어 있었으나 실제 운영 내용은 일치하지 않았다. 관학은 교수 기능이나 제반 시설 등이 부실했으며, 효율적인 과거 준비기관의 역할이 미비했었다. 따라서 관학은 과거에 응시할 수 있는 최소한의 자격을 획득하기 위한 기관으로 이용됐다. 유생들은 관학에서 공부하기보다는 원점 획득에만 매달렸다는 것이다. 유생들의 입장에서 관학은 과거 응시 자격을 획득하기 위한 기관에 지나지 않았다.

은 성균관 교육보다 원점 취득에만 관심이 있었다. 원점을 통한 관학교육의 진흥은 기대할 수 없게 되었다.

이 시기의 집권세력인 사림파는 원점을 통한 권학(勸學)에 대해 회의적이었다. 서원이 발달함에 따라 관학교육의 입지는 점점 좁아졌다. 영조 대에 들어 원점을 유지하기 위해 소요되는 재정적 부담으로 인해 식년시의 관시(館試)만 제외하고 모두 폐지하였다. 원점을 통해 관학교육에 의한 권학 개념이 약화되고, 문묘를 지킨다는 상징적인 태도를 보이게 되었다. 이처럼 원점제는 집권세력의 이해관계와 관점에 따라 적용 방식이 달랐다.

(3) 별시의 선발 특징

비정규시험인 별시(別試) 역시 정치사회적 흐름과 무관하지 않았다. 원점제와 별시는 관료 선발과 직접적인 관계를 맺었기 때문에 정치사회적 이해관계 속에서 전개되었다. 별시는 관료 선발에 직접적인 영향을 미치기 때문에 정치사회적 이해관계 표출이 원점제보다 더욱 노골적으로 나타났다. 조선 초기만 하여도 문반 관원은 식년시에서 배출됐으며, 별시는 식년시에서 부족한 관원을 보충하기 위해 실시했다. 문반 관원의 배출을 주로 식년시에만 의존한 것은 선발 통로를 단일화함으로써 정치세력을 쉽게 조정하고, 이를 통해 왕권을 강화하기 위해서다.

세조 때에 형성된 훈구파는 중앙의 정치적 기반을 통해 자신의 권력을 확대하여 왕권의 위협적인 세력으로 부상했다. 성종(成宗)은 이러한 훈구 세력을 견제하기 위해서 새로운 정치세력이 필요했다. 성종 후반기부터 별시는 빈번하게 실시됐으며, 이를 통해 성리학 이념으로 무장한 재지사족 출신의 사림파가 훈구파의 견제세력으로 등장할 수 있었다.

중소지주 출신인 재지사족들은 향촌 사회에서 지배적인 위치를 차지하면서 중앙 정치에 진출하려는 욕구가 증대하였다. 지방의 외방유생의 욕구를 충족시키고 훈구파와 태생이 다른 정치세력인 사림파가 형성될 수 있었다. 빈번한 별시의 실시는 인력수급의 불균형과 과도한 응시생의 증가로 인해 신분 허위와 자질 저하 및 과장(科場)의 혼란 같은 부작용도 초래했다. 훈구파 집권세력은 이런 이유로 별시의 실시를 줄이려고 노력했지만, 별시를 통해 새로운 정치세력을 양성하려는 왕의 입장은 달랐다.

16세기에 나타난 별시 횟수는 정규시험인 식년시보다 훨씬 많이 시행됐으며, 문과 급제자의 배출에서도 식년시와 비중이 거의 비슷하게 나타났다. 구체적으로 연산군(12년) 대에 식년시는 4회, 별시는 9회 시행됐고, 배출된 문과 급제자 수는 식년시와 별시 각각 134명이었다. 중종(39년) 대에는 식년시는 13회, 별시는 38회가 시행됐고, 배출된 문과 급제자 수는 식년시는 412명, 별시는 476명이다. 명종(22년) 대에는 식년시는 7회, 별시는 16회가 시행됐고, 배출된 문과 급제자 수는 식년시는 240명, 별시는 232명이었다(차미희, 1999: 130).

중종 대는 별시를 두고 왕과 신료가 끊임없이 대립하였으나, 중종은 문묘 친행, 선농제, 외방 유생의 배려 등의 다양한 이유를 내세워 별시를 시행하였다. 중종 대에 별시 횟수가 급격히 증가한 것은 이런 이유 때문이다. 중종의 빈번한 별시의 실시는 표면상 중앙정치에 진출하려는 외방 유생들의 욕구를 수용하기 위한 것이지만, 실은 훈구파 집권세력의 견제 세력인 지방 출신의 사림파를 양성하여 왕권을 강화하려는 목적이 있었다.

기묘사화 이후 중종은 별시를 거의 실시하지 않았다. 그것은 사림파가 의도와 달리 왕권을 저해한다는 중종의 인식 때문이었다. 다시 별시 실시가 활발하게 된 것은 중종 후반부터다. 이는 전횡을 일삼던 김안로 같은 집권세력을 제거한 후, 균형적인 정치를 하기 위해서 견제세력인 사림파 유생이 필요했기 때문이다. 별시를 통해 정치 세력 균형을 이루어 왕권을 강화하려는 노력은 명종(明宗) 대에서도 나타났다.

17세기에 들면서 별시의 비중은 더욱 커졌으며 별시를 둘러싼 정치적 이해관계가 첨예하게 대립했다. 선조(宣祖) 대에는 사림파가 정권을 장악함으로써 재지사족들은 중앙정치에 진출할 수 있는 인적 기반이 형성될 수 있었다. 즉, 재지사족들의 중앙 정계 진출 욕구가 17세기 이후에 더 늘어났고 별시를 통해서 이를 수용하려고 한 것이 별시 급제가 이전보다 더 늘어난 배경이 됐다(차미희, 1999: 163). 이때부터 별시는 더욱 다양한 형태로 분화됐다. 사림파는 급속히 분화되면서 붕당으로 나누어지고 별시를 통한 정치적 이해관계가 극명하게 나타났다.

구체적으로 광해군(5년) 때에 주도권을 잡고 있던 대북세력은 대증광시를 실시하면서 시관(試官)을 자파세력으로 임명하고 선발 인원의 42명 중 17명을 대북 세력으로 채웠다. 인조반정 후 실권을 잡은 남인은 숙종 원년에 실시한 증광시에서 선발된 34명 중, 남인이 30명이었으며 서인은 4명에 불과하였다.

서인이 집권한 숙종 8년에는 전체 인원 35명 중 서인은 14명이고, 남인은 4명에 불과하였다. 소론이 정국을 주도하게 되는 경종 3년에는 대증광시에 41명을 선발하는데 소론이 13명, 노론은 3명에 불과하였다(차미희, 1999: 169-179). 과거 선발방법은 정치적 이해관계와 첨예하게 맞물려 있었다. 정국의 주도권을 가진 집권세력은 견제세력과의 대립적인 관계 속에서 계속된 정치적, 인적 우위권의 확보를 위해 과거제를 이용했다.

조선 초기의 경학과 사장의 대립, 경학의 시험방식을 둘러싼 강경의 이해 위주와 암송 위주의 대립, 그리고 원점제와 별시의 실시는 관료 선발의 단순한 차원을 넘어서 궁극적으로 정치사회적 이해관계와 밀접한 관련을 맺고 전개됐다.

조선 중기 전까지는 훈구파와 사림파의 대립이 있었으며 그들이 지향하는 이념적 관점에 따라 과거제의 선발 방법은 다른 입장을 보였다. 선조 대에 들어 사림파가 성권을 장악하지만, 붕당으로 분화하면서 정치적 주도권을 장악하기 위해 치열한 대립을 하였다. 이때의 선발 방법은 서울과 지방 유생에 대한 정치적 배려라는 다른 양상이 나타나면서 경학에 대한 강경 논쟁으로 이어졌다. 강경 논쟁에 대한 원점제과 별시의 이면에는 정치사회적 맥락과 깊은 함수 관계가 있었다.

CHAPTER

03

관직 경쟁의 사회사적 배경

01

신분 계층 간의 관직 경쟁

고려와 조선시대에서 관직은 신분 상승과 유지를 위한 만능 자격증과 같았다. 관직이 지닌 사회적 혜택은 대단히 폭이 넓었다. 관직 획득을 위해 계급 간 경쟁뿐만 아니라 지배계급인 양반 간에도 치열하게 경쟁하였다. 관직 경쟁의 중심에는 과거제가 있었다. 과거제는 능력주의를 지향하는 객관적인 제도적 장치였다.

지배계층은 자신들의 이익을 재생산하기 위해 혈통에 기반을 둔 음서제뿐만 아니라 한품제도를 두어 다른 계층의 신분 상승을 제한하였다. 과거제와 음서제에 의한 고려와 조선시대의 관직 경쟁은 기본적인 맥락은 비슷하나, 역사적 상황에 따라 다르게 전개됐다. 당시의 정치사회적 환경에 따라 관직 경쟁의 특성이 달리 형성됐다.

고려시대에서 신분 간의 관직 경쟁은 향리의 신분 상승과 밀접한 관련이 있었다. 고려시대의 양반은 크게 호족 세력에 뿌리를 두고 있었다. 고려의 건국

과정에서 크게 기여한 대호족과 성종 대 이후에 과거제를 통해 중앙의 관리로 진출한 호족들은 중앙 관인층으로 성장하여 문벌 귀족화를 이루었다.

지방에서 중소 지주로 남은 호족은 중인인 향리 계층으로 전락하여 주로 지방 행정을 담당하였다. 호족들이 신분적으로 분화하면서 사회적 주도 세력이 된 문벌 양반들은 자신들의 사회적 혜택을 계속 유지하기 위해 신분 장벽[57]을 쌓았다. 예컨대 잡류와 공장, 농민 같은 계층은 관직에 진출할 수 없도록 한직 제도를 두기도 하였다.

문벌 양반들은 그들의 특권을 세습적으로 전수하기 위해 제도적으로 유리하게 운영하였다. 구체적으로 첫째, 정5품 이상의 관인 자제에게 주어지는 음서제를 두었다. 둘째, 한품제를 두었다. 문반은 1품인 최고직까지, 무반은 3품까지, 그리고 남반은 초기에는 4품까지 승진하였으나 문종 대에 7품 이하로 한정되었다. 셋째, 학교제에서 음서 혜택을 부여하였다.

국자감과 과거제는 직접 연결되어 있었다. 국자감의 입학에서도 신분 차별을 하였다. 국자학은 문무관 3품 이상의 아들과 손자, 태문학은 문무관 5품 이상의 아들과 손자 그리고 사문학은 문무관 7품 이상의 아들이 입학할 수 있었다. 이런 제도적 차별 외에도 사학12도나 좌주문생제를 통해 문벌 귀족화하여 자신들의 정치사회적 입지를 계속 강화했다.

주목할 점은 제도적으로 과거제가 상당히 개방됐다는 점이다. 향리를 포함하여 군인, 잡류뿐만 아니라 심지어 농민에게도 과거를 통해 하위직 관리가 될 수 있는 길이 열려 있었다. 이들 계층의 신분 상승은 현실적으로 과거제가 가장 유력한 대안이었다.

57 고려의 신분 구조는 크게 세 가지로 구분된다. 사족이나 관인 계층으로 구성된 지배 귀족은 문반과 무반, 그리고 궁중직을 담당하는 남반으로 되어 있다. 그 다음 계층인 서인(庶人)인 양인(良人)은 다시 네 층으로 분리되어 있는데 제1층은 향리와 군인 그리고 서리(胥吏)의 기능직을 담당하는 잡류, 제2층은 군현의 농민, 제3층은 향(鄕)·소(所)·부곡인(部曲人) 및 율척(律尺)·역민(驛民) 그리고 공장(工匠)·상인(商人)으로 제4층은 양수척(揚水尺)으로 구성되어 있다. 마지막으로 사노비, 공노비, 사원노비로 구성된 천인 계층을 들 수 있다(국사편찬위원회, 1995(15): 19).

하류 계층은 자기보다 높은 계층의 통혼이나 국가에 공을 세워 신분 상승하였지만, 그런 기회는 극히 소수에게만 적용됐다. 특히 양인 중 과거 응시에서 가장 많은 혜택을 받은 계층은 실질적인 지방 통치자 역할을 하는 향리였다. 예컨대 농민은 명경업에는 개방되어 있었으나 가장 중요한 시험인 제술업은 응시할 수 없었다. 농민과 달리 향리는 과거에 대한 제한이 없어서 과거를 통해 최고 관료가 될 수 있었다.

향리의 이런 특권은 사족과 많은 차별이 있었다. 지방 행정을 담당하는 향직은 매우 중요한 기능을 담당했기 때문에 아들 중 최소한 한 명은 세습되어야만 했다. 두 아들 중 한 명은 기인(其人)이 되어 중앙에서 말단 행정직인 서리(胥吏)가 될 수 있는 음서 혜택이 주어졌으며, 나머지 한 명은 과거에 응시할 수 있었다. 이런 조건들은 향리가 고려의 정치사회적 변동으로 인해 집권 세력으로 부상할 수 있는 토대가 되었다.

고려는 무신의 난과 원의 간섭, 그리고 개혁을 통한 왕권강화 시도 등의 정치적 배경으로 인해 그동안 유지되어 오던 신분제가 동요하기 시작했다. 천인 계층이 복잡한 정치적 상황에 편승하여 문무반의 최고직이 되어 신분 상승을 하였다.

신분 이동에서 가장 폭넓게 영향을 미친 계층은 향리였다. 고려 전기만 해도 향리는 주로 말단 서리직을 담당하였으나 신분 상승할 수 있는 역사적 계기가 마련된 것은 무신의 난부터다. 무신들은 집권 초기에는 문벌귀족뿐만 아니라 중앙의 서리까지도 제거하였다.

무신정권은 외교와 행정 공백을 메우고 그들의 왕위 교체의 정당성을 지지하는 새로운 관인이 필요하였다. 이를 통해 나타난 것이 향리 출신의 신관인층이었다. 그래서 무신들은 과거를 자주 시행하고 합격자 수를 증가시켰던 것인데 이에 편승하여 지방향리 자제들이 대거 중앙에 진출할 수 있었다(국사편찬위원회, 1994(20): 32).

이때부터 지방 향리들은 주로 과거를 통해 중앙의 지배세력으로 등장하였다. 지방 향리들은 성리학을 수용하면서 신진사대부(신진사류)라는 이름으로 중앙의 문반 형성에 중요한 역할을 하였다. 이들은 구귀족과 대항하면서 자신들의 정치적 입지를 강화하여 새로운 신분계층으로 발돋움하였다.

신진사대부는 무신의 난이나 고려 말의 복잡한 정치적 역학관계 등의 외부 조건에 의해 주목받았지만, 이들의 중앙 진출은 과거제라는 합법적인 제도적 통로를 통해서 정치적으로 세력화하여 신분 상승하였다. 대표적인 인물로는 고려 말의 이색, 이제현, 정몽주, 정도전 등을 들 수 있다. 이들이 합법적인 신분 경쟁을 통해 문반 지배층이 되었다는 점에서, 과거제의 사회적 의미는 중요할 수밖에 없었다.

신진사대부들은 정치 변동에 따라 복잡하게 분화 발전했지만, 이들 역시 좌주문생제를 통해 문벌 귀족화하는 양상을 보였다. 고려 말, 향리 계층은 양반의 주요 공급원이었으나, 이들 계층의 급성장은 결국 관료직의 포화상태를 촉진하게 되어 향리 계층의 과거 응시 자격이 상당히 제한받게 되었다.

향리의 과거 응시 제한은 고려 말에도 꾸준히 전개됐다. 특히 이성계가 집권하면서 조준은 노비·공장·상인은 말할 것도 없고 향리나 잡류까지도 관직에 나아간 자는 모두 그 직에서 축출하고자 건의했을 정도다(국사편찬위원회, 1994(20): 26). 향리로 인해 과거뿐만 아니라 관직 경쟁이 치열해져서 지배집단은 향리를 정치적으로 견제할 필요가 있었다. 조선시대에 들면서 향리는 중인으로 전락하게 되며 고려시대와 같이 신분 상승할 기회가 제도적으로 상당히 제한을 받았다.

조선시대에 들면서 과거제와 관직 경쟁의 신분 차별[58]은 고려시대보다 더욱 엄격하였다. 특별한 경우를 제외하고는 과거제에서 향리나 양인의 신분 상승은

---

58 과거 시험은 인재만을 고르는 것은 아니라 양반 족속들을 변별하는 데에도 목적이 있었다. 우선 천계 혈통을 골라내고 다음에 양신분 중에서도 양반 세족에게 유리하도록 법제를 운영하였다(이성무, 1994: 189). 과거에 응시하기 위해서는 시험 전날 녹명(錄名)이라고 응시자 등록을 한다. 이때 자신의 성명과 본관, 거주지와 함께 아버지, 할아버지, 증조할아버지, 외할아버지의 성명과 관직이 기재된 사조단자(四祖單子)를 제출해야 한다. 사조단자는 사조(四祖) 내에 현관(顯官)의 유무를 판별하기 위한 것이다. 중종(中宗) 대에 응시생의 증가로 인해 녹명관이 사조단자만으로 신분 확인이 어려웠으며 그나마 사조단자를 허위로 제출하는 문제도 발생했다. 따라서 사조단자 외에 친족 또는 평소 친분이 있는 고관이 작성하는 새 보단자(保單子: 6품 이상의 현직 관료의 신원 보증서)를 제출했으며, 이것도 여의치 않을 경우 경제소에서 관리하였다.

제도적으로 매우 어려웠다.

「경국대전」에 따르면, 과거의 응시 자격은 다음과 같이 규정되어 있다. 첫째, 국가 관료가 될 자격을 박탈당한 범죄자(罪犯永不敍用者), 둘째, 국가 재정을 횡령한 자의 아들(贓吏之者), 셋째, 재가 실행 부녀의 자손(再嫁失行婦女之子孫), 넷째, 서얼 자손은 문과 및 생원 진사시(庶孽子孫勿許赴文科生員進士試)에 응시할 수 없다.

재가 실행 부녀의 자손은 고려시대에도 규제하지 않았다. 재가 금지에 대한 것은 공양왕 때에 주자학의 영향을 받은 신진사대부들에 의해 일시적인 논의는 있었다. 조선 초 태종 대에 양반 정처 중 삼가녀의 아들에 대한 한품서용과 금고만을 하기로 했으나 오래가지는 못했으며, 이때는 주자가례에 대한 실시도 제대로 되지 않았다. 성종 때에 와서야 언문삼강행실여도를 반포하고 재가녀의 아들과 손자의 문과, 생원·진사시를 응시할 수 없게 하였다(이성무, 1994: 191–192).

서얼금고(庶孼禁錮)[59]는 중국이나 고려시대에도 없었으며 조선시대에만 있었던 특별한 제도다. 서얼금고는 지배 계층이 과거를 통한 한정된 지위를 점유하기 위한 것으로 서자의 자손에 대해서는 자자손손 과거 응시 기회를 제한하였다. 서얼은 향리와 같이 중인 신분이어서 잡과(기술관)에 응시할 수는 있었다. 서얼은 과거의 핵심인 문과와 생원·진사에 응시할 기회가 상실되어 핵심 관료가 될 수 없었다. 서얼의 과거 응시에 대해 선조 이후에 들어서야 논의가 시작되었다. 숙종 대에 들어서 서얼[60]이 문과에 응시할 기회를 얻게 됐다.

---

59 서자에 대한 차별은 세계에서 유례가 없는 것으로 우리나라에서도 거의 조선시대에만 나타났다. 서얼금고에 대한 유례는 크게 세 가지로 논의되고 있다. 첫째, 태종이 왕위 계승 문제로 인하여 적서인 방석을 죽인 것을 정당화하기 위한 것이다. 둘째, 서선(徐選)이 정도전에 대한 정치적 감정으로 인해 그가 실각한 뒤, 서얼이란 점을 들어 그 자손을 금고 하였다. 셋째, 지배 계층은 자신들의 체제 안정을 위해 고려 말부터 급속히 증대되는 양반 인구를 막기 위한 일환이었다. 이때는 신분제가 안정되지 않아서 관인이 될 수 있는 계층이 많았기 때문이다. 넷째, 고려 말 지배 계층은 몽골의 영향을 받아 첩을 거느렸는데, 유산 상속 분쟁이 발생하였다. 양인 첩과 천인 첩의 구별 문제 등과 성리학적 신분 차별이 맞물려 이루어졌다(한우근·이태진 편저, 1992: 36–87).

60 적서명분론(嫡庶名分論)에 의해 서얼의 응시 자격은 매우 제한되었다. 선조 대에 이이(李珥)에 의해 주도된 전란 극복과 재정 확충을 위해서 제한된 범위 내에서 서얼의 응시

놀랍게도 양인(良人)에 대한 과거응시의 제한 규정은 없었다. 적어도 천민(賤民)이 아닌 양인은 원칙적으로 과거에 응시할 자격을 가지고 있었다. 현실적으로 양인은 양반 자제보다 열악한 교육환경과 과거 응시를 위한 경제적 여유가 없었기 때문에 양인 급제자는 극소수에 불과했다. 최소한 20년 이상 오로지 학업에만 전념할 수 있는 경제적 뒷받침이 있어야만 가능하기 때문이었다. 당시 상황에서 양인의 과거 응시 자체는 경제적으로 많은 무리가 따랐다.

고려 말 지배세력으로 부상한 향리 계층은 선초(鮮初)에 들면서 노골적인 차별을 받았다. 양반이 급증함에 따라 양반 관인계층이 팽창되어 지배계층의 입장에서 양반의 증가를 억제할 필요가 있었기 때문이다. 그동안 양반의 인적 공급원이었던 향리[61] 계층은 과거 응시뿐만 아니라 관직에서도 상당한 제한을 받

길이 열렸다. 서얼은 자신들의 부(富)를 바탕으로 정치적으로 서인(西人)과 연결하여 신분 상승을 꾀하였다. 인조 대에 최명길에 의해 과거에 응시할 수 있었던 서얼은 반드시 자신의 신분을 밝히는 허통(許通)을 기록하면 문과 응시를 허락받았다. 이러한 인조의 노력은 큰 효과를 보지 못 하였다. 숙종 대에 서인이 집권하자 비로소 신분 차별 없이 문과에 응시할 수 있었다. 그동안 저서명분론에 의해 차별받았던 서얼들은 관직과 관련된 공가(公家)·관위지명분(官位之名分)인 실천명분론(實踐名分論)을 내세워 문과 응시 자격을 정당화했다. 숙종 34년 양반 사족의 유학(幼學)과 구분하여 이들이 과거를 응시할 때는 업유(業儒)라고 하였다. 그렇지만 서얼은 문과에 합격해도 핵심 요직인 청요직(清要職)에 진출하지 못하는 등의 보이지 않는 차별을 받았다. 영조 대에 들어 탕평책이 실시되면서 종래의 양반사족을 견제할 목적으로 서얼의 청요직 등용에 대해 속대전에서 법제화하였다(차미희, 1999: 49-54). 정조는 정유절목을 발표하여 서얼이 관직에 오를 수 있는 길을 넓혔으며, 이덕무, 박제가, 유득공 등과 같은 서얼 출신을 임명하였다. 그 뒤에 서얼에 대한 차별 완화 조치가 있었으나 악습의 뿌리가 완전히 제거되지 못하였다. 1894년 갑오개혁 때에 완전히 폐지될 수 있었다.

61 조선 초에 고려의 재지세력인 향리는 사족층(士族層)과 이족층(吏族層)으로 분화하기 시작하였다. 그러나 지방에서는 사족과 향리의 구분이 잘 이루어지지 않았으며 사족과 향리 간에 통혼도 이루어졌다. 16세기 이후 전가도변율(全家徒邊律)을 제정하여 사족과 일반 상민이 구분될 정도였다. 즉, 사족이 죄를 범하였을 때, 양인과 노비와 같은 비율로 적용하지 않는다는 것이다. 16세기 중반 이후 향리들은 점차 향안에서 배제되기 시작했으며 16세기 후반에 들어 향리와 사족 품관층이 완전히 구별되었다. 이때 정해진 사족의 범위는 자신이 생원·진사인 자, 내외에 현관(顯官)이 있는 자와 문무과 자손으로 제한하였다. 관직 보유와 과거 합격 여부가 사족 여부를 가리는 중요한 기준이다(국사편찬위원

게 되었다.

조선 초에 향리에 대한 심한 억제정책으로 인해, 향리의 사회경제적 지위는 크게 저하되었다. 지배계층은 향리의 본관을 옮기게 하여 그동안 쌓아 놓은 향리계층의 사회경제적 기반을 무너뜨렸다. 또한 유향소를 설치하여 향리의 작폐(作弊)를 규찰하는 동시에 원악향리처벌법(元惡鄕吏處罰法)을 마련하여 토호 향리를 제거하였다.

향리는 세종 때에 외역전이 혁파됨으로써 국가로부터 녹봉은 물론 토지도 지급받지 못하였다. 향리는 과거 응시에서도 많은 제약을 받았다. 향리는 생원·진사시에 응시하려면 반드시 소속 군현인 본관의 허가를 받아야 했으며, 이들에게는 생원·진사시의 복시 전에 보이는 학예강(學禮講: 소학, 가례 시험)과 사서(四書)와 일경(一經)을 더 보았다(국사편찬위원회, 1994(25): 115). 향리는 차츰 양반 사족과 분리되면서 하급 지배계층인 중인으로 전락하였다.

과거 응시 자격에서의 신분 차별 외에도, 과거합격 후에 신분에 따라 관품[62]이 제한되는 한품제도가 있었다. 양반 사족은 종9품에서 정1품까지 승진할 수 있었다. 그러나 기술관이나 서얼[63]은 당상관(堂上官)인 정3품, 사관(士官)이나 향리들은 참상관(參上官)인 정5품, 서리 및 기타 출신들은 참하관(參下官)인 정7품이 한품이었다.

조선시대는 과거와 관직에서 신분 차별이 엄격히 적용되었다. 조선시대에서

회, 1998(31): 15-21).

62 조선시대의 문무산계는 정1품에서 종9품까지 18등급으로 이루어졌다. 堂上官은 정3품인 通政大夫(문과)와 折衝將軍(무과) 이상이며, 堂下官은 정3품인 通訓大夫(문과)와 禦侮將軍(무과) 이하에서 종4품인 朝奉大夫(문과) 宣略將軍(무과)까지다. 參上官은 정5품인 通德郞(문과)과 果毅校尉(무과)에서 종6품인 宣務郞(문과)과 秉節校尉(무과)까지다. 參下官은 정7품인 務功郞(문과)과 迪順副尉(무과)에서 종9품인 將仕郞(문과)과 展力副尉(무과)를 일컫는다.

63 서얼의 한품서용에 있어서 문무 2품 이상 관리의 양인 첩 자손은 정3품, 천인 첩 자손은 정6품까지 제한하였다. 6품 이상의 관리의 양인 첩 자손은 정4품, 천인 첩 자손은 정6품까지 제한하였다. 7품 이하 및 관직이 없는 양반의 경우 양인 첩 자손은 정5품, 천인 첩 자손은 정7품까지만 관직에 오를 수 있었다.

과거제와 관직을 둘러싼 신분 간의 경쟁은 치열하지 않았다. 그 이유는 지배양반사족들은 제한된 관직 내에서 자신들의 신분 혜택을 유지하기 위해 제도적 차별을 주도하였고 분(分) 사상[64]에 입각한 신분 구조의 정착 등과 같은 복잡한 정치사회적 배경이 작용했기 때문이다.

02

신분 계층 내의 관직 경쟁

고려시대의 과거는 초입사로(初入仕路)의 성격이 강하였으나 조선시대는 초입사로뿐만 아니라 인사 승진에도 큰 영향을 미쳐서, 과거제를 통한 관직 경쟁은 더욱 치열하게 전개됐다. 조선시대는 고려시대보다 과거 운영이 비교적 개방적이었다. 음서 혜택에서 고려시대의 정5품 이상과 달리 조선시대는 정3품 이상에게만 주어졌다. 이러한 개방성이 양반 간의 관직 경쟁을 촉진하는 이유로 작용했지만, 양반[65] 간에도 관직에 대한 사회적 후광 효과가 강하여 동일 계층 내

64 분(分) 사상에 입각한 신분 차별에 대한 당시 집권세력의 인식은 문종 원년의 기사에서 잘 나타나 있다. "성균관은 국가의 명맥을 배양하는 곳으로 공경대부의 적자와 국가의 준수한 자를 모두 가르치는 곳입니다. 신이 요즈음 보건대 공경대부의 자제들 입학이 드물어 지고 있습니다. 비록 민의 준수한 자라 해도 세가의 자제로서 견문한 소양이 있는 자와 같지 못합니다."(피정만, 1990: 60, 재인용)

65 임진왜란 이후 중인, 양인, 천인들의 많은 사람이 양반으로 신분 상승하였다. 양반이 증가하자 양반에 대한 사회적 지위가 달라졌다. 양반은 중앙의 문벌 가문인 환족(宦族)과 훈족(勳族), 지방의 향반(鄕班), 토반(土班), 잔반(殘班) 등으로 구분하였다. 환족이란 대대로 의정(議政)·낭관(郎官: 吏兵曹)·대간(臺諫) 등의 청요직을 역임한 가문을 의미한다. 훈족이란 공신(功臣)·훈신(勳臣)의 가문을 의미하는데 정조 이후에는 규장각신(奎章閣臣)을 지낸 가문을 높이 여겨 이들만이 왕실과 혼인할 수 있었다. 그리고 향반은 조선 후기의 잦은 정쟁에 밀려나 지방에 낙향하여 오랫동안 농업에 종사하면서 세거(世居)해 온 실세한 양반을 지칭한다. 그 결과 이들은 지방의 토호(土豪)로서 남게 된 양반을 중

에서도 차별이 이루어졌다. 구체적으로 사조(四祖) 내에 현관(顯官)이 있어야만 사회적으로 확고한 양반 지위를 인정받을 수 있었다.

상징적 자격증에 지나지 않은 생원·진사시의 경우도 그 경쟁[66]이 치열하였다. 최소한 생원·진사가 되어야만 유향소나 서원 등에서 지방의 유력자로 남아서 사회적 혜택을 받을 수 있었다. 생원·진사는 단순한 자격증이 아니라 사회의 영향력을 행사할 수 있는 실질적 자격증이다. 생원·진사에서 알 수 있듯이 사대부 관직 효과의 사회적 위세는 대단했다. 조선 중기 이후 관직 경쟁은 더욱 치열하게 전개되어 많은 부작용을 낳았다. 그 이유는 다음과 같다.

첫째, 임진왜란과 병자호란을 겪으면서 신분제가 동요됨에 따라 사회적으로 성리학을 바탕으로 한 엄격한 신분제가 정착하였다. 문벌, 가문, 족보 등이 발달하여 지위가 높은 확실한 양반으로 남기 위해서는 과거제와 관직의 중요성이 더욱 주목받았으며 양반 간에도 치열한 생존권 경쟁[67]이 이루어졌다.

둘째, 지방에 기반을 둔 사림파가 집권하자 관직에 대한 욕구가 증가하였다. 이를 무마하기 위해 과거 응시 자격을 완화하였지만, 조선 중·후반으로 갈수록 관직 경쟁이 치열해짐에 따라 정치적 부작용을 낳았다. 사림파의 집권으로 인

앙의 문벌양반들은 토반(土班)으로 불렀다. 잔반은 양인과 다를 바 없었으며 생계를 유지하기 위해서는 농공상에 종사하여 양반의 지위를 인정받지 못한 경우도 있었다.(한우근·이성무 편저, 1991: 209−210).

66 생원·진사시의 합격 연령을 보면 오늘날 시험과 비교하여 그 수준과 경쟁이 어느 정도인지 짐작하게 한다. 생원·진사시의 평균 합격 연령은 15세기는 25.72세, 16세기 전반은 24.12세, 후반은 31.5세, 17세기 전반은 32.11세, 후반은 32.12세, 18세기 전반은 34.41세, 후반은 35.15세, 19세기 전반은 35.44세, 후반은 37.81세이다. 조선 중·후반기로 내려갈수록 생원·진사시 경쟁은 더욱 치열해졌다. 평균 합격 연령이 늦어진 이유는 생원·진사시 응시자 수가 증가하여 적체가 심해져서 경쟁은 치열해짐에 따라 그로 인해 준비기간도 상당히 오래 걸렸기 때문이다. 일생을 생원·진사시만 준비하는 사람도 많았다(최진옥, 1998: 57−62).

67 시세의 변천에 따라 양반의 신분을 상실하고 평민으로 떨어지는 자도 있는가 하면 하층민으로서의 양반 신분으로 상승하는 자가 있었다. 또 같은 양반이라 해도 사족(士族)·품관(品官)의 구별이 있고 같은 사족 내에서도 대가(大家)·명가(名家) 등의 문벌이 있어 그 사회적 지위를 달리하는 등 격이 달랐다(정만조, 1997: 105).

해 지방 세력으로서 사림파의 정권 참여 욕구를 충족시킬 기회는 많아졌으나, 그들을 수용할 수 있는 관직 수는 제한되어 있었다. 이런 상황은 사림 출신의 관료들 사이에 정권 장악을 위한 투쟁을 자아내게 하였고 정치 경쟁을 유발하여 사제(師弟), 인척(姻戚), 지연관계(地緣關係) 등 이해관계를 같이 하는 집단의 형성으로 사림의 분열을 일으키게 하였다(정만조, 1997: 100) 관직 경쟁이 이렇게도 치열한 이유는 정치사회적 배경과 밀접한 관련이 있었다. 양반 간에도 신분 차별이 심하게 존재했기 때문이다

양반 간의 신분 차별을 극복하기 위해서는 과거제를 통해 관직에 등용하는 것이 거의 유일한 통로였다. 관직 효과는 사회적 위광뿐만 아니라 확실한 신분을 보장하는 척도로 이용됐다. 특히 조선 중기에 종법제의 도입은 적장자 중심의 사회로 변모시키고 가문이라는 가족주의 의식을 강화했다. 가족주의는 관직의 사회적 의미를 더욱 부각했다. 가족주의는 가문 중심의 문벌화를 촉진하여 사회적 지위를 강하게 세습시키는 역할을 하였다. 문벌이 좋은 가문의 자제들은 청요직(淸要職)[68]에 배치되어 핵심 관료로 성장할 수 있었다.

문벌 세습에 대한 김영모(1967: 3-17)의 연구에 의하면, 문과 합격자 부친의 배경을 살펴보면 유품사가 52.5%, 생원·진사는 11.3%고 그 나머지는 유생이다. 유품자의 경우 전유품자의 3품 이상이 전체의 80%를 점유하고 있어서 높은 신분 세습률을 보여주고 있다.

조선시대 최고 관직인 삼의정 부친의 배경을 살펴보면 3품 이상이 60.1%, 4품에서 6품 출신이 20.3%며, 7품에서 9품은 극소수에 불과하다. 조부인 경우는 3품 이상이 59.5%, 4품에서 6품 출신이 12.8%다. 증조부인 경우는 3품 이상이 59.5%, 4품에서 6품 출신은 12.8%다.

이창걸(1993: 158)에 의하면, 문과 합격자에서 부친의 관품이 당상관인 경우는 71.4%, 참상관인 경우는 40.3%, 참하관인 경우는 17.2%, 기타가 5%다. 조부의

68 청요직은 양반 중에서 문벌이 좋은 양반이 아니면 임명될 수 없는 양반의 핵심 관직이다. 청요직은 인사권, 언쟁권, 문한권, 군사권 등에 관한 것으로 양반 관료 국가를 운영하는 기본권을 소유하고 있었다(이성무, 1975: 111).

관품이 당상관인 경우는 66.6%, 참상관인 경우는 27.9%, 참하관인 경우는 15.4%, 기타가 5%다. 증조부의 관품이 당상관인 경우는 60.0%, 참상관인 경우는 24.9%, 참하관인 경우는 11.7%, 기타가 4.4%로 강한 세습률을 보여주고 있다.

정낙찬(1992: 210)에 의하면, 성균관 대사성 부친의 품계를 살펴보면 당상관이 37.6%, 참상관이 41.2%, 참하관이 7.2%, 생원·진사가 4.7%의 점유율을 나타내고 있다.

셋째, 훈구파와 사림파 간의 갈등은 결국 과거제와 관직에 대한 갈등으로 이어졌다. 훈구파와 사림파는 사장과 경학에 대한 시험방법을 두고 강경과 제술의 논쟁으로 첨예하게 대립하였다. 식년시와 별시에서 선발방법과 합격정원, 그리고 원점의 적용방법 등에 대한 훈구파와 사림파의 대립은 양반 간에도 신분적 지위에 있어서 비교 우위를 점유하려는 치열한 경쟁 형태를 보였다.

넷째, 사림파가 집권하자 지방 양반들의 과거 응시 기회가 완화되어 과거 경쟁 및 관직 경쟁이 치열하게 전개됐다. 조선 초기에는 과거제가 관학과 연결되어 생원·진사가 문과 합격률에 있어서 압도적 비율을 차지했지만 차츰 정치적 이유로 그 합격률이 낮아지면서 대신 유학(幼學)이 높은 비율을 차지하게 되었다.

이성무(1976: 171)에 의하면, 문과 급제자 비율에서 태조에서 성종까지 생원·진사가 85.0%, 유학이 15.0%, 연산군에서 선조까지 생원·진사가 75.6%, 유학이 24.4%, 선조에서 경종까지 생원·진사가 66.2%, 유학이 33.8%, 영조에서 정조까지 생원·진사가 32.0%, 유학이 68.0%, 순종에서 고종까지 생원·진사가 17.9%, 유학이 82.1%로 나타났다.

최진옥(1998: 82)에 의하면, 사마방목에서 생원·진사시의 유학 합격률은 15세기는 74.5%, 16세기 전반은 90.94%, 후반은 94.91%, 17세기 전반은 95.08%, 후반은 95.821%, 18세기 전반은 90.94%, 후반은 98.81%, 19세기 전반은 99.394, 후반은 98.65%로 압도적으로 나타났다.

17세기에 들어 집권한 사림파는 별시의 증설로 지방 유생들의 정치적 욕구를 충족시키고자 하였다. 그동안 별시는 교통 등의 이유로 지방 유생들에게 불리하였지만, 별시 초시에는 지역 할당제를 실시하여 각 지방에 일정 인원을 배정하였다. 지역 할당제의 배정 인원에 대해서도 서울과 지방 간에 정치적 대립을 하였다.

인조 3년(1625년)에 별시에서 서울 300명, 영남 60명, 충청 50명, 전라 50명을 뽑았다. 이는 전에 비해 서울의 비중이 67% 늘어난 반면에 삼남(三南)의 경우는 30%로 줄었다. 삼남의 유생들이 즉각적으로 반발한 결과, 서울 230명, 경상도 80명, 전라도 70명, 충청도 70명으로 다소 늘었지만 나머지는 종전과 같았다(차미희, 1999: 163－164).

서울과 지방 유생 간에도 관직 경쟁이 치열해졌으며, 지방에 기반을 둔 사림 집권세력의 영향력이 크게 작용하였다. 지역 할당제는 문과 초시[69]에도 적용되었다. 문과 출신의 정치적 지배계층 대부분이 서울 출신이었기 때문이다.

같은 양반 간에도 관직 경쟁이 치열한 까닭은 관직이 주는 사회적 혜택이 그만큼 크게 작용했기 때문이다. 관직은 가문의 성패를 좌우할 뿐만 아니라 일시에 최고의 사회적 지위에 오를 수 있는 극적인 요소를 가지고 있었다. 모든 사회적 위광은 관직에 의해 판단되고 결정될 정도로, 관직의 파급 효과와 상징적 가치는 엄청난 사회적 영향력이 있었다.

관직 획득의 통로인 과거제를 중심으로 관직 경쟁이 치열하게 전개됐으며, 정치적 역학관계에 따라 관직 경쟁의 양상이 다르게 나타났다. 심지어 상징적 지위인 생원·진사도 당시의 성리학 이데올로기의 영향력으로 지방의 유력자로 영향력을 발휘할 수 있어서, 과거의 사회적 효과는 가늠하기가 어려울 정도였다. 치열한 관직 경쟁은 붕당 정치의 빌미를 제공하였고, 학연과 지연을 초래하는 부작용을 수반하였다.

69 문과 초시는 총 240명을 뽑되, 그 인원을 성균관시에 50명, 한성시에 40명, 경기도 20명, 충청도와 전라도 각 20명, 경상도 30명, 강원도와 평안도 각 15명, 황해도와 함경도 각 10명으로 배정하였다. 다만 최종적으로 33명을 선발하는 대과는 지역 간의 균형이라는 문제를 전혀 고려하지 않고 실력 위주로 선발하였다(송준호, 1992: 461).

03

신분 구조 변화의 교육적 의미

조선시대의 양반은 사회적 지위, 권력, 부를 독점하고 있는 특권 계층이었다. 품관양반이 아니더라도 양반이라는 그 자체만으로 사회적 후광을 받을 수 있었다. 양반 사족은 지배계층이 될 수 있는 실질적이며 잠재적 자격을 가지고 있었다. 향촌 사회에서도 사회적 이해관계를 주도하는 실질적 계층이었다. 양반의 상징적 효과는 사회에 직접적인 영향을 미칠 만큼 크게 작용하였다. 역사의 틈새를 이용하여 양반이 되기 위한 계층 상승 욕구는 자연스러운 사회 현상이었다.

조선시대는 양반을 중심으로 한 엄격한 신분사회였으나 17·18세기에 들어 신분혼효 현상이 일어났다. 그동안 유지됐던 사회신분 체계가 서서히 무너지기 시작했으며 양반 인구의 증가를 초래하였다. 이런 현상은 사회 전반에 큰 영향을 미쳤으며, 과거제뿐만 아니라 교육적으로도 시사한 점이 매우 컸다.

조선시대의 신분제 붕괴는 복합적인 원인을 가지고 있지만, 먼저 실질적인 역사적 실마리를 제공한 것은 임진왜란과 병자호란 그리고 17세기에 발생한 소빙하기[70]로 인한 자연재해를 들 수 있다. 이러한 대재난은 정치, 사회, 경제, 문화 등의 모든 분야와 신분의 구조 변동에도 큰 영향을 미쳤다. 즉, 전후 복구와 소빙하기로 인한 국가 구휼사업은 급선무가 되었다. 양난과 대재난으로 인해 백성을 구제하기 위한 진휼책은 국가 정책과 당시의 사회 상황에 변화를 초래

70 소빙기라고 불리는 소빙하기는 오늘날 평균 기온보다 0.5~1.0°C 정도 낮았으며, 기후가 매우 불안정하였다. 소빙하기의 이상 저온과 냉해 발생은 효종 대를 거치면서 현종 대에 이르기까지 국가적으로 극심한 피해를 주었다. 현종 11~12년(1670~1671)에는 140만여 명의 인명 피해를 낸 경신대기근(庚申大饑饉)과 숙종 21~25(1695~1699)에는 400만 명 이상의 인명 피해를 낸 을병대기근(乙丙大饑饉)은 사회적으로 끔찍한 재난이었다. 특히 전체 인구의 25% 이상의 인명 피해를 낸 숙종 대의 을병대기근과 그 이후 천연두, 홍역의 피해까지 가중된 숙종 31~35년에 이르는 재난이 연이어 발생하게 되면서 경제 및 사회 영역 전반에 심각한 타격을 주었다(국사편찬위원회, 1997(36): 30−31).

하게 하여 양반 인구를 증가시키는 계기로 작용하였다. 이런 사회 변화는 신분 이동을 촉진하는 원인이 되었다. 구체적인 이유는 다음과 같다.

첫째, 양난 이후에 확립된 반상제도를 들 수 있다. 국가 복구사업은 가급적 국가 통제를 억제하고 양반이 자율적으로 주도하는 여민휴식(與民休息)을 지향하였다. 여민휴식 정책으로 양반의 입지가 강화되어 조선 초기 군역을 지던 양반은 면역이 되고, 대신 천인이 군역[71]을 지게 되었다. 양반은 면역자, 상인은 유역자가 된 반상제도가 확립되었다. 양반은 세금 징수의 혜택을 받게 되었지만, 그 대신 일반 양인이 세금 부담을 떠안게 되어, 세금을 속이기 위한 모칭 유학[72]이 성행하게 되었다.

둘째, 농업 생산력의 발달과 상품화폐경제의 활성화를 들 수 있다. 1년에 농사를 두 번 지을 수 있는 이앙법이 보급되면서 노동력을 절감할 수 있었다. 노동력의 절감은 노비에 대한 재산적 가치를 저하시켜 신분 구성의 변화를 촉진시켰다. 이때는 새로운 농업 기술의 발달과 새로운 품종의 증가와 작물 재배 그리고 수리 시설의 발달로 인해 쌀의 상품화를 촉진시켰다. 대농, 부농으로 이어지는 광작농이 발달하면서 경영형 부농층이 생겼으며, 토지매매로 인한 토지상품화가 일어났다. 농업뿐만 아니라 상업, 수공업, 어업, 광산업 등 전국 시장을

71 조선 후기의 군역은 양반과 중인은 면제되고 상민에게 부과되는 군역은 천한 역으로 인식됐으며, 하층민에 대한 경제적 수탈을 가중하였다. 조선 후기의 군역을 무서운 질병(악질)으로 군적(軍籍)을 귀신대장(鬼簿)으로 여겼을 정도다. 상민층은 적극적으로 군역을 면제받기 위해 노력했으며, 모칭유학이 증가하는 원인이 되었다. 19세기 중엽에 이르러 유학을 모칭하여 면역을 도모하는 것이 통용되는 고질적 폐단이 나타났으며, 군사대장이 빈 문서가 될 정도로 모칭유학의 수적 확대가 크게 진행하였다(국사편찬위원회, 1995(34): 20－22).

72 양역제는 인정(人丁) 단위의 수포라면서도 신분 요소가 작용하여 양반은 제외되었다. 양반의 군역 이탈이 양민의 피역을 유발하였으며 양역을 부담하는 것은 양민 신분을 드러내는 것이다. 쉽지는 않았지만, 양반 신분을 취득하거나 합법적으로 면역의 특전을 부여받는 유생이나 교생 등을 모칭하기 시작했다. 사족 지배체제가 무너지고 사회경제적 변화가 본격화되는 18세기 이후 모칭유학이 늘어나면서 호적상으로 양반을 모칭하면서 피역하는 길이 일반화되었다(국사편찬위원회, 1997(32): 121).

대상으로 하는 상품화폐경제가 발달하였다.

18세기 이후 상품경제 발달에 따라 노동력도 상품화되면서 노동력을 비교적 자유롭게 매매하게 되었다. 부농층은 경제력을 매개로 하여 신분 이동을 할 수 있었다. 심지어 양반이 상인으로 투신하거나, 혹은 가난한 양반층이 신분이 낮은 양인 밑에서 고용살이를 하거나 침학을 당하기도 하였다. 자연히 부유 상민층은 빈한 양반층에게, 빈한 양반층은 부유 상민층에게 통혼하려는 경향이 만연했으며, 양반 신분을 가진 자가 부유 상민층에게 장가들기를 바라기도 하였다(정석종, 1992: 269－278).

셋째, 공동납의 전환과 호적상의 변화를 들 수 있다. 양반은 면역, 양인은 유역이던 것이 반상제 아래에서 면리제의 발달과 더불어 공동납 체제로 바뀌게 되어 부세 징수 방법에서 신분의 의미가 약화되었다. 호적은 신분에 의한 직역과 밀접히 관련이 있었는데, 공동납 체제에서 호적상의 직역이 현실적인 사회관계를 반영하는 신분이 아니기 때문에 수령과 서리, 면리임의 결탁 아래 직역이 결정되었다. 상업이나 수공업에 종사하는 피지배 계층일지라도 직역상으로 얼마든지 양반이나 중인의 직역인 유학, 혹은 업무를 지칭할 수 있었다(국사편찬위원회, 1997(36): 34－36).

부세 징수 방법의 공동납으로 인한 상품화폐경제의 발달과 함께 등장한 농민, 상인 등 다양한 계층이 속한 요호부민층은 경제력을 바탕으로 향촌 사회에서 영향력을 행사하였다. 요호부민층은 공동납 체제에서 많은 부세징수를 담당하기 때문에. 이러한 영향력을 바탕으로 점차 향회에서 향권의 주도권을 두고 사족과 향전을 벌이기도 하였다. 서얼과 부농층 등이 결탁한 신향이 재지사족인 구향의 지배력을 약화했다. 이런 상황은 사회적으로 사족지배체제를 약화하여 신분제 동요를 촉진했다.

넷째, 삼정 문란을 들 수 있다. 삼정 문란은 위에서 제시한 신분제 동요 이유와 긴밀히 연결되어 있었다. 신분 변동과 관련지어 삼정 문란은 양반의 면역, 공동납 체제, 상품경제의 발달, 호적상의 변화, 요호부민층의 등장 등과 복합적인 관계를 맺고 있었다. 삼정 모순으로 인한 극심한 피해는 결국 농민 계층에게 전가됐으며, 후에 민중항쟁으로 이어질 정도로 심각한 사회문제가 됐다. 삼정 문란은 기존의 신분체제를 동요시키는 직접적인 계기로 작용하였다.

양난과 대재난 극복을 위한 진휼책의 일환인 재정확보를 위해 국가는 돈 주고 사는 명예직인 납속품관(納贖品官)이나 공명첩(空名帖)[73]을 남발하였다. 숙종 대는 서얼의 법제적 지위가 호전되면서 손자, 증손에 이르러서는 유학(幼學)을 칭하는 것을 허락하였다(이준구, 1993: 47).

사회 혼란을 틈타 양역을 피하려고 모칭유학과 족보 위조 및 매매 등으로 양반 인구는 급속히 증가했으나 천인 계층은 감소하는 현상이 벌어졌다. 17세기 전반에서 중반에 이르기까지 신분별 인구 구성은 양반 10% 내외, 상민층 가운데 양인층은 40%, 천인층은 50% 내외 정도였다(국사편찬위원회, 1997(36): 25). 후기에 들면서 양반은 약 70%를 차지하고 노비는 급속하게 줄었다.

표 3-1 계층별 인구 점유 비율 (단위: %)

연대	양반	상민	솔거노비	외거노비	합계
1729년	19.39	49.57	21.83	9.20	100
1765년	32.11	50.83	10.20	1.87	100
1804년	43.67	33.88	22.67	0.32	100
1867년	67.08	18.27	14.36	0.3	100

자료: 정석종, 1992: 250.

위의 표를 보면 1729년에 양반 계층이 19.39%이던 것이 1867년에는 67.08%로 급속한 증가세를 보인다. 양반 인구가 증가한 것은 모칭유학이 증가했기 때문이다. 양반의 사회 가치가 저하되자 확실한 신분 보증을 받기 위해서 최소한

73 임진란 직후, 선조 26년에는 납속사목에 의하면 농민들의 도역(徒役)을 방지하기 위해서 향리, 사족, 서얼 등에게만 납속을 허락하였다. 그러나 30년 뒤의 상소문에 의하면 공명고신첩이 팔도에 남발되어 雜役之徒, 市井無賴, 雜色軍民, 公私賤隷 및 賤婦들 까지도 수첩하는 폐단이 이미 도성과 외방에 만연하였다. 심지어 숙종 16년에는 승려에게도 공명첩을 허가하였다. 이런 폐단으로 인해 백성들이 사대부와 판이한 許衡만의 납속을 부끄러워하는 경향까지 생겨나게 하였고, 이에 따라 관에서는 공명첩을 강매하기까지 하였다.

양반의 상징적 지위인 생원·진사가 필요하였다.

신분제 붕괴로 인해 양반은 자신들의 신분 위치를 강화하기 위해 생원·진사에 대한 욕구가 강하게 작용하였다. 양반의 신분 욕구를 수용하기 위해 생원·진사를 남발하는 학위 인플레이션이 일어났다. 구체적으로 철종 9년 생원·진사 합격자가 208명이던 것이 고종 32년에 1321명으로 급격하게 증가하였다(김영모, 1967: 40).

생원·진사는 비록 관직과 무관하지만, 양반 신분의 확실한 보증과 향촌 사회에서 자신들의 영향력을 행사할 수 있는 상징적 지위였다. 생원·진사는 공인된 양반으로서 사회적 인정을 받는 매우 중요한 자격증이었다.

심지어 과거 응시 자체만으로 양반 신분의 상징적 의미를 가질 수 있었다. 신분이 낮은 계층들은 양반 자격을 보증받기 위해 양반을 상징하는 과거에 응시하여 신분에 대한 사회적 정체감을 확인하였다. 정석종(1992: 256)은 당시의 상황을 다음과 같이 전하고 있다.

> 과거응시는 과거의 합격도 신분을 굳혀 주는 것이 되나 합격, 불합격이 문제 되기 이전에 과거 응시 자체가 양반 신분을 확증하는 방편이 되므로 그 자체를 중요시하였다. 정조 연간 15만 명에 가까운 과거 응시자가 서울에 몰려드는 것도 괴이한 현상이 아니라고 생각되며, 순조 연간에 과거 응시에 몰려드는 인파로 인하여 서울 근교의 길거리가 메워지고 주막이 초만원이 되던 사실도 이 같은 점에서 본다면 당연한 현상이라고 할 수 있을 것이다.

박제가(1750~1805)는 대수롭지 않은 향시에도 시험생이 웬만하면 수천 명이 넘고, 서울에서 보는 대동과에는 유생들이 가끔 수만 명에 이른다고 하였다(한우근·이성무 편저, 1991: 92).

정재걸(1999: 8)은 지금으로부터 200년 전 서울에서는 과거 시험을 보기 위해 문과 응시자가 11만 명, 무과 응시자가 3만 5천 명 등 무려 14만 5천 명의 응시자들이 모였다고 하였다. 당시 서울 인구가 19만 명이 되고 전국 인구가 740만 명이었던 점을 생각하면 실로 엄청난 숫자이다.

이성무(1994: 223)는 영조 15년(1739)의 알성시에는 1만 7천 명이 들끓었고, 정조 24년(1800)의 입일제(入日製)에는 10만 명이 시험장에 들어갔다. 이 때문에 시험장이 수라장이 되고 밟혀 죽거나 다치는 사람이 생기게 되었다. 그리고 서울의 여관을 미리 점령하여 시골에서 올라온 응시자들이 노숙할 수밖에 없게 되었다고 하였다.

강명관(2007: 163)은 정조 24년 3월 21일 경과의 정시(廷試) 초시(初試)에 응시한 수는 11만 1,838명, 거둬들인 시권(試券: 답안지)은 3만 8,614장이었다. 이튿날에 열린 인일제에는 응시자가 10만 3,579명, 받아들인 시권은 3만 2,884장이었다. 이틀에 걸쳐 21만 명 이상의 거자가 서울 시내에서 시험을 치른 것이라고 하였다.

신분제 붕괴로 파생된 모칭유학이 합격 여부를 떠나 과거에 응시하는 것은 자신들의 양반 신분을 보증받기 위한 것이다. 과거 응시 자체가 가지는 상징적 의미가 사회적으로 매우 크게 작용하였다. 확실한 양반 지위를 획득하기 위해서는 관직 경쟁이 필수적이나 이들에게는 현실적으로 대단히 어렵기 때문에, 양반 신분의 상징인 과거 응시만으로도 상징적 위세를 확보하려 했다.

심지어 양반 신분을 보증받기 위해 과거 합격증인 홍패[74]의 위조나 매매가 자행되었으며, 과명을 위작하고 홍패(紅牌)를 위조하는 무리들은 법을 두려워하지 않고 즐겼으며, 죄를 범하고 발각되더라도 이를 다반사로 알았다. 또한 신분 보증이 얼마나 중요한지 등과(登科) 수십 년에 홍패를 안고 굶어 죽은 경우가 태반이었다. 과거를 통한 신분 보증을 필요로 하는 층이 전국적으로 늘어나고 있었다(정석종, 1992: 257-261).

신분제 붕괴로 인한 양반의 증가는 신분 보증을 위한 과거 응시 현상에서 분명하게 드러났으며, 조선 말기로 갈수록 학위 인플레이션의 원인이 되었다. 여기서 주목할 점은 교육인구의 증가다. 족보 위조나 모칭유학 등으로 인해 신분

74 문·무과인 대과 합격자에게 홍패(紅牌), 생원·진사인 소과 합격자에게는 백패(白牌)라는 합격증서를 주었다. 홍패는 붉은 종이에 합격자의 성적, 등급, 성명이 적혀 있으며, 백패는 흰 종이에 관명, 성명, 과별(생원·진사, 잡과 등), 성적 등급이 적혀 있다. 백패는 잡과(雜科)나 이과(吏科) 합격자에게도 주었다.

상승한 양반 계층은 당대에 능력상 과거에 합격할 수 없지만, 그 후손은 그들과 다른 교육 환경에 놓일 수 있다. 기존의 양반처럼 체계적인 교육을 통해 누구나 과거에 합격할 기회를 받을 수 있게 되었다.

양반 인구의 증가는 교육을 받을 수 있는 계층이 증가한 것을 의미한다. 교육을 받을 수 있는 계층이 증가함에 따라 교육을 통한 지위지향 인식이 사회적으로 높아질 수 있었다.

과거 응시자들이 인산인해를 이루어 서울 거리를 메웠다는 것은 과거를 통한 사회적 지위 상승이 매우 중요하게 인식되고 있었다는 것이다. 이 점은 교육을 통한 지위상승의 욕망이 얼마나 크게 작용하고 있었는지를 보여주고 있다. 결국 양반 인구의 증가는 교육 인구의 저변 확대를 초래하였다. 양반 인구의 증가는 누구나 교육을 받으면 신분 상승할 수 있는 교육 출세주의라는 사회 인식을 확대 파급시킬 수 있었다.

CHAPTER

04

가족주의의 문화사적 배경

01

가족주의의 사회적 의미

가족은 혈연에 의해 구성된 사회적 기초 집단이다. 가족은 사회생활을 영위하는 핵심적 기능을 한다. 어느 시대든지 가족의 역할은 중요하게 취급되어 왔다. 한 사회에서의 가족관계는 그 사회의 성격과 밀접한 관련을 맺고 있다. 예컨대 일부일처제나 일부다처제 양식은 엄밀히 말하면 정치사회적, 사회문화적, 역사적 특성과 관련이 있으며 어떤 형태를 취하느냐에 따라 가족관계가 달라진다. 가족관계는 사회관계와 다른 별개의 것이 아니라 그 일부분으로 형성된다.

가족 특성은 사회 성격과 밀접한 관련이 있으며, 사회 성격의 변화에 따라 가족은 다양한 형태로 나타난다. 가족 특성을 단순히 기초 집단이나 생활 위주의 작은 공동체로만 한정 짓는 것이 아니라 사회적으로 확대하여 해석해야 한다. 시대적, 지역적 특성에 따라 사회마다 지향하는 가족이 달라진다. 가족 특성 속에 사회의 성격이 내재해 있는 것을 가족주의라 한다. 가족주의에 대한 정의는 그 개념의 탄력성으로 인해 학자마다 다소 다른 규정을 내릴 수 있다. 여기서는 가족주의에 대한 규범적 정의보다는 한국의 문화적 특수성을 고려한 개념에 초점을 두고자 한다.

가족주의는 가족의 사회 가치 특성을 포함하고 있다. 가족주의는 가족관계를 규정하는 사회 가치를 반영하고 있다. 한 사회의 가족 특성은 그 문화적 성격과 밀접히 관련되어 있다.

최재석(1966: 23)은 가족주의란 일체의 가치가 가족 집단의 유지, 지속 기능과 관련을 맺어 결정되는 가족 집단의 단결과 영속화, 그리고 공동의 이익을 추구하려는 가족 구성원들의 꾸준한 집단적 노력이라고 한다.

손인수(1984: 65)는 가족주의 가치관이란 가족 성원 개인보다 가족 집단을 우위에 두고 사회적 행동을 결정하는 태도를 말하며, 여기서는 개인주의의 문제는 중요시되지 않는다고 한다.

배용광(1984)은 가족주의란 모든 가치가 가족 집단의 유지 존속과 그 기능에 의해 결정되는 사회 조직의 형태를 말한다. 더 나아가 그는 가족주의적인 인간관계와 도덕 규범은 전통적인 사회질서 유지에 기여한 바가 아주 컸으나 지나친 인정주의와 연고주의 태도를 기르게 되었고 모든 사회 조직에서 수직적, 종적인 위계 구조를 낳게 하였으며 행위나 의견의 주체로서 개인보다 가족이나 소속 집단을 앞세우는 집합주의적 사고를 가져오게 하였다고 했다.

이렇게 보면 가족주의는 가족을 중심으로 한 집단적 성격이 강하게 나타나고 있다. 우리 사회에서 일반적으로 일컫는 가족주의는 엄밀히 말하면 조선 초기보다 중기, 중기보다 후기에 들어서 점차 정착된 것이다. 조선시대의 가족주의적 가치관은 단순히 가족의 특성을 규정하는 좁은 의미의 개념이 아니라 사회적으로 확대되어 나타났다.

조선 초기부터 정권의 취약성을 강화하기 위해 성리학 이념을 지속해서 보급하였다. 조선시대의 왕권은 고려시대와 달리 성리학적 종법제의 실천 윤리를 강화했으며, 일반 계층의 생활 행위를 통제하는 원칙으로 삼으려고 했다. 따라서 조선시대의 가족주의는 사회 구조적으로 볼 때 사회의 기본 이데올로기로 작용하였으며 실제로 모든 사회 구성원들이 가족생활의 장에서 이런 가치를 실천적으로 강조하였다(옥선화, 1989: 9).

그러나 장자 중심의 종법제 질서가 대두되기 시작한 것은 조선 중기에서다. 종법제 질서의 대두는 당시의 복잡한 정치사회적 특성과 관련이 있었다. 양난으로 인한 극심한 사회적 폐해, 양반층의 증가, 향론의 분열, 화폐 경제의 발달, 동성촌의 발달 등 복잡한 정치사회적 변인과 맞물려 전개됐다.

종법제 가족주의는 충·효의 성리학적 실천 원리에 따른 권위와 권력이 부여됨에 따라 조선 중기부터 장자중심주의 질서 의식이 형성되어, 18세기에 들어서는 일상생활의 질서로 정착됐다. 또한 씨족 중심의 가문이라는 연대의식이 강화되면서 내부적으로는 강한 결집력을 형성했지만 외부적으로는 배타적 성격을 가졌다.

이 점은 가족의 집단의식을 강화시키는 역사적 원인으로 작용했다. 가족 내의 강화된 집단의식으로 인해 사회적 지위나 명예는 한 개인에게만 귀속된 것이 아니라 가족, 나아가 문중 전체가 집단으로 공유하게 된다. 가족 내의 강한 위계적 원리에 조건화된 질서 의식은 폐쇄적 성격을 강화하면서 "집 위주의 사상"으로 발전하였다. 집 위주의 사상은 혈연관계를 바탕으로 한 장자중심주의의 엄격한 수직적 위계 원리에 의해 가문과 씨족을 중심으로 두는 것이다.

가족주의는 가족뿐만 아니라 씨족을 바탕으로 한 가문에까지 확산되어 적용됨에 따라 내부적으로는 온정주의적 성격이 강하지만 외부적으로는 배타적 성격을 가졌다. 이러한 가족주의의 특징을 정리하면 첫째, 가족을 중심으로 집단적 성격이 강하였다. 둘째, 장자 중심의 계서적 원리가 중심이었다. 셋째, 개인은 가족 구성원의 일부이며 개인이 가지고 있는 사회적 지위와 명예는 혼자서 독점할 수 없으며 가족 전체가 공유하였다. 넷째, 내부적으로는 온정적 유대관계가 강하지만 외부적으로는 배타적인 특징을 가졌다. 다섯째, 가족주의의 시간적 특징은 과거↔현재↔미래가 연결되어 있으며 가문의 존속과 발전에 대해 사회적으로 민감하게 반응하였다.

조선시대의 가족주의는 내부적으로 집단적 유대감이 강하기 때문에 가문의 유지와 지위 고양은 사회적으로 중요하게 부각되었다. 조선시대의 가족주의는 고려시대와 다른 형태로 발전하였다. 특히 조선 중기에는 정치사회적 변동에 의해 장자중심주의의 종법제 가족주의가 강화되기 시작하여 18세기 중엽에 이르러 정착하게 된다.

종법제 가족주의는 문벌이나 문중 등의 집단적 가치를 지향하기 때문에, 교육과 중요하게 연결되었다. 조선시대에서 교육의 의미는 사회적 지위의 획득은 물론 가문의 명예를 유지, 발전시킬 수 있는 강한 사회적 유인력으로 작용하였다. 이러한 역사적 과정은 교육에 대한 집착 정도를 강화하여 사회적으로 교육에 대한 의미를 부각했다.

조선시대에 가문과 문중의 집단적 가치를 실현하는 교육의 사회적 의미를 밝히기 위해서는, 먼저 고려와 조선 초기의 가족주의 성격과 변화 과정을 면밀하게 추적해야 한다. 조선 중기인 17세기 중엽에 종법제 가족주의 질서가 도입되기 시작하여, 18세기 중엽에 정착할 수밖에 없었던 정치사회적 배경을 살펴보아야 한다. 그래야만 역사적으로 가족주의에 의해 강화된 교육의 사회적 의미를 명확하게 이해할 수 있다.

02

가족주의의 역사적 변천 과정

가. 고려시대 가족주의의 특성

가족주의는 남녀의 사회적 위치, 부와 모의 관계, 재산과 권력, 의식주 형태 등의 사회 전반 특성과 밀접한 관련이 있다. 가족주의는 일상생활의 행동과 가치, 규범, 관습의 형성에 직접적인 영향력을 미친다. 가족주의는 역사적 형성 요인뿐만 아니라 정치사회적 특성도 함께 포함하고 있다. 가족주의는 역사적 단절이 아니라, 그 밑바닥에 흐르는 역사적 흐름과 정치사회적 특성에 영향을 받아 형성됐다.

고려시대의 가족주의는 조선시대의 장자중심주의와 근본적으로 다른 형태로 전개됐다. 고려시대는 남녀의 관계, 친가와 외가 그리고 재산 분배, 씨족의 사회적 의미 등이 조선 중기 이후와 많은 차이점을 보였다. 고려시대의 가족주의는 삼국시대의 역사적 영향과 밀접한 관련이 있었다.

고구려의 혼인 형태는 자유혼이나 연애혼이 성행했으며, 일부일처제로 인해 여성의 지위가 상당히 높았다. 또한 사위가 일정한 기간 처가살이를 하는 서옥제(婿屋制)75가 주류를 이루고 있었다.

신라시대에는 여성이 제주(祭主)가 되었으며, 여왕의 존재를 보더라도 여성의 지위가 상당히 높았으며 자유혼이 상당히 행해졌다. 혼인 형태는 일부일처제가 성행하였다(허흥식, 1992: 41–42). 신라시대는 아들(子)과 사위(婿) 그리고 내손(內孫)과 외손(外孫: 외손의 외손을 포함)을 거의 차별하지 않았다. 왕위 계승에서도 아들이나 손(孫)이나 사위가 아닌 다른 성을 가진 사람(외손 포함)이 계승하기도 하였다. 신라시대는 자녀를 낳아 성장한 후에 여자를 남자 집에 데려오는 서류부가(婿留婦家)의 생활을 하였다(최재석, 1996: 41–43).

삼국시대는 대체로 부권이 우위에 있었으나 여성의 지위도 상당히 높았다. 재산 상속에서도 조선 시기보다 차별이 매우 적었다. 솔서혼(率婿婚)의 혼인 형태로 인해 사위를 자식과 같이 여겼으며, 친가(親家)와 외가(外家)의 구별이 거의 없었다. 이러한 가족주의의 형태는 삼국시대에 이어 고려시대 그리고 조선 초기까지 비슷한 형태로 지속했다.

종법제 사회질서가 형성되기 전인 조선 초기까지는 친가와 외가의 구별이 없는 양측적 친속(兩側的親屬) 관계를 유지하였다. 고려시대의 가족주의는 이런 역사적 맥락에서 이해되어야 한다. 가족주의로 인해 파생된 사회질서도 조선시대와 아주 달랐다.

따라서 고려시대의 가족주의에 대한 논의의 필요성이 자연스럽게 제기된다.

---

75 서옥제는 고구려의 혼인 풍속이다. 고구려에서는 남녀 간에 혼담이 성립되면 여자 집에서 자기 집 뒤에 작은 집을 세우는데 이것을 서옥이라고 하였다. 해질 무렵 신랑될 사람이 집 밖에 와서 신부될 사람과 동숙할 것을 세 번 간청하면 신부 집 부모는 서옥에서 신부와 동숙하게 한다. 신랑은 다음날 돈과 폐물을 내놓고 돌아가고 이들 사이에 자녀가 생겨서 성장한 뒤 신랑은 처자를 데리고 신랑 집으로 간다. 이 풍속은 혼인을 한 신부가 자기 집에 머물러 있고 신랑이 여러 차례 해가 바뀌도록 드나든 뒤 별도의 날을 잡아 신랑 집으로 살러 가는 해묵은 풍속의 기원으로 보인다.

이런 논의를 통해 고려시대와 조선시대의 가족주의가 파생한 사회적 의미와 역사적 실체를 보다 명료하게 이해할 수 있다. 고려시대의 가족주의는 조선시대와 비교하면, 다음과 같은 점에서 뚜렷한 차이를 보이고 있다.

첫째, 고려시대는 소가족주의(小家族主義)를 지향하였다. 신라시대는 조상을 기준으로 한 친족 집단이 존재하여 시조(始祖)에 대한 제사를 지냈으며 대가족을 형성하고 있었다. 신라 말기에 이르러 통일 전쟁으로 인한 광범위한 정치사회적 변동, 그리고 흉년과 기근에 따른 대규모 유민의 발생과 도시의 발달로 인한 거주지 이전 등은 친족 공동체를 해체하는 원인으로 작용하였다. 중앙에서도 왕위 쟁탈전으로 인해 사촌 간에 심각한 권력 투쟁이 발생하였다. 이러한 친족 집단의 해체 과정은 중앙이나 지방에서 전국적으로 일어났다. 신라시대의 씨족 중심의 친족관계는 고려시대에 들면서 개인을 기준으로 한 친족관계로 변모하였다(노명호, 1988: 20－48).

신라 말기의 친족 집단은 해체 과정을 거치면서 고려시대는 기혼 자녀뿐만 아니라 형제, 자매도 분가하는 것을 상례화하였다. 고려시대의 가족은 단혼적(單婚的) 부부와 미혼 자녀로 이루어진 부부 가족이 기본적인 단위가 되어 때로는 부처(夫妻)의 노부모나 생활 능력이 없는 가까운 미성년 친척을 부양하는 것이 대체로 일반적인 현상이었다(국사편찬위원회, 1995(15): 75－80).

둘째, 고려시대의 혼인제도인 솔서혼(率婿婚)을 들 수 있다. 솔서혼은 사위가 일정 기간 처가에서 생활하다가 자녀들이 장성하면 다시 친가로 돌아오는 혼인 형태다. 솔서혼은 결혼 초에 모든 생활을 처가에서 해결하나, 처가의 거주 기간은 일정하게 정해지지 않았다.

따라서 결혼과 동시에 부모 곁을 떠나 처향(妻鄕)으로 이주하여 정착하는 것이 일반적인 경향이었다. 그 결과 여말(麗末) 이래 재경 관인들이 낙향하거나 기성사족이 거주지를 옮길 때는 대개 처향 또는 외향(外鄕)을 택하기도 하였다(이수건, 1992: 77). 처가에 종신토록 머물 수 있었던 것은 딸에게도 아들과 같이 재산이 균등하게 분배되어 경제적 기반이 마련될 수 있었기 때문이다.

고려시대는 처부모에 대한 은의(恩義)가 자기 부모에 대한 은의와 차별이 없었다. 외조부 생존 시에는 외삼촌, 외숙모, 외사촌과 한 가족을 형성하였다. 외

처가살이와 서방님

'장가든다' 혹은 '장가간다'는 말은 장인 집에 들어간다는 뜻이다. 전통 사회는 거의 조선 중기까지 처가살이를 했다. 성종실록(成宗實錄)에서는 우리의 풍속은 처가살이를 하여 아내의 부모를 자기의 부모처럼 여기고, 아내의 부모도 사위를 자기의 자식과 같이 본다고 하였다. 태평한화골계전(太平閑話滑稽傳)에서는 우리 풍속에 사위를 서방(西房)이라고 하는데, 이는 서쪽의 방에 거처하기 때문이다. 어떤 재상에게 여러 사위가 있었는데 신혼의 사위는 서방에 거처하고, 혼인한 지 오래된 사위는 사랑(舍廊)에 거처한다고 하였다(국사편찬위원회, 1998(31): 640-641).

조부모 생존 시에는 외육촌과도 한 가족을 형성하여 서로 간 형제, 숙질(叔姪), 조손(祖孫)으로 호칭하며 생활하였다(최재석, 1991: 6). 즉, 사위와 외손이 처가와 외가에서 생활하여, 처가와 외가에 대한 은의가 돈독하였으며 처가를 자기 집처럼 장인을 아버지, 장모를 어머니로 호칭하면서 부모처럼 섬겼다고 한다(국사편찬위원회, 1994(25): 253).

고려시대는 친가와 외가에 대한 차별이 없어서 사위를 친자식처럼 여겼으며, 처의 부모를 평생토록 봉양하거나 처의 고향으로 본관을 옮기기도 하였다. 이러한 솔서혼은 조선시대에 들어서도 지속됐으며 17세기 중엽에 들면서 서서히 무너지기 시작하였다.

셋째, 고려시대의 균분상속제(均分相續制)를 들 수 있다. 고려시대는 재산 및 노비 상속뿐만 아니라 왕손이나 국가 공훈이 있는 사람에게 부여하는 작위인 봉작(封爵)의 상속과 음직 상속에서도 장·차남을 비롯하여 아들과 딸 그리고 사위뿐만 아니라 친손과 외손(외손의 외손 포함) 간에도 차별이 거의 없었다. 재산 상속에서도 법령상 적장자에게 계승권이 있었지만 실제는 차별이 존재하지 않았다(최재석, 1996: 327−359).

토지 상속인 전정(田丁)의 경우에도 외손과 사위뿐만 아니라 양녀(養女)의 사위도 그 대상에 들어갈 수 있었다. 공음전의 경우는 직자(直子)가 죄를 범하면 그 손(孫)에게 지급할 수 있으며, 아들이 없는 경우에는 사위나 친질(親姪), 양자(養子)[76]

---

76 고려시대의 입양은 아들의 존재 여부를 떠나 입양 대상자가 동성(同姓)인가 이성(異性)

에게도 상속하였다(국사편찬위원회, 1995(15): 95－108) 이러한 균분상속제는 아들과 동등한 지위에 있는 여자가 경제 기반을 확보하게 되어, 사위뿐만 아니라 친가와 외가의 차별이 없는 사회적 여건을 마련하였다.

넷째, 고려시대의 친족 개념은 부와 모를 동일 선상에서 보는 양측적 친속(兩側的親屬) 관계를 유지하고 있었다. 고려시대는 당시 중국[77]의 부계 위주의 친족 관계와 달리 부와 모[78]를 동등한 위치에 두고 친족 관계를 형성하였다. 처의 친족 특성에 따라 아버지와 형제 간의 친족 관계가 달랐다. 성씨[79]의 전승에서도

인가에 구애받지 않았다. 입양 사례를 보면 양자(養子)보다 양녀(養女)의 비율이 높았으며 입양 목적도 제사나 가계 계승을 위한 것이 아니었다. 아들도 딸이 없는 경우는 부계의 근친을 입양하여 상례 절차를 주관하는 것이 아니라, 남편의 조카가 친정의 조카로 하여금 주상(主喪)하거나 아들이 없더라도 딸이 있으면 외손으로 하여금 상례 절차를 관장하게 하였다(국사편찬위원회, 1994(25): 251－253).

77 중국은 고대부터 아버지의 성(性)을 이어받아 부계 중심의 씨족과 조상을 기준으로 하는 친족 집단이 형성됐다. 혼인은 여자를 맞아들이는 친영제(親迎制)를 실시하였다. 재산 상속은 여자는 제외되지만 장·차남이 차별이 없는 균분상속을 하였다. 중국의 가족주의 형태는 삼국시대와 조선 초기와 전혀 다른 형태로 발전했다.

78 허흥식(1981: 299)에 의하면 고려시대는 여자도 호주가 되었다. 고려시대의 호주단자(戶主單子)에는 부처(夫妻)가 생존한 경우에는 부(夫)가 호주가 될 수 있는 우선권이 있었고 다음으로 처(妻)도 호주가 될 수 있었다. 그에 따르면 모(母)가 살아 있으면, 그의 자식 중에 연장자가 호주가 된 예는 없다고 한다. 여자도 남자 못지않게 호주가 될 자격이 있었다. 호주단자에는 호주의 형제나 질(姪), 자매(姉妹), 백부(伯父), 숙부 등의 부계 친족은 거의 나타나지 않으나, 처의 부모와 사위가 포함된 경우도 있었다.

79 이성무(1992: 93)에 의하면 성씨는 신라시대의 왕족과 육두품 귀족에게 있었으나 나말여초(羅末麗初)에는 지방 호족들도 성씨를 가지게 되었다. 성씨는 국가로부터 사성(賜姓)을 받거나 중국 성을 따오거나 스스로 창성하는 등의 방법이 있다. 고려 초기에는 지배 귀족들을 파악하기 위해 씨족지(氏族志)를 만들었다. 씨족지를 통해 관리와 군인을 선발하였다. 성을 가진 모든 씨족을 총칭하여 백성(百姓)이라고 하였다. 백성은 처음에 성을 가진 사람을 지칭하는, 즉 지배 귀족을 의미하다가 점차 성을 가진 사람이 늘어남에 따라 일반 평민을 의미하게 되었다. 백승종(1999: 70)에 의하면 16~17세기의 호족에서 성씨를 사용하지 못한 노비는 전체 인구의 30~40%로 추산하고, 전체 인구의 40~50%를 차지했던 평민들도 족보와 거리가 멀었다고 한다. 한국 역사상 평민이 성씨를 사용한 것은 12세기 이후이며, 14~15세기에 사회적 관습으로 정착됐다고 한다. 이수건(1999)에

모(외조)의 성, 조모의 성 등 다양한 계보를 따른 경우도 적지 않았다. 고려시대는 친속 관계를 표기할 때, 조선시대와 달리 '~씨의 족', 또는 '~씨의 종'으로 지칭되며 이러한 형태는 부변과 모변의 양측적 계보 관계80를 포괄하고 있으며 조선 전기까지 뿌리 깊게 남았다.

양측적 친속관계는 내·외손을 모두 포함하고 있으며, 외손인 다양한 타성(他姓)들이 혼재하고 있었다. 고려의 향직(鄕職)인 사심관(事審官) 제도에서는 나와 가까운 부(父)와 향(鄕)이 일차적인 연고지로 되어 있으며, 조모(祖母)의 향(鄕)과 증조모(曾祖母)의 향(鄕) 그리고 처향(妻鄕)의 순으로 연결되어 있다(국사편찬위원회, 1995(15): 111-124).

상피제(相避制)는 본족(本族), 처족(妻族), 모족(母族)의 사촌 이내와 그 배우자는 같은 관청에서 근무할 수 없도록 친족 대상 범위가 정해져 있었다. 고려시대의 친속 관계는 부와 모변을 모두 동등하게 포함하고 있기 때문에 친가와 외가의 구분이 없었으며 처족(妻族)에 따라 친속 관계가 달랐다.

양측적 친속관계는 씨족 위주의 조상을 중심으로 친족 집단과 뚜렷이 구분된다. 처족에 따라 친속 관계가 달라짐으로써 부자간, 형제간 친속 관계가 달랐다. 그 이유는 씨족 중심의 집단적 친속보다 개인 중심의 친속 관계가 성립됐기

의하면 한국은 16세기까지만 해도 전체 인구 가운데 40% 안팎은 천민층이었다는 사실과 17세기까지도 명실상부한 양반층이 10% 미만이었다고 한다. 성씨가 획기적으로 보급된 시기는 조선 후기였다. 박홍갑(2001: 43)에 의하면 조선 전기에는 약 40% 정도가 성도 없이 사는 사람들이었으며 일제 침략 전까지도 성을 가지지 못한 자가 많았다. 호적법이 새로 만들어지고 이에 편입되면서 붓 가는 대로 성씨가 정해졌다. 성도 없던 사람이 갑자기 김가도 되고 이가도 얻었다. 얼마나 신기했으면 동네방네 자랑하고 다녔을까. … 모두가 양반의 자손인 것이다. 그래서 이이화(1999)는 성은 양반과 상반을 갈라놓는 푯말이라고 하였다.

80 현존하는 고려시대의 족보는 없다. 당시의 상황을 고려할 때 족보도 양측적 친속관계에 의해 규정될 가능성이 크다. 특히 묘지명에는 친손이나 외손을 차별 없이 모두 기재하고 있으며, 아들과 딸 그리고 사위를 같이 밝히며 외손도 친손처럼 기재되어 있다. 친손을 밝히면 외손을 밝히지 않는 예가 없다. 또한 기록 순서도 남자, 여자 순이 아니라 출생 순위에 따라 기록되었다(최재석, 1996: 304).

때문이다. 개인을 기준으로 한 친속 관계는 각 개인을 중심으로 일정한 혈연적 범주의 친척들이 그 개인과 개인 대 개인으로서의 혈연적 유대 의식과 권리, 의무 관계를 갖는다. 개인의 친속들 중에는 그 개인을 통하지 않고는 서로 아무런 혈연관계를 갖지 않는 인물도 포함될 수 있기 때문에 주로 개인 대 개인으로서의 관계로 작용하여 집단적 기능이 약할 수밖에 없었다(노명호, 1988: 41).

고려시대의 족장(族長)은 조선 후기의 종족(宗族)의 장이나 문중(門中)의 장과 다르며 양측적 친속관계, 즉 본족, 외족, 처족을 포함하여 나아가 다양한 타성이 포함된 수장을 의미하며, 이성친(異性親)에서도 족장이 되었다(최재석, 1996: 289).

정치사회적 이해관계에서도 족당 세력은 가까운 근친일수록 동일 족당으로 결집하는 경향이 강했지만 삼촌과 사촌 간은 물론 형제 간에도 동일 세력을 이루지 않을 수 있었다(노명호, 1988: 307). 양측적 친속들 중에서도 족당세력으로 결집된 자들도 있었는데 이는 이해관계나 입장이 합치될 경우다. 양측적 친속은 집단적 구속력이 없기 때문에 이해관계나 입장의 합치라는 부가적 요인에 의해서만 족당 세력이 결집한다. 이러한 족당 세력은 집단적인 작용을 하지만 그 토대는 어디까지나 개인적인 관계에 의한 것이다(국사편찬위원회, 1995(15): 133). 이와 같이 고려시대는 양측적 친속관계의 특성에 의해 정치세력 결집에서도 조선시대와 다른 유형이 있었다.

다섯째, 고려시대는 근친혼(近親婚)이나 동성혼(同姓婚) 그리고 재가(再嫁)가 자유스럽게 이루어졌다. 고려시대는 근친혼과 동성혼이 거의 일반적으로 행해졌지만 고려 말기로 갈수록 근친혼이나 동성혼은 감소하였다. 시대에 따라 법 규정이 다르지만 사촌인 당자매(堂姉妹)나 혹은 육촌까지를 금혼(禁婚) 대상으로 삼았다. 일반적으로 육촌까지는 잘 행해졌으며 사촌까지의 결혼도 자주 이루어졌다. 동성혼의 경우는 자연스럽게 이루어졌다. 이성혼(異性婚)이 동성혼보다 많기는 하지만 동성혼도 상당한 비율을 차지하고 있었으며 실제로 동성 간의 결혼을 금지하는 것은 매우 어려웠다(최재석, 1996: 211-218).

고려시대에 재혼(再婚)은 일반화되었으나 주로 남편과 사별한 다음 이루어졌으며 특별한 사회적 차별이 없었다. 조선시대와 달리 고려시대는 부(夫)와 사별한 다음 재혼한다고 해서 사회적으로 불리한 처우를 받지는 않았다. 재가해서 전부(前夫)가 남긴 자식을 보호하며 성장시키는 행동을 과거(寡居)에 못지않은 여인의 덕목으로 제시되고 있다. 실제로 재가는 보편화하였고 조선 전기의 족보에도 전부(前夫)와 후부(後夫)를 꺼리지 않고 수록하였다(허흥식, 1992: 51). 전부의 자식을 데리고 재혼을 하였고 재가한 후부의 집에서 그 후부의 반대에도 불구하고 전부의 자식을 공부시켰으며, 죽은 남편의 재산을 가지고 재가할 수 있었다(최재석, 1996: 237). 재가한 여자의 경우도 묘지명에 밝히기를 주저하지 않았고, 재가한 후부(後夫)의 지위나 신분은 전부(前夫)의 것에 비하여 조금도 떨어지지 않는 사례를 자주 볼 수 있었다(허흥식, 1981: 304).

고려시대의 가족주의는 양측적 친속관계를 중심으로 균분상속제와 솔서혼 그리고 소가족주의가 사회적인 주류를 이루었다. 부와 모를 동등한 관계로 파악하는 동시에 개인 중심의 친속 관계가 성립되어서 이에 따른 사회적 결집 형태도 달랐다. 재산 상속에도 남녀균등주의를 지향했기 때문에 친가와 외가의 구별이 없었으며 오히려 외가에 의존하거나 외가의 씨족에 편입되기도 하였다.

남편과 사별한 후의 재혼은 사회적으로 자연스럽게 받아들여졌으며, 법적인 제한이 있었지만 조선 후기와 같이 강력하지는 않았다. 법적인 제한은 단지 귀족 신분인 사람의 처가 재혼하는 것을 방지하기 위한 것이고, 낮은 신분 사람이 재혼하는 것은 큰 문제가 되지 않았다. 그러나 실제로 귀족 신분의 재혼도 자유롭게 이루어졌다. 이런 상황들은 고려시대에서 여성의 지위가 남성과 거의 대등한 위치에 있었기 때문에 가능하였다.

나. 조선 초기 가족주의의 특성

조선 초기에는 유교적 교화를 위해 주자가례를 법으로 규정하고 생활 준칙의 기본으로 삼았다. 성리학 이념을 보급하기 위해 소학과 정표 정책 등을 강조했으며 향약 보급 운동을 전국적으로 실시하였다. 삼강행실도 등과 같은 생활 윤리서 등을 단행하여 사대부뿐만 아니라 일반 서민에게도 지속해서 보급했다.

조선 초기부터 실시된 억불(抑佛) 정책은 불교의 관혼상제를 강하게 규제하였다. 성리학 중심의 정치적 노력은 고려시대의 양측적 가족제도, 솔서혼, 동성불혼, 균분상속제, 윤회봉사제를 부계 중심의 친족 제도, 동성불혼, 친영례, 장자 중심주의 사회로 변화시키기 위한 것이다.

조선 초기에는 성리학적 교화 노력에도 불구하고 고려시대의 가족주의 의식이 일시에 단절되지 못하고, 사회생활의 기본 질서로 이어졌다. 조선 초기의 생활 질서는 고려시대와 크게 다를 바가 없었다. 조선시대에 성리학적 정책 이념과 신분 변동이 있었지만 사회 전반에는 고려시대의 생활 질서를 그대로 유지하였다. 조선 초기의 가족주의적 특성을 정리하면 다음과 같다.

첫째, 조선 초기에도 양측적 친속관계를 유지했으며, 솔서제 형태인 남귀여가혼이 주류를 이루었다. 양측적 친속관계와 남귀여가혼은 조선 중기까지 사회생활 질서의 기준으로 지속했다. 17세기 초까지는 남편과 처가 동등한 위치에서서 남편의 부계친·이성친(모계친)이나 처 쪽의 부계친이나 이성친을 모두 족(族)이라는 용어로 지칭하였다(국사편찬위원회, 1996(25): 291). 족이라는 용어는 조선 후기에 이르러 변화됐지만, 기본적으로 고려시대의 양측적 친속관계를 의미하였다. 혼인에 대해 왕권 차원은 중국의 친영제를 요구했지만 실제로는 거의 남귀여가혼이 성행하였다. 태종 7년(1407년)에는 왕실에서 친영을 하였으나 당시 사대부가에서는 이 친영을 피하려고 연소한 처녀들을 모두 혼인시켜 버리는 소동을 벌이기도 하였다. 사대부 계층에서도 친영이 거의 행해지지 않았다(고영진, 1995: 43).

조선 전기에는 남귀여가혼이 철저히 지켜졌으며, 자서(子壻) 또는 친손과 외손을 동일시하는 경향이 일반적이었다. 17세기 후반 유성원도 지금 왕실혼에는 친영례를 행하지만 사대부 가정에서는 종래의 폐습대로 서류부가(壻留婦家)하기 때문에 취처(娶妻)라 하지 않고 입장(入丈)이라 하니 이는 양반종음(陽反從陰)으로 크게 남녀의 의리를 잃었다고 하였다(이수건, 1992: 85).

성종실록(成宗實錄)에도 우리나라는 중국적 친영의 예가 없어 모두 처가를 집으로 삼아 처부(妻父)를 아버지라 칭하고 처모(妻母)를 어머니라 부르며 항상 부모처럼 섬기는데 이 또한 강상(綱常)이라고 하였다(국사편찬위원회, 1994(25): 259). 이처럼 조선 초기에는 친가와 외가의 구별이 없었으며, 때로는 친가의 자식이 어려서부터 외가에서 친자식처럼 길러지는 경우가 많았으며 외가의 자손들을 서로가 형제라고 칭하기도 하였다.

둘째, 조선 초기의 상속제는 자녀균분제(子女均分制)로 이루어졌으며, 제사는 윤회봉사(輪回奉仕)가 중심이었다. 17세기 중엽까지 장남과 차남, 아들과 딸의 구별 없이 철저하게 균분상속이 이루어졌다. 이때부터 18세기 중엽까지 남녀균등상속이 많았지만, 장자 우대와 남녀차별 상속이 나타나기 시작했다. 또한 17세기 중엽까지의 분재기(分財記)에는 외가에서 가져온 모(母)의 재산과 친가 쪽의 부(父)의 재산이 나누어 기재되어 있었다. 재산 및 노비 그리고 토지의 상속에도 장, 차남뿐만 아니라 남녀 간의 차별이 없는 자녀균분상속[81]이 이루어졌다.

조선의 경국대전에서도 적처(嫡妻)의 소생일 경우 장·차남과 아들·딸 구별 없이 동등하게 분배하고 제사를 지내는 자식에게만 상속분의 5분의 1을 더 주도록 규정되어 있다. 조선 초기부터 성종 대까지 자녀균분상속에 대해 문제를 제기한 기사의 예는 거의 없었다. 오히려 조정은 자녀균분상속을 보호하려고 하였다. 혼인 후에도 부인의 재산은 남편의 재산과 별도로 관리하였으며, 부인이 죽으면 자녀에게 균분상속하고 자녀가 없으면 친정에게 귀속되는 경우가 많았다. 부인이 사망한 후 남편에게 귀속된 경우에도 남편이 재혼하면 친정으로 되돌려 보내졌다(교수신문, 2001. 9. 24).

또 하나 주목할 점은 제사 상속에 관한 것이다. 제사 상속의 여부는 시대의 사회적 특성을 극명하게 보여주기 때문이다. 당시 대부분의 상제(喪祭)는 불교의 관례를 따랐다. 유교식인 가묘(家廟) 중심의 제사를 지내지 않았고 불교의 제(齊)

81 균분상속제는 자녀와 내·외손들에게 균분상속함으로써 부의 분산화와 부의 평준화를 가져왔다. 균분상속제는 내·외손의 구분 없이 인척관계에 있는 신진관인, 지방출신 등에 부의 기반을 제공하여 단시일 내에 양반층뿐만 아니라 재지사족의 저변 확대로 이어졌다. 당시의 절대 다수는 처가 또는 외가로 이주하여 정착하는 경향이 많았기 때문이다. 이러한 균분상속제는 일정한 재산의 분배로 인한 부의 집중화와 권력의 분산화를 초래하였다. 자녀균분제는 왕권을 위협할만한 대부호 내지 대권력가의 출현을 예방하는 동시에 왕권을 강화할 수 있으며, 양반의 균형적인 생활을 보장할 수 있는 정치사회적 특성이 있었다(이수건, 1992: 101－107). 조선 중기에 들어 양난으로 인해 전국이 피폐화되고 신분제가 흔들림에 따라 자신의 지위와 신분을 유지하기 위해서는 부의 집중이 필요하였다. 그래서 대두된 것이 적장자 우대의 상속이었다.

를 따랐으며 화장(火葬)이 성행하였다. 제사 상속에도 친가와 외가의 구분이 없었으며 아들과 딸의 차별이 존재하지 않는 윤회봉사로 이루어졌다. 장자가 상례를 주관한 것이 아니라 아들과 딸 그리고 외손 등이 상례 절차를 주관하였다.

제사를 상속하여 거행하는 경우에도 아들과 달리 나누어 각기 담당한 제사를 봉사하거나 그들 사이에 윤회하며 봉사하는 형태를 취했다. 심지어 지배층인 사대부조차 아들이 없으면 딸이 주관했으며 심지어 출가외인이나 그의 아들이 대신 제사를 주관하기도 하였다(국사편찬위원회, 199(25): 268-272).

셋째, 조선 초기의 족보(族譜)는 공동의 조상을 모시는 씨족 중심보다 양측적 친속관계가 사회의 주류였다. 이때의 족보는 아들과 딸, 친손과 외손을 차별하지 않았다고 기록되어 있었다. 현존하는 최고의 족보의 하나인 "문화유씨 가정보"에는 친손과 외손(외손의 외손 포함)을 전혀 차별하지 않고, 모두 동일하게 무한정 기재하는 자손보의 형태를 띠고 있었다(국사편찬위원회, 1994(25): 283).

족보의 기재 방식에도 17세기 이전에는 출생 순위, 즉 연령별 순위가 지배적이었으나 17·18세기는 출생 순위와 남녀 순의 기재 방식이 혼재했으며, 18세기 후반부터는 아들과 딸이 엄격히 구분되었다(최재석, 1991: 52). 조선 초기의 족보는 양측적 친속관계와 남녀균분주의적 특성이 그대로 반영되어 있으며 남녀를 비롯하여 친가와 외손의 차별이 존재하지 않았다.

넷째, 조선 초기에는 동성혼이나 재혼이 자유스럽게 이루어졌다. 조선조에 들어와 사실상 법률상으로 동성혼의 금지와 아울러 이혼하도록 규정되어 있었다. 현종(1669년) 대에는 본관(本貫)뿐만 아니라 이본(異本)이라도 동성자의 혼인을 금지하였다. 영조(1744년) 대에도 동성이본(同姓異本)의 혼인을 금지하였다.

실제 상민들의 동성동본 혼인이 많았으며, 심지어 사대부조차도 동성이본의 혼인이 선조나 영조시대에도 주저 없이 행해졌다(최재석, 1996: 362-375). 조선시대에 들면서 유교주의를 강조하기 위해 법률상 재가(再嫁)를 강하게 규제했으며, 재가한 부녀자의 아들 및 손자와 서자 손은 문과의 생·진시조차도 응시 기회를 박탈하였다.

그럼에도 사대부 계층에서도 부녀자의 재가가 상당한 정도로 이루어졌으며, 성종 대의 중신들도 재가는 용인하고 삼가(三嫁)만을 처벌하자는 입장을 끊임없이 제기했다(국사편찬위원회, 1994(25): 259-260). 조선 중기까지만 하여도 사대부 계층에서도 재가를 자연스럽게 받아들였으나 조선 중기 이후, 종법제 생활양식이 강화되면서 서서히 재가를 부덕시하였다.

조선 중기까지는 친가와 외가의 구분이 없었으며 외가와도 친가같이 생활하였다. 그것은 남귀여가혼과 여자의 재산권을 보호해 주는 균분상속제에 기인하였다. 제사는 윤회봉사가 중심이었으며 제주(祭主)도 아들이 없으면 출가외인이나 혹은 그의 손자가 대신하기도 하였다. 동성혼이나 재혼 역시 법적인 규제에도 불구하고 사대부 계층에서도 어느 정도 자연스럽게 이루어졌다. 족보의 기록에서도 남녀 차별과 친가와 외가의 구별이 없었다. 이런 관습은 조선 중기까지 이어졌다.

조선 중기 이후 정치사회적 변화로 인해 종손이나 적장자 중심의 종법제 질서가 대두됐다. 이때부터 조선 초기의 가족주의 형태와 전혀 다른 모습으로 나타나고 사회 전반에 엄청난 변화가 수반되었다. 이런 변화는 조선 초기의 생활의식과 근본적으로 다른 새로운 의식으로 전환하게 되며 심지어 의식주 형태까지도 변화시켰다.

03

종법제 가족주의의 특성

가. 종법제 가족주의의 대두 배경

조선시대는 17세기 중엽을 전후로 하여 적장자 중심의 종법제 사회질서가 도입되기 시작하여, 18세기 중엽에 이르러 부계 중심의 친족체제로 정착하였다. 남귀여가혼에서 친영제, 남녀균분주의에서 적장자 중심의 상속제, 제사의 윤회 봉사에서 적장자 중심 봉사로의 변화 그리고 족보 및 문중의 발달 등의 현상이 나타났다. 종법제 사회질서가 17세기에 나타난 배경은 명확하지 않다. 이런 현상들은 당시의 정치사회적 측면과 아울러 복합적 요인들이 얽혀 있었기 때문이다.

종법제 사회질서의 대두는 조선 중기의 예학(禮學) 발달과 무관하지 않다. 이 시기에는 성리학의 이론적 발달에 힘입어 주자가례에 대한 이해가 심화하였다. 성리학의 학문적 수준이 높아짐에 따라 종법제를 받아들일 수 있는 학문적 기반이 형성되었다. 이 시기에 예학서들이 집중 출간됐으며, 예제에 대한 관심이 높았다. 예학의 발달은 종법제 사회질서를 정착시키는 데에 결정적인 이론적 가교 구실을 하였다.

소빙하기와 양난은 전국적인 피폐화를 초래하여 궁극적으로 양반의 신분적 지위를 위협하였다. 양난으로 인한 피해는 사회의 근본 질서를 흔들었으며 그동안 누적된 신분 모순이 나타나기 시작하여 장기적으로는 신분혼효 현상의 원인이 되었다. 다른 한편으론 양반이 자기 권익을 지키기 위해 강력한 예치주의 사회로 전환하는 계기가 되었다.

이 시기에 들어 양반 인구가 급속도로 증가하였다. 조선 초기와 달리 양반과 중인이 군역(軍役)에서 면제됨에 따라 군역은 상민층이 짊어지는 천한 역으로 전락하게 되었다. 양반층의 증가는 양반 사족의 유학 재생산, 충의위에서 유학으로 직역 이동, 종래 중인층의 유학 호칭 그리고 서얼 후손의 합법적인 유학 호칭과 비합법적인 모칭유학 등이 중요한 원인으로 작용하였다.

18세기 이후 양반층은 중인과 상민층까지 가세하여 유학 직역이 증가하였다. 양반층의 증가는 향촌 자치조직에서 사족의 분화 현상으로 나타났다. 양반층의 증가는 양반이 가지고 있는 기득권의 많은 부분을 포기하는 것을 의미한다. 이런 신분적 위기의식으로 인해 기존 양반들은 족적(族的) 결합을 통해 양반 간에도 차별화를 시도하였다. 17세기에 들면서 양반층은 분화·차별되기 시작하여 수대에 걸쳐 형성된 대가(大家)와 명가(名家)가 나타났다. 그렇지 못한 양반은 향반(鄕班)이나 잔반(殘班)으로 전락하여 한미한 지위에 놓였다.

서얼과 중인층 그리고 평민이나 천인 출신이 양반으로 편입되면서 기존의 양반과 향촌 사회의 주도권을 놓고 치열하게 경쟁하였다. 소위 구향(舊鄕)과 서얼이나 요호부민층으로 구성된 신향(新鄕) 간에 향전(鄕戰)이 일어났다. 구향은 서원이나 향약을 바탕으로 향약을 주도하고 교화를 담당하면서 향촌 사회의 운영권을 상실하지 않으려고 했다. 신향은 유향소를 근거로 부세를 관장하고 수령을 보좌하면서 자신들의 권익과 지위를 한층 증대시키고자 하였다(국사편찬위원회, 1995(34): 5). 향권을 둘러싼 주도권 다툼은 양난 이후 경제적 피폐화와 신분적 지위 유지와 무관하지 않았기 때문에 향전은 아주 격화되었다.

숙종(肅宗) 대의 기록에 의하면 임란 이후 경재소가 폐지되어 사대부가 향권을 잡는 것을 천하게 여기고, 무식하고 염치를 모르는 자들이 방자하게 행동하며 향적을 개인이 발신하는 사사로운 쪽지로 알고 향임이 되면 집안을 일으킬 수 있는 돈방석에 앉게 된 줄로 알아 온갖 쟁단이 극에 달하여 사족 내부의 자기 분열이 일어나기도 하였다(정진영, 1999: 238, 재인용). 이런 제반 현상들은 향촌 사회의 일탈 현상을 부추겼으며, 아울러 족적 결합을 통해 신분적 지위를 보전하기 위한 동성촌 형성의 원인으로 작용하였다.

이 시기의 동성촌의 급속한 발달은 적장자 중심의 상속제와 밀접한 관련이 있었다. 양난 이후 사족의 경제적 기반이 약화하기 시작했으며 사족의 분화 현상이 급속히 이루어졌다. 이 시기에 장기간의 균분상속제는 사족들의 재산이 분산됨으로써 생산력의 저하와 생활의 궁핍화를 초래했다. 균분상속은 15세기 상황에서 사족들의 재산 확대의 수단으로 긍정적으로 작용했지만 실제 균분상속의 지속은 사족들이 재산 소유를 영세화시키는 요인이 되었다. 결국 17세기 중엽 이후의 차등 상속은 이에 대한 대응 현상으로 나타났을 가능성이 있었다(이해준, 1996: 290).

17세기 중엽 이후에는 현실적으로 종가(宗家)만이라도 존속시키려는 장자 중심의 상속제로 전환하였다. 종가 중심의 재산의 집중화를 통해 족적 결속력을 강화하여, 기존의 사회경제적 특권과 유지를 도모하기 위한 것이었다(국사편찬위원회, 1995(34)). 종가 중심의 경제력을 기반으로 같은 씨족이 사는 동성촌을 발전시키는 요인으로 작용하였다.

동성촌이 나타나기 전에는 양측적 친속관계에 의해 이성 친족이 함께 모여 살았으며 동족적인 유대 관계를 가지고 있었다. 사회경제적 변화로 인해 점차적으로 특정 성씨가 향촌 사회의 주도권을 잡았으며 상대적으로 이성 친족은 이탈하기 시작하여 동성촌을 형성하였다. 동성촌은 강화된 족적 결집을 기반으로 사회경제적 지위를 보전하기 위한 현실적인 이유에서 대두됐다고 할 수 있다. 동성촌의 발달은 18세기 이후에 족적 결합을 상징하는 문중(門中)과 족보(族

譜)의 발달로 연결된다.

17세기 후반에 들어 서원은 급증하고 지방 사족 공론의 실제적인 중심 역할을 하였다. 서원은 교학진흥책인 교육적 기능을 담당하기 위한 것이나 점차로 유명한 도학자나 지방의 유학자를 모시는 사우의 역할을 강화하였다. 서원을 통한 사우의 발달은 나중에 자신의 조상을 문묘(文廟)에 모시게 함으로써 족적 결합의 연대감을 강화하여 문중서원으로 발달하게 하였다.

향촌 사회에서 서원은 씨족을 바탕으로 한 동성 집단의 중심 기구로서 강한 족적 성격이 있었다. 문중서원은 내부적으로 강한 족적 결합을 통해 자신들의 입지를 강화하고 외부적으로는 타 문중서원과 연합하여 자신들의 사회적 지위를 강화하는 기구로 활용됐다. 서원은 문중 내부의 단속과 문중 간의 연결고리 역할을 했다.

서원에 문묘를 세우고 내부적으로 결속을 강화한 것은 앞서 제시한 신분혼효 현상과 신향의 대두, 사족 분열과 경제력의 약화와 관련이 있었다. 족적 중심의 서원은 동성촌의 발달을 촉진하는 매개 역할을 하였다. 양난 이후 맞이한 사회경제적 변화에 대해 향촌 사회는 매우 심각하게 받아들였다. 사족의 지위는 양난 이후 급격하게 위축됐으며 특히 양반층의 증가, 사족 내부의 자체 분열, 신향의 도전으로 인해 사족의 기득권은 심각한 도전에 직면하였다.

사족들은 과거의 향안, 향규, 향약 등과 같은 일향(一鄕)의 지배보다는 혈연적인 족계를 만들어 문중의 결속력을 확보하고, 혹은 지연과 혈연적인 촌락을 중심으로 자기방어를 모색하였다. 문중별로 족적인 기반과 유대, 조직을 강화하는 수단으로 족보(파보)를 간행하기도 하고 동족 마을을 중심으로 하는 동성동족인 족계(화수계, 문중계)를 조직하여 입향조나 계파 시조, 혹은 현조의 묘소와 제각을 건립하였다(국사편찬위원회, 1995(34): 172).

양반들은 그들의 신분을 계속 유지하기 위해 족보를 만들거나 서원, 사우, 누형(樓亨: 제사를 지내는 누각), 묘비 등을 세우는가 하면 종회, 종계, 종중부락을 만들어 종중 재산을 모았다. 개인은 몰락해도 종중은 지켜 양반 신분을 보존하려는 것이었다(한우근·이성무 편저, 1991: 202).

문중은 현실적인 이유에서 출현했으며, 결국 각 문중은 향촌 사회의 우위권을 확보하기 위해 족보나 문중 활동, 서원이나 사우 건립 등을 통해 문중 간에 치열한 경쟁을 하였다. 이 시기에 족적 결합을 상징하는 부계 중심의 족보가 집중적으로 출현한 것도 이러한 정치사회적 맥락과 무관하지 않았다. 17세기 말이나 18세기 전반에 집중적으로 문중서원이 건립됐으며 동시에 부계 중심의 족보가 출현했다(국사편찬위원회, 1998(31): 95-96).

17세 중엽 이후 부계 중심의 종법제 사회질서가 정착한 것은 정치사회적 요인뿐만 아니라 복합적인 배경과 밀접한 관련이 있었다. 예학의 발달과 더불어 양난 이후 경제적 피폐화로 인한 사족층의 내부 분열이 일어났다. 아울러 군역 같은 무거운 짐을 벗기 위해 중인과 평민 및 상인의 양반 편입 등과 이로 인한 구향과 신향의 향전 등은 기존 양반 신분의 존립 근거를 흔들 만큼 신분의 위계질서를 붕괴시키고 있었다.

양반 계층은 영세화와 신분을 하락시키는 원인인 균분상속제보다 적장자 중심의 재산 집중화를 통해 사회경제의 기반을 마련하고자 하였다. 조선 후기에 이르러 재지사족들은 그들의 지위를 유지하기 위해 부계 친족 체제를 바탕으로 동족 마을을 형성하여 확산시켰고 사우와 서원의 건립, 족보의 간행 등을 통해 문중의 결속을 다졌다(이병휴, 2001: 11).

종가 중심의 족적 결합이 강화됨으로써 자연히 문중으로 발전하였으며, 또한 서원을 통해 강화된 문묘 기능으로 인해 문중 활동이 활발히 전개되었다. 문중의 발전은 문중 간의 경쟁을 촉발했으며 문중의 사회적 지위를 상징하는 족보가 경쟁적으로 출현하는 원인으로 작용하였다. 종법제 사회질서의 대두는 양반 사족들이 양난으로 인해 흔들리는 자신들의 신분 혜택을 강화하기 위해 현실적인 타개책으로 문중 같은 족적 결합을 선택한 것과 무관하지 않았다.

나. 종법제 가족주의의 사회적 특성

종법제는 적장자 중심의 부계 혈연 집단의 종족의 규정으로 은대(殷代)의 씨족적인 형망제급(兄亡弟及: 맏형이 아들이 없어 죽으면 아우가 대신 집안을 계승함)의 상속제가 은말에 이르러 부자 계승으로 변화되어 주(周)나라 때 왕실 중심으로 나타났다. 송대(宋代)에 들어 성리학이 나오면서 사대부까지 확산되었다. 성리학이 표방하는 종법제는 적자 계승 및 종자 계승이라는 대원칙에서는 주대(周代)의 종법제와 다를 바 없지만, 적통(嫡統)이 단절되었을 때, 혈맥(血脈)을 위주로 하지 않고 종통(宗統) 위주로 하는 데에 근본적인 차이가 있다(지두환, 1998: 116-120).

종법은 크게 대종(大宗)과 소종(小宗)으로 구분된다. 대종은 백세불천종(百世不遷宗)으로 별자(別子)의 적장자(嫡長子: 정실부인의 맏아들)가 누대에 걸쳐 변함없이 계승되는 종족의 본류를 의미한다. 소종은 대종에서 갈라 나온 것으로 적장자의 동생이 하나의 종(宗)을 세운 것으로 5세(5世)까지 한정되어 있다. 5세를 넘으면 다른 소종 집단을 형성한다. 그래서 소종은 무수히 생기지만, 이러한 모든 소종을 포괄하는 것이 대종이다.

종법제는 고려 말에 성리학이 도입되면서 강조되었다. 조선조에는 종법제의 확산을 위해 태조의 즉위부터 종법에 기초한 가묘(家廟)를 보급하였다. 조선 초기에는 국법에 따라 경(卿)·대부(大夫)로부터 서인들에 이르기까지 주자가례의 가묘를 세워 제사하는 유교식의 제사 절차를 따르도록 강요했으나, 가묘[82]를 세워 제사를 지내는 자는 100집에 한두 집도 안 될 정도로 대부분 불교식 제사를 지내고 있었다(국사편찬위원회, 1994(25): 280). 이런 경향은 혼인 제도나 상속제에서도 나타났다.

남귀여가혼에서 친영제로 정착하기 위해 국가적 차원에서 꾸준히 노력하였다. 세종 17년 왕실은 하나의 모범을 보이기 위해 파원군(波源君) 윤평(尹坪)과 숙신옹주(淑愼翁主)와의 혼인식을 친영으로 거행했는데 이것이 우리나라 친영의 시

82 종법제 질서가 정착됨에 따라 가묘의 위치에 따라 다른 주거 공간이 정해진다. 예제(禮制)에 의하면 집을 지을 때 먼저 가묘를 세우고, 그 위치는 동쪽으로 하도록 하였으며 도성(都城)을 세울 때도 좌측에 종묘(宗廟)를 우측에 사직(社稷)을 세우게 한다. 그 이유는 좌측인 동(東)쪽은 양(陽)을 뜻하기 때문이다. 가묘도 이에 준하여 양의 방향인 동쪽에 세우게 한다. 집안의 중심이며 가장 신성한 공간인 가묘의 위치가 정해지면 이에 따라 다른 주택 부분들의 위치가 결정된다. 가묘는 아무나 함부로 접근해서는 안 되는 경건하고 엄숙한 장소며, 이를 관리하는 것은 종자(宗子)의 신성하고 특권적인 의무다(홍승재·박언곤, 1991: 102-107).

작이라고 한다. 이렇게 왕실에서 모범을 보이고 사대부들에게 친영례의 실시를 적극 권장했지만, 친영례는 조선 중기에 이르기까지 쉽게 일반화되지 못하였다(국사편찬위원회, 1998(31): 216-217).

조선 초기의 상속에서도 남녀균등주의를 지향했으며 장·차남의 차별이 존재하지 않았다. 경국대전에서도 자처(子妻)와 손(孫), 그리고 손처(孫妻)는 장·차(長·次)를 구별하였지만 자(子)·증손(曾孫)·현손(玄孫)·증손부(曾孫婦)·현손부(玄孫婦)는 장·차를 구별하지 않았다(최재석, 1996: 584). 따라서 조선 초기의 재산 상속은 내·외손뿐만 아니라 아들과 딸의 구별이 없었으며, 이 점은 윤회봉사(輪回奉祀) 중심인 제사에서도 차별이 존재하지 않았다.

조선 초기의 가족주의는 17세기 중엽부터 적장자(嫡長子) 중심의 종법사회로 변화되기 시작하여, 18세기 중엽에 정착된다. 앞선 논의처럼 양난과 소빙하기로 인한 양반 인구의 증가와 동성촌과 문중의 발달 등의 복합적 요인으로 인해 조선 사회는 종법제적 사회질서로 전환하게 된다. 우선 사회 권력의 실제적 지표인 재산 상속 방식이 바뀌게 된다.

그동안 친·외손이나 아들·딸 구분 없이 상속되던 것이 적장자 위주의 상속제도로 전환하게 된다. 이런 상속 형태는 아들·딸의 차별뿐만 아니라 장·차남의 차별로 극명하게 나타난다. 균분상속제에서 적장자 중심의 상속제 변화는 새로운 사회질서를 재편하게 할 정도의 엄청난 힘이 있었다. 일상생활에서 경제 토대는 사회 운동이나 권력을 가늠할 만큼 중요한 역할을 한다. 적장자 중심의 상속제는 균분적 상속제의 경제 기반으로 이루어진 사회관계를 근본적으로 변화시키는 실제적인 영향력을 미쳤다. 균분상속제에 의해 파생된 양측적 친속관계는 적장자 중심의 수직적 위계질서 체제로 재편하게 한다.

조선 후기는 적장자 중심의 상속이 보편화함에 따라 조선 초기와 달리 사회질서뿐만 아니라 일상생활의 작은 의식에서도 큰 차이점을 보였다. 우선 전통적 혼인 양식인 남귀여가혼은 조선 중기로 갈수록 처가살이하는 기간이 점점 줄어들었으며, 그동안 국가가 꾸준히 추구해 온 친영제의 형태로 바뀌게 된다. 당시에 적자 중심의 종법제적 질서는 일종의 종교와 같이 매우 강하게 정착했다.

윤사순(2001: 57)에 의하면 장손·종손은 단순히 가문을 상징하는 것이 아니라 종교 집단의 교주와 비견될 수 있으며, 그들 가문의 체통은 생명원과 같았다. 가장은 어떻게든 관료적 출세(입신양명)를 통해 가문을 높이려고 했으며, 그렇지 못한 경우는 학문만으로 그것을 떠받들려고 했었다.

종법제 사회질서를 상징하는 제사 방식의 변화는 이러한 사실을 극명하게 보여 준다. 그동안 제사 양식은 윤회봉사로 이루어져 남녀 차별뿐만 아니라 친·외손의 구별이 거의 없었다. 심지어 출가외인인 딸이나 그의 아들이 상례(喪禮)를 주관하여도 큰 무리 없이 사회적으로 허용되었다. 적장자 중심의 재산 상속과 종법제 사회질서의 강화로 인해 모든 상례는 적장자만이 주관할 수 있었다.

종법제의 중요한 원리인 형망제급의 원칙에 따라 조선 초기의 경국대전에서는 적장자가 자손이 없으면 중자(衆子)가, 중자가 자손이 없으면 첩자(妾子)가 제사를 받든다고 규정되어 있다. 그러나 조선 중기 이후 형망제급의 사례는 거의 찾아볼 수 없으며, 장자가 혼인하지 않은 채, 아주 어려서 죽은 경우를 제외하고는 대개 장자에게 동종지자(同宗之子)를 입후(入後: 양자로 들어감)하는 것이 관례화되었다. 이 점은 매우 독특한 조선의 종법이라 할 수 있다(국사편찬위원회, 1998(31): 218-220).

조선 중기부터는 족보의 기재 방식이 변화하고 족보가 집중 간행된다. 조선 초기의 족보는 친손과 외손을 동등시하였으나 점차 외손 범위가 축소되고, 아들·딸 구분 없이 연령순으로 기재되던 것이 아들과 딸의 순위로 선남후녀(先男後女)의 방식으로 바뀌게 된다.

조선 후기의 족보는 기존의 양측적 친속관계에서 부계 중심의 친족 체계로 바뀜에 따라 가문이나 문중 의식이 생겨나게 한다. 족보는 같은 씨족을 모신다는 구체적인 기록이며, 아울러 한 울타리 내의 한 가족이라는 종족 내의 유대관계를 공고히 하는 결속력의 기반으로 작용하였다.

족보[83]는 단순한 종족 기록이 아니라 문중의 사회적 지위를 상징하는 지표로

83 족보는 씨족을 나타내지만, 역사적으로 씨족의 근거는 불분명하다. 조선 초기의 족보는 양측적 친속관계를 기반으로 하여 친손과 외손을 차별 없이 기록한 자손보적 성격이 강했으며, 기재 순위도 아들, 딸 구별 없이 출생 순위로 기록됐다. 문중의 근거가 되는 대종과 소종이 세종 대까지 찾아볼 수 없기 때문에 아울러 종손위주사상(宗孫爲主思想)이

서 역할을 했다. 족보가 있고 없고는 현실적으로 많은 차이를 보였다. 조선 후기에는 족보가 없으면 상민으로 전락하여 군역을 지는 등 사회 차별이 심하였다. 그래서 양민이 양반이 되려고 관직을 사기도 하고, 호적이나 족보를 위조[84]하거나 뇌물을 써 가면서 족보에 끼려고 하는 등 갖가지 수단과 방법을 동원하였다.

족보에 기재되면 상인은 양역을 면하고 천인도 양반 행세가 가능하였다. 양반들은 이를 악이용하여 돈을 받고 상천을 족보에 모록하였다. 심지어 힘없는 양반은 개인적인 미움으로 인해 족보에서 이름이 삭제되어 양반의 특권을 누리지 못하고 상인이 부담하는 군역을 지기도 하였다. 반대로 환부역조(換父易祖: 아버지와 할아버지를 바꾸어(성과 조상을 바꿈) 양반 족보에 편입함)하여 타인의 족보에 투탁(投託: 모르는 사람이 돈을 내고 남의 족보에 기재함)하거나 위조함으로써 군역을 면하는 경우가 많았다(송찬식, 1999: 57-59).

환부역조는 심각한 수준이었다. 정조 11년 승정원일기에서 이사렴은 "근래 기강이 문란하고 인륜이 무너져서 상놈들이 환부역조하여 명문의 족보에 투탁해 군역을 도탈(圖頉)하는 일이 자주 있다"고 하였다. 환부역조하는 방법 중에서

존재할 수가 없었다(최재석, 1996: 733). 씨족의 근거가 미약하여 조선 후기에 들어 족보 위조가 극심하였다. 18·19세기에 이후에 처음 나온 족보들은 가문과 시조의 유래가 오래되었음을 강조하기 위해 가문의 세계가 실제보다 훨씬 소급되었는가 하면, 족보에 기록된 선조의 관직도 과장되는 경우가 많았다. 그 결과 희성·벽관들은 비교적 순수성을 지녔으나 대성·명문일수록 투탁자가 급증하였고 한말과 일제강점기로 오면서 모든 성씨가 양반성이 되어 족보 편찬도 일반화되었다.

84 조선 전기의 족보는 대체로 사실에 충실하지만, 18세기와 19세기 이후에 창간된 족보는 당대인들의 수록에는 큰 문제가 없었으나 그 성관의 유래와 선대 세계에 대한 서술은 크게 어긋나 있었다. 양반은 조상의 고귀한 혈통과 명조(名祖)·현조(顯祖)를 확보해야 했다. 17세기 말 이래 현조를 확보하지 못한 신흥세력들은 기존의 명문·거족과 연결시키기 위해 개관하거나 투탁하고 동성이라도 파계에 따라 현조가 없는 계열은 현조가 있는 계열과 적당히 연접, 합보하는 예가 많았다. 조선 후기로 내려올수록 후손 또는 신흥양반들은 족보 편찬 때마다 개관(改貫), 환본(還本), 모관(冒貫)과 조상세계의 조작 및 족파의 가탁·투탁(돈을 내고 남의 족보에 기재하는 것)과 같은 행위를 자행하였다. 특히 한말과 일제강점기에는 조선 전기부터 족보를 편찬했던 명문·거족들에 의한 족보의 창간이 많았다(이수건, 1999: 23-45).

가장 흔한 것이 첨간이었는데, 이는 중간에 한 대수를 은근슬쩍 끼워넣거나 후사 없이 가계가 단절된 인물의 자손으로 연결하는 방법이다(박홍갑, 2014: 133). 정약용의 「목민심서」에 의하면 군첨(軍簽: 군적에 이름을 올림)으로 인해 간악하고 교활한 자들이 귀족의 족보를 훔쳐다가 무후(無後: 대를 이을 후손이 없음)한 파(派)를 찾아 같은 무리가 아닌 겨레를 붙여서 아비를 바꾸고 조상을 바꾼다고 하였다(이준구, 1983: 7).

족보[85]는 종족을 상징하는 단순한 기록이 아니라 사회에서 실제적인 영향력을 끼치는 공적인 성격을 지닌 중요한 문서다.[86] 족보는 개인이 속한 부계 친족의 계급적 우월성과 향촌 사회에서 문벌의 지위를 나타내는 신분적 지표로 이용됐기 때문이다. 족보는 자신이 속한 친족 집단이 높은 계층적 혜택을 확보하는 사회적으로 정당화된 증거 자료인 셈이다. 족보에 기록된 씨족의 지위는 곧 가문의 지위이자 소속된 개인의 지위를 상징적으로 나타낸다. 인위적으로 가문[87]의 지위를 높이기 위해서 문중 간 경쟁이 치열하게 전개되었다.

---

85 박홍갑(YTN. 2016. 09.14)에 의하면 우리나라는 6세기까지도 성씨가 거의 없었다. 조선시대 17세기에는 55% 정도가 성씨를 가졌으며, 조선후기에는 45% 정도가 성씨가 없었다. 1909년 이후로 모든 사람이 성씨와 본관을 가지게 됐다. 족보는 17~18세기에 집중적으로 간행됐다. 성씨를 기반으로 하는 족보는 위조가 많을 수밖에 없었다. 오늘날 김해 김씨가 440만 명, 밀양 박씨가 310만 명, 전주 이씨가 260만 명, 경주 김씨가 180만 명으로 왕족만 1200만 명이 되는 웃지 못할 촌극이 벌어진다. 우리 사회는 90% 이상의 족보가 가짜라고 해도, 자기 족보만은 진짜라고 믿는 이중적 인식 태도를 보이고 있다.

86 일부 양반 가문에서도 왕실이나 이름난 귀족들을 시조로 두기 위해, 혹은 이들의 계보에 자신들을 접속시키기 위해 족보를 편찬하면서 본관을 바꾸거나, 조상의 계보를 조작·윤색하는 행위를 서슴지 않았다. 조작과 윤색의 일반적 방법은 모화 사상에 따라 시조를 중국과 관련시키거나, 고려 중·후기에 군현 토성에서 성장한 가문들이 고려 초의 개국공신 또는 삼한 공신의 후예로 둔갑하는 등이 있었다(한국역사연구회, 2001: 43).

87 조선시대에서 가문은 매우 중요했다. 전란이 일어났을 때에 공교롭게 부모상을 당한 장군이 출진하였을 경우 그 충성심을 가상히 여길지는 몰라도 불효자로 배척을 받는 경우가 많았다. 그뿐만 아니라 늙은 부모를 모셨을 경우 싸움터에 나가기 싫거나 또는 외직(外職)에 나가기 싫을 때는 부모 핑계를 대고 나라의 요구에 불응하더라도 벌을 받지 않았다. 이러한 가문 중시 사상은 당파 싸움과 밀접히 연결되어 자기 가문의 명예를 지키기 위해서는 다른 가문의 파멸을 서슴지 않았다.

17세기 중엽부터 변화가 시작되어 18세기 중엽에 정착한 종법제 가족주의는 조선 전기와 달리 전혀 다른 사회질서로 변화하였다. 균분상속제에서 장자중심주의로, 제사의 윤회봉사에서 장자 봉사로, 남귀여가혼에서 친영제로 변화하였다. 족보의 급증과 기록 방식의 변화 및 문벌의식의 대두는 조선 사회를 적장자 위주의 사회질서로 변화하게 하였다.

종법제 가족주의는 사회적으로 수직적 위계질서가 확산하고 상속제와 족보 기록에서 모변 친족이 약화됨으로써 남녀 차별이 정당화되는 사회질서를 정착하게 된다. 적장자 위주의 종법제 질서는 조선 초기와 달리 생활양식과 의식뿐만 아니라 주거 공간[88]의 개념까지 변화시킬 정도로 엄청난 영향력을 미쳤다.

종법제 사회질서로의 전환은 교육투자 행위 인식에도 자연스럽게 영향을 미쳤다. 부변과 모변이 동일시된 친족 관계에서 균분상속제의 장자와 종법제 적장자의 사회적 의미는 같을 수 없었다.

재산 상속에서 적장자에게 집중된 것은 생존권 차원의 반영이었다. 한 가문이 사회적으로 생존하기 위해서는 적장자가 잘되어야만 가문 전체에 그 파급력이 크기 때문이다. 적장자에 대한 교육투자 집중은 생존권 차원뿐만 아니라 가문의 위계질서를 효과적으로 지키기 위한 것이다. 집단적 차원에서 가문의 사회 위신을 높일 수 있는 기제는 교육이었다. 적장자에 대한 교육 투자 행위는 가문의 효과적인 발달을 기대하게 하는 사회적 인식에서 비롯됐다.

88 종법제 생활 질서는 주거 공간의 개념까지 바꾸었다. 사대부들에게 주거는 수신(修身)과 제가(齊家)를 이루기 위한 장(場)이었기 때문이다. 따라서 제사를 지내고 손님을 치르기 위한 공간의 구성, 내외의 구별, 장유의 구별, 학문 연구를 위한 공간 등은 조선 중기의 반가(班家)의 일반적 특징이었다. 또한 엄격한 남녀 구별을 하기 위해 안채와 사랑채의 구분이 생겼다. 이는 남녀유별과 남녀칠세부동석, 그리고 음식을 같이 먹지 않는 남녀불공유(男女不共有)의 성리학적 남녀 역할 의식이 반영되었기 때문이다. 조선 후기의 주택은 안방과 건넌방 또는 윗방과 아랫방이 대청을 중심으로 고부 간의 영역이 분리되고, 남자들의 영역인 사랑채도 큰 사랑과 작은 사랑으로 부자 간의 영역이 분리될 정도로 철저히 부계 혈족 중심의 종법제적 원리를 따랐다. 이런 공간의 분화는 조선 중기 이후에 나타났다(국사편찬위원회, 1998(31), 631－642).

PART

04

전통적 교육문화의 사회사적 특징

CHAPTER 1 숭문주의 교육문화의 특징

CHAPTER 2 입신양명주의 교육문화의 특징

CHAPTER 3 문벌주의 교육문화의 특징

CHAPTER 4 가족주의 교육문화의 특성

CHAPTER 5 전통적 교육문화에 대한 사회학적 논의

CHAPTER

01

숭문주의 교육문화의 특징

일반적으로 한국의 전통적 교육문화는 숭문주의, 입신양명주의, 문벌주의, 가족주의로 구분한다. 오늘날 한국 교육의 사회적 해석에서도 이러한 교육문화를 중요한 분석 틀로 이용하는 경우가 많다.

전통적 교육문화의 정체성에 대해 지금까지 아무런 이론적 여과 없이 최소한의 의문조차 제기하지 않았다. 외형적으로 보면 숭문주의 교육문화는 교육의 본질적 측면과 입신양명주의, 문벌주의 및 가족주의 교육문화는 교육의 도구적 측면과 가깝다. 이렇게 상충한 성격이 있었음에도 한국 교육의 분석 틀로 자연스럽게 활용해 왔다. 교육의 본질적 측면과 도구적 측면은 전혀 다른 해석 관점을 가지고 있다. 그런데도 아무런 이론적 검토 없이 사용할 수 있었던 것은 교육 결과의 해석에서 큰 차이를 보이지 않았기 때문이다.

우리의 교육에 대한 심층적인 접근은 전통적 교육문화에 대한 사회학적 해석이 달라지며, 깊이 있는 이해를 도모하게 한다. 전통적 교육문화는 지금까지 금과옥조로 여긴 교육에 대한 긍정적 믿음의 실체를 밝힐 수 있는 중요한 이론적 실마리를 제공할 것이다.

01

고려시대의 특징

숭문주의 전통은 시대에 따라 차이는 있지만 삼국시대부터 역사적 맥을 이어왔다. 숭문주의는 유교 중심의 문치주의(文治主義)와 맥락을 같이 하고 있다. 삼국시대와 고려시대는 유·불·선이 공존한 사회였다.

유교는 불교·도교와 달리, 현실적인 사회실천 윤리적 성격이 강하여 국가 차원에서 제도적으로 수용되었다. 유교는 현실 세계에 접목될 수 있는 사상적 특징으로 인해 정치적이나 사회적으로 중요한 가치판단의 기준으로 활용됐다.

유교 사상은 도(道)를 깨우쳐 인(仁)을 통해 궁극적으로 대동세계(大同世界)를 구현하는 데에 그 목적이 있다. 도를 획득하는 과정은 곧 교육의 과정과 일치하기 때문에 유교 사상은 자연히 내재적인 교육 가치를 포함하고 있다. 유교 국가에서 교육은 도덕 구현의 실현 수단으로 활용되어서, 교육의 긍정적 가치가 사회적으로 확산될 수 있었다.

그러나 유교 사상의 내적 가치가 숭문주의를 부추기는 결정적 요인으로 작용한 것은 아니다. 유교 사상은 왕권 강화 및 신분 계층 강화를 위한 문치주의 특성이 숭문주의 강화와 밀접한 관련이 있었다.

숭문주의 경향은 고구려에서도 찾아볼 수 있다. 고구려 소수림왕 2년에 설립된 우리나라 최초의 대학인 태학(太學)은 귀족 자제를 대상으로 오경(五經)과 경학(經學)을 가르친 유교 교육기관이라 할 수 있다. 지방 평민이나 천민의 자제도 경당(扃堂)에서 유교 교육을 받았다. 중국의 구당서(舊唐書)에는 풍속이 서적을 좋아하고 … 미혼의 자제들이 밤낮으로 글 읽기와 활쏘기를 연습하였다고 한다. 신당서(新唐書)에는 사람들이 배우기를 좋아하고 … 미혼의 자제들이 경(經)을 외우고 활쏘기를 익혔다고 한다(류승국, 1999: 59-60).

고구려는 통치 이념으로 유교적 정치 이념을 지향했으며, 상례나 혼인 습속 그리고 부모에 대한 효의 실행 같은 유교의 실천 원리가 일상생활 속에 서서히 정착되었다. 유교는 왕권 강화의 통치 이념과 일반 백성을 교화하기 위한 정치 사회적 수단으로 제도화됨으로써 사회적으로 강한 유교적 향학열이 나타날 수 있었다.

신라는 정치, 사회, 문화면에서 후진국으로 출발하였지만, 유교 사상이 점차 정치사회 이념으로 자리를 잡았다. 진흥왕 대에는 유교의 왕도 정치를 정치 이념으로 채택하였다. 진흥왕은 개인적으로는 독실한 불교 신자였으나 정치 이념은 현실 정치를 위해 유교 사상을 따랐다.

이 시기는 정치 이념뿐만 아니라 일상생활에서도 유교의 실천 윤리가 사회적으로 깊숙이 침투하였다. 특히 신라의 유교 정치 이념은 진평왕(眞平王)의 왕권 강화 과정에서 고조됐으며, 당과의 외교 경쟁을 거치면서 더욱 촉진되었다.

왕권 강화에 수반되는 유교 정치 이념은 삼국 간에도 당의 국자감 입학 경쟁으로 나타났으며 … 특히 진덕왕 대에 설치된 국학(國學)은 무열 왕권의 등장과 확립 과정에서 수반되는 왕권 강화와 유교 정치 이념의 구현이라는 현실적 목적과 통일 전쟁 후, 문치주의 지향이라는 시대적 요구에 의해 나타났다(국사편찬위원회, 1998(9): 341-342).

통일신라시대에 들어서 유교 사상은 왕권 강화를 위한 통치 이념으로 부각됐으며, 국민 교화를 위해 설립된 국학이나 독서삼품과의 설치, 그리고 당 유학생 파견 등을 통해 더욱 번창하였다.

유교 사상은 국민의 도덕적 교화를 통한 왕권 강화를 위해 활발히 보급됨으로써 유교적 숭문주의는 사회적 정당성을 확보할 수 있었다. 그러나 골품제도의 강한 신분적 제약으로 인해 교육 출세주의를 부추기지는 못하였다. 교육적 능력주의를 실현할 수 있는 사회적 유인력이나 제도적 장치가 미약했기 때문이다.

과거제와 비슷한 시험제도인 독서삼품과가 있었지만, 신분적 폐쇄성이 강하여 골품제의 한계를 넘지 못한 제도였다. 육두품 계열의 숙위학생(宿衛學生: 당나라 국자감에 유학한 신라시대의 학생)들은 골품제도의 신분 차별로 인해 자신의 능력을 제대로 펴지 못하는 불만감과 상실감 등으로 인해 벼슬할 뜻을 버리고 일생을 보내기도 하였지만, 향촌 사회에 유교를 전파하는 데 있어서 큰 역할을 하였다.

숙위학생들은 나말여초의 전환기에 정치적·사회적으로 유교 사상을 전파함으로써 문화의 공백을 메웠을 뿐만 아니라 고려의 유교 정치 이념을 정착시킨 결정적인 영향을 미쳤다(국사편찬위원회, 1998(9): 348-355). 숙위학생의 유교 정치 이념의 제창은 고려왕조 건국에 있어서 왕권 강화의 바탕이 되었으며, 실력 위주의 인물 선발 필요성의 제시는 과거제 창설의 배경으로 작용하였다(국사편찬위원회, 1996(11): 171). 나말여초에 숙위학생들의 활동은 유교 숭문주의의 지속성을 유지하는 데 중요한 가교 역할을 하였다.

통일신라시대는 교육 출세주의를 부추길 만한 제도적 장치가 미약하여 유학 중심의 신분 경쟁은 이루어지지 않았다. 인쇄술의 미발달로 인해 체계적인 유교 지식의 전수는 귀족이나 육두품 등 일부 계층에게만 제한되었다.

왕권 강화를 위해 도덕적 교화에 초점을 둔 유교 사상은 사회 규범이나 관습 같은 일상생활의 유교적 의례화를 통해 일반 서민계층에게도 폭넓게 전파되었다. 지배계급의 도덕적 우월성을 정당화하는 유교 사상은 효과적인 이데올로기 기제로 이용됨으로써 일반 서민들에게도 유교적 숭문주의 인식을 확산시킬 수 있었다. 골품제도의 신분적 한계로 인해 유교 사상은 왕권 강화를 위한 통치이념으로만 존재하였다.

고려시대는 유교적 능력주의가 폭넓게 수용될 수 있는 과거제와 학교제의 발달로 인해 유교 사상은 사회적으로 확대, 전파되었다. 고려 건국 초기부터 태조 왕건은 유교적 왕도정치를 강조하면서 이를 중요한 통치 이념으로 삼았다. 태조의 훈요십조(訓要十條)에서도 유교적 통치 이념을 중요하게 반영하였다. 광종 대에는 호족의 권력을 약화하기 위해 객관적인 선발 장치인 과거제를 도입하여 유교적 문인 세력을 합법적으로 양성하고자 하였다.

고려시대의 유교가 정치 이념으로 구체화한 것은 성종 대에 최승로가 제시한 시무책에서 찾아볼 수 있다. 성종 대는 유교적 문치주의가 꽃피우기 시작한 시대였다. 성종은 유교 제도와 문물을 적극적으로 도입함으로써 중앙집권화를 강화하고자 하였다. 성종 대에 들어 관료정치의 효시라고 할 수 있는 문무산계가 정립됨으로써 과거제와 학교제가 발달할 수 있었다. 이런 제도들은 유교적 왕권 강화와 밀접한 관련을 맺고 있었다.

당시 지방 호족 세력들에게 물리력을 이용하여 통치하는 것은 비효율적이었다. 성종은 관학을 통해 지방 호족을 지배 통제하는 것이 효과적이라고 보았다. 특히 지방의 자제들을 교육하려고 했던 것은 이들을 관료화시킴으로써 향리들의 세력을 억제하고 왕권 강화를 위한 중앙집권책의 하나였다(국사편찬위원회, 1993(12): 153).

성종은 임금이 천하를 교화시키기 위해서 가장 급한 것이 학교를 세우는 일이고 … 국법을 제정하고 신분 질서를 바로잡기 위해서는 훌륭한 유자(儒者)에게 맡기지 않고서는 궤범(軌範)을 이룰 수 없으며, 나라를 다스려 큰 공업을 성취하려면 학교 숭장(崇獎)을 잠시라도 폐할 수 없다고 하였다(박찬수, 1991: 36). 성종의 정치 이념은 유교 사상을 통해 중앙집권체제의 확립과 향리 호족 세력의 약화, 그리고 국민들의 도덕적 교화를 이루기 위한 것이었다. 관료제와 과거제, 그리고 학교제는 왕권 강화를 위해 유교 정치 이념을 효과적으로 전파하고 합법적으로 교화하기 위한 제도적 장치로 기능하였다.

문치주의 경향은 과거제와 학교제를 통해 더욱 발달하였다. 관료가 되기 위해서는 과거제와 학교제를 통해야만 했다. 과거제와 학교제는 유교적 능력주의를 실현하는 제도적 장치였다. 유교적 문치주의의 제도적 실현 장치는 과거제와 학교제였다. 과거제와 학교제를 통해 이루어진 왕권 강화와 관료 경쟁은 유교적 숭문주의의 틀 안에서 진행되었다. 과거제와 학교제를 둘러싸고 왕과 관료 또는 관료 간과 신분 간에 치열한 경쟁이 이루어졌다. 이 시대의 과거제 성격, 과거제와 학교제의 연계성, 관학과 사학의 시대적 위치 등은 정치적 이해관계와 밀접한 관련을 맺고 있었다.

이 모든 제도는 유교적 문인을 배출하여 문치주의 경향을 더욱 강화했다. 유교적 문치주의 속성은 정치사회적 이해관계와 밀접한 관련이 있었다. 대표적으로 고려시대 내내 정치적 부담으로 작용했던 좌주문생제를 들 수 있다.

문종 대에 발달한 사학12도와 좌주문생제는 정치적 붕당을 형성시켰으며 문벌 관료의 양성을 촉진했다. 문인 중심의 문벌 관료들은 자신들의 사회적 이해관계를 재생산하기 위해 문벌적 폐해를 초래하였다. 문인 중심의 문벌정치는 자신들의 이데올로기적 보호막인 유교적 숭문주의에 의해 정당화되었다.

예종 대는 관학을 강화하기 위해 국학7재를 도입하여 무학재(武學齋)를 실시했으나 24년 뒤인 인종 대에 들어서 폐지되고 말았다. 고려시대의 무반(武班)은 농민이나 심지어 노비 출신까지 받아들이는 관직이었다(이기백, 1990: 94). 무반은 비천한 출신으로 무예나 용력이 뛰어나 행오(行伍)에서 발탁된 사람이며, 문지(門地: 집안 대대로 내려온 신분이나 지체)가 좋은 문반(文班)에 비해 문지가 나쁜 무반은 차별대우를 받았다. 무반에는 3품 이상직이 실제로 없었으며 … 무관이 마땅히 받아야 할 병마통수권조차 문관이 겸임하는 것이 보통이었으며, 문관은 무관직을 겸대할 수 있어도 무관은 문관직을 겸대하기가 어려웠다(이성무, 1999: 37-38).

무반에 대한 차별은 무신의 난이 직접적 원인이 되었다. 무신정권기에는 문치주의 경향이 약화되었지만 그렇다고 유교적 문치주의가 완전히 소멸한 것은 아니었다. 무신정권은 자신들의 정치적 정당성뿐만 아니라 외교적 관계나 행정실무에 익숙한 능문능리의 새로운 문신들의 지지가 필요하였다.

최충헌은 집권 후 그의 정권을 더욱 확고히 하기 위해 문반 우대 정책을 폈으며 과거제를 강화하였다. 최우는 최충헌의 문신정책을 답습하면서 문사에 대한 회유책으로 서방(書房)을 두어 제도적으로 보완하는 데 주력하였다(국사편찬위원회, 1993(18): 212). 무신정권기에도 새로운 문인을 발탁하기 위한 과거제가 지속해서 실시됐으며 좌주문생제에 의한 문벌정치가 이루어졌다. 이러한 문치주의 경향은 단지 훈구 귀족에서 신관인층이라는 새로운 계층으로 바뀌었을 뿐, 유교적 숭문주의의 명맥을 지속해서 유지하였다.

무신정권이 몰락하자 문치주의 경향은 새로운 양상으로 나타났다. 고려 말에는 그동안 쇠퇴해진 왕권을 강화하기 위해 과거제와 학교제의 정비가 활발하게 전개됐다. 특히 신진사대부 계층이 중요한 정치 세력으로 부상되자 기존의 구귀족과 치열한 권력 경쟁이 이루어졌다. 구귀족은 한당유학을, 신진사대부는 성리학 이념을 지지하였다. 과거제의 선발 방법이나 내용뿐만 아니라 과거제에서 관학과 사학의 비중에 대해 정치사회적으로 첨예한 대립을 하였다.

여말선초(麗末鮮初)에 들어 같은 성리학 이념을 기반으로 한 신진사대부 계층도 온건 개혁파와 급진 개혁파로 분화하면서 정치적으로 대립 관계를 유지하였다. 그렇다고 유교적 숭문주의가 약화한 것은 아니었다. 고려 말에 전개된 구귀족과 신진사대부의 대립, 신진사대부 간의 대립 모두는 유교의 사상적 기반 속에 이루어진 것이다. 유교 사상은 자신들의 정치사회적 존립 근거를 정당화하기 위한 이데올로기적 성격을 지녔기 때문이다. 유교적 문치주의 성격이 다를 수 있지만 유교적 숭문주의라는 관점에서는 큰 차이가 없었다. 고려시대의 유교적 숭문주의도 정치사회적 맥락과 깊은 관련이 있었다.

02

조선시대의 특징

조선시대에 들면서 유교적 문치주의 경향은 더욱 강화되었다. 고려시대만 하여도 유·불·선이 공존했지만 조선 초기부터 역성혁명의 정당성을 위해 성리학적 정치 이념을 강하게 내세웠다. 조선 왕조는 개국 초부터 주자가례를 법으로 정했으며, 유교의 기본 윤리서인 소학을 적극적 교화 이념으로 채택하였다. 조선 왕조의 성리학적 문치주의 특성은 크게 왕권 강화와 신분 계급의 정착에 있었다.

성리학적 왕권 강화는 양반 신분 계층을 주로 제도적 차원에서 동화시켰으며, 일반 서민을 도덕적 이데올로기의 교화를 통해 유지시켰다. 양반층은 과거제와 학교제를 통해 관료가 될 수 있었다. 과거시험 내용과 학교 교과목 모두 유학이 필수적이었다. 태종 대에 7품 이하의 관료들에게 주자가례를 시험하였으며 소학은 생원시에 필수과목으로 채택되었다. 조선조의 관료는 유교적 관료였다.

일반 서민에게는 유교적 충효의 원리를 교화하기 위해 삼강오륜의 계제적 원리를 강조했으며, 이를 쉽게 실천할 수 있도록 삼강행실도, 효행록 등을 편찬하여 지속해서 보급하였다. 일반 서민에게 충신, 효자, 열녀 등에 대한 모범을 보이기 위해 국가 차원에서 정표(旌表: 효자, 충신, 열녀를 기리기 위해 마을 입구에 세운 붉은 홍살문을 가리킴) 정책을 실시하였다. 이런 제반 정책들은 성리학적 윤리들이 일반 서민들에게 일상생활의 실천 윤리로 쉽게 스며들게 하였으며 그들을 도덕적으로 교화하는 이데올로기적 기능을 하였다.

양반층들은 자신들의 신분적 이해관계를 강화하기 위해 성리학적 분(分) 사상에 입각하여 수직적 차별을 정당화하였다. 그들은 성리학적 위계 사상의 사회적 정당화를 위해 향음주례 및 향약 보급 운동과 소학 실천 운동 그리고 서원 건립 등의 다양한 방법을 보급하였다. 성리학적 생활 윤리의 보급은 일반 서민들의 도덕적 교화를 통해 신분 차별을 정당화하였다. 이를 통해 양반층은 향촌 사회의 지배적 정당성을 확보할 수 있었으며, 동시에 신분 계층 이익을 재생산할 수 있었다.

조선 초기의 훈구파와 사림파의 갈등도 성리학의 이념적 틀 내에서 이루어졌다. 선조 이후 붕당정치도 정치사회적 이해관계를 둘러싼 성리학에 대한 해석적 갈등에 불과하였다. 조선시대에서 성리학은 문치주의의 핵심 사상이었다.

조선시대는 유교적 관료 문인이 정치사회적으로 지배 위치에 있었으며, 성리학적 사상을 정치사회적 판단 기준으로 활용했다. 과거제의 경우에도 조선시대는 고려시대에 없었던 무과(武科)를 개설했지만 무과의 최고직이 문과(文科)의 정3품인 절충장군(折衷將軍)에 불과하였다.

문신(文臣)은 정치적으로 최고의 핵심적인 위치인 청요직(淸要職: 최고 요직)에 올라갈 수 있었으나 무신(武臣)은 그렇지 못하여 무신을 경시하는 풍조가 있었다. 무관(武官)의 최고직인 중추부직은 무소임 문·무 당상관의 대기직으로 활용되었으며 … 병정기관인 병조의 관원과 군수통주권조차도 문관이 차지하는 것은 보통이었다. 또한 동반(東班)에 가기에 자격이 부족한 자는 서반(西班)으로 보내는데, 동반에서 서반으로 가는 것을 좌천이라고 생각하였다. 이러한 편문현상(偏文現象)은 경서 위주의 시험제도와 문관 위주의 관직제도로 인한 문치주의 경향으로 인해 촉진되었다(이성무, 1999: 65－135).

과거제의 꽃은 문과였다. 문과에 응시할 기회도 거의 양반 계층에게 제한됐으며 이로 인해 유교를 통한 신분 차별이 제도적으로 강화되었다. 실질적으로 현실에 유용하게 이용되는 잡과(雜科)인 역과(譯科), 의과(醫科), 음양과(陰陽科), 율과(律科)의 경우 오늘날 전문직에 해당하는 학문적 특성을 가졌음에도 불구하고 정3품 당하관(堂下官)이 한품이었으며, 주로 중인이나 서얼이 응시하는 시험에 지나지 않았다.

조선 사회는 유교적 편문현상이 매우 심하였다. 조선시대의 문치주의는 성리학적 문치주의였으며, 성리학은 단순한 사상이 아니라 현실적 이해관계를 대변하는 이념이었다. 성리학적 문치주의는 숭문주의 이데올로기와 결합할 수밖에 없었다. 조선시대의 문인은 유학(儒學)에 종사하였다. 유학의 직역(職域)은 양반의 현실적 지위를 나타내기 때문이다. 최소한의 양반 지위를 유지하기 위해서는 유교적 문인이 되어야 했으며 이로 인해 사회적 이해관계를 보존할 수 있었다.

조선시대는 자기로부터 4대 조상까지 관리가 없으면, 점차 양반 신분이 하락하여 중인이나 양인, 심지어 노비로 전락할 가능성이 높았다(이영화, 1998: 74−75). 그러나 과거 합격은 가장 확실한 양반 자격증이었다. 문과의 소과 합격인 생원과 진사는 비록 상징적 지위에 불과했지만 실제로 많은 사회적 혜택을 받았다. 생원과 진사는 양반을 보증하는 합법적인 지위였기 때문에 향촌 사회에서 실제적 영향력을 행사할 수 있었다. 생원과 진사는 유교적 문인 사회에서 문화적 공감대를 형성하는 확실한 양반 자격증이므로 실제적인 지배 양반층의 신분적 지위를 유지할 수 있었다. 생원과 진사는 외형상 상징적 지위였지만 실제적 영향력을 행사하고 이해관계를 고양할 수 있는 사회적으로 공인된 자격증과 같았다.

최소한의 양반층을 유지하기 위해서는 양반 직역인 유학(幼學)에 종사해야 했다. 유학(幼學)은 벼슬길에 오르지 못하여 실질적인 혜택이 없는 학생 신분을 일컫지만, 한편으로는 유교 학문에 평생토록 매진하는 양반 신분을 의미하였다. 유학(幼學)은 양반을 나타낸 상징적 지위에 불과하지만 양반 신분은 달랐다. 양반에게는 많은 사회적 혜택과 관료 지위에 오를 기회가 주어지기 때문이다. 유학(幼學)은 생원·진사와 함께 국가가 사족(士族)으로 인정하고 있으며 관직을 수여하는 대상으로 여기고 있었다(최진옥, 1998: 95).

유학(幼學)은 학문에 종사하는 양반 신분으로 국가의 피역(避役) 대상이 될 수 있는 합법적인 혜택이 있었다. 조선 사회에서 학문에 종사하지 않으면 의무 군역의 징발 대상으로 전락하였다. 심환지(沈煥之)에 의하면 향곡의 비천한 백성도 다 농사를 버리고 군적에서 빠지기 위해 과거를 본다고 재산을 팔아 양식을 지고 천 리 길을 마다하지 않고 요행의 바람을 가지니 과장(科場)이 문란하고 지저

분하다고 했다(이만규, 1991: 99).

학문을 한다는 것은 양반 신분층을 유지해 주고 동시에 출세할 기회를 받는 것이다. 문치주의 사회에서 관료로 출세하는 길은 학문을 하는 길밖에 없었기 때문에 교육열은 무엇보다 높을 수밖에 없었다(국사편찬위원회, 1994(23): 8).

조선 사회에서 유학(儒學)은 단순한 학문 대상이 아니라 왕권 강화와 지배 신분계층의 이익을 보장하는 현실적인 이념적 도구였다. 조선 사회의 일상생활에서 정책 의사 결정에 이르기까지 유학은 최고의 지침서였다. 유학은 지배 양반층의 문화와 정신인 것이다. 조선 사회는 유학을 통해야만 모든 것이 이루어진다. 지배 양반층의 유지는 문화적 연대감의 기반인 유학적 동류감이 바탕이 되었다. 조선 사회의 지배계층은 유학적 연대감에 의해 이루어졌다.

유학을 직역한다는 것은 양반 신분을 유지하는 최소한의 상징적 자격증을 보장받는 것이다. 유학을 통해서 향촌 사회의 이해관계에 영향력을 발휘하고, 관료 경쟁에 진입할 기회를 제공받을 수 있다. 유교적 숭문주의의 이면에도 정치사회적 이해관계가 포함되었다. 유교적 문치주의는 도덕적 교화를 통한 이념적 우월성을 확보하여 성리학적 통치 이념과 신분계급의 이해관계를 정당화시키고 있었다. 유교적 숭문주의는 양반 신분의 현실적인 계급적 이해관계를 대변하기 위한 이데올로기적 기능을 하였다.

CHAPTER

02

입신양명주의 교육문화의 특징

유학 사상에서 효(孝)는 인(仁)의 시단(始端)이며, 사회 실천 원리의 핵심이다. 효의 실행을 극적으로 표현한 말이 입신양명(立身揚名)이다. 효경(孝經)에 의하면 신체발부(身體髮膚)는 부모에게 받은 것이니 감히 훼상(毁傷)하지 않는 것이 효의 시작이고, 입신(立身)하여 도를 행해서 후세에 이름을 날려 부모를 드러내는 것이 효의 끝이다.

효는 어버이를 섬김이 시작이고, 임금을 섬김이 중간이고 입신(인격의 완성)이 끝이라고 했다(정태현 역주, 1999: 28). 입신양명의 원래 의미는 천리를 깨달아 인(仁)을 사회적으로 실천하여 사람들에게 자연스럽게 자신의 이름을 알려 부모를 영광스럽게 하는 것이다.

논어(論語)에서 공자는 이익에 따라 행동하면 원망이 많다고 하며 … 지위에 없음을 걱정하지 말고 지위에 설 것을 걱정하며, 자신을 알아주는 이 없음을 걱정하지 말고 알려질 만한가를 구해야 한다고 하였다. 정자(程子)는 말하길 군자(君子)는 자신에게 있는 것을 구할 뿐이라고 하였다. 군자의 학자(學者)는 자신을 위해 공부하는 것이요, 소인의 학자는 남을 위해, 즉 남에게 명예를 얻기 위해 공부한다고 하였다(성백효 역주, 1999a: 77–115).

공자는 명예는 군자가 숭상할 바가 아니다. … 성인이 어찌 사람들에게 이름 나기를 좋아하는 것으로 가르치겠는가 하였다. 또 이름은 선행을 통해 자연스럽게 나는 것이기 때문에 군자는 늙어 죽도록 이름이 칭송되지 않는 사람을 미워한다고 하였다(정태현 역주, 1999: 98). "인(仁)한다는 것은 자기에게서 말미암지 타인한테 말미암겠는가"라고 하였다.

사회적이고 세속적인 지위를 끊임없이 경계하고, 순선(純善)한 인을 실천하여 참다운 지위인 군자의 위치에 있는지를 반성하라는 것이다. 인의 실현은 궁극적으로 명예나 보상 같은 어떤 대가를 요구하는 것이 아니지만 참답고 아름다운 사랑의 실천이기 때문에 저절로 사람들에게 알려지는 것이다. 그래서 공자는 덕은 외롭지 않아 반드시 이웃이 있다고 하였다.

입신양명은 유학의 실천 사상을 함축적으로 표현한 말이다. 그러나 입신양명은 과거제와 결부되면서 세속적인 의미를 띠게 된다. 과거 합격이 곧 입신(立身)을 의미하게 되고 이를 통해 부모와 자신의 이름을 드높인다(揚名)는 것이다. 일반 사회에서 과거 합격은 효의 시작이며 끝이라는 출세주의와 결과주의인 세속적 성격[1]을 띠고 있다. 과거 합격은 일시에 지위, 권력, 부를 획득할 수 있는 극적인 성격을 가지고 있기 때문이다. 과거를 통한 입신양명은 사회에서 최고의 출세주의 가치를 지녔기 때문에, 모든 사람의 주목 대상이 됐으며 그와 동시에 많은 사회적 폐단을 낳았다.

---

1 유학은 과거제의 주요 시험과목이었지만 유학의 참된 정신과 관계없이 과거제는 매우 현실적인 세속적 성격을 띠고 있었다. 고문진보(古文眞寶)에 수록된 송(宋) 진종(眞宗)은 권학문(勸學文)에서 과거제의 이 점을 잘 표현하고 있다. "부자가 되기 위해 좋은 밭을 사지 말아라, 책 속에 천 석(石)의 쌀이 있다. 편안하게 살려면 호사한 집을 지을 필요가 없나니, 책 속에 황금의 가옥 있도다. 문을 나섬에 사람이 따르지 않음을 한탄하지 말라, 책 속에 수레와 말이 무수히 있도다. 아내를 얻으려 함에 좋은 중매가 없음을 한탄하지 말라, 책 속에 옥 같은 구슬을 가진 여자가 있도다. 남아로 태어나 평생의 뜻을 이루고 싶거든, 창 앞에서 육경을 부지런히 읽어라"(노태준 역해, 1997: 16). 사마광(司馬光)은 권학가(勸學歌)에서 "하루아침에 벼슬길에 올라 벼슬 이름이 높아져서 선배라고 불리게 된다. 집안에 아직 인척관계를 맺지 않는 사람이 있으면 저절로 가인이 와서 배필을 구한다고 하였다. 왕안석(王安石)은 권학문(勸學文)에서 독서하는 것은 낭비하는 것이 아니다. 독서는 만 배의 많은 이익을 준다. … 창 앞에서 고서를 읽고 등 아래에서 서의(書義)를 찾으면 가난한 자는 그 책을 읽음으로 부자가 되고, 부자는 그 책을 읽음으로 귀하게 된다"라고 하였다(강길중 역, 1995: 210).

과거 시험의 공부 분량

과거 공부는 엄청난 분량을 요구한다. 여덟 살에 학교에 입학하여 열다섯 살이 되어도 고전교육을 대강만 마치는 정도다. 구체적으로 사서오경의 본문 글자 수를 살펴보아도 짐작하게 한다. 논어는 11,705자, 맹자는 32,685자, 주역은 24,107자, 서경은 25,700자, 시경은 39,234자, 예기는 99,010자, 좌전은 196,845자며 총 431,286자로 구성되어 있다. 사서 가운데 대학과 중용은 예기와 중복되어 제외했지만 전부 합하면 43만 여자로 되어 있다. 이 경전의 본문을 하루에 2백자씩 암송한다고 해도 꼬박 6년 정도 걸린다. 암송이 끝나면 그 몇 배에 이르는 주석을 읽고 또 본문 일부가 시험 문제로 출제될 때를 대비한 해답의 작성 방법도 배운다(중국사연구회 역, 1993: 31-32).

과거제의 입신양명적 사회 실태는 19세기 중국의 사회소설인 관장현형기(官場現形記)의 서문에서 잘 표현해 주고 있다. "관리의 지위는 높고 그 이름은 크고 위엄은 중하다. 이것은 어린아이도 잘 아는 것이다. … 과거제도가 시작되면서부터는 … 사인(士人)은 자기의 학업을, 농민(農民)은 쟁기를, 공인(工人)은 기술을, 상인(商人)은 자기의 장사를 버리고 오직 한 가지 일, 즉 관직에만 관심을 가지게 되었다(조영록 외 역, 1988: 51). 이렇게 관리가 되고자 하는 욕망을 통치자들은 정치적으로 적절히 이용하기도 하였다.

송대의 통치자들은 과거제를 이용하여 지식인들을 농단하고 매수하는 것을 거의 유일한 수단으로 삼았다. 모든 지식인을 이 과거제도 안으로 몰아넣고 부귀영화 향유의 가능성을 미끼로 이 길을 걷도록 하였다. 그러므로 과거제도가 전 지식인 계층에게 개방되는 것과 동시에 지식인 계층의 마음 속에 부패가 시작되었다. 하층의 많은 가난한 선비들은 필사적으로 공부하여 일거에 이름을 얻는 것을 추구하였다(강길중 역, 1995: 221).

중국에서도 과거 경쟁은 많은 사회적 폐해를 낳았다. 과거 시험은 실질적 능력이 있는 사람을 뽑는 것이 아니라 사람들을 오로지 과거 합격에만 매달리게 하였다. 과거 합격을 위해 수단과 방법을 가리지 않았다. 주희에 의하면 과거를 공부하는 사람이 경전의 본문과 선유(先儒)들의 전주를 다시는 읽지 않고, 최근의 과거 시험에서 뽑힌 문장만을 취하여 암송하고 모방하며, 경전 가운데 제목이 될 만한 구절을 선택하여 그 뜻을 이리저리 끼워 맞춰 멋대로 주장을 편다고 하였다.

당시 일반 학교는 과거 문장을 연습하는 장소로 변해 쓸모없는 언어 교육에 치중하게 되어 학술 연구의 기능을 잃어버렸다(강길중 역, 1995: 188). 손쉽게 합격하기 위해 예상 문제와 모범 해답을 작성하고, 심지어 대리시험도 서슴지 않았다(중국사연구회 역, 1993).

시험을 보는 거인(擧人) 중에서 세력이 있는 집은 대다수가 뇌물을 보내면서 응시인들에게 부탁하여 답안지를 바꾸거나 대필하기도 하고 초안을 작성하게 하여 실제 답안지에 옮겨 적으려 하였다. 남의 이름을 사칭하여 시험을 보거나 혹은 남의 손을 빌려 밖에서 답안을 가지고 들어와 답안 용지를 받는 곳에서 베껴 쓰기도 하였다(양종국 역, 2001: 208).

유학을 공부하는 이유가 천리(天理)를 이해하고 덕(德)을 쌓는 것이 아니라, 오로지 관료가 되어 정치사회적 지위를 획득하기 위한 출세주의 경향에 의해 변질하였다. 사람들은 백발이 되어 죽을 때까지 시종일관 과거에 매달리기만 하여 그 폐해가 많았다. 과거제를 통해 출세하려던 입신양명주의는 고려와 조선에서도 그대로 재현되었다.

과거제는 개인의 능력으로 출세할 수 있는 거의 유일한 합법적 통로였다. 과거 합격의 엄청난 사회적 혜택으로 인해 결국 입신양명적 관료 경쟁이 치열하게 전개됐다. 관료 경쟁은 자연스럽게 치열한 교육 경쟁을 불러일으켰으며, 이런 현상은 조선 사회에서도 비슷하게 나타났다. 과거제의 입신양명적 성격이 강할수록 교육 경쟁이 사회적으로 가열됐으며 그 부작용도 심각했다.

01

고려시대의 특징

과거제와 입신양명주의는 밀접한 관련이 있었다. 입신양명을 실현시키는 제도적 장치가 과거제이기 때문이다. 통일신라시대의 원성왕 대에는 능력주의를 실현하는 독서삼품과가 있었지만 골품제의 한계를 벗어나지 못하였다. 특히 육두품 계열의 정치적 진로는 이 점을 잘 대변해 주고 있다.

육두품 계열은 신분 한계를 극복하기 위해 당(唐)으로 유학하여 새로운 활로를 모색하였다. 육두품의 유학생 상당수는 신분 제약에서 비롯된 불만으로 인해 귀국을 거부하거나 또는 당의 과거 합격을 통해 신분 상승의 기반을 마련하고자 하였다(국사편찬위원회, 1998(9): 350－352). 12세의 어린 최치원을 당에 유학 보낼 때 그 부친은, "10년 안에 급제하지 못하면 내 아들이 아니다"라고 골품제에 대한 한 맺힌 불만을 토로하였다.

설계두(薛罽頭)는, "신라에서 사람을 쓰는 데 먼저 골품을 따지므로 … 나는 멀리 중화국(中華國)에 가서 불출의 지략을 발휘하고 비상한 공을 세워 스스로 영화의 길을 열고 관복에 검패(劍佩) 갖추고 천자 곁에 출입하였으면 원이 없겠다"라고 하였다(국사편찬위원회, 1996(11): 172－173). 결국 이들의 과거 목적은 신분 한계를 극복하고 출세하려는 데 있었다.

고려시대에 들면서 호족 세력을 합법적으로 견제하기 위해 능력 위주의 관료 선발 장치인 과거제가 실시되었다. 광종은 무인공신 세력을 약화시키고 관인체제(官人體制) 수립을 통한 왕권 강화를 위해 과거제라는 효과적인 방법을 실시하였다(김용덕, 1959: 8).

성종은 유교적 문치주의를 통한 왕권 강화를 위해 과거제와 국자감을 강화하였다. 성종은 지방의 향리 자제를 관인화하기 위해 국자감에서 교육을 하여 과거 선발에 유리한 혜택을 부여했으나, 상당수의 향리 자제들은 고향으로 돌아갔다. 성종 2년에 상경하여 습업한 향리 자제의 수는 겨우 260명이었다. 그것도 성종 5년에는 207명이 학업을 포기하고 고향으로 돌아가고 겨우 53명이 남았다(이기백, 1990: 64). 이 점에 대해 많은 이유가 있겠지만 그중의 하나는 호족 자제들은 일정한 신분이 보장되어 있어서 과거제의 사회적 혜택에 큰 매력을 느끼지 못했기 때문이다.

이처럼 과거제의 입신양명주의는 현실적 이해관계와 밀접한 관련을 맺고 있었다. 과거제의 사회적 보상이 작으면 그만큼 주목을 받지 못하였다. 과거제에 의한 귀족 문벌 사회가 이루어지면서 과거제는 관인의 중요한 선발 통로로서 비중이 커졌다. 유학은 학문적 연구 대상이 아니라 과거 합격의 수단으로 이용됐으며 관학과 사학의 흥망(興亡)은 과거제와 직접적인 관련을 맺었다.

성종 초, 국자감이 창설되었으나 학생의 주류는 지방 출신들이어서 중앙귀족 자제들은 이를 기피하여 사학으로 몰려들었고, 출사(出仕)의 지름길인 과거급제율도 높아지자 사숙(私塾)은 더욱 번창하여 다중(多衆)의 도(徒)를 이루어 사학12도가 출현하게 되었다(박찬수, 1996: 38). 사학12도는 관계(官階)에 진출한 후에도 돈독한 관계를 유지하며 문벌을 형성하여 붕당 정치의 원인이 됐으며 관학에 대해서는 배타적이었다.

사학12도 출신들은 과거 급제율도 높았을 뿐만 아니라 집권층의 자녀 대부분이 여기에 적을 두었기 때문에 재추(宰樞)들 간에 공공연히 국자감 폐지를 거론할 정도였다(박찬수, 1996: 42). 이때의 교육은 관학이나 사학을 막론하고 인격을 도야하는 전인교육이 아니라 순전한 과거 준비 교육기관이었다(이성무, 1994: 49).

고려 전기에는 제술업인 진사과가 중심이었다. 명경업은 그보다 격이 낮았다. 과거응시자들은 진사과 중심인 과거제로 인하여 구태여 국자감에 얽매이면서까지 과거와 직접 관계가 없는 경학을 수학하려 들지 않았다(국사편찬위원회, 1994(17): 21). 과거시험에 있어서 명경보다 제술을 숭상하며 벼슬길에 오르는 일에 힘쓰고, 사람들은 경학을 소홀히 하고 오로지 제술을 숭상하여 글짓기에 종사하여 경박하고 부화(浮華)한 풍조를 낳게 되었다(한국철학사연구회, 1997: 109).

의종 대의 임춘(林椿)이 과거 시험에 낙방하였지만 이를 수치로 생각지 않은 것은 과거 시험에 대한 당시 문인들의 인식을 보여 준다. 과거시험의 문장 세계와 자기가 연마하는 문학의 세계가 다르기 때문이다. 이런 인식은 고려시대 문인들의 공통된 생각이었다. 그는 과장(科場)에 대해, 고문에 대한 해박한 지식의 소유자들이 과장에서 제대로 평가를 못 받으며 그 진출이 억제당하고 있으니 통탄할 일이라고 하였다(박창희, 1991: 43-44).

무신정권기에도 과거제의 입신양명적 출세주의 경향은 크게 달라지지 않았다. 무신정권은 처음에 문인층에 대해 상당히 배타적이었으나 외교문서 작성이나 행정 실무를 담당할 수 있는 새로운 문인이 필요하였다. 과거를 통해 지방

향리층을 대상으로 새로운 관리를 선발하였다.

따라서 과거를 통한 지식인들은 경학보다는 외교 문서 작성에 필요한 작문력을 숭상하여 이른바 선속문(善屬文)의 자질을 향상하려고 급급하였다. 학구적이 아닌 경박한 문품(文風)은 오히려 시대와 부합되었다. 당시 음풍농월(吟風弄月)하면서 시구를 짓던 무기력한 지식인들과 문한관(文翰官)인 관료들 모두는 사장을 닦고 미사여구에 골몰하여 경학을 외면하는 경향이었다(허홍식, 1977: 29). 이렇게 무신정권기의 과거제는 경학보다 사장 중심의 작문력에 치중하고 있었다.

무신정권기에도 과거제를 통해 새로운 좌주문생제가 형성되어 문벌정치는 변하지 않았다. 관학보다 사학이 중요시되었으며 과거 합격은 좌주문생의 문벌적 정치에 의해 좌우될 정도였다. 이색은 과거제 개혁 안에서 이런 폐해에 대해 다음과 같이 지적하였다. "오늘날은 등사자(登仕者)라도 반드시 급제할 필요가 없고 급제자라도 반드시 국학을 거칠 필요가 없으니 누가 지름길을 버리고 어려운 길을 걸으려 하겠습니까. 학생들은 흩어지고 제사(齊舍)가 흩어지고 허물어지는 것은 진실로 이 때문"이라고 하였다(허홍식, 1991: 45).

무신정권이 몰락하자 왕권 강화를 위해 관학을 재정비하였으며 과거제와 강하게 연결해 사학의 좌주문생적 문벌 정치를 견제하였다. 이를 위해 새로운 견제 세력인 성리학으로 무장한 신진사대부를 효과적으로 양성하기 위해 과거제에서 경학을 강조하였다.

02

조선시대의 특징

고려 말기에 들면서 양반층이 증가하기 시작했으며 양반 간의 관직 경쟁이 서서히 치열해져 갔다. 조선시대에 들어 양반의 수를 제한하여 양반의 사회적 가치를 높이기 위해 양반의 인적 공급원이었던 향리, 서리, 서얼 등을 중인층으로 전락시키고, 아울러 과거응시 자격을 제한하였다. 이런 노력으로 양반층은 더욱 강화된 지배 신분층이 되었다.

양반 간에도 사회 신분적 지위가 달랐다. 양반들은 자신들의 신분적 지위를 더욱 높이기 위해 치열하게 경쟁하였다. 양반의 신분적 지위를 높이기 위한 경쟁의 중심은 과거제였다. 양반 신분을 확인해 주는 가장 확실한 사회적 보증서는 과거 합격증이었다. 과거 합격증은 곧 양반 자격증을 의미하였다. 양반 사족 신분을 유지한다는 것은 생존권과 밀접한 관련이 있었다. 같은 양반이라도 선조에 어떤 관료가 있느냐에 따라 신분 차별이 심하였고, 나아가 점차 중인으로 하락할 수 있었다.

미분화된 사회에서 관직은 지위, 권력, 부가 집중되어 있어서, 과거 합격은 미천한 집안이라도 일시에 지위가 올라갈 수 있는 극적인 요소가 있었다. 과거 합격은 초자(超資)·초직(超職)의 성격으로 인해 인사 승진에서 매우 유리하였다. 개인의 능력에 의해 실현되는 과거제는 객관적이고 합리적이며 공정한 선발 장치라는 인식을 심어 주었으며, 누구나 노력하면 높은 지위에 오를 수 있는 열망을 부추겼다. 과거의 열망 속에는 관직 획득이라는 매우 현실적 열망이 그 실체로 작용하였다. 과거 합격은 곧 관리가 되어 지위, 권력, 부를 일시에 획득할 수 있는 입신양명적 성격이 있었다.

입신양명의 도구적 측면에 대해, 김태길(1983: 35-37)은 조선조의 소설을 분석한 행복의 조건 아홉 가지에서 입신양명과 행복과 관련하여 크게 두 가지 조건이 포함되어 있다고 하였다. 그중 두 번째는 소년 등과 하여 벼슬이 높아지고 마침내 고관의 자리에 오름으로써 가문을 더욱 빛내는 것이고, 네 번째는 재덕과 효성이 지극한 아들을 여럿 두되 그들 모두가 입신양명하는 것을 소원하였다. 상당 부분이 과거에 급제하여 입신양명하는 것을 중요한 행복의 가치로 보았다.

과거제에서 시험 내용인 유학(儒學)은 덕과 지혜를 기르는 학문적 대상이 아니라 단지 과거 합격을 위한 수단에 지나지 않았다. 과거 공부의 목적은 높은 관직을 차지하려는 세속적인 열망과 깊은 관련이 있었다.

실제 조선 초기, 성균관 유생들은 과거 과목인 제술에만 힘쓰고 과목에서 제외된 강경에는 소홀히 하였다. 제술 시험의 과거 폐해는 유생들이 경서를 읽지 않고 모범 답안지인 초집(抄集)만을 읽으며, 유학의 근본인 경학을 공부하지 않고 도리어 유자(儒者)의 말기(末技)인 사장이나 시문을 흐르게 하였다. 세종실록(世宗實錄)의 상소문에서도 과장(科場)의 글들을 기록하고 외워서 요행히 벼슬길에 오름을 바라는 것에 휩쓸려 기풍을 이루어서, 그 사이에 혹 성현의 글을 부지런히 읽는 이가 있으면 동류들이 비웃으니, 학업을 폐기하고 지취(志趣)가 부박(浮薄)함이 이와 같다고 하였다(손인수, 1999: 16-75).

과거제도의 폐해에 대해 율곡 이이는 천리(天理)를 통하는 학문과 인간에 뛰어난 행실이 있어도 과거가 아니면 출세하여 도(道)를 행할 수 없다. 아비가 자식을 가르치고 형이 아우에게 권하는 것이 과거 이외에는 다시 다른 방법이 없으니 선비 풍습이 버려짐이 과거 때문이라고 한탄하였다(박의수, 1997: 23).

정경세(鄭經世)는 과장에 이르러서 망연히 시문의 어귀를 배치할 바를 알지 못하고 부득이 다른 사람의 작품을 몰래 취하여 요행의 계책으로 삼으므로 한 사람이 적으면 백 사람이 전취하여 유사(有司)도 부득이 그 가운데에서 뽑아 사람을 채웠다고 하였다(이만규, 1991: 98).

숙종 대의 정민화의 상소에 따르면, 과거가 공정하지 못해 낫 놓고 기역자도 모르는 일자무식인데도 권세에 의지할 길만 있다면 느닷없이 장원을 차지하고, 능히 학문과 기예를 통달했는데도 의지할 권세가 없으면 자기 몸을 낮추고 절개를 굽힘을 면하지 못하였다. 심지어 초시에 낙방했는데도 복시에서 부당하게 합격하는 것도 있다고 하였다(정구선, 2010: 130).

정약용은 과거학(過擧學)의 폐단은 이단(異端) 가운데서도 폐해가 제일 혹독한 것이며, 과거학의 해독은 홍수와 맹수에게도 비교할 수가 없을 정도라고 하였다. 오래전부터 난리 중에 최고 난리는 물난리라는 말이 있었다. 당시의 물난리 폐해는 매우 극심하였다. 과거제를 물난리와 비교한 것은 그 해악을 가늠하기 어렵게 한다.

조선 후기의 실학자 유수원(柳壽垣)은 유생(儒生)이란 명칭을 갖고서도 경서(經書)와 사기(史記)를 능히 읽는 자가 백 분의 일밖에 되지 않으며, 그의 문리(文理)를 말한다면 해몽(解蒙)도 못할 자가 대부분이며 다만 유초(類抄)와 표절하는 기술만을 익힌 다음 과장(科場)에 출입하여 요행히 합격할 것을 바란다고 하였다

(한우근·이성무, 1991: 221).

과거 합격은 절박한 현실적인 문제였다. 과거 합격은 개인의 영광뿐만 아니라 가문의 지위를 보장하는 생존권 차원의 문제였다. 양반에게 있어서 과거 합격은 사족의 지위를 유지하기 위해 반드시 갖추어야 할, 혹은 지향해야 할 최소한의 자격증이었다. 국가의 정규시험에 합격하여 생원·진사가 되거나 참상직 이상의 전, 현직 관리자가 되는 것과 같은 자격이었다. … 하잘 것 없는 관직일지라도 관직은 최소한 3대가 사족이라는 신분을 보장 받을 수 있는 발판이 된다는 점에서 지배층으로서 확고한 자격을 갖추기 위한 관직 획득은 그들 모두의 절실한 과제였다(김성우, 2001: 232).

조선 사회에서 개인과 가문의 지위를 유지하기 위해서는 관직은 물론 생원·진사라는 최소한의 양반 자격증이 필요하였다. 생원·진사는 상징적 지위일지라도 국가의 정규 시험에 합격했기 때문에 양반 신분을 유지하는 국가 공인 자격증이었다.[2] 과거 경쟁은 관직 경쟁뿐만 아니라 생·진시의 경쟁률도 치열하게 전개되었다. 조선의 전 시기에 걸쳐서 생·진시의 평균 합격 연령은 34.54세로 나타나고 있다. 15세기에 생·진시는 25.72세에서 16세기 후반부터는 30세 이상으로 높아지고 19세 후반에는 37.81세로 평균 합격 연령이 높아졌다. 평균 합격 연령이 이처럼 늦어진 것은 생·진시 응시자 수의 증가로 인한 적체가 심했으며

2 과거 합격뿐만 아니라 양반의 특권적 신분은 현실적인 이해관계를 구현하는 실제적 영향력을 지녔다. 박지원은 "양반전"에서 이 점을 신랄하게 지적하고 있다. "대체 하늘이 백성을 낳으실 제, 넷으로 구분하였다. 네 백성(士農工商) 중에 가장 존귀한 자가 양반(士)이니 이보다 더 큰 이익(利益)이 없다. 농사를 짓지 않아도 되고 장사하지 않아도 된다. 글이나 역사를 대충 알면 크게는 문과에 급제하고 작게는 진사가 될 수 있다. 문과의 합격패인 홍패(紅牌)는 길이가 두 자도 되지 못하지만 온갖 물건이 들어오는 돈 자루와 다름없다. 진사는 30세에 첫 벼슬을 하여도 명망 있는 음관(蔭官)이 될 수 있고, 남쪽 큰 고을의 원을 잘 섬기면 일산 바람에 귓바퀴가 희어지고 사령(使令)들의 '예' 하는 소리에 배가 나오게 된다. 방에는 아리따운 기생이 둘러있고 뜰에는 우는 학을 기르고 있다. 그러나 비록 시골에서 양반(士)의 몸으로 어렵게 살더라도 무엇이든지 제멋대로 할 수 있다. 이웃집 소를 가져다 먼저 자기 밭을 갈게 하고, 마을 농민들을 불러다 자기부터 김을 매게 해도 누가 감히 양반을 거역하겠는가. 네 코에 잿물을 붓고 상투를 잡아 틀고 수염을 뽑아도 감히 원망하지 못한다."라고 하였다(한우근·이성무, 1991: 214).

이로 인해 과거 경쟁이 치열하여 그 준비 기간이 상당히 오래 걸렸기 때문이다(최진옥, 1998: 61-62).

과거제에 대한 관심은 정치사회적으로 예민한 문제로 대두되었다. 과거제의 시험 방식과 내용은 정치적 갈등을 유발하였다. 조선 초기에는 강경과 제술을 둘러싸고 정도전과 권근이 치열하게 대립하였다. 사장과 경학, 원점제와 별시에 대해 훈구파와 사림파 간의 정치적 이해관계가 달랐다. 어떤 시험 방식과 내용을 채택하느냐에 따라 특정 집단의 합격률이 달라졌으며 정치적 이해관계에 직접적인 영향을 미쳤다.

과거 합격은 양반층에는 매우 현실적인 사회문제여서 정치적인 차원에서 영향을 받지 않을 수 없었다. 조선시대에는 과거제를 둘러싸고 끊임없는 정치적 대립이 지속됐으며, 자파(自派)의 정치 세력 확장의 수단으로 이용하였다.

과거 합격은 현실적인 생존권 문제와 직접 관련이 있었다. 과거 합격은 개인이나 가문의 위세를 보증하고, 궁극적으로 양반 신분을 유지해 주는 자격증이었다. 과거제를 통해 관직을 획득하기 위한 노력은 필사적이었다.[3]

조선 후기로 갈수록 관직 수의 제한으로 인해 관직 경쟁이 더욱더 치열해져 정치 붕낭의 원인이 되었다. 양반 신분을 유지하는 데는 관직이 필요했고, 관직을 얻기 위해서 붕당을 결성하게 되었으며 문벌을 높이기 위해서 문집, 묘비, 서원, 사묘, 누정(누각과 정자의 합친 말), 족보, 종회 등에 심혈을 기울였다. 이러한 양반들의 문벌 경쟁, 관직 경쟁은 급기야 16세기 이후와 사화와 당쟁을 불러일으켰다(이성무, 1999: 149).

조선 후기의 실학자 이익(李瀷)은 조선시대 당쟁의 원인으로 과거제를 꼽았다. 관직의 수에 비해 관직을 원하는 사람의 수가 많고, 또 과거 시험을 자주 시행

3 양반들은 과거 합격을 위해 필사적이어서 실력 없는 자가 장원 급제할 정도였다. 중종대에 김안로는 임금에게, "전하께서 몸소 나가시어 책문을 시험 보일 때 문과에 장원한 자도 글이 조리를 갖추지 못하여 남의 웃음을 사니, 과거를 천시하게 하여 국가의 체모를 욕되게 함이 너무 심합니다."라고 하였다. 문과 장원 급제도 비웃음을 살 정도로 조선 중기에는 실력 없는 자들이 수석으로 합격하는 폐단이 자주 발생하였다(정구선, 2010: 129).

하여 관직 대기자의 수가 늘었기 때문에 당쟁이 일어났다고 한다(이영화, 2000: 80). 이로 인해 각 붕당 세력들은 과거를 자파의 세력 확산 수단으로 이용하였다. 붕당의 잦은 성쇠에 따라 자기 붕당의 세력을 확장하기 위한 수단으로 과거를 자주 실시함으로써 자파의 붕당원들을 정계에 진출시키고자 하였다(차장섭, 1997: 93).

관직 경쟁의 치열한 현상은 정치사회적 문제를 일으켰으며 심각한 과거 부정[4]과 사회적 부작용을 낳았다. 웬만한 향시에서도 수천 명이 응시하는가 하면, 서울의 과거 시험은 10만 명 이상이 응시하여 시험장은 아수라장 그 자체였다. 이런 현상은 합격·불합격 여부를 떠나서 과거 응시 자체가 양반 신분의 상징성을 나타내 주던 사회 분위기와 무관하지 않았다. 과거장의 이러한 광경에 대해 박제가는 다음과 같이 전하고 있다(한우근·이성무, 1991: 93).

> 조종조(朝宗朝)에는 과거에 응시한 유생이 사백 명이 된다고 하여 … 지금은 그때의 백배가 되는 유생이 물과 불같은 무거운 생활 도구를 가지고 입

4 조선 후기로 갈수록 과거 부정은 다양한 형태로 심각하게 자행됐다. 과거 시험에 수종을 데리고 들어가는 것((隨從의 弊), 시험지를 빨리 내려는 협잡(早呈), 책이나 커닝 용지를 이용하는 것(挾書), 대리 시험을 치는 것(借述), 시험관과 짜고 특정인의 시험을 봐 주거나 시험 문제를 미리 가르쳐 주는 것(赫蹄), 역서(易書)할 때 서리를 매수하여 시험지 내용을 고치는 것(易書用奸), 봉미관(封彌官)이나 서리를 매수하여 감합(勘合)할 때 합격자의 시험지에 자기의 피봉(皮封)을 바꿔치기하는 것(竊科), 시험장을 습격하여 시관을 구타하는 것(科場亂動) 등이다(차장섭, 1997: 101). 심지어 글 잘하는 사람 네다섯 사람을 데리고 들어가 합동으로 시험지를 분담·작성하여 합쳐서 내기도 하였다. 초기에는 공부 잘하는 사람을 데리고 들어가 답안지를 바꿔치기하는 것이 조선 후기에 갈수록 서울 권세가의 자제들은 네다섯 사람의 글 잘하는 사람을 데리고 들어가 답안지를 쓰게 하여 그중 제일 잘 된 것을 골라 제출하거나 한 사람의 글 잘하는 사람의 답안지를 10여 인이 베껴서 내기도 하였다. 또한 차술(借述)과 대술(代述)이 유행하자 글을 파는 매문업자(賣文業者)가 많아졌으며, 시험장 근처에는 이러한 매문업자가 우글거렸으며 서울의 권세가 자제들은 시골의 글 잘하는 선비를 사 오기도 하였다. 급기야 영조 조에는 합격자를 따로 불러 면접을 하여 자신이 지은 몇 구절을 외우게 하여 그렇지 못하면 합격을 취소하거나 형벌을 주었다(이성무, 1994: 224−225).

장하느라 힘센 무사도 들어가고 심부름하는 종도 들어가며 술파는 장사꾼도 들어가니, 시험장이 어찌 비좁지 않으며 혼잡하지 않겠는가. 심지어 몽둥이로 서로 때리고 대나무로 서로 찌르며, 문에서 가로막고 길에서 욕설하며 변소 보는 것까지 구걸한다. 하루 동안 과거 보는 것이 사람의 머리를 세게 하며, 가끔 살인 또는 압사(壓死) 사건이 일어난다.

과거제는 유학의 학문적 도(道)를 습득하게 하는 것이 아니라 오히려 현실적 욕구를 채워주는 관료 출세주의적 성격이 강하였다. 과거제를 통한 입신양명적 욕망은 유교적 숭문주의로 인한 사회적 정당성 확보와 도덕적 우월성의 이념적 효과로 인해 더욱 커질 수밖에 없었다. 이러한 과거제의 입신양명적 가치관은 과거에 계속 낙방하더라도 관직으로 나아갈 미련을 버리지 못한 선비들은 죽어서도 묘비명에 학생○○○지묘(學生○○○之墓)라는 집념의 자취를 남겼다. 과거에 합격하면 생원·진사 등과 같은 일종의 학위를 얻게 되고 이로써 불명예스러운 칭호를 면할 수 있기 때문에 과거에 집착했다(손인수, 1999: 25-27).

과거제를 통한 입신양명주의 속에는 현실적인 혜택이 주어지는 출세주의적 가치관이 자리 잡고 있었다. 과거제의 입신양명적 경쟁은 실질적으로 관직 경쟁을 의미한다. 조선 사회에서 관직은 지배 위치를 보장해 주고 현실적 이해관계를 재생산할 수 있는 가장 확실한 만능 자격증이었다. 따라서 입신양명은 효(孝)의 실천을 설명하는 함축적인 말이지만, 과거제와 결부되면서 그 본질적 의미가 퇴색하여 현실적인 출세주의 개념으로 치환되었다.

CHAPTER

03

문벌주의 교육문화의 특징

문(門)은 가문(家門)이나 사문(師門) 등과 같이 사회적 동류의식을 지녔거나 연대 가능한 집단을 의미한다. 벌(閥)은 공적(功績)이나 공훈(功勳)을 뜻하며 시간적인 개념을 내포하고 있다. 따라서 문벌(門閥)은 대대로 내려온 가문(家門)의 지체(肢體)뿐만 아니라 종교나 학술, 그리고 직업 등에서 여러 대에 걸쳐 만든 공훈이나 공적 등을 세워, 높은 사회적인 명망과 위세를 이룩한 세력화된 집단을 의미한다.

문벌은 누대에 걸쳐 축적된 높은 사회적 위세와 명망이 있어야 하며, 적게는 가족 집단에서 사회 집단까지 포함하고 있다. 문벌 집단은 최고의 사회적 지위를 갖고 있으며, 정치사회적 특권을 대대로 세습하는 가문이나 사회 집단을 의미한다. 일반적으로 문벌은 가문을 중심으로 이루어진 최고의 상류 계층을 뜻한다.

문벌주의(門閥主義)[5]는 몇 세대에 걸쳐 형성된 사회적 위세가 있는 족벌(族閥)이

5 문벌주의는 가문 중심을 제외하고 베버(M. Weber)가 제시한 지위집단(status group) 개념과 유사하다. 지위집단은 비슷한 신분적 지위, 삶의 유형, 문화양식, 신념 체계 등의 동류의식을 통해 유기적 연대감을 형성하여 자신이 속한 지위집단의 사회적 가치나 위세를 높이기 위해 집단적으로 영향력을 행사한다.

나 학벌(學閥) 같은 사회 집단이 공유된 동류의식과 집단적 결속력에 의해 자신뿐만 아니라 소속 집단의 이해관계를 높이기 위해 집단적 영향력을 행사하는 것을 말한다.

문벌주의는 역사적 성격에 따라 달리 나타났다. 고려 초의 문벌 귀족은 주로 왕실의 인척과 외척, 그리고 통혼 관계로 이루어졌으며 고려 후기는 권문세족이 중심이었다. 조선시대에 들어서는 벌열(閥閱) 중심의 문벌적 특성을 보였다. 문벌 집단을 이루기 위해서는 최소한 3세대 이상의 문과 관료를 배출해야 했다.

문벌 집단은 혈연에 의한 음서제를 통해 관료로 진출할 수 있었으나 사회적으로 객관적 능력을 인정받을 수 없었다. 과거 합격증은 능력의 공인된 자격증이므로 사회적 정당성을 확보할 수 있는 지표였다. 설령 음서에 의한 관료 혜택을 받았더라도, 사회적으로 공인된 인정을 받기 위해 과거에 다시 응시하기도 하였다.

문벌 집단은 자신들의 신분 가치의 정당성을 확보하기 위해서 과거제를 통한 관료 배출을 매우 중요하게 여겼다. 문벌 집단은 사회적 지위를 재생산하기 위한 효과적 수단으로 교육에 집착할 수밖에 없었다. 문벌 집단은 교육에 의한 과거 합격을 통해 사회적 신분의 정당성을 확보할 수 있었다. 문벌 집단은 정치적으로 세력화하여 왕권에 도전하거나 소속 집단의 이해관계를 높이는 과정에서 많은 사회적 부작용을 낳았다. 과거 시험 방법이나 부정행위도 문벌적 이해관계를 높이기 위한 과열된 경쟁에서 초래되었다.

01

고려시대의 특징

고려 초에는 지방의 호족 출신이나 무신 공신들이 지배적인 위치에 있었다. 성종 대에 과거제 중심의 관료제가 도입됨에 따라 기존의 지방 호족세력들과

6두품이나 유신(儒臣) 계열들은 중앙에서 지배 세력으로 정착하여 관직을 세습하는 문벌 가문을 이룩하였다. 특히 문벌 귀족들은 5품 이상의 관리에게 주어지는 음서 혜택을 통해 중앙에서 특권과 지위를 세습하였다.

성종 대부터 관직을 세습할 수 있게 한 음서제도가 발달하기 시작하여 관직을 통한 정치적 지위를 축적하였다. 문벌 귀족 집단들은 과거나 음서 또는 왕실과 혼인을 통해 문신 귀족을 형성하여 귀족 정치를 하였다. 따라서 중앙의 관료들은 서서히 귀족화되었으며 지방에 남아 있던 그들의 친족(親族)[6]과 구분되어 재지 세력과 재경 세력으로 분리되기 시작하였다(국사편찬위원회, 1993(12): 180－181).

이기백(1990: 60－61)에 의하면 성종 대의 관직은 중앙 관리나 지방 향리의 가문에 의해서 독점되었으며, 과거제가 결코 신분을 초월하여 실력만을 기준으로 하여 관리를 등용하는 제도라고 할 수 없었다. … 결국 과거제는 특권적 지위에 있던 중앙 관리나 지방 향리 계층이 그들의 정치적 지위를 독점하는 방향에서 시행됐다고 한다.

변태섭(1985: 62)은 고려시대에는 가문과 문벌을 중요시하며 그것이 모든 지위를 결정했다고 한다. 문벌이 좋은 집안에서 태어나면 자동으로 귀족으로 관직을 갖고 정권을 잡게 되며, 막대한 토지를 소유하고 여러 가지 사회적 특전을 누렸다고 한다. 고려에서는 음서에 의한 귀족들의 관리 등용이 일반화되었고

6 과거에 급제한 지방의 향리들이 중앙의 관리가 되면, 본향(本鄕)의 동족들과 신분 차이가 벌어졌다. 중앙 관리가 되면 지방의 호족이 아니라 중앙 귀족으로서 신분이 상승하는 것이다. 중앙의 귀족 관료들은 본향으로 돌아가는 것을 신분 하락을 의미하는 것으로, 하나의 형벌로 받아들였다. 즉, 그들을 관직으로부터 축출하고 동시에 경제적 토대인 직전(職田)을 몰수하여 본관(本貫)으로 유배(流配)하는 것을 말한다. 고려의 중앙 관리는 재경에 거주하는 중앙 귀족이며 귀향(歸鄕)은 그들을 중앙 귀족의 지위로부터 축출하여 중앙 관리가 될 수 있는 특권적 자격을 박탈하는 것을 뜻했다. 그리고 본관은 신라 말기에 지방에 호족이 등장하면서 생겼다. 고려시대에 들어와 호족들이 중앙 귀족화되자 현 거주지가 아니라 조상의 원거주지를 본관으로 칭하였다. 이것은 이성귀족(異性貴族)들이 중앙에서 함께 모여 있어서 자기 가문과 다른 가문을 구별하기 위한 것이다. 따라서 이러한 배경은 사회적으로 문벌이 유효하게 된 시대적 배경 속에서 생겨났다(이기백, 1990: 67－68).

승진 차별도 없었다고 한다.

문벌 귀족들은 음서제뿐만 아니라 국자감의 입학 자격을 관품에 따라 차등을 두어 그들의 지위를 합법적으로 공고히 하였다. 문무관 3품 이상의 아들과 손자는 국자학, 그 증손은 태학에 입학할 수 있으며, 문무관 5품 이상의 아들과 손자는 태학에, 문무관 7품 이상의 아들은 사문학에 입학하는 특전을 부여했다. 국자감시를 통해야만 국자학, 태학, 사문학에서 관학 교육을 받을 수 있었다.

국자감시는 입학 자격시험에 불과하지만 여기를 거치지 못하면, 예부시에 응시할 기회가 박탈되는 중요한 시험이었다. 국자감의 입학 자격은 사실상 관료가 되는 특전을 부여하는 것이다. 이러한 국자감시 운영은 문벌 정치와 붕당의 원인이 되었다.

고려 중기 이후, 문벌 귀족들은 지방 학생들이 다니던 관학을 기피하고 사학을 선호했으며, 사학의 폐쇄적 운영을 통해 과거를 독점하였다. 특히 문종 대에 생긴 사학12도는 과거 급제율이 높아 주로 귀족의 자제들이 다녔으며 선후배의 학연에 의한 강력한 학벌 관계를 형성하여 문벌적 특권을 유지하였다. 사학12도는 강력한 도제관계(徒弟關係)로 맺어져 있어서 도중(徒中)과 도중(徒中) 간에 멋대로 이적(移積) 할 수 없게 되어 있어서 만일 이를 어기는 자는 동당감시에 응시할 자격을 박탈하였다(역사학회 편, 1992: 121).

사학12도 중, 최충(崔沖)의 문헌공도에는 구재(九齋)가 있었다. 구재는 진학 계제를 뜻하는 것이 아니라 오히려 재 상호 간에 독립적인 성격을 지니고 있었다. 같은 문헌공도에 속해 있지만 재들 간에 과거 경쟁이 이루어졌으며 재끼리의 선후배 및 학벌 관계가 달랐다. 과거 합격자를 많이 배출한 재는 번창할 수 있지만 그렇지 못한 재는 소멸하고 만다. 심지어 아버지가 다니던 재에 아들이 들어갔다. 이처럼 재는 폐쇄적인 강한 연고권에 의해 움직여졌다(박찬석, 1991: 123-132).

관료 귀족들은 사학뿐만 아니라 좌주문생제에 의해 문벌적 유대관계를 형성하였다. 좌주는 과거 시험관인 지공거를 뜻했으며 문생은 그 시험의 합격생을 의미한다. 과거 합격자 발표가 난 후에는 좌주가 며칠 동안 연회를 베풀 정도로 매우 친밀한 유대 관계를 나타냈다. 좌주와 문생은 부자(父子)로 비유되고 급제한 사람끼리는 성적순에 따라 서열이 정해졌으며, 이들은 서로를 끌어주고 밀어주었으며, 동년록(同年錄)을 간행할 정도로 집단의식이 강했다(허흥식, 1991: 230-232).

좌주문생제는 문벌 귀족화 경향을 촉진하였으며, 붕당의 직접적인 원인이 되었다. 과거제를 통해 선발된 사람들은 국왕의 신료임에도 불구하고 좌주와 문생의 유풍이 남아 있는 한, 국가의 공적 선발이 사은화(私恩化)되는 폐단을 가졌다(김창현, 1999: 158). 좌주문생제는 특정 시관(試官)을 중심으로 한 정치 파벌을 형성하여 왕권을 침해하기도 하였다.

무신집권기에는 문인 세력이 약화됐지만, 좌주문생제에 의한 문벌화 경향은 강화됐다. 무신정권은 행정적 공백을 메우기 위해 능문능리에 익숙한 문인이 필요하였다. 무신정권은 기존의 문인 세력을 대신할 수 있는 새로운 관인층의 선발을 위해 과거제를 계속 시행하였다. 이를 통해 무신정권은 문인 세력의 정치적 지지 기반을 마련하였다. 시험관인 지공거는 과거 합격자와 좌주문생 관계를 통해 평생 긴밀한 관계 유지를 통해 문벌적 사회 집단을 형성하였다.

최충헌과 최우는 문신 우대 정책을 펴면서 그들이 지지하는 문신들을 발탁하여 정치 세력을 강화하였다. 최씨 정권은 측근 문신들을 좌주로 삼고, 합격자들을 문생으로 하여 정치적 유대감을 형성하였다. 궁극적으로 최씨를 중심으로 한 좌주문생의 상하 관계의 계열화를 강화하였다(국사편찬위원회, 1993(18): 231-232). 무신정권기에 강화된 좌주문생제는 문벌 집단화를 이루어 붕당적 폐해를 초래하여 끊임없는 정치적 척결 대상이 되었다.

무신정권 이후, 고려 후기에 들면서 고려 초부터 형성된 문벌 귀족 가문, 무신정권기에 무장에서 문인 관료 배출로 성장한 가문과 신관인층 가문, 그리고 원 세력에 힘입어 성장한 신흥 가문 등의 권문세족(權門勢族)이 등장하였다. 권문(權門)은 원 간섭기에 권력층이 된 부류며, 세족(世族)은 여러 대에 걸쳐 관료를 지속해서 배출한 문벌 가문을 의미한다. 관료의 지속적 배출은 세족층이 문벌로서의 지위를 유지하는 가장 중요한 요소였다. 세족층들은 지속해서 음서에 의한 관료 지출과 좌주문생제를 통해 문벌 지위를 유지하였다.

문벌 세족은 음서를 통해 관료가 될 수 있는 기본적인 통로가 있었지만, 사회 명분을 얻을 수 있는 제도적 장치는 객관적 선발을 보장하는 과거 합격이었다. 음서 출신자의 40% 이상이 다시 과거에 급제했다는 사실은 과거제가 사회적으로 얼마나 중요한 위치에 있는지를 보여준다(김용선, 1992: 79).

이곡(李穀)은 최사승(崔寺丞)의 등과(登科)에 대한 축하 시(詩)에서 당송지사(唐宋之事)를 인용하면서, 비록 재상의 자리에 있다 해도 과거를 거치지 않으면 영광이 될 수 없다고 하였다. 당시의 과거 합격이 얼마나 중요한지를 보여주는 과거 제일주의를 엿보게 한다(김의규, 1985: 37).

세족층들에게는 과거 합격만이 가업(家業) 준수의 최고 목표였다. 고려 후기의 대부분의 세족 가문들은 과거 합격을 통한 관료를 배출하였다(국사편찬위원회, 1996(19): 91－92). 특권 귀족층이 되기 위해서는 5품 이상의 고위 관료를 3대 이상 배출해야만 문지(門地)를 세울 수 있고 지위를 세습할 수 있었다(박용운, 1980: 311－314).

고려시대에서 관료 배출은 가문의 문지를 세우는 핵심 요인이었다. 문벌 가문이 되기 위해서는 과거제를 통한 지속적인 관료 배출이 매우 중요했다. 결국 문벌 가문의 유지도 교육에 의해 결정 난다고 할 수 있다.

조선시대와 달리 고려시대는 같은 문벌 가문이라 하여도 집단적으로 정치적 대응을 한 것은 아니다. 고려시대의 양측적 친속관계는 씨족보다 개인 중심의 친속 관계를 유지하였다. 동일 씨족이라도 문벌 가문과 그렇지 않은 가문이 공존했으며 같은 가문이라도 세족층으로 성장한 가계가 달랐다. 또한 동일한 세족층이라도 정치적 이해관계에 따라 사촌 간뿐만 아니라 형제 간에도 다른 태도를 보였다.

이러한 세족층의 분화는 그 결속력을 약화시켰지만 정치적 변동을 겪을 때마다 해당의 특정 인물에게만 피해가 돌아갔으며 세족의 문벌 가문 전체가 화를 당한 것은 아니었다. 오히려 세족층 내의 다른 한쪽에서는 정치적 위기를 타개하여 전체적으로 문벌 가문의 지위를 지속시키기도 하였다(국사편찬위원회, 1996(19): 70－95). 같은 세족층이라도 집단적 운명을 함께 하지 않았으며 내적으로 분화되어 정치적 처지가 달라 정치사회적 지위를 유지할 수 있었다. 이 점은 조선 후기에 나타난 종법제 가족주의와 많은 점에서 달랐다.

공민왕 대는 문벌 귀족들을 개혁하기 위한 견제 세력으로 성리학에 기반을 둔 신진사대부를 등용했다. 문벌 귀족들은 과거제에서 제술과 사장 그리고 한당유학을 선호했지만, 신진사대부들은 제술과 경학 그리고 신유학을 강조하였다. 이제현을 위시한 신진사대부들은 좌주문생제의 유대관계를 통해 학문적 문벌을 형성하였다. 좌주문생제는 신돈에 의해 계속 견제를 받았지만, 신진사대부의 정치적 입지는 더욱 강화되었다. 좌주문생제의 학문적 유대관계를 통해 정치 세력으로 성장한 신진사대부는 집권 세력인 구귀족과 정치적으로 끊임없이 대립하였다.

고려 말에 들어 신진사대부는 이색과 권근을 중심으로 한 온건파와 조준, 정도전의 급진파로 분화되었다. 급진 개혁파가 조선을 건국하고 정권을 획득하자, 가장 먼저 혁파된 것이 문벌과 족당 붕당의 원인을 제공한 국자감시와 좌주문생제였다.

02

조선시대의 특징

조선 초기에는 문벌과 붕당의 원인을 제공하는 국자감시와 좌주문생제의 혁파, 관학과 과거제의 연계로 인한 공정한 선발 장치 확립, 고려시대와 달리 정3품까지 문음의 제한, 그리고 훈구파에 대한 사림파의 정치적 견제 등의 복합적 이유로 인해 문벌 귀족이 크게 득세하지 못하였다. 그러나 시험 위주의 능력주의를 표방하고 있는 조선 사회에 있어서도 사실상 양반의 특권이 인정되고 그 위에 다시 문음의 특전이 부가되는 문벌주의가 면면히 흐르고 있었다(이성무, 1976: 113).

문벌화 경향이 심화하기 시작한 것은 조선 중기부터다. 임진왜란과 병자호란 그리고 소빙하기를 겪으면서 사회 신분 질서가 재편되어 양반 인구가 증가하기 시작했다. 양반 인구의 증가는 양반의 신분 혜택이 약화되는 것을 의미한다. 양반은 자신들의 신분과 사회적 혜택을 지키기 위해서 가문 중심의 종법제적 질서를 강화하였다.

종법제 사회질서는 가문 간의 경쟁을 촉진했으며 사회적으로 가문의 입지를 보장받기 위해서는 관직 획득이 최고의 보증 수단이었다. 양반의 지위를 보장받기 위해서는 관직을 획득하는 것이 가장 효과적인 방법이었다. 관직은 가문의 지위를 보장하는 확실한 보증수표였다.

관직을 획득하기 위해 가문 간의 경쟁이 치열해졌다. 이 과정에서 양반 간, 가문 간의 격차가 나타났다. 조선 중기 이후에 종법제 질서가 대두되어 족보의 편찬으로 인해 족적 유대관계가 강화되어 가문의 정치, 사회적 특권을 자손에게 세습하는 문벌화 경향이 강화되었다.

17세기 이후는 문벌화 현상이 가중되어, 강력한 벌열(閥閱) 가문이 대두되었다. 벌열 가문은 정치사회적으로 최고의 특권 계급인 집권 세력을 의미한다. 벌열 가문은 대대로 벼슬을 하면서 정치사회적 지위를 세습하였다. 문벌화 경향이 강한 벌열 가문이 되기 위해서는 관인 배출이 필수적이었다.

차장섭(1997: 26-48)에 의하면 벌열 가문은 3세대에 걸쳐서 각 세대마다 당상관(堂上官) 이상의 관인을 배출하면서 부(父), 조(祖), 증조(曾祖) 가운데 1인이 반드시 당상관 이상의 벼슬을 해야 하며 거주지가 서울인 경화벌열(京華閥閱)이어야 한다. 구체적으로 벌열은 3세대 6촌 범위에서 세대마다 반드시 당상관을 배출하는 것이 중요한 기준이었다.

벌열이 되기 위해서는 관인 배출이 필수적이지만, 벌열 자손은 음서제의 혜택에 의해 정7품까지 제수받지 못하였다. 음서제보다 과거 합격이 합법성과 사회적 정당성, 그리고 인사 승진의 공정성이 있었다. 고려시대의 권문세족같이 벌열 가문도 매우 중요하게 여겨졌다. 벌열 가문의 음서 출신자는 중앙의 핵심 관직에 제대로 등용되지 못하였다. 벌열 자제의 공부 목적은 과거에 있었다. 이들은 문과에 합격하지 못하면 무과에 응시하고 그렇지 못하면 음서로 진출하였다. 음서로 진출하여도 과거에 응시하여 합격하려고 노력하였다(차장섭, 1997: 67).

조선 사회의 문벌 기준은 관인 배출이었으며 문벌 가문이라도 과거 합격은 매우 중요한 의미가 있었다. 이를 통해 문벌 가문의 정치사회적 특권을 세습화하였다.

김영모(1967: 128－142)에 의하면 소과(小科) 합격자를 대상으로 한 부(父)의 사회적 신분을 살펴보면 유품자가 49%, 생원·진사가 8.3%이며 유생(儒生)이 42.7%이며, 특히 유품자의 경우 당상관 이상이 57.5%를 차지하고 있다. 문과 급제자의 부친의 사회적 신분을 살펴보면 유품자가 52.5, 생원·진사는 11%며 그 나머지는 유생이며, 유품자의 경우 당상관 이상이 80%를 차지하였다.

김창현(1999: 50－53)에 의하면 문과 급제자의 부의 관직이 동반직 815명(84.5%), 서반직 116명(12%) 그리고 생원, 진사, 학생, 향리 등의 기타는 34명(3.5%)을 점유하고 있다. 문과 급제의 부의 관직 분포(태조에서 성종까지)를 보면 당상관이 388명(40.2%), 참상관이 480명(49.8%), 참하관이 63명(6.5%)이고 기타는 34명(3.5%)에 불과했다.

이조(李朝) 삼의정(三儀政)의 부친 배경을 살펴보면 1품에서 3품까지는 67.3%, 4품에서 6품까지는 21.5%에 불과하며 7품에서 9품까지는 극소수에 불과했다. 삼의정의 씨족은 이씨(李氏)가 18.4%, 김씨(金氏)가 13.4%, 정씨(鄭氏)가 8.2%, 윤씨(尹氏)가 5.1%, 심씨(沈氏)와 홍씨(洪氏)가 각각 4.2%를 차지하였다.

16~17세기 약 200년 동안 문과 합격자 중 1% 이상 합격시킨 성씨는 24개의 성에 불과하며 전체 합격자의 38.9%를 차지하고 있으며, 1% 이상을 합격시킨 가문은 후기로 내려갈수록 급제자의 점유율이 높아졌다. 신분 세습들에서도 부친의 당상관을 그대로 유지한 계층이 20.45%, 참상관은 27.20%였다. 부친의 관품보다 상승 이동한 것은 32.9%이며 하강 이동한 것은 19.2%였다(이창걸, 1993: 165－198).

조선시대의 문벌 세습률과 영향력은 후기의 종법제 질서에 의해 더욱 강하게 나타났다. 이성무(1976: 118－120)에 의하면 조선 초기에는 문벌이 심하지 않았으나 양반 인구가 증가하여 이들의 과거 욕구를 무마하기 위해 별시를 빈번히 실시하였다. 과거 배출 급제자 수가 증가함에 따라 분관(分館)뿐만 아니라 청요직[7]에도 문벌이 작용하였다. 실제 인사고과 성적에도 문벌이 작용하여 통청권

7 청요직은 청직(淸職)과 요직(要職)의 합친 말이다. 청직은 지배층의 여론에 바탕을 두고 운영하는 명예직의 성격이 강하며, 요직은 정치권력이 집중되어 있다. 청요직은 권력의

(通淸權)을 가진 것도 문벌 양반이며, 임면권(任免權)을 가진 것도 문벌 양반이었다고 한다.

문벌의 영향력은 과거 합격을 통해서만 이루어진 것은 아니었다. 과거 응시 기회에서 문벌 자제는 유리한 위치에 있었다. 부정기 특별 시험인 별시는 서울의 문벌 자제가 거의 독점하였다. 비정규 시험인 별시는 갑자기 시행되기 때문에 지방 응시자들은 통보조차 받기 어려웠으며, 설령 통보가 되더라도 미약한 교통수단으로 인해 준비 기간이 짧을 수밖에 없었다. 별시 합격자의 대부분은 서울 응시생들에게 돌아갔다.

조선 말기 정치 지배층이 합격한 문과시인 경우 정규 시험인 식년시가 15.1%인데 별시 합격자는 84.9%에 이른다. 1777년에서 1876년까지의 문과 합격자 중에서 서울 출신이 18.4%에 불과하지만, 별시 합격자는 54%였다. 서울에 거주하는 문과 출신의 정치 지배층의 부친은 72.9%가 관직에 있었으며 삼조(三朝) 중에는 90.7%가 관직에 있었다(김영모, 1977: 101-105).

문벌의 영향력으로 인해 장원이 서울 응시자들에 의해 독점되었다. 문종 즉위년(1550) 10월의 식년문과 전시에서 생원 김의정이 장원이었으나 그가 한문(寒門: 가난하고 문벌이 없는 집안) 출신이라 하여 명문 출신인 권람으로 장원을 바꾼 것은 좋은 예가 된다(이성무, 1999: 127). 과거제는 문벌의 사회적 특권을 보장해 주는 제도로 변질했으며, 수신을 통해 치국의 도를 이루겠다는 유교이념은 타락한 과거에 급제하기 위한 수단으로 떨어지고 말았다(정두희, 2001: 110).

핵인 왕과 밀접한 관계를 맺고 있으며 정치권력을 장악하기 쉬운 핵심적인 위치에 있으며 집권 세력의 여론을 대변한다. 청요직 가운데 대표적인 청직은 사관(史官)이며 대표적인 요직은 대간(臺諫)과 이조·병조의 전랑, 의정부의 사인·검상 등이 있다. 조선 후기의 관직 체계는 청요직을 문신 당하관이 모여 있던 홍문관을 모집단으로 운영하였다. 즉, 대간(臺諫)과 이조·병조의 전랑, 의정부의 사인·검상이 모두 홍문관원의 모집단인 도당록(都堂錄)의 입록자 가운데 나왔다. 분관(分館)은 문과에 새로 급제한 사람을 승문원(承文院), 성균관(成均館), 교서관(校書館)에 배치하여 권지(權知)라는 이름으로 실무를 익히게 하는 것을 말한다. 조선 초기의 분관 기준은 급제자의 재능과 연령에 따라 하도록 되어 있었으나 조선 후기로 오면서 분관은 문과 급제자의 문벌, 즉 가문의 지위에 의해서 결정되었다(차장섭, 1997: 133-135).

조선 초기만 하여도 문벌의 영향력은 약했다. 후기로 갈수록 사회 신분의 변동이 생기면서 양반 인구가 증가함에 따라 양반 신분을 확증하기 위한 족보가 편찬되고 양반 간에 구분이 생김에 따라 문벌 가문이 대두됐다. 문벌 가문을 유지하기 위해서는 과거를 통한 관인 배출이 필수적이었다. 그래야만 사회적 명분을 얻을 수 있으며 관직의 인사 승진에도 유리한 입장에 놓일 수 있었다. 실제 청요직뿐만 아니라 분관에서도 문벌의 영향력은 크게 작용하였다.

문벌 집단들은 조직적으로 과거 부정행위를 자행하였다. 문벌 가문을 유지하기 위해서는 관인 배출이 필수적이었으며 과거를 통해 입사하는 것이 사회적인 정당성 확보와 인사 승진에도 유리했기 때문이다. 문벌 가문을 유지하기 위해 수단과 방법을 가리지 않고 무조건 과거 합격을 통해 관인을 배출해야 했다. 별시도 이런 맥락에서 이해될 수 있다. 당시의 교통수단으로 인해 전국적으로 과거 일시를 전달하는 데만 석 달 이상이 소요됐기 때문이다.

문벌 자제들은 과거에 합격하기 위해서 부정한 방법도 서슴지 않았다. 조선 후기에 일어난 대다수의 과거 부정은 이들에 의해 자행되었다. 문벌 자제들은 각종의 과거 부정을 자행할 수 있는 정치사회적 권력과 경제력이 있었기 때문이다. 심지어 거경(居京)의 벌열 자제들은 그들의 관인적·경제적 기반을 바탕으로 거경자들이 서울의 여관을 미리 점령하여 시골에서 올라온 응시자들이 노숙할 수밖에 없도록 만들었다(차장섭, 1997: 125).

그리고 고위 관직자의 추천이나 연줄에 의해 좌우되는 음직자나 무반 관직자의 경우, 그를 추천한 관료 그리고 연줄이 닿는 사행자에 대한 극진한 대접을 통해 실무 이외의 능력을 인정받아야 했고, 다음 벼슬을 보장받기 위해서는 후원자에게 정기적으로 뇌물을 상납해야 했다(김성우, 2001: 322).

유수원에 의하면 조선 후기에 이르면 군공, 납속 관부 매수, 족보 위조 등을 통하여 양반 호수가 급증하게 되었다. 반면에 정계는 더욱 폐쇄적으로 운영되어 "문벌 양반=벌열"이 아니면 고위 양반직을 차지할 수 없게 되었다. 이들은 왕실과 자기들끼리만 혼인을 통하고 세관, 세록의 특권은 양반 청요직을 독차지하였다고 한다(한우근·이성무, 1991: 215).

문벌은 현실적인 정치사회적 특권을 보장받을 수 있는 최고 특권층의 계급이었다. 문벌 가문을 유지하기 위해서는 과거를 통한 지속적인 관인 배출이 필수적이었다. 문벌 가문은 과거 합격을 위해 자신들의 막강한 현실적 힘을 이용하여 필사적으로 노력하였다. 그래야만 자신들의 특권적인 사회적 지위를 계속 유지할 수 있었다.

주목할 점은 아무리 문벌 가문이라도 3세대에 걸쳐 당상관을 배출하지 못하면 사회적 지명도가 점차적으로 떨어진다는 것이다. 문음적 혜택은 인상 승진에 한계가 있기 때문에 당상관이 되기 위해서는 과거의 중요성이 더욱 부각됐으며 과거를 통하면 사회적 명분을 확보할 수 있었다. 문벌 가문에게도 교육은 매우 중요한 사회적 의미를 가질 수밖에 없었다. 지체 높은 문벌이라도 거기에 적합한 능력을 소유하고 있다는 것을 사회적으로 인정받아야 했다. 문벌 집단에서 과거 합격증은 사회적 인정 증명서인 셈이다.

문벌주의의 교육적 의미는 단순히 정치사회적 지위와 관련이 있는 것이 아니라, 사회적으로 그 정당성을 인정받는 상징적인 측면과 매우 밀접한 관련이 있었다. 문벌로서의 자격 요건을 갖추고 있다는 것은 과거 합격을 통해 그 능력을 사회적으로 입증해야 한다. 따라서 교육은 문벌 가문이 되기 위한 핵심적인 요소가 된다. 교육은 문벌 가문을 지향하게 하며 문벌적 유대 의식을 강화하여 그 특권적 혜택을 공유하게 하는 강력한 수단이다.

CHAPTER

04

가족주의 교육문화의 특성

가족주의(家族主義)는 한국의 사회문화뿐만 아니라 교육문화 형성에도 큰 분수령을 이루게 하였다. 가족주의는 일상생활의 가치, 규범, 관습뿐만 아니라 교육행위 양식에도 엄청난 영향을 미친 문화사적 맥락을 가지고 있다. 가족주의 교육문화는 한국 교육문화의 총체적인 성격을 보여주고 있다. 가족주의 교육문화 속에는 숭문주의, 입신양명주의, 문벌주의 교육문화가 포함되어 있으며, 이들과 역동적인 관계를 맺고 있다.

한국의 교육문화사에서 가족주의 교육문화는 매우 중요한 위치를 차지하고 있다. 가족주의는 가족 구성원의 수직적 위계 관계를 통해 강한 유대감을 형성하여 가족의 집단적 발전을 도모하며 가족 내부의 위계 가치가 사회로 확대 발현된 것이다. 이러한 가족주의는 조선 중기 이후에 나타난 장자중심주의의 종법제 가족주의와 밀접한 관련이 있다.

종법제 가족주의는 고려시대와 조선 초기까지의 가족주의 질서와 질적인 차이를 보인다. 고려시대와 조선 초기의 가족주의는 양측적 친속관계(兩側的親屬關係)가 중심이었다. 이때는 부와 모를 같은 친속 관계로 보았으며, 친가와 외가의 구분이 없었다. 결혼 형태도 남귀여가혼에 따라 남자가 처가(妻家)에 평생 거주하거나, 심지어 처향(妻鄕)으로 자신의 본관(本貫)을 옮기기도 하였다. 남녀 균분 상속으로 인해 여자의 사회적 지위가 상당히 높았으며 비교적 재가가 자유롭게 이루어졌다. 제사 상속도 아들과 딸이 구분 없는 윤회봉사로 이루어졌으며 심지어 출가외인이나 외손(外孫)이 상례를 주관하기도 하였다.

이때의 친속 관계는 개인 중심으로 이루어졌다. 부와 모변이 같은 위치에 있기 때문에 외가와 처가는 친가에 못지않은 혈연적 유대관계로 인해 외가나 처가의 자손들과 형제같이 지내는 친속 관계를 맺고 있었다. 개인에 따라 친속의 형태가 부자 간, 형제 간에도 달랐으며 개인의 친속에는 혈연적 관계가 전혀 없는 사람이 포함될 수도 있었다.

정치적 이해관계에서도 형제 간에도 입장이 달랐으며, 같은 족당(族黨)세력을 이루지 못하는 경우가 많았다. 양측적 친속관계는 개인에 따라 친속 관계가 다르기 때문에 가문 중심의 집단적 기능이 약할 수밖에 없었다.

양측적 친속관계에서 파생하는 교육의 사회적 의미는 종법제 가족주의와 많은 점에서 달랐다. 고려시대도 과거제로 인해 교육에 대한 사회적 의미가 남달랐으나 고려시대의 관료적 혜택은 같은 씨족 중심의 가문에만 귀속된 것이 아니라, 개인 중심의 친속관계와 밀접한 관련이 있었다. 이런 점에서 조선 중기 이후의 가족주의 교육문화는 고려시대와 큰 차이점을 보였다. 고려시대는 숭문주의, 입신양명주의, 문벌주의 교육문화가 존재했지만, 조선시대보다는 가문에서 교육이 차지하는 의미가 상대적으로 약했다.

가문 중심의 집단적 유대감을 강조하는 종법제 가족주의는 조선 초기부터 강화되었다. 조선 초기 정권의 취약성을 보완하기 위해 이씨 왕조는 주자가례를 법으로 규정하고, 소학의 정책적인 강조와 정표정책을 추진하였으며, 향약 보급운동을 강하게 전개하였다. 유교의 실천 이념인 삼강오륜을 이념적으로 교화하기 위해 삼강행실도, 효행록 등과 같은 윤리서를 집중적으로 간행, 보급하여 종법제 가족주의적 질서를 확립하려고 하였다. 조선시대의 가족주의는 조선 왕조의 정통성 부여와 사회 안정 수립에 필요한 지배·복종 관계를 보편적이며 당위적인 것으로 인식하는 기본 이데올로기로 작용하였다(옥선화, 1989: 52).

종법제 질서가 사회적으로 확립되기 시작한 것은 조선 중기 이후인 17세기부터다. 임진왜란과 병자호란 그리고 소빙하기로 인한 극심한 경제적 피폐화 현상, 양반 인구의 증가, 구향과 신향의 치열한 향전, 동성촌의 발달 등으로 인해 기존의 양반 신분이 불안해지자 사회적 기득권을 유지하기 위해 가문 중심의 집단적 유대감이 강화됨으로써 종법제 사회질서로 전환하였다.

적장자 중심의 종법제 가족주의는 종가(宗家) 중심의 재산 집중화를 통해 족적 결속력을 강화하여 사회적 영향력을 확대하는 원동력이 되었다. 종법제 가치에서 파생된 족적 유대감은 가문 중심의 결속력으로 이어졌으며, 집단 간의 문중 경쟁으로 나타났다.

양반 신분과 그에 따른 혜택을 확실히 보장받기 위해 자신이 속한 문중의 사회적 가치를 높일 필요가 있었다. 문중의 가치를 높이기 위해서는 과거를 통한 관료의 배출이나 조상 중에 현조(顯祖)나 명조(名祖) 등이 있어야 한다. 문벌 가문이 되기 위해서는 선조 중에 고관명신(高官名臣)이나 명유대덕(名儒大德), 충절(忠節)·충열자(忠列子) 등이 있어야 했다. 곧 이것은 자기 가문의 사회적 지위를 높여 주는 것이기 때문이다(박주, 1997: 151). 사실 17－18세기의 조선 사회에서 조상 가운데 명유나 충신 등 사회적으로 존경받는 인물을 가졌다는 것은 양반으로서의 사회적 지위를 보장해 주는 현실적 이해관계와 밀접한 관련이 있었다(정만조, 1997: 115).

여기서 가족주의와 문벌주의를 구분할 필요가 있다. 두 개념은 사용하기에 따라 같거나 중복된 의미를 띠고 있다. 가문 중심의 결속력을 강조하는 종법제 가족주의는 이념적으로 문벌주의를 촉진하기 때문이다. 고려시대의 문벌 가문은 5품 이상의 관리를 3대 이상 배출하는 권문세족을 뜻하며, 조선시대는 당상관을 3대 이상 배출하는 특권 계급층을 지칭한다. 문벌 가문은 정치사회적으로 최고의 위치에 있는 상류 계급을 의미한다.

종법제 가족주의는 문중이나 가문의 유대관계를 강조하는 보편적인 사회질서를 의미한다. 문벌주의는 종법제 가족주의와 같이 가문을 중시하는 것은 같지만, 최고의 특권층과 관련이 있다는 점에서 다르다.

조선 후기에 나타난 문벌주의는 가족주의의 맥락 속에서 이해되어야 한다. 가족주의는 한미한 가문에서 문벌 가문을 모두 포함하는 일반적 생활 규범이지만, 문벌주의는 최고의 특권 계급에만 해당한다. 모든 문중의 집단적 노력은 궁극적으로 문중의 문벌화를 지향하는 것이다.

문중의 문벌화를 지향하는 노력, 즉 문중의 사회적 가치를 고양하기 위해 문중 간에 치열한 경쟁이 일어났다. 문중의 문벌화 경쟁은 서원에서 자신의 조상을 문묘하는 문중서원이나 사우 및 가묘의 경쟁적 건립과 족보의 집중적 편찬으로 나타났다. 문중 간의 경쟁이 촉발하게 된 것은 양반 인구의 증가로 인해 각 문중은 지체(肢體) 있는 가문이 되어 사회적으로 확실히 보장받아 향촌 사회의 주도권을 확보하기 위한 것이다. 자신이 속한 가문의 신분적 기득권을 보장받기 위한 현실적인 이유와 밀접한 관련이 있었다.

이 시기에 족보의 편찬이 급증했으며 위조 족보가 성행하였다. 즉, 17세기에 들어 족보가 양반 신분을 증명하는 수단으로 이용되면서 … 족보가 없으면 양반 체면을 유지하기 어려운 상황이었다. 게다가 문중 간에 우월 의식 경쟁이 발생하면서 족보는 현조들을 나열하여 우월 의식을 과시하는 중요한 수단이 되었다. … 문중 간의 경쟁의식 속에서 선조들에 대한 객관성이 결여된 미화가 행해졌다(노명호, 1999: 95).

족보가 양반 계급을 나타내는 지표로 이용되자, 족보를 통한 사회적 차별화가 확산하기 시작하였다. 족보는 가벌(家閥)을 숭상하는 풍조를 조장하고 한미한 가문을 얕보는 경향은 족보를 통해 더욱 강화되었다. 심지어 형제 간에도 외가가 다르면 외가의 문벌에 따라서 사회적 지위가 달라지며, 더구나 처가의 형세에 따라서 동모형제 간에도 차별이 생겨났다(송찬식, 1999: 66).

족보는 단순한 가계 기록이 아니라, 가문의 사회적 지위와 개인의 지위를 나타내는 공적인 실질적 증빙 서류였다. 족보는 최소한 향촌 사회에서 한 가문의 생존권과 밀접한 관련이 있었다.

문중의 사회적 가치를 가장 확실히 높이는 방법은 과거에 합격하여 관료가 되는 것이다. 가문의 상징적 지위를 높이는 사우의 건립이나 족보의 편찬 등은 구체적으로 조상의 관료직과 밀접한 관련이 있었다. 과거에 합격하여 관료가 되는 것은 가문의 지위를 사회적으로 공인받는 것이다.

가세와 문지는 조상의 관직과의 거리 관계에 의하여 정해지며 … 관직은 양반의 경제적 부와 사회적 지위를 보장해 주는 요소다. 양반들은 관직을 얻기 위하여 과거 시험 준비에 전심(專心)할 뿐만 아니라 조상의 관직과 위업을 드러내기 위하여 족보, 문집, 묘비를 세우는 데 온 가문의 힘과 정성을 다하였다(이성무, 1973: 500).

과거 합격은 가문의 지위를 높이는 가장 확실한 사회적 보증서였다. 과거 합격은 당장에 효력을 발휘하는 현실적인 사회의 영향력을 행사하였다. 조선시대에 과거 합격에 매달린 것은 지위, 권력, 부만이 아니라 양반 신분을 보장하는 가문의 명예 유지가 큰 이유였다. 조상의 문자(文字)와 조상의 관직을 밝히는 것보다 자손이 과거 합격하여 관직에 나아가는 길이 더욱 중요했다.

문과에 합격하여 관직에 있는 것은 개인의 영광과 가문의 영광을 보증하는 것이다. 양반들은 자제에게 과거 준비에 열중할 것을 요구했으며 이러한 노력을 평생 그치지 않았다. 유망한 인재가 있으면 종중(宗中)에서 교육하기도 하였다(이성무, 1973: 510). 문중에 재능이 있는 자가 있으면 과거 합격을 위해 집단으로 교육투자를 했다. 과거 합격은 단순히 개인의 명예에만 머무른 것이 아니라, 가문의 지위와 직접 연결되어 있었다.

최재석(1996: 763)에 의하면 문중의 중요한 기능 중의 하나가 문중의 자제 교육이라고 한다. 문중 규약(規約)을 보면 아버지는 자식을 가르치고 형은 아우를 지도하여 선인의 유지를 성실히 받들어야 한다고 규정하고 있으며, 다른 문중에서는 남녀의 유별(有別)을 교육하고 애친(愛親)·경장(敬長)의 법을 체득한 후 대학(大學)과 논어(論語)를 공부케 하여 재능은 있으나 가빈(家貧)하면 약간의 서량(書量)과 지량(紙量)을 도와주도록 하고 있다.

문과에 합격하여 관직을 갖는 것은 확률적으로 대단히 어려운 일이었다. 과거 합격은 극히 제한된 사람에게 국한되었다. 명예직인 생원·진사도 공식적인 과거에 합격한 만큼 사회적으로 공인된 확실한 양반 자격증이었다. 생원·진사는 향촌 사회에서 영향력을 행사하고 사회적 지위와 특권을 보장받을 수 있었다. 심지어 조선 후기에는 합격·불합격 여부를 떠나 과거 응시 자체가 양반의 신분적 정체성을 확인시켜 주는 상징적 의미가 있어서, 많은 사람이 과거에 응시하는 기현상이 벌어지기도 하였다.

과거 부정[8]도 가문의 지위를 높이기 위한 맥락에서 이해되어야 한다. 과거에

8 과거 합격은 가문의 유지를 위해 절실한 것이어서 기발한 방법도 동원되었다. 숙종실록에 의하면, 성균관 앞 반촌(泮村)의 한 아낙이 나물을 캐다가 땅에 묻힌 노끈을 발견하고

응시한다는 것은 결국 가문의 지위를 높여 양반 신분을 보장받아 사회적 혜택을 높이기 위한 것이다. 과거 준비 교육은 보통 6, 7세에 시작하여 20, 30년 이상 지속하는 것이 보통이며 40~50대의 아버지와 10~20대의 아들이 함께 과장(科場)에서 시험을 보기도 하였다. 과거 준비 교육은 모든 가족의 노력이 집중되는 가문적 사업으로 진행되어 본인의 의사에 따라 쉽게 포기할 수 없으며, 부모님의 간청에 못 이겨 과거에 응시하는 경우가 있었다(최봉영, 1995: 87).

개인보다 가문의 사회적 지위를 중시하는 종법제 가족주의 가치의 기본 근간이 되는 것은 인(仁)과 효(孝)의 계서적(階序的) 원리다. 효의 사회적 특성은 수직적 위계 관계를 강조하고 있다. 부모를 공양하고 부모의 뜻에 일방적으로 따라야 하는 부모와 자식 간의 절대적 예속성과 장자 중심의 질서 의식이 성립되어 있다. 이러한 가치 의식은 타인에게도 확대, 적용되는 사회 원리로 작동하였다. 군주에게 충성을 다하는 것도 효의 연속적 개념이며 사회관계도 가족주의의 위계 원리에 따라 움직여졌다.

가족 내의 강한 위계 원리는 "집 위주의 사상"으로 발전됐다. 집 위주의 사상은 장자 중심의 위계 원리와 가문 중심의 집단적 성격이 강한 폐쇄적인 성격이 있었다. 집은 시조(始祖)로부터 조상을 거쳐 자손(子孫)에 연결된다고 의식하는 초시간적인 관념적 집단이다. 현실의 가족집단은 선조에게 이어받은 유산을 유지, 발전시켜 미래의 자손에게 전수하는 것이 최대의 관심사라는 것이다(최재석, 1994: 211－212).

가족주의의 시간관은 과거에서 계승된 연속적 개념으로 현재를 통해 미래에까지 연결·발전시키는 가계 존속과 밀접한 관련이 있었다. 이 점이 잘 나타난 것이 조상 숭배를 하는 제사다. 제사는 가계 계승자를 중심으로 엄격한 계제적

잡아당겼는데, 그 노끈은 대나무 통과 연결되어 과거 시험장인 성균관 반수당(泮水堂)으로 연결되어 있었다. 대나무 통을 길게 매설하고 통 속에 노끈을 넣은 후, 과거장에서 시험 문제를 노끈에 매달아 신호를 보내면 밖에 있는 사람이 줄을 당겨 시험 문제를 확보하여 답안지를 작성하여 노끈에 묶어 보낸 것이다. 첨단 기술이 아닌가, 조사했으나 범인은 잡을 수가 없었다(강명관, 2007: 159).

질서와 조상으로부터 이어온 가문(집)의 질서를 유지한다. 조상 숭배는 사람은 죽어서 신체적으로는 산 자와 다른 세계에 있지만 실제의 의미에서 죽은 다음에도 산 자와의 관계를 지속한다는 생각이 기본적이다. 조상숭배는 과거 지향적이 아니라 미래 지향적이다(최길성, 1991: 20).

자기의 몸은 부모의 유체(遺體)이며 나아가 조상의 유체이므로 조상의 유체인 자기를 훼손치 않으며 후손에게 잘 계승하는 것이 조상과 부모에게 매우 중요하다(최재석, 1994: 212). 조상 숭배는 과거의 조상과 현재의 자기와 미래의 후손이 유기적으로 연결된 한 몸과 같은 것이다. 조상의 유지를 받들어 현재의 자기를 통해 가문을 발전시키는 것을 매우 중요한 일로 여겼다.

이런 점에서 결혼은 매우 중요하다. 결혼은 가문의 존속과 발전이라는 미래의 시간적 차원과 연결된 초시간적 특성을 보인다. 결혼은 가문의 미래와 직접적인 관련이 있다. 결혼은 조상 숭배와 미래의 가계 계승자 획득이라는 인식과 연결되어 있다. 집의 존속이라는 것은 먼 조상에서 미래에 이르는 무한 친자(親子) 관계의 연결을 의미한다(최재석, 1964: 35). 조상 숭배나 결혼 등에 나타나는 가족주의의 시간적 특성은 과거·현재·미래가 연결되어 있다. 한 가문의 존속과 발전이라는 초시간적 특성을 보인 가장 강력한 수단은 과거 합격을 통해 입사(入仕)하는 것이다.

과거 합격은 현재의 가문뿐만 아니라 과거의 조상을 빛나게 하고, 미래 가문의 발전 기반이 된다. 과거 합격을 위한 교육에 대한 노력은 가문의 발전과 직결되는 것이다. 최봉영(1997: 173)에 의하면 자녀를 양육하고 교육하는 일은 가통(家統)이라는 측면에서 볼 때 가(家)의 존립과 직결되어 있으며, 현재의 가사(家事)일 뿐만 아니라 후일의 가사를 처리하는 사람을 기르는 일이다. 가(家)의 관심은 언제나 자녀의 양육과 교육에 집중될 수밖에 없다고 한다.

교육은 가문의 존속과 발전을 위한 효과적인 수단이므로 교육에 대한 의미는 미래의 가문 전체의 발전이라는 초시간적 특성을 보이고 있다. 교육을 통해 가문의 위세를 객관적으로 인정받을 수 있기 때문이다. 교육에 대한 투자는 가문의 지위를 보장해 주는 현실적인 미래 자본이다. 이 점에서 교육에 대한 투자 행위는 사회적으로 긍정적으로 수용될 수밖에 없었다. 가문 중에 누가 높은 관직에 있으면 그것은 가문 전체에 직접적인 영향을 미치기 때문에, 가문 중심의 교육적 노력은 사회적으로 자연스럽게 수용되었다.

가족주의는 부자관계의 상하 원리와 장자 중심의 계서적 원리를 강조하기 때문에 장손(長孫)의 사회적 의미는 매우 중요하다. 가계 후계자인 장자는 한 가문의 의사 결정권자로서 가문의 존속과 발전에 대한 일정한 책임을 지고 있다. 장자가 잘되면 효과적인 가문의 발전을 기대할 수 있기 때문에, 한국의 현대사에서 장자에게 교육 투자가 집중된 것은 이런 이유에서다.

교육 투자에 대한 남녀의 차별은 종법제 가족주의의 가치관과 밀접한 관련이 있다. 조선시대는 남성 위주의 사회로 여성에게 가문의 발전을 기대하게 하는 관료 입사는 완전히 폐쇄되어 있었다. 여성에 의한 가문의 발전은 기대할 수 없었다. 남성에 대한 교육 투자는 사회 행위 규범으로 자연스럽게 정착될 수 있었다.

가족주의는 혈연적으로는 온정주의가 내재하고 있으나, 외부적으로는 배타적인 성격이 있다. 가족주의는 가문을 중심으로 사회적 연대감이 형성되어 이해관계에 따라 집단적 반응을 하게 된다. 가족주의의 연대감은 사회적으로 확대되어 동류의식을 공유하는 집단과 연고주의(緣故主義)를 형성케 하는 기본 기제로서 작용하였다. 내부적 온정주의와 외부적 배타성은 우리의 사회적 연대감을 형성하는 동인력으로 작용했다.

지금까지 가족주의 교육문화를 논하기 위해 종법제 원리가 주는 가족주의의 사회적 의미와 교육과의 관계에 대해 논의를 하였다. 종법제 가족주의를 구현하는 제도적 수단은 과거 합격을 통해 관료가 되는 것이며, 이 때문에 교육은 사회적으로 매우 중요하게 주목받았다.

가족주의 교육문화 속에는 한국 교육문화의 특성이 결집하여 있다. 가족주의 교육문화 속에는 숭문주의 전통이 기본적인 맥락으로 작동하고 있으며, 과거를 통한 입신양명은 가문의 사회적 지위를 직접적으로 높일 수 있으며, 이로 인해 최고의 특권층인 가문의 문벌화를 촉진하였다. 가족주의 교육문화에는 숭문주의, 입신양명주의, 문벌주의 교육문화 특성이 내포되어 있다. 각 교육문화는 다른 한편으로 가족주의 교육문화를 통해 현실적으로 더욱 발현될 수 있었다.

CHAPTER

05

전통적 교육문화에 대한 사회학적 논의

01

교육문화의 사회사적 특징

한국의 전통적 교육문화에 대한 이해를 위해 지금까지 긴 논의 과정을 거쳤다. 교육문화는 교육행위를 결정하는 정신적 경향성이다. 한국 교육에 대한 정신적 경향성은 어떤 특성을 보이며, 교육의 사회적 경쟁은 어떤 형태로 나타날까? 한국의 전통적 교육문화는 오늘날의 교육문화와 어떤 관계를 가지고 있으며, 각종 교육의 사회적 행위에 대한 해석적 준거로서 유효할까? 이 질문에 대한 대답은 만만치 않다. 그렇다고 전혀 이해 불가능한 것은 아니다. 한국의 교육문화에 대한 이해 접근은 교육이 사회에서 차지하는 위치와 동일한 맥락 속에 있기 때문이다.

교육문화를 이해한다는 것은 교육에 대한 사회적 욕망을 밝히는 것이다. 교육에 대한 사회적 욕망은 교육에 대한 집단적 욕망의 관계망이며, 이런 욕망의 관계망을 이해하면 교육에 대한 인식의 흐름과 변화 과정을 추적해 볼 수 있다. 적어도 현실 사회에서 나타난 교육적 욕망은 출세주의라는 세속적 특징을 가지고 있다. 이 점이 교육문화를 이해하는 중요한 준거가 된다.

개인적·사회적 욕망은 특정 시·공간에 놓인 사회의 성격에 따라 조절과 흐름이 형성된다. 특정 시대의 사회적 이해관계에 따라, 교육문화는 거듭된 변화를 하거나 새로운 모습으로 탄생한다. 물의 흐름 틀과 같이 제한된 공간 안의 시간 흐름 속에서 개인과 사회는 무수히 많은 변화를 겪고 있지만, 거시적으로 볼 때는 역사적·사회적 맥락 위에서 일정한 흐름을 유지하고 있다. 그래서 전통적 교육문화의 거시적 인식 흐름에 대한 이해는 오늘날의 각종 교육문제에 대한 깊이 있는 통찰력을 제공할 것이다. 시대와 관계없이 교육문화는 인간과 인간관계라는 같은 맥락 속에서 이루어지기 때문이다.

한국의 전통적 교육문화는 매우 현실적인 특성을 가지고 전개됐다. 전통적 교육문화는 사회적 이해관계에 따라 형성과 변화를 거듭했다. 여기서 사회적 이해관계[9]는 매우 넓은 의미가 있다. 사회적 이해관계는 정치적, 경제적, 문화적, 이데올로기적 이해관계뿐만 아니라 심지어 신분적 지위와 문화·상징적 특성을 포괄한다. 사회적 이해관계는 사회적 욕망의 관계망이자 흐름 틀이며 궁극적으로 그 시대의 사회적 특성을 반영하고 있다.

교육의 사회적 이해관계가 무엇인가는 교육이 사회 속에서 어떤 이해관계를 구현하고, 사회에서 교육이 어떤 위치에 있는가와 같은 질문이 된다. 간단히 말해, '교육을 통해 얻는 사회적 이점(利點)이 무엇인가'이다. 사회적 이점에 따라 교육에 대한 사회적 경쟁 방식의 형태와 정도가 달라지기 때문이다. 교육문화는 사회적 이해관계 틀 내에서 형성된다. 교육문화는 사회공간과 독립된 것이 아니고, 사회공간에서 형성된 사회문화의 일부분이기 때문이다.

한국의 전통적 교육문화는 유교적 숭문주의라는 거시적 흐름 속에서 다양하

---

9 사회적 이해관계는 니체(F. Nietzsche)가 표현한 권력 의지와 같은 힘의 사회적 종합 관계망의 성격을 지니고 있다. 시간과 공간에 따라 사회적 이해관계, 즉 사회적 힘의 관계망은 그 성격과 발현되는 방식이 다르게 나타난다. 힘의 운동 특성에 따라 사회적 이해관계망이 생기고 정치적, 경제적, 문화적 이해관계 특성이 형성된다. 사회적 힘의 관계망인 사회적 힘의 특성은 개인과 사회적 욕망을 알게 모르게 길들게 한다.

게 변모하고 발전했다. 유교적 숭문주의는 왕권 강화와 지배집단의 신분적 지위를 유지해 주는 정치사회적 이데올로기와 밀접한 관련이 있다. 유교적 숭문주의는 지배집단 문화의 중심을 이루었다. 유교적 숭문주의의 역사적 흐름 속에서 교육은 사회적 이해관계를 구현하는 이념적 핵심 기제였다.

전통적 사회는 왕권 강화와 지배 집단 간의 파벌, 신분 간 경쟁 등에서 얽혀진 복잡한 구도가 있었다. 이 과정에서 교육은 사회적 신분 유지와 상승이라는 도구적 가치를 실현하는 기제였다. 교육과 사회적 혜택의 결합 정도는 교육태도, 교육내용, 교육과정, 선발방법 등에 직접적인 영향을 미쳤다. 전통적 교육문화 속에서 교육은 매우 현실적이고 세속적인 출세주의 특징을 가지고 전개됐다. 전통적 교육문화의 형성 과정을 정치사회적 맥락에서 정리해 보면 교육 출세주의에 대한 이해를 높일 수 있다.

신라 원성왕 대의 독서삼품과는 비록 객관적인 선발제적 성격이 있었지만, 골품제의 신분적 한계로 인해 제한된 능력주의를 구현하는 데 불과하여 6두품 계열은 많은 불만을 품고 있었다. 독서삼품과의 신분적 이동 통로로서의 제도적 한계는 교육적 능력주의를 촉진하지 못하였다. 독서삼품과는 신분적 이해관계를 구현하는 제도적 한계로 인해 많은 주목을 받지 못하였다.

고려시대에 들면서 문무산계가 확립되고 과거제가 도입됨에 따라, 관학과 사학은 정치사회적 이해관계에 깊은 영향을 받는다. 과거제는 관리를 선발하는 직접적인 선발 장치다. 과거제를 축으로 관학과 사학의 연계 정도는 정치사회적 이해관계와 밀접한 관련이 있었다. 관학이 과거제와 강한 연계성을 지니면 관학이 부흥하였지만, 그렇지 않으면 사학이 부흥하였다. 예컨대 국자감이 과거제와 연계가 약화하여 숙종 초에 사학12도가 발달하자, 이곳 출신들이 붕당을 이루어 국정의 폐해를 초래하였다.

그래서 예종은 왕권을 강화하기 위해 국자감과 과거제를 연계하였으며, 자연히 사학12도 출신과 문벌 귀족들은 국자감에서 수학하게 되었다. 이런 과정은 고려시대에서 지속적으로 나타났으며 특히 공민왕 대에 두드러졌다. 과거제와 관학의 연계를 강화하기 위해 과거 선발 방법에서도 많은 변화가 일어났다. 관학과 사학의 부흥은 과거합격이라는 신분적 이해관계와 밀접한 관련이 있었다.

조선시대에 들어서도 그 전개 과정은 고려시대와 큰 차이가 없었다. 조선시대에서 관학과 사학의 대립은 훈구파와 사림파의 정치사회적 이해관계와 관련이 있었다. 과거 선발 방법에서도 자신들의 세력 양성에 유리한 입장을 주장하여 정치적으로 첨예하게 대립하였다. 조선 초기부터 시험 방식을 둘러싼 경학과 사장에 대한 논쟁에서 점차 경학의 시험 방식을 둘러싼 강경과 제술에 대한 정치 논쟁으로 이어졌다.

성균관의 출석 점수인 원점제는 과거제와 어떻게 연계되느냐에 따라 성균관 교육에 많은 영향을 미쳤다. 심지어 유생들은 관학에 기거하지 않고, 단지 과거 응시 기회를 확보하기 위한 원점만 획득하는 양상이 비일비재하였다. 원점에 대한 적용 방식도 훈구파와 사림파의 정치적 이해관계에 따라 많은 변화 과정을 거쳤다.

별시에서도 정치적 이해관계가 첨예하게 나타났다. 별시는 서울 훈구귀족과 지방 유생의 대립으로 이어졌다. 훈구귀족은 자신의 지배적 지위를 유지하기 위해, 갑자기 시험을 시행하여 지방 유생들은 과거 응시 기회마저 얻지 못하였다. 실제 정규 시험인 식년시에는 지방 유생들의 합격률이 비교적 높았으나, 별시에서는 서울 유생들이 압도적인 우위를 보였다.

별시의 선발 방법도 정치 지배집단에 따라 많은 변화가 있었으며 당파 간의 첨예한 대립으로 이어졌다. 이런 대립 양상은 과거제의 사회적 이해관계가 매우 컸기 때문이다. 교육의 본질적 목적의 실현보다는 과거합격 그 자체가 중요하였다. 원래의 의도와 달리 과거시험 자체가 '시험을 위한 시험, 관리가 되기 위한 시험'으로 전락하였다. 오늘날 상황에서 보면, 출제 경향이나 모범 답안에 의존하여 과거에 응시했다.

그래서 과거 합격을 위해 수단과 방법을 가리지 않는 부정행위가 서슴지 않고 자행됐다. 부정행위를 해서라도 과거에 합격하려는 것은 최고의 신분적 이해관계를 보장받으며, 사회적 인정을 확보하려는 절박한 생존권적 인식에서 비롯됐다. 심지어 별시에서 서울 유생들이 경쟁자인 지방 유생들의 시험 응시를 방해하기 위해, 서울에 있는 여관을 미리 점령하는 사태가 발생하기도 하였다.

과거 합격 여부보다 응시 자체에 의미를 부여하여 수많은 사람이 과거장에

모이는 사태가 발생하여 과거장은 아수라장이 될 정도였다. 과거에 응시했다는 것만으로도 양반 신분을 나타내 줄 수 있다는 믿음 때문이었다. 과거합격 여부와 관계없이 수많은 사람이 과거시험에 응시한 것은 양반 신분의 정당성 확보를 위한 상징적 노력이라 할 수 있다.

과거 응시 자체는 암묵적으로 양반 신분을 나타내는 상징적 시위며 사회적으로 공인받으려는 상징적 행위다. 과거 응시 행위 자체는 무형의 자산인 양반의 상징적 가치를 확보하기 위한 것이다. 이런 사태가 발생할 수 있었던 것은 과거제의 사회적 의미가 그만큼 중요했으며, 개인과 가문에 직접적인 영향을 미쳤기 때문이다.

과거에 대한 집착은 음서에 의해 관리가 된 사람들도 다시 과거에 응시하게 했으며, 이런 현상은 고려시대에서도 나타났다. 심지어 음서에 의해 당상관이라는 고위직에 오른 사람도 과거에 다시 응시하기도 하였다. 과거 합격증은 사회적으로 공인된 객관적 능력 인증서며 가장 확실한 양반 보증서였기 때문이다. 과거합격은 양반 신분을 극명하게 증명하는 퇴화하지 않는 만능 자격증이었다. 양반 신분을 합법적이며 객관적으로 보증하기 위한 과거합격 노력은 치열하게 전개될 수밖에 없었다.

실제 관직과 관계없는 생원과 진사의 합격증인 백패는 국왕이 인정하는 양반 신분의 보증서였기 때문에 매우 중요하였다. 심지어 백패를 안고 굶어 죽는 사람도 있었다. 백패는 양반 신분의 상징적 자격증일지라도 그 기저에는 사회적 이해관계를 구현할 수 있는 잠재적인 신분증명서의 성격을 가지고 있었다.

그럼 이런 사태가 발생할 수밖에 없는 이유는 무엇이었을까? 그것은 실제적인 사회적 이해관계의 구현이라는 생존권과 밀접한 관련이 있었기 때문이다. 과거제를 비롯하여 관학과 사학 등을 중심으로 일어난 일련의 사태들은 현실적인 이익을 획득하기 위한 생존권적 노력이었다.

유학은 그 학문의 성격상, 제도권에 흡수될 수밖에 없었으며 지배 문화의 중심에는 언제나 유학이 있었다. 고려시대와 조선시대의 지배 신분층은 유학적 동류감을 형성하였다. 지배 신분층이 되기 위해서는 최소한의 유학 교육을 받아야만 했다. 유학을 익힌다는 자체가 곧 양반 신분의 기준이었다. 양반은 사회적 이익을 고양할 수 있는 지배 신분층이었다. 따라서 양반 신분을 유지하기 위한 노력의 이면에는 사회적 이해관계가 자리 잡고 있었다. 양반 신분을 보증하기 위한 과거 경쟁은 곧 신분 경쟁을 의미하며 지배적 이점을 확보하기 위한 노력이었다.

과거 합격증은 확실한 신분 보증서며 아울러 자신의 신분적 혜택을 보장하는 합법적인 징표와 같았다. 향교 명부인 청금록이 향안보다 중요한 것은 단지 생원과 진사시에 응시할 기회가 주어졌기 때문이다. 생원과 진사는 왕이 인증하는 양반 보증서여서 지배 신분층이 되지는 못해도 최소한 지방의 유력자로 남을 수 있었다. 청금록은 암묵적으로 양반 신분, 즉 지방의 권력을 상징하고 있으며, 나아가 지배 집단이 될 수 있다는 잠재적 징표였다.

족보는 이 점을 잘 보여준다. 족보는 양반 신분을 보증하기 위한 공적 문서다. 족보는 사회적 이해관계를 고양하고 영향력을 행사할 수 있는 객관적인 증명서다. 족보는 사회 권력의 체계적인 상징체다. 최소한 족보에 기재되어 있어야만, 합법적인 사회적 혜택을 받을 수 있으며, 신분적 위세를 확보할 수 있었다.

족보와 사회적 이해관계의 밀접한 연계성으로 인해 아버지와 조상을 바꾸면서 족보를 위조하는 사태가 빈번히 발생하였다. 그만큼 족보 위조나 매매 행위는 신분적 이해관계를 높이기 위한 생존권 문제였다. 족보는 단순한 상징물[10]이 아니라 지위, 권력, 부를 고양하는 사회적 보증서라는 것이다. 족보의 예에서

10 지배 집단의 사회적 힘은 지배 집단을 유지해 주는 문화적 상징재를 만들어 낸다. 문화적 상징재는 단순히 외형적 의미가 있는 것이 아니라, 그 자체에 지배 집단을 정당화하는 권력이 스며 있다. 어떤 문화와 상징재가 다른 문화와 상징재보다 우월한 것은 그 문화와 상징에 보이지 않는 권력이 작용하기 때문이다. 부르디외(P. Bourdieu)는 이러한 보이지 않는 권력적 작용을 상징적 폭력(symbolic violence)이라고 하며, 상징은 그 자체가 권력이라고 하였다. 따라서 권력의 속성을 지닌 상징적 행위는 상징적 가치뿐만 아니라 암암리에 사회적 가치와 연결되어 있다. 음식 섭취 모습, 예절, 태도나 자세, 패션 감각 등은 지배 집단의 문화적 양식이 사회적 우월성을 지니고 있다는 것이다. 현대 사회에서 학력은 대표적인 상징체다. 학력 획득은 지배 집단의 문화와 상징을 획득하는 것을 의미한다. 학력과 관련된 상징적 가치는 그 자체가 권력이며 사회적 이해관계의 직접적인 구현체다. 학력은 현대 사회의 새로운 신분증표와 같은 것이다.

보듯이, 사회행위의 운동 구조에는 사회적 이해관계가 밀접히 관련되어 있다.

그러므로 교육문화는 사회적 이해관계의 운동 구조 속에서 이해되어야 한다. 교육문화 속에는 사회적 이해관계를 구현하는 세속적인 출세주의 성격이 내재해 있기 때문이다. 교육은 신분적 이해관계를 고양하기 위한 사회적인 수단이다. 교육을 통해 사회적 이익을 추구하려는 교육적 욕망은 교육문화 형성의 핵심적 원동력이다. 교육적 욕망은 교육의 집착 정도와 관련이 있다. 교육문화는 교육적 욕망의 사회적 흐름이다. 교육적 욕망의 흐름을 주도하는 것은 사회적 이해관계다. 교육에 집착하는 것도 사회적 이해관계를 구현하기 위한 것이다.

교육과 사회적 이해관계를 구현하는 대표적인 상징어는 입신양명주의다. 입신양명주의는 인(仁)의 실현을 통해 부모의 이름을 세상에 자랑스럽게 한다는 의미를 지녔지만, 교육 출세주의와 결부되면서 세속적인 의미로 치환하게 된다. 입신양명주의는 과거제를 통해 일시에 지위, 권력, 부를 얻을 수 있는 극적인 의미를 지닌 매우 현실적 개념이다. 입신양명주의는 개인의 세속적 욕망을 극적으로 표현한 교육 출세주의와 큰 차이점이 없다.

교육을 과거제와 결부시키지 않고 순수한 의미로서 교육문화를 생각할 수도 있다. 대표적인 것이 선비 문화이다. 교육을 통해 올바른 선비로 정진하는 것은 인을 실현하는 군자와 비슷한 의미가 있다. 유학적 도덕 교육은 철저한 수기치인(修己治人)이 되기 위한 것이었다. 실제 과거 시험도 이 점을 강조하기 위한 것이다.

철저한 유교의 도덕 교육을 받았다고 해서, 모두 올바른 선비가 되는 것은 아니다. 군자나 올바른 선비가 된다는 것은 마음의 사심을 인정하지 않는 무욕(無慾) 상태인 순수 성(性)에 도달해야만 가능하다. 이렇게 보면 사회적으로 군자나 선비는 소수에 불과하고 일반화하기 어렵게 된다. 유교의 교육목표는 지순하지만, 현실적인 교육문화의 운동 흐름을 대표한다고 할 수 없다.

아무리 좋은 사상일지라도 인간의 욕망이 개입되면 체계적이며 논리적으로 왜곡될 수 있다. 대부분 사상은 이타주의적 특성을 보인다. 현실적 욕망은 이러한 사상들의 본질을 세속적 기준에 의해 합리적인 논리로 왜곡시킨다. 사상은 현실적 욕망을 충족시키는 현실적인 이데올로기 수단으로 변질한다. 분(分) 사상이나 예학이 사상적 의도와 관계없이 현실적으로 신분차별의 이념적 기제로 이용된 것을 보아도 알 수 있다.

전통적 교육문화는 특수한 상황보다 사회의 전체 흐름을 주도하는 집단적인 교육적 욕망과의 관련 속에서 이해해야 한다. 교육문화는 특수한 문화를 지칭하는 것이 아니라 교육적 욕망에 대한 사회적 흐름, 즉 사회적으로 일반화된 문화를 의미한다. 교육문화는 매우 현실적인 사회적 속성이 있다. 교육과 사회적 혜택의 결합 정도에 따라 교육에 대한 집착 정도가 달라진다. 교육 속에 있는 사회적 혜택 정도는 교육에 대한 집착 정도를 결정하는 중요한 변수다. 교육문화의 운동을 주도하는 것은 사회적 이해관계다. 교육을 통해 사회적 혜택을 획득하려는 교육경쟁은 사실상 사회경쟁을 의미한다. 사회적 이해관계에 따라 교육 경쟁 양식과 정도가 달라질 수 있다.

02

교육문화와 사회가치 인식

한국의 전통적 교육문화에서 교육은 사회적 이해관계를 고양하는 실제적인 구현체라는 현실적인 의미가 있다. 교육이 주는 사회적 파생 효과가 그만큼 크다는 것이다. 교육은 이해관계를 높이는 기본적인 사회 수단이다. 이 점은 현실적인 출세주의 의미를 지닌 입신양명주의에 함축되어 있다. 입신양명은 특별한 소수 사람에게만 해당하는 매우 제한된 개념이다. 과거 합격의 사회적 혜택은 극소수에게만 주어졌기 때문이다. 심지어 당파 분쟁도 과거 합격자가 적어서, 무리하게 자파의 사람을 합격시키려는 정치적 의도에서 비롯됐다. 이 점에 보면 관료가 되기 위한 교육투자는 매우 불확실하고 맹목적인 성격을 가진다. 교육투자는 성공 확률이 매우 낮은 투자다.

여기서 중요한 의문점을 제기해야 한다. 교육투자의 불확실성에도 불구하고 교육에 대한 긍정적 가치 신념은 어떻게 형성됐으며, 교육이 사회적 지위 이동의 강력한 수단이라는 인식은 어디서 비롯됐느냐이다. 이 질문은 명쾌하게 답변하기 어려운 복잡한 성격을 가지고 있다. 그러나 교육문화에 대한 이해를 과거제에만 한정하지 않고 총체적인 시각에서 살펴보면, 교육에 대한 긍정적 가치 인식에 대한 성찰적 이해를 도모해 줄 것이다. 이를 정리하면 다음과 같다.

첫째, 유교적 숭문주의의 이데올로기적 효과를 들 수 있다. 유교는 왕권 강화와 관련하여 제도권에 흡수될 수 있는 현실적인 이념적 특성이 있었다. 유교 사상은 삼국시대에서 조선시대에 걸쳐 정치 실천 사상뿐만 아니라 지배 문화의 근간으로 작용하였다. 지배 집단은 유교 사상을 신분 차별의 이념적 기제로 이용했다. 지배 집단은 유교의 도덕적 우월성을 통해 피지배 집단에 대한 통치를 정당화하였다. 유교 사상은 인(仁)의 실현에 있으며, 순수 성(性)을 통해 사회적으로 도덕을 구현할 수 있는 이념적 성격이 있었다. 지배 집단의 유교 문화는 피지배 집단에 대한 도덕적 우월성을 통해 사회적 정당성을 확보할 수 있었다. 특히 성리학은 철저한 신분 차별의 이념적 기제로 이용됐다.

따라서 숭문주의는 유교적 틀 내의 문(文) 제일주의라는 이데올로기를 확보할 수 있었다. 숭문주의는 유교적 편협주의를 지향했으며 무(武)뿐만 아니라 오늘날의 전문 직종인 행정직, 법률직, 한의학, 천문학 등을 잡학으로 취급했으며 학문적 차별의 이념적 기제로 활용됐다. 유교적 숭문주의는 모든 사회 판단의 기준이었으며 신분적 이해관계를 높이는 핵심적 문화 기제였다. 문(文)의 숭상은 사회적으로 문화적·도덕적 우월성을 확보할 수 있어서, 일반 서민들은 이러한 유교적 숭문주의를 통해 이데올로기적으로 교화될 수 있었다. 즉, 학문한다는 것은 정신적 도야를 수련하는 것이다. 이런 수련을 통해 형성된 인격적 우월성은 지배적 신분 위치를 정당화하는 교육적 근거를 가지게 한다. 이 점은 오랫동안 역사적으로 강화된 유교적 숭문주의의 문화적 효과에 의해 기인한 것이다.

유교적 숭문주의는 과거제 같은 제도적 장치를 통해 신분 상승할 수 있는 기대 효과를 높여서, 일반 서민들에게까지 그 정당성을 급속히 스며들게 하였다. 유교적 숭문주의의 문화적 효과는 정신 도야를 통해 인격 성숙과 이에 따른 사회적 지위를 획득할 수 있다는 교육에 대한 긍정적 가치를 심화시켰다. 유교적 숭문주의는 현실적 이해관계에 대한 욕구 충족과 사회적 위신과 명예를 확보할 수 있다는 교육에 대한 긍정적 가치 인식을 심어주었다.

둘째, 과거 합격의 사회적 후광효과(hallow effects)를 들 수 있다. 과거 합격은 일시에 지위, 권력, 부를 얻을 수 있는 극적인 속성을 가지고 있었다. 과거 합격은 개인의 영광에 그치지 않고 가문과 소속 집단이 함께 공유하는 특성이 있었다. 특히 과거제는 적어도 외형적으로 객관적인 능력주의를 지향한다는 점에서 모든 사람에게 교육을 통해 신분 상승할 수 있다는 기대를 하게 한다. 가난한 사람도 과거에 합격하면 일시에 높은 지위에 올라 가문을 빛낼 수 있다는 현실적이며, 낭만적인 성격이 있었다. 장원 합격자의 시가행진은 왕의 권위를 상징하기도 하지만, 무엇보다 사회적으로 이목을 집중시키는 이벤트 효과로 인해 모든 사람에게 교육에 대한 기대 욕구를 높일 수 있었다.

과거 합격은 지위 상승뿐만 아니라 사회적으로 객관적 능력을 인정받을 수 있어서, 교육을 통한 과거 합격은 모든 사람의 염원이었다. 문음에 의해 관직에 있는 사람도 다시 과거를 응시하는 일이 자연스럽게 발생한 것도 이런 이유와 무관하지 않았다. 문벌 가문은 반드시 과거에 합격하여 당상관을 3세대 이상 배출해야만 사회적으로 공인받을 수 있었다. 따라서 과거는 모든 사람에게 중요한 관심의 대상이 됐으며, 아울러 교육은 모든 사람의 꿈을 실현하는 희망으로 작용하였다. 그만큼 과거가 지닌 사회적 후광 효과는 폭넓고 깊게 작용했기 때문에 교육을 통해 사회적 이해를 실현할 수 있다는 인식이 강화되었다.

셋째, 지배 집단의 유교적 동류감을 들 수 있다. 지배 집단 문화의 핵심은 유교 사상에 근거하고 있다. 지배 집단에 진입하기 위해서는 문화적 동류의식을 형성해야 하고, 이를 위해 유교 교육은 필수였다. 유교는 지배 집단과 연대감을 형성할 수 있는 핵심적인 문화자산이기 때문이다.

중국의 신사(紳士) 계층에서 보듯이 전·현직 관료 계층인 신(紳)과 학위 신분층(士)은 유교적 동류의식을 통해 엄청난 정치사회적 영향력을 행사하였다. 좌주문생제나 서원 등도 궁극적으로 유교적 동류의식에서 출발하였다. 지배 신분층의 유교 사상은 피지배 계층과의 문화적 구별짓기를 통해 신분적 위계화를 정당화하는 이념적 기제로 작용했다. 유교 문화는 지배 신분층의 언어이며, 말이고 모든 행동 양식과 판단의 기준이었다.

유교적 동류의식은 피지배 집단과의 문화적 구별짓기를 통해 집단적 이해관계를 높이는 지위집단(status group)적인 성격이 있었다. 결국 유학 교육은 사회적으로나 도덕적으로 우월성이 확보된 지배 문화를 내면화시키는 것을 의미한다. 유학 교육은 지배 집단에 진입하기 위한 최소한의 문화 자격증과 같았다. 합격 여부를 떠나 많은 사람이 과거에 응시하는 것도 유교적 동류의식을 확보하기 위한 상징적 행위와 같은 것이다. 유교적 문화 연대감을 형성하기 위한 교육행위는 지배 집단의 문화적 효과로 인해 사회적으로 정당화되었었다. 이 점은 교육에 대한 긍정적 인식과 직접적 관련이 있었다.

넷째, 과거 합격과 관계없이 유학 직역에 대한 신분적 이점을 들 수 있다. 유학 직역은 양반 신분을 나타낸다. 상징적 지위인 진사, 생원은 국왕이 인증하는 양반 신분증과 같은 것이다. 비록 과거에 합격하지 못하더라도 양반은 지방의 유력자로서 남을 수 있는 합법적 근거를 확보하였으며, 미래에 지배적 위치에 오를 가능성을 나타내는 신분 자격증과 같았다. 또한 양반 신분은 힘들고 천한 역이 합법적으로 면역될 정도로 많은 사회적 혜택이 있었다. 청금록이나 향안에 필사적으로 이름을 올리려는 것도 양반이라는 확실한 신분적 위치를 확보하기 위한 것이었다.[11]

양반이 신분적 지위를 유지하는 그 자체는 사회적으로 대단히 중요하였다. 백패를 안고 굶어 죽는 경우도 확실한 신분 보증을 확보하기 위한 처절한 상징적인 행위다. 죽어서도 비문에 학생지묘(學生之墓)라고 남긴 것도 이런 맥락에서 이해될 수 있다. 유학 직역에는 광범위한 사회적 혜택이 남아 있기 때문이다. 유학 직역은 과거에 합격하지 않더라도 신분적 혜택을 구현할 수 있기 때문에

11 재지양반층의 명부인 향안에 등록하기 위해서는 엄격한 자격 심사를 통과해야만 한다. 여기에 대해 유명한 일화가 있다. 전라도 담양 출신의 송순은 그의 외가(外家)가 남원에서 담양으로 옮겨서 현관(顯官)을 배출하지 못했다. 이런 이유로 송순은 향안에 입록되지 못하였다. 그 후 송순은 사헌부의 대사헌(종2품관) 지위에 있었지만 원로를 잘 대접하고 나서야 향안 입록을 승인받을 수 있었다(노영구 역, 1996: 172－173).

유학 교육에 대한 일반인의 관심은 고조될 수밖에 없었다.

조선 말, 양반 계층의 증가는 사회적으로 유학 직역의 교육인구를 증가시켰다. 교육을 통해 신분 상승할 수 있는 대상이 넓어졌다는 것이다. 대다수 사람은 잠재적으로 교육을 통해 현실적으로 높은 지위에 오를 수 있는 교육적 기대를 할 수 있었다. 이런 교육적 욕망은 특정 계층에 한정된 것이 아니라 많은 사람에게 현실적으로 실현 가능한 긍정적 인식으로 스며들게 하였다.

이 외에도 보이지 않는 많은 이유가 있으나, 교육에 대한 긍정적 가치 인식은 결국 사회적 이해관계와 밀접한 관련을 가지고 전개됐다. 교육의 사회적 이해관계 고양은 다양한 사회적 가치뿐만 아니라 경제적 가치, 지위적 가치, 문화·상징적 가치를 파생시켰다. 이런 가치 체계들은 지배 문화의 중심에서 파생한 주변부적 성격이 있었다. 이런 가치 체계들은 독립적인 성격을 가진 것이 아니라, 그 이면에는 서로가 깊이 연결되어 있었다.

03

교육문화와 사회 편집증

전통적 교육문화는 현실적인 사회적 이해관계와 깊은 관련이 있었다. 교육에 대한 긍정적 가치 인식도 결국 교육과 사회적 이해관계의 결합에서 파생된 효과다. 교육을 통한 사회적 이해관계 구현은 지배계층의 문화를 실현하는 것을 의미한다. 사회적 이해관계 특성은 지배계층의 이해관계와 밀접한 관련이 있었다. 사회적 이해관계 속에는 지배계층을 정당화하는 이데올로기가 스며 있었다.

교육을 통한 현실적 이해관계 추구는 지배층의 문화와 연결되어 있으며, 이를 정당화하는 교육에 대해 긍정적 가치를 파생시킨다. 이러한 긍정적 가치가 다시 역으로 교육의 도구적 가치를 정당화한다. 교육의 도구적 가치에 파생된 본질적 가치가 오히려 도구적 가치를 정당화한다. 서로서로를 정당화하는 순환적 정당화 관계를 맺고 있다. 즉, 악화가 자신의 정당성을 위해 양화를 구축하고, 양화는 악화를 보호하면서 동시에 악화를 양화로 치환시킨다. 도구적 이데올로기인 유교적 숭문주의를 그 예로 들 수 있다.

교육은 교육을 받은 사람과 그렇지 않은 사람을 구별짓는 문화적 차별 기제이다. 인격적 성숙을 촉진한다는 긍정적 교육 가치로 인해 교육은 신분 차별의 정당화된 기제로 이용된다. 교육을 통한 사회적 지위 이동의 도구적 기능은 교육의 본질적 가치의 작용으로 인해, 다시 사회적으로 긍정적 믿음을 가지게 한다. 교육문화 속에는 교육의 도구적 측면과 본질적 측면이 혼재해 있다. 교육문화의 핵심 기제는 도구적 가치지만 지배문화의 이데올로기적 교화를 통해 본질적 가치를 파생시키고, 본질적 가치는 다시 도구적 가치를 사회적으로 정당화시킨다.

교육문화의 형성 특성은 교육이 어떤 사회적 혜택을 발현할 수 있느냐는 현실적인 이유와 밀접한 관련이 있다. 교육문화의 운동 흐름을 주도하는 것은 사회적 이해관계라는 것이다. 교육을 통한 사회적 이해관계의 실현은 다른 여타의 교육 논리를 정당화하고 아울러 교육 만능주의 인식을 암묵적으로 정당화한다. 교육을 통한 현실적 이해관계의 구현 정도는 교육에 대한 집착 정도를 결정한다.

전통적 교육문화는 그 시대의 이해관계 특성에 따라 부분적인 변화 과정을 보이지만, 결국 교육과 사회적 혜택의 결합 정도와 밀접한 관련을 가지고 전개됐다. 교육과 사회적 이해관계의 결합 정도는 교육적 욕망의 흐름을 좌우하는 핵심적 요인이다. 교육문화는 교육적 욕망의 사회적 흐름이다. 이러한 교육적 욕망의 밑바닥에는 사회적 이해관계의 특성이 그 흐름을 주도하는 실제적 동인력으로 자리 잡고 있다. 교육적 욕망은 역사적으로 길든 사회적 욕망이다.

교육문화는 외형상 끊임없는 변화를 거치지만, 내적으로는 사회적 이해관계의 구현이라는 거시적 흐름 속에 있다. 교육에 대한 여타의 긍정적 가치도 교육의 사회적 이해관계가 파생한 이념적 효과에 지나지 않는다. 현실적인 출세주의 성격을 지닌 입신양명주의가 많은 사람의 동경의 대상이 된 것은 이런 이유에서다.

세속적 특성을 보인 입신양명주의도 교육의 본질적 가치와의 의미 연관 효과로 인해 모든 사람이 염원하는 긍정적 가치를 가지게 된다. 교육문화의 핵심에는 현실적 이해관계를 구현하는 교육 출세주의 인식이 운동의 중심을 이루고 있으며, 이 운동의 흐름에 따라 교육에 대한 사회적 가치 인식이 형성된다.

사회적 이해관계를 실현하는 강력한 수단이 교육이라는 인식은 교육에 대한 집착을 정당화하는 편집증 성격이 있다. 모든 의미를 하나의 의미 속에 수렴하려는 편집증 특성은 모든 빛을 빨아들이는 블랙홀과 같다. 편집증적 상위 논리는 모든 하위 논리를 수렴하는 논리의 블랙홀이다.

교육에 대한 편집증적 논리는 모든 가치 논리를 흡수하고 정당화하는 기능을 한다. 교육 출세주의 인식, 즉 교육에 대한 집착 정도가 강할수록 교육에 대한 편집증적 욕망이 더욱 커진다. 교육 출세주의라는 편집증적 인식은 교육에 대한 여타의 행위를 긍정적 가치로 치환시키는 엄청난 힘이 있다.

한국의 전통적 교육문화는 교육적 편집증 문화라고 할 수 있다. 교육적 편집증은 교육 인식의 여과기와 같아서 모든 교육적 행위는 이 인식 여과기를 통해 이루어지고 해석된다. 교육적 편집증의 인식 여과기를 통해 교육의 실천 방향이 정해진다. 교육적 편집증의 상위 논리는 수많은 다른 교육적 행위에 대한 가치 판단의 해석 기준이 된다. 특정 행위에 대한 교육적 가치 여부는 교육적 편집증을 구성하는 상위 논리에 의해 가치를 부여받으며, 때로는 전혀 다른 의미를 지니게 된다.

책을 훔치는 행위는 엄격한 의미에서 도덕적 책임을 물어야 하나, 교육문화의 편집증적 논리는 이런 행위를 관용적으로 해석하게 한다. 교육적 편집증 문화는 사회적 이해관계의 구현이라는 상위 논리가 교육에 대한 해석 판단의 기준으로 작용하기 때문에, 교육 결과주의 행위를 정당화한다. 교육에 대한 집착 정도가 크면 클수록 수단과 목적이 전도되는 도착증적 교육행위가 정당화된다.

올바른 수신(修身)을 통해서 인(仁)을 실현하는 것은 유교 교육의 본질적 목적이다. 그러나 과거 시험은 유교의 본질적 지향과는 달리, 일단 합격하고 보자는 편의적이며 결과주의 인식을 강화하였다. 수단과 방법을 가리지 않는 과거 부정의 자행과 유학의 근본적 목적을 벗어나 모범 답안만 외우거나 시험의 출제 경향에만 치중하는 행위를 예로 들 수 있다. 결과주의적 교육행위 양식, 즉 일단 합격하면 사회적으로 정당화될 수 있다는 도착증적인 논리 왜곡 현상은 전형적인 교육적 편집증으로서 교육에 대한 집착이 강할수록 더욱더 심하게 나타난다.

교육적 편집증은 교육을 통해 신분적 이해관계를 획득하면 모든 것이 정당화될 수 있다는 사회적인 암묵적 믿음을 형성시킨다. 교육적 편집증은 악화가 양화를 구축하고 다시 양화는 악화를 암묵적으로 용인하는 기제로 작용한다. 교육의 사회적 이해관계 구현이라는 편집증적 특성은 교육에 대한 긍정적 가치를 파생한다. 교육을 받은 사람들은 그렇지 않은 사람보다 인격적으로 성숙하고 능력이 우수하다는 막연한 믿음을 그 예로 들 수 있다. 이 점은 교육의 긍정적 가치가 파생한 효과, 즉 교육적 편집증의 효과에서 기인한 것이다.

한국의 전통적 교육문화에서 교육은 사회적 이해관계의 핵심 기제며, 이를 통해 파생한 긍정적 가치는 결과주의 교육행위를 사회적으로 정당화시키는 문화적 속성이 있다. 교육에 대한 집착 정도를 나타내는 교육적 편집증, 즉 교육에 대한 사회적 혜택이 클수록 교육의 사회적 왜곡 현상은 더욱 심화된다. 한국의 전통적 교육문화는 교육문화와 사회적 이해관계가 결합한 편집증적 성격으로 인해 교육의 긍정적 가치를 파생시켰다. 교육의 긍정적 가치는 결과주의 교육행위를 정당화시키는 문화적 기제로 작용하였다.

PART

05

근·현대 교육문화의 전개와 특징

CHAPTER
01
일제강점기 교육문화의 특징

한국의 전통적 교육문화에서 사회적 이해관계는 핵심적인 동인력이다. 교육문화는 사회적 이해관계가 개입된 교육적 욕망의 흐름이다. 사회적 이해관계는 교육의 사회적 성격과 경쟁 양식에 직접적인 영향을 미친다. 사회적 이해관계에 따라 교육의 양상이 달라진다. 교육이 사회적 혜택과 어떻게 연계되어 있느냐에 따라 교육운동의 사회적 흐름이 결정된다.

한말에는 근대학교 체제가 서서히 형성되었다. 1894년에는 과거제를 폐지하고 신교육 중심의 새로운 관리 선발 제도로 개편하였다. 1895년에 고종은 "교육입국조서"를 공포하고 역사적으로 처음 근대식 교육제도를 도입하였다. 근대식 교육제도는 일제강점기를 거쳐 오늘에 이르기까지 학력이 지위 배분의 중요한 지표를 이루는 학력주의(學歷主義)의 시단이 되었다.

한말에 나타난 교육문화도 사회적 시세에 따른 현실적인 특징을 보였다. 아직 학력체제가 제대로 정립되지 않은 한말에는 근대 학제에 대한 이해가 부족했지만, 전통사회와 같이 교육문화 흐름의 중심 기저에는 사회적 이해관계가 자리 잡고 있었다.

당시의 상황에 대해 이만규(1988: 57-58)는 신교육에 대한 이해가 부족했지만, 그나마 이해한 부분도 교육에 대한 진정한 이해가 아니었다고 한다. 학교는 옛 과거를 대신할 새 과거로 인식됐으며, 졸업은 곧 과거 급제로 알았다. 중도

일제강점기의 교육풍경 1

보통(초등)학교 입학 경쟁률은 지역에 따라 달랐는데, 평균적으로 2대 1이었다. 경성 지역의 경쟁률이 가장 높아, 일부 학교의 경우엔 4.6대 1의 경쟁률을 기록하기도 하였다. 이 경쟁을 뚫고 보통학교 명찰을 달기 위해서서는 교사 앞에서 구두시험을 치러야 했다. "언니는 사과 세 개를 가지고 너는 사과 두 개를 가졌는데 둘을 합하면 몇 개가 되느냐?", "백원짜리 지폐를 내보이며 이것은 얼마짜리냐?", "다른 사람이 네 발등을 밟아 피가 나면 어떻게 할 테냐?" 1922년 3월 광주공립보통학교 입학식에서는 입학시험에 떨어진 400여 명의 아이들이 운동장을 점거하고 하염없이 우는 비극이 연출되기도 했다(강준만, 2009: 36-37).

에 벼슬을 할 수 있으면 자퇴하는 것이 보통이었다. 실업 교육에 대해서는 더욱 심해, 이해를 못 하는 정도가 아니라 아주 천하게 여겼으며 입학하는 학생도 벼슬길에 더 눈독을 들였다. 그리고 외국 세력이 강해짐에 따라 벼슬길이 빠른 외국어 학교가 제일 좋았고, 다음에는 교관 초사(初仕)가 약속된 사범학교와 벼슬길에 오르기 쉬운 법학 학교가 시세가 좋았다고 한다.

외국어 학교도 사회적 이해관계의 성격에 따라 교육경쟁의 양상이 달랐다. 다까하시하마요시(高橋濱吉)에 의하면, 1897년에서 1906년에는 한학이 초기에는 단연 입학자가 많았으나 갈수록 그 수가 감소해 갔다. 그 다음에 영어, 불어, 일어 그리고 독어 학교 순으로 이어졌다. 그러나 한일합방 직전인 1907년에서 1910년에는 일본어 학교가 압도적인 우위를 보이고 그 다음 순위가 영어였으며, 나머지 외국어들은 거의 비교가 안 될 정도로 미미했다(이원호, 1987: 128, 재정리). 한말의 사람들도 외국어 교육을 출세 도구로 인식하고 있었다며 아펜젤러(H. G. Appenzeller)는 다음과 같이 전하였다(오천석, 1975: 55).

> 한국 사람의 영어 학습열은 높았다. 이 새 언어에 대한 약간의 지식이 과거에도 그러하였고 아직도 보다 높은 자리로 올라가는 발 디딤돌의 구실을 하였다.

당시 사람들은 외국어 학교는 신학문을 배우는 것으로 인식하였다. 그래서 학교는 외국어 과목을 먼저 채택하고 그 다음에 일반 과목을 추가하였다. 약간의 외국어 실력만 있으면 쉽게 취직할 수 있었기 때문이다. 영어의 경우, 졸업생이나 재학생은 미국의 상사에 쉽게 취직할 수 있어서 재학 중에 중퇴를 하기도 하였다. 이 점은 교육의 사회적 혜택이 교육운동의 흐름에 쉽게 영향을 미치고 있다는 것을 보여준다.

한어(漢語) 학교가 점차 약화한 것도 청나라의 정치적 후퇴와 서양의 근대문명 도입과 밀접한 관련이 있었다. 당시 외국 세력의 양상을 알기 위해서는 외국어 학교의 성쇠를 살펴보는 것이 첩경이라는 말이 있었으며 외국세력의 침투 정도를 아는 일종의 바로미터였다고 한다(심성보 역, 1987: 160-164). 외국어의 사회적 가치는 당시의 사회적 상황과 밀접한 관련이 있었으며 사회적 이해관계의 구현 정도에 의해 결정되었다. 이 점은 미츠치츄조(三土忠造)가 전한 일어를 배워야 하는 현실적인 이유에 잘 나타나 있다(오천석, 1975: 123-124).

> 한국인으로서 일어를 해득하느냐 못하느냐 하는 것은 생존 경쟁 상 현저히 이해관계가 있다. 즉, 일어를 해득하는 사람은 관리로서도 추요(樞要) 하고 유력한 지위에 오를 수 있으며, 상업을 경영하는 데도 또한 이익을 얻기 쉽고 관계와 민간회사, 즉 관민 간에 직업을 얻는 데 대단히 편리하다. … 일·한 양국의 통상을 보더라도 한국 해외무역의 10분의 8이 일본을 상대한 것으로서 일본인은 한국의 산물(産物)을 구매하는 제일가는 화객(花客)이다. 그러므로 단지 상업상으로 말하더라도 한국인이 일어를 모르면 크게 불리하다.

한말에도 외국어의 사회적 가치에 따라 교육투자 행위가 이루어진 것은 현대 사회에도 매우 의미 있는 시사를 한다. 한말 초기에 한어가 인기가 있었던 것은 오랫동안 조선 사회의 지배 문화를 이룬 유학(儒學)의 영향력과 밀접한 관련이 있었다. 그 당시에 한학 지배 엘리트가 상당한 정치·사회적 영향력을 행사할 수 있는 위치에 있었기 때문이다.

한어 학교는 교사 한 명당 학생이 두 명이었을 정도로 사회적 가치가 높았다. 한문 중심주의로 학생을 뽑는 사범학교가 최고의 학부가 되었다. 학생들은 사범학교를 성균관 같은 관직 입구로 여겨 고관들을 찾아가 벼슬 얻기 운동을 할 정도였다. 그 반대로 의학교(醫學校)는 처음에 학생이 없어서 이름만 걸어 놓고 장사하기 위해 붓 장수가 입학하는 촌극이 벌어지기도 하였다(이만규, 1988: 58-59).

사립학교와 공립학교에 대한 인식에서도 비슷한 맥락을 보여 주고 있다. 한말의 사립학교는 인기가 높았으나 공립 소학교는 입학하길 꺼려했다. 1909년, 소학교의 일본인 교사의 회고에 의하면 수업료 면제뿐만 아니라 교과서 대여, 학용품 및 식사 그리고 조그만 병에도 의약을 제공할 정도로 세계에서 유례를 찾아볼 수 없을 정도의 혜택이 많았지만 입학하는 사람들이 적었다(조윤덕, 1998: 47).

공립은 정부를 위한 학교로써 정부의 이익 때문에 교육을 하는 것이고, 사립은 민중을 위한 학교로써 우리의 이익 때문에 교육한다는 인식이 팽배했었다. 일반 사람들은 공립학교를 빈민 학교라고 인식했으며 중류 계층은 소학교 입학을 꺼렸다(이만규, 1988: 65, 재정리). 한말의 이런 상황은 교육 속에 사회적 이해관계가 자리 잡고 있다는 것을 보여준다.

일제강점기에 들어 근대 학제가 강화되면서 단계마다 일정한 학력(學歷)과 시험을 요구하였다. 서서히 학력 체계가 강화되면서 선발 과정에서 신학문에 대한 개인의 능력이 중요시되었다. 학력이 사회적 지위 배분의 지표로 등장하면서 학력주의(學歷主義)가 강화되기 시작하였다. 학력의 사회적 가치가 높아짐에 따라 진학을 위한 경쟁이 치열하게 전개되었다. 다음 표는 연도별 보통학교와 중등학교 입학경쟁률을 나타낸 것이다.

표 5-1 1930년대 보통학교와 중등학교 입학경쟁률

연도	1927년	1928년	1929년	1930년	1931년	1932년	1933년
보통학교	1.18 대 1	1.24 대 1	1.25 대 1	1.26 대 1	1.26 대 1	1.23 대 1	1.25 대 1
중등학교	3.30 대 1	3.50 대 1	3.48 대 1	3.40 대 1	2.76 대 1	2.80 대 1	3.00 대 1
연도	1934년	1935년	1936년	1937년	1938년	1939년	1940년
보통학교	1.40 대 1	1.60대 1	1.94 대 1	1.92 대 1	1.71 대 1	1.58 대 1	1.55 대 1
중등학교	3.38 대 1	3.94대 1	4.55 대 1	4.44 대 1	4.57 대 1	4.68 대 1	·

자료: 이혜영 외, 1997: 75-81, 재구성.

앞서 표를 보면 보통학교에서 중등학교로 올라갈수록 입학경쟁률이 두드러지게 높아지고 있다. 대중교육이라는 입장에서 볼 때, 보통학교의 입학경쟁률은 세계에서 유례없는 입학경쟁률을 보여주고 있다. 이런 점을 고려하면, 중등학교 입학경쟁률의 실제 체감지수는 더 높을 수 있다. 고등학교의 입학경쟁률을 살펴보면 1929년 진명여고보의 입학경쟁률은 4.58 대 1, 경성여고보는 3.84 대 1, 숙명여고보는 3.34 대 1, 이화여고보는 2.54 대 1, 동덕여고보는 4.24 대 1, 배화여고보는 1.32 대 1을 나타내고 있다(석태종, 1987: 68).

경성제국대도 '1회 입학생 경쟁률은 4.6 대 1', '2회는 5.46 대 1', '3회는 5.8 대 1', '4회는 6.8 대 1', '5회는 6.5 대 1', '8회는 6 대 1'이었다(이충우, 1980: 59－225). 이런 입학경쟁률에 대해 다양한 이유가 있겠지만, 학력이 직업적 지위의 강력한 기준이었으며 아울러 교육의 희소가치로 인한 학력의 사회적 가치가 높아졌기 때문이다.[1]

입학경쟁률에서 보듯 당시의 교육열은 대단한 것으로 나타났다. 실제 교육에 대한 집착은 심각하였다. 그 당시의 상황은 오늘날과 비교해도 큰 차이가 없었다. 고등보통학교 시험에 낙제한 것을 비관하여 그 아버지가 물에 빠져 죽은 사건, 입학시험에 불합격하여 집에 돌아가지 않고 기숙사에서 울고 있는 모습은 해마다 겪는 가슴 아픈 광경이었다.

또한 사랑하는 아들이 원하던 학교에 입학하지 못하여 비관하고 자살한 어머니같이 시험지옥이 잉태한 비극적 사건들이 전해지고 있다. 끼니 거르기를 밥 먹듯 하고 모진 노동과 고난에 찌들더라도 자식 가르치는 일만은 포기하지 않

1 경성제국대학의 입학시험 과목은 국어(일본어), 영어, 수학, 선택 과목(문과는 일본 역사, 이과는 자연과학)이었다. 영어는 런던 타임지에서 출제할 정도로 대단히 높은 수준이었다. 경성제국대학의 입학은 최고 수재로서 징표가 되었으며, 사회에서 높은 지위에 오를 수 있는 보증서였다. 경성제국대학의 법대생은 한국인으로서의 최고 관리직인 군수 자리를 입학과 동시에 절반쯤 보장받았다고 할 정도였다. 경성제국대학은 모든 사람에게 선망의 대상이었다. 예과생의 상징인 망토의 후광 효과는 대단하였다. 예과생들이 걸치고 다니는 망토는 일명 마술의 망토라고 불렸다. 장안의 아가씨들은 검은 망토를 입고 종로나 진고개를 기사처럼 걸어가는 예과생들을 보면 마술에 걸린 것처럼 오금을 펴지 못할 정도로 마음이 끌렸다고 한다(이충우, 1980: 127－231).

일제강점기의 교육풍경 2

보통(초등)학교 입시경쟁을 뚫은 학생들에겐 진짜 경쟁이 무엇인가를 실감케 하는 중등학교 입시경쟁이 기다리고 있었다. 1937년 2만 8,172명의 중등학교 지원자 중 합격자는 4,489명으로 전국 평균 6대 1을 넘었지만, 제일고보 10 대 1, 양정 11 대 1, 배재 13 대 1, 보성 12 대 1 등 서울시내 학교는 대부분 10대 1을 상회했다. 여기서 탈락한 할생들 중 매년 수십명이 자살을 하거나 시도했다. 1934년 대전에서는 입학시험에 낙제한 19세 소년이 할복자살했고, 1937년 청진에서는 수험생이 작문시험 답안지에 연필 깎는 칼로 왼편 손등을 갈라 흐르는 피로 "낙제하는 경우에는 자살하겠다"는 혈서를 썼다. 이 학생이 불합격하자 덜컥 겁이 난 교장은 수시로 찾아가 학생을 위로해야 했고, 경찰은 한동안 학생 주위를 경계하며 불상사를 막으려고 애썼다(강준만, 2009: 56).

는 강한 교육적 집념을 보여주는 사례도 많았다.

당시의 학교 취학 욕구는 사회적 이해관계 구현, 즉 직업적 지위를 높이는 것과 밀접한 관련이 있었다. 1933년 부산상업학교 졸업생의 회고에 의하면 학교는 취업을 위한 도구이며, 취업이 잘되는 학교가 인기가 있었다고 한다. 부산상업학교는 그런 학교였다. 이 학교에서는 조선은행에 들어가거나 호남은행에서 전무로 근무하는 선배들의 일화를 후배들의 이상이요, 생의 목적이라고 주입했다고 한다. 부산상업학교에 들어가면 온 시골의 자랑이요, 부모들은 우리 아들 제일이라고 노골적으로 기뻐했다고 한다(이혜영 외, 1997: 109-117).

그리고 교육기회의 모순적 이중 구조는 학력에 대한 교육적 열망을 더욱 부채질하였다. 일제는 이념적인 측면에서는 모든 사회계층에게 교육기회를 개방했지만 실제적인 측면에서는 학교 설립의 정원 억제, 공사립 학교의 통제 또는 폐교, 까다로운 학교의 설립기준을 내세워 교육기회를 철저히 제한하였다(강창동, 1993: 88-94).

특히 일제는 국내의 고등교육을 철저히 통제해서, 한국인들은 일본 유학을 통해 고등교육 욕구를 충족하였다. 예컨대 1935년 10월의 일본 유학생은 2,586명이었지만, 1936년 국내의 관·사립 전문학생이 4,247명이라는 사실과 비교하면 상대적으로 많은 학생이 유학하고 있다는 것을 보여주고 있다(김재우, 1987: 111). 당시의 어려운 상황을 고려할 때 일본 유학생은 상당히 많은 숫자라고 할 수 있으며, 교육적 열망이 어느 정도인지를 가늠하게 한다.

이 시대는 학력과 직업의 위계 구조가 일치하기 시작하여 학력(學歷)의 사회적 가치가 지위 배분의 지표로 등장한 학력주의(學歷主義)가 그 모습을 드러내기 시작하였다. 일정한 학력을 취득하면 거기에 상응하는 사회적 혜택을 부여했다는 것이다.

1930년대 고용 인력이 5~50명 이하의 가내공업이 94.6%이며, 총 공장수가 4,019개이며, 50~100명 이하는 3.0%이며 총공장수는 128개, 100~200명 이하는 1.3%이며 총공장수는 54개, 200명 이상은 1.1%이며 총공장수는 48개에 불과하였다(이윤근, 1982: 321). 1926년에서 1935년까지의 평균 산업구조율은 1차 산업은 51.13%, 2차 산업은 10.33%, 3차 산업은 38.54%의 비율을 나타내고 있다. 1926년의 산업별 인구 구성은 1차 산업은 82.65%, 2차 산업은 2.54%, 3차 산업은 14.81%이다. 1930년의 1차 산업은 79.4%, 2차 산업은 6.35%, 3차 산업은 13.91%이다. 1935년의 1차 산업은 75.96%, 2차 산업은 3.42%, 3차 산업은 20.62%였다(이윤근, 1982: 389).

1930년의 공업구조는 소비공업 구조로 식품공업이 전 공산액의 반 이상을 차지고, 식품 공업과 방직공업을 합하면 70.6%에 이르렀다. 1940년의 전체 공장의 자본금 비중은 국인 자본은 6%에 불과하지만 일본인 자본금은 94%로 압도적이었다. 1944년의 한국인 기술자의 수도 22% 정도였다(장하진, 1985: 50-51).

일제강점기의 산업구조는 그 기반이 매우 열악하였다. 주목할 점은 일본이 자국의 이익을 위해 산업의 근간인 2차 산업을 철저히 배제하였다는 것이다. 상대적으로 생산적 부가가치가 높은 3차 산업이 의외로 높은 비중을 차지하였다. 3차 산업의 비중이 높은 것은 주로 소비재를 생산하여 일제의 입장에서 식민지 정책에 어긋나지 않았기 때문이다. 한국인 기술자의 수가 적은 것도 이런 맥락에서 이해해야 한다.

한국인의 직업 구성을 보면 1910년에는 농림업이 84.06%, 수산업이 1.16%, 광공업이 0.84%, 상업이 6.18%, 공무자유업이 0.54%, 무직이 1.08%, 유생이 2.53%이다. 1917년에는 농림업이 84.46%, 수산업이 1.35%, 광공업이 2.13%, 상업이 6.14%, 공무자유업이 1.56%, 무직이 1.43%이다. 1929년에는 농림업이 79.25%, 수산업이 1.58%, 광공업이 2.34%, 상업이 7.01%, 공무자유업이 2.83%,

무직이 1.76%이다. 1942년에는 농림업이 66.64%, 수산업이 2.08%, 광공업이 2.34%, 상업이 8.39%, 공무자유업이 3.33%이다(김영모, 1982: 571).

점차 농·림업 인구가 조금씩 감소하고 2차와 3차 산업 분야가 상대적으로 약간 증가하였다. 이런 산업구조의 형태는 점차적으로 학력 수준과 직업 수준이 일치하는 형태로 진행하고 있는 것을 보여준다. 전통적 교육문화에서도 나타난 교육의 사회적 이해관계의 구현이 표준화된 학력(學歷)과 사회적 이해관계와 밀접한 관련이 있었다.

1914년 관립학교 졸업생의 직업 구성을 보면 당시의 상위 직종인 관공리, 교원, 은행회사가 84%로 압도적인 비율을 보이며, 진학이 0.67%로 나타나고 있으며, 농업, 가사, 상업은 0.04%에 불과하였다(김영모, 1982: 564, 재정리).

일제하 계층별 학력 분포도를 살펴보면 통치기관에 종사한 학력 수준별 점유율은 대학교가 56%, 전문학교가 11.4%, 중고등학교가 25.1%, 국민학교가 4.1%, 한문수학이 2.8%, 무학이 1.0%다. 경제 지배계급의 학력 수준별 점유율은 대학교가 59.1%, 전문학교가 8.2%, 중고등학교가 23.6%, 국민학교가 5.4%, 한문수학이 0.2%다. 중간층의 학력 수준별 점유율은 대학교가 55.4%, 전문학교가 12.7%, 중고등학교가 25.5%, 국민학교가 4.4%, 한문수학이 2.0%로 나타났다. 학력과 직업의 위계 구조가 많이 일치한 것으로 나타났다.

경성제국대학의 제1회에서 제18회의 예과 졸업생 중 총 315명을 분석한 직업 구성을 살펴보면, 대학교수가 134명, 법관이 31명, 국회의원이 18명, 각료가 22명, 고급 공무원 6명, 군인 1명, 교장 15명, 교사 2명, 회사 중역 33명, 일반 사원이 10명, 금융인이 5명, 언론인(문인)이 7명으로 대다수 최고의 사회 신분을 가지고 있었다(이충우, 1980: 266-297).

당시 학력에 의한 사회적 지위 배분이 이루어진 이유는 산업구조에서 요구하는 인력 비율이 학력별 졸업생을 수용할 수 있을 정도의 여유가 있었기 때문이다. 학력의 사회적 가치가 높아지는 학력 디플레이션 상황이다. 학력의 희소가치로 인해 자연스럽게 직업적 위계 구조에 편입할 수 있었다. 따라서 학력에 의한 사회적 지위 이동에 대한 영향력이 높을 수밖에 없었다. 일반 사람들은 이런 학력 효과를 통해 '교육은 지위의 사다리'라고 강하게 인식할 수 있었다.

1955년에 조사한 연령별 교육수준을 보면, 30~39세의 대졸 이상은 2%, 고졸은 2%, 중졸 7%, 국졸 25%, 무학(국교 중퇴 포함)이 64%를 차지하고 있다. 40~49세의 대졸 이상은 1%, 고졸은 1%, 중졸 5%, 국졸 15%, 무학(국교 중퇴 포함)이 78%를 차지하고 있었다. 50~59세의 대졸 이상은 1%, 고졸은 1%, 중졸 2%, 국졸 6%, 무학(국교 중퇴 포함)이 90%를 차지하고 있었다(장하진, 1985: 135).

30~39세는 그렇다고 쳐도 40~49세와 50~59세는 일제강점기에 교육을 받은 사람들이다. 고졸 이상이 2% 수준에 있다면 평균 3차 산업의 비중이 38.54%고 1935년 3차 산업 종사자가 20.62%를 고려할 때, 학력에 의한 직업적 가치가 높아진 것은 자연스러운 일이었다.

이런 경향들은 자연스럽게 학력을 능력의 대리 지표[2]로 인식하는 학벌 문화를 강화하는 역사적 동기로 작용하였다. 교육을 통해 원하는 사회적 지위를 점유할 수 있다는 믿음은 일제강점기의 자료를 통해서도 확인할 수 있다.

교육을 통해 사회적 이해관계를 구현하려는 노력은 일제강점기라는 특수한 상황에서만 일어난 것은 아니었다. 비교적 일제 통치에서 벗어나 있으며 많은 조선인이 거주하고 있는 연변 지역의 교육열에 대한 일화에서도 잘 보여준다.

소설가 정비석(1988: 237-239)은 1943년 몇몇 지인들과 함께 북간도에 갈 기회가 있었다. 정비석은 당시 친일파로 몰린 춘원 이광수에게 조선인들의 교육

2 마틴 트로우(M. Trow)는 고등 교육 취학률이 15% 내인 경우를 엘리트형 단계, 15~50%는 대중형 단계, 50% 이상을 보편형 단계로 구분하였다. 해방 전후의 대부분 국가는 엘리트형 단계에 있었다. 대학 교육의 희소가치로 인해 졸업만 하게 되면 최고 지위에 오를 가능성이 많았다. 대학 교육을 받은 사람들이 사회적 생산성을 높일 수 있다는 과학적 증거가 부족하지만, 대학 교육은 능력의 사회적 대리 지표로 인식했다. 당시의 사회적 상황은 대학 교육을 받게 되면 능력이 높은 사람, 그리고 최고의 신분에 오를 자격이 있는 사람이라는 인식이 있었다. 대학 교육은 새로운 신분의 사회적 징표였다. 제2차 세계대전이 종결되자, 대부분의 사람들은 거센 민주화 조류에 편승해 대학 교육을 받을 기회를 요구했으며 이는 세계적으로 고등 교육이 팽창한 원인이 되었다. 그러나 대학 교육을 받으면 신분 상승할 수 있다는 믿음은 미국에서는 1970년대에, 한국에서는 1980년대에 일어난 학력 인플레이션으로 인해 대학 교육은 신분 상승의 절대적 도구가 아니라는 인식으로 변화하였다.

열이 어떠한지를 알려 달라는 부탁을 받았다. 정비석뿐만 아니라 동행자들도 한결같이 조선인들의 왕성한 교육열에 놀라움을 금치 못하였다. 조선인들은 끼니가 어려울 정도로 궁핍했지만 자녀를 교육하는 데 주저하지 않았다. 가난에서 벗어날 수 있는 것은 오직 자녀 교육밖에 없다고 생각하여, 굶어서도 자식들의 공부는 필사적으로 시킨다는 것이다. 이 사실을 설명하니 이광수는 교육열이 왕성한 민족은 절대 죽지 않는다고 하면서 노골적으로 감탄했다고 한다. 정비석은 이광수가 그렇게 노골적으로 감탄한 광경은 처음 보았다고 하였다.

연변 지역의 조선인들은 어디에 정착하든 소규모의 조선인 학당을 세웠으며 새로운 조선인 이주민은 자식의 교육 기회가 많은 곳으로 이주하길 원했었다. 쓰쿠치마(鶴島雪領)는 조선인들은 전통적으로 교육을 중시했는데 연변에서도 예외가 아니라면서 금세기 초, 조선족은 한족보다 훨씬 가난했음에도 불구하고 조선족의 학교가 더 많았다. 연변 지역의 높은 교육열을 보여주는 또 다른 사례가 있다. 당시 연길현 창동소학교가 일제에 의해 불타버렸는데, 마을 농민들은 달걀을 팔아서 학교를 다시 설립하여 이 학교를 달걀학교라고 불렀다. 그리고 1952년 조선족 아동의 초등학교 취학률이 90%를 넘었으며, 1958년에는 연변 전역의 초등학교 졸업자의 90%가 초급 중학교에 진학했었다(조윤덕, 1998: 50−53).

일제강점기에서 교육기회의 제한 그리고 학력과 직업구조의 연계 정도가 교육열을 부추기는 요인으로 작용했다는 점은, 상대적으로 학력과 직업구조의 연계가 미약한 연변 조선족의 높은 교육열을 보면 설명력이 약해진다.

이렇게 보면 한국의 교육문화는 근대 학제와 직업 구조가 연계되면서 이루어졌다기보다는 역사적으로 강화된 전통적 교육문화가 밀접한 관련이 있는 듯하다. 전통적으로 강화된 교육에 대한 긍정적 가치, 즉 교육을 통해 모든 것을 해결할 수 있다는 긍정적 믿음이 교육열을 강화했다는 것이다. 전통적 교육문화는 교육과 사회적 이해관계의 현실적인 결합에서 비롯됐지만, 이를 통해 교육에 대한 긍정적 믿음을 파생시켰으며 이런 믿음은 교육적 실천의 원동력으로 작용했다. 이런 현상은 현대사에 들어서도 비슷한 모습을 보인다.

CHAPTER

02

1950년대 교육문화의 특징

해방 이후 한국 경제는 심각할 정도로 피폐했다. 특히 남한은 북한보다 매우 어려웠다. 해방 전 국내 산업자급률은 약 73%였지만 해방으로 인해 그 시설이 50%가 파괴되어 해방 직후의 자급률은 36.5%로 감소하였다. 남북 분단으로 인해 그 시설의 약 21% 정도만이 남한에 남아 있게 되어 남한의 자급률은 7.7%로 감소하여 생산은 크게 후퇴하였다(안태호, 1987: 249). 특히 금속, 화학, 가스, 전기업 등 중화학 분야와 사회 간접 자본의 각각 90.9%, 86%, 76.9%가 북한 지역에 자리 잡고 있었다(김영명, 192: 105).

남한의 경제는 한마디로 처참하였다. 이런 상황에서도 일제강점기에 억눌렸던 교육열이 폭발하기 시작하여, 교육을 통한 사회적 지위를 실현하기 위해 대학교육을 받고자 하는 열망이 강하였다. 오천석(1969: 285)은 당시의 상황을 다음과 같이 전하고 있다.

> 누구나 다 새로 수립될 나라에서 좋은 생을 살아 보고 싶은 욕망에 불탔던 것이다. 그렇게 하기 위해 성인은 모든 것을 희생해 가며 자녀를 학교로 보냈고 청소년은 거부당하였던 교육의 권리를 주장하며 대학의 문을 두드리게 된 것이다. 그들은 마치 그들의 장래 문제를 해결하여 주는 패느시아(panacea)가 교육에 있는 양 대학으로, 대학으로 몰려든 것이다.

해방 후의 이런 폭발적인 교육열은 구체적으로 교육 팽창으로 이어졌다. 1945년에서 1948년까지의 학생 수의 성장률을 보면 국민학교가 21.1%, 중학교가 78.7%, 고등학교가 9.6%, 고등교육기관이 45.3%로 나타났으며 1948년에서 1954년의 성장률은 국민학교가 1.7%, 중학교가 6.0%, 고등학교가 12.5%, 고등교육기관이 18.5%의 급속한 팽창을 보였다(윤종주, 1985: 45, 재정리).

해방 이후 심각한 경제적 피폐에도 불구하고 초등교육뿐만 아니라 고등교육에서도 괄목할 정도의 양적 성장을 이루었다. 당시 문교부(1988: 76)의 유억겸 학무부장은 그때의 상황을 다음과 같이 회고하였다.

> 광복이 되자 우후죽순과 같이 대학 설립 기성회를 각 시·도에서 조직하여 그 설립 인가서가 문교부에 쇄도하였다. 이러한 현상은 오늘날에는 무감정적일지 모르나 당시에는 매우 감격적이었다. … 일본 강점하에서 온갖 압박과 착취를 당하면서 푼푼이 축재한 존귀한 현금과 토지를 광복된 조국의 민족 교육을 위해 투척하는 그 성스러운 심정에 대한 감격이었다.

대학 설립이 급격히 증가된 것은 대학 설립 기준령(1946), 농지개혁법(1949), 대학생징집연기잠정령(1950)의 영향이 매우 컸었다. 자신의 토지가 싼 값에 매입되기 전에 학교를 설립하는 것이 유리했기 때문이다. 그러나 단순히 경제적 이익만 보호하기 위해서만 학교를 설립했겠느냐는 의문이 든다. 역사적으로 강화된 교육에 대한 전통적인 긍정적 인식이 크게 작용했을 것이다. 교육에 대한 전통적인 긍정적 인식은 교육적 명분을 통해 자신의 재산을 보호할 수 있는 사회적 명분을 제공했으리라는 것이다.

그러나 얼마 못 가서 전 국토를 쑥대밭으로 만든 6·25전쟁이 일어났다. 6·25전쟁은 오히려 교육체제의 성장 계기가 되었다. 역사의 아이러니라 할 수 있다. 6·25전쟁 중에도 교육만은 포기할 수 없다는 일념으로, 전 세계에서 유례가 없는 매우 창의적인 교육체제인 "전시연합대"를 설치 운영하였다. 전시연합대는 지방 국립대의 전신이 되었으며 고등교육 체제를 팽창시키는 결정적인 동기로 작용하였다.

1950년대의 교육풍경 1

1955~1956년경 초등학교 5, 6학년 학생들은 월 100여 시간의 과외 수업을 받는 날 아침 6시에 등교해 저녁 7시가 되어서 교문을 나와야 했다. 그런 와중에 과외공부로 인해 '초등학교 아동보건 이상론'까지 나왔다. 서울 돈암초등학교 6학년 학생이 등교길 노상에서 졸도 사망한 사건이 일어나자 그것이 과외 때문이냐, 평소 건강 때문이냐를 놓고 논란이 벌어질 정도였다. 일부 학부모들이 과외 수업을 못하게 해달라고 문교부에 진정을 하기도 했지만, 대부분의 학부모들이 과외공부를 지지하는 바람에 아무것도 달라지지 않았다. 언론보도에 의하면, 1957년 1월, 문교부는 과외수업을 시킨 창경국민학교장을 세칭 3류 초등학교로 좌천 인사 조치를 취했다고 한다. 초등학교에 대해서조차 일류, 이류, 삼류를 따지는 풍토에서 그 어떤 변화를 기대할 수 있겠는가. 1957년 서울 시내 초등학교장들이 모여 방학 중엔 과외수업을 하지 않겠다고 서약하기도 했지만 자발적인 건 아니었다(강준만, 2009: 93-94).

전시연합대는 1952년에는 경북대학교, 전북대학교, 전남대학교 등이 설치되었으며 1953년에는 부산대학교, 충남대학교, 충북대학교 등이 발족하였고 그 후 1955년에는 제주대학이 창설됐다(김종철, 1989: 180). 이러한 지방 국립대의 발족은 사립대학의 설립을 촉진하였으며, 이른바 "대학의 붐"을 조성시켰다. 전시 하에서도 끈질기게 대학 교육이 이루어진 것은 배워야만 살 수 있다는 숭문주의 교육문화와 무관하지 않다.

당시 이러한 한국의 교육열에 대해 에버셜(F. L. Eversull)은 "나는 내 생애 한국인들보다 더 교육에 관심이 있고 그것을 더 절실히 원하는 사람을 만나본 적이 없다"고 하였다. 가산을 쏟아붓고, 밥을 굶으면서 자녀를 도회지의 상급 학교에 진학시키는 예는 다른 나라에서 찾기 어려울 것이다(김동춘, 1999: 59). 또한 어려운 사정에도 불구하고 학부모들은 자진해서 가교실을 건축하는 일손을 멈추지 않았고 그 결과 노천 수업이 가교실에서 수업으로 이어지게 되었다. 이러한 6.25전쟁 당시의 교육적 상황에 대해 타임지는 다음과 같이 감동적으로 전하였다(오천석, 1975: 73-73).

교외 어떤 산 위에서는 그전 일본 신사 그늘에서, 어떤 국민학교는 개천 자리에서, 그리고 한 남자 중학교는 산 밑 골짜기에서 각각 수업을 받고 있다. 남한은 어디를 가든지 정거장에서, 약탈당한 건물 안에서, 천막 속에서 그리고 묘지 위에서 수업하고 있다. 교과서 없는 학생은 교과서 없는 대로, 교과서 있는 학생은 교과서를 가지고, 책 없는 학생은 책 없는 대로 지리·수학·영어·과학·미술, 그리고 공민 교실로 다시 몰려들고 있다. 여학생들은 닭을 치고 달걀을 팔아서 학교를 돕는다. 안동에서는 학생들이 흙벽돌로 교사 세 채를 이미 건축하였다. … 일기가 따뜻하여짐에 따라 집 있는 근처에서 노천(露天) 교육을 개시하였다. … 교과서의 부족은 중대한 문제다. 그러나 어느 시골에 가도 나무 밑에 학생들이 모여 앉아 나뭇가지에 흑판을 걸고 떨어져 가는 책을 나눠 보고 있다. 누더기를 입은 선생이 머리 위에 나뭇가지를 꺾어 만든 교편으로 가르칠 때, 6명에서 8명의 학생들이 책 한 권을 나눠 보며 암송하기 위해 그 책을 이리저리 돌리고 있는 광경을 많이 볼 수 있다.

전쟁 중에도 우리의 교육열은 식을 줄을 몰랐다. 6·25전쟁은 전통적으로 뿌리 깊이 내려온 반상 간의 신분 차별 의식을 거의 사라지게 했으며, 기존의 유지되던 계층 구조의 혁명을 가져오게 하였다. 반상 간의 신분 차별 의식이 사라짐에 따라 개인의 능력에 따라 새로운 계층 구조에 편입할 수 있는 교육적 능력주의 인식이 강화될 수 있었다. 모든 것이 파괴되는 전쟁에서 교육은 어떤 물리적 재산보다 안전하다는 것을 체험적으로 인식할 수 있었다. 이에 대해 김대환(1990: 77)은 다음과 같이 논의하였다.

전쟁을 겪는 과정에서 가물이나 재물은 손쉽게 파괴되고 손실되지만, 교육의 성과는 그 어떤 경우에도 가장 안전한 필생의 보고가 된다는 사실을 6·25전쟁을 통해 경험하게 되었다. 즉 가옥이나 재화를 자녀에게 유산으로 남기는 것보다는 가장 확실한 유산은 교육이며, 교육의 성과는 그 어떤 천재지변에도 변함이 없다는 사실을 체험하게 된 것이다.

전쟁을 통해 교육은 가장 안전한 필생의 보고라는 사실을 경험하게 된다. 우

1950년대의 교육풍경 2

12살 때, 전쟁이 일어나자 … 고아가 된 나는 이곳저곳을 떠돌다가 1951년 초에 고아원 겸 학교에 정착했다. 자갈밭 위에 나무로 벽면을 만들고 천막을 씌운 가건물에서 전쟁고아 또는 정신지체아 60~70명이 함께 먹고 자고 공부를 했다. 바닷바람이 숭숭 들어오는 가운데 한 해 동안 국민학교 전 과정을 배웠다. … 이름도 쓸 줄 몰랐던 내가 일기를 쓸 수 있게 됐다. 이듬해 … 서울의 청운중학교가 설치한 천막학교에 진학하였다. … 중학교 졸업장도 없는 고아가 대사관 직원으로 살 수 있었던 것은 비바람 치던 천막학교에서 2년 남짓 공부한 덕분이었다(조선일보, 2010. 03.12).

리 사회에서 교육은 미래를 위한 가장 현실적인 투자며, 자녀에게 확실한 자산을 물려준다는 의미에서 교육의 유산적 성격을 강화할 수 있었다. 가문의 유지라는 전통적인 가족주의 교육문화와 6·25전쟁의 교육적 의미는 교육적 상속주의 문화를 촉진하는 데 충분조건을 가지고 있었다. 6·25전쟁은 교육적 능력주의와 교육적 상속주의를 강화하는 데 일조하였다.

그러나 일제가 남겨준 빈약한 경제토대와 6·25전쟁은 산업구조를 거의 빈사상태로 몰아넣었다. 이런 상태에서 취업난이 일어나는 것은 자명한 일이었다. 학생들에게 취업은 절실한 최대 과제였다. 극히 좁아진 취업문으로 인해 극심한 취업난을 겪어야 했다.

해방 직후 취업이 가능했던 몇몇 부분, 즉 행정관리 등 정부 부문이나 은행과 금융기관에 실업학교 졸업자 중 우수한 소수만이 취업하고 대부분은 고등 교육으로 진학하는 기현상을 초래했다. 극심한 취업난 속에 실업학교 졸업생들은 상급 학교를 진학하는 것 외에는 다른 어떤 선택의 여지가 없었다(이광호, 1990: 149). 1950년대 중반까지 대졸자의 취업률을 살펴보면 30% 미만이었으며, 1950년대 말에는 40%를 밑돌았으며, 1960년의 취업률은 30.1%에 불과하였다(이혜영, 1992: 43).

그러나 이 시기는 고등교육이 무분별하게 팽창하고 있었다. 고등교육의 팽창 이유는 야간대학 제도, 청강생 제도, 그리고 제대군인이나 상이군인에게 일정한 인원이 입학할 수 있는 특혜를 부여한 것과 관련이 있었다. 극심한 취업난으로 인해 인생의 유예 기간을 만들기 위해 대학진학 현상이 일어났지만, 대학은 자신들의 정원을 제대로 채우지 못하고 있었다. 대학은 극심한 재정난을 타개하기 위해 무분별하게 학생들을 받아들여 고등교육의 질적 수준을 저하했다.

당시의 고등교육 상황에 대해 국민학교도 변변히 마치지 못한 학생이 과반수인 학생들이 비일비재하였다. 특히 한국 전쟁 후 대학의 과잉 팽창 현상이 두드러져 당시 고등교육은 절름발이 대학 교육이라고 불릴 정도였다(이광호, 1990: 71).

고등교육은 급속한 양적 팽창을 이루고 있었지만, 대학교육에 상응한 사회적 보상이 미비한 실정이었다. 빈약한 산업구조로 인해 대졸자의 취업률은 매우 저조했다. 농업에만 종사하는 당시 대다수의 인구 구성으로 볼 때, 교육에 대한 투자는 경제적 수준에 비해 지나치게 과잉되어 있었다.

소와 밭을 팔아서 학자금을 조성한다는 의미로 대학의 상아탑을 빗대어 "우골탑"이라고 하였다. 당시의 농촌 상황이 매우 열악했음에도 불구하고 무리하게 학자금을 만들었기 때문에 한 나라의 농촌 경제가 휘청거릴 정도였다. 농촌 경제에 거의 의존하던 당시의 상황에서 대학 학자금은 국가 경제에 심각한 타격을 주었다.

그래서 이때의 사정을 "대학망국론"으로 표현되기도 하였다. 김종철(1979: 82)에 의하면 한국은 국민소득으로 보아 대학 교육에 대하여 과잉 투자를 하고 있으며, 그것은 특히 농촌 경제를 파경에 몰아넣는 요인이 되었다고 한다. 또한 한국의 대학은 대학 졸업생의 약 40%가 취업을 할 뿐, 대부분의 대학 졸업생들은 고등교육 유민의 신세를 면치 못하고 있으며 그것이 정치적 불안과 사회적 혼란의 요인을 이루었다고 한다.

이 시기는 산업의 구조적 요인으로 인해 대학 졸업자들의 취업률이 매우 낮았고 학력의 사회적 가치가 실현되지 않았다.[3] 우수한 사람들은 대학에 진학하

3 이 시기는 학력의 사회적 가치가 전체적으로 반영되지 못 했지만, 학력과 직업의 위계 구조가 서서히 일치되는 경향을 보였다. 그 이면에는 제도화된 교육인 학력의 효과가 나타나고 있었다. 예컨대 1948년에서 1967년 사이의 고급 공무원의 점유율에 대한 출신 대학을 살펴보면 서울대가 36.8%(138명), 연세대가 5.6%(28명), 고려대가 4.0%(20명), 해

기보다는 취업하는 사태가 발생하였다. 당시의 상황을 고려할 때, 매우 열악한 산업구조로 인해 취업 자체가 사회적으로 더욱 가치가 있었다.

그런데도 농촌의 무리한 경제 사정에도 불구하고, 자녀들에게 대학 교육을 받게 하는 것은 맹목적인 신앙에 가까울 정도로 교육에 대한 강한 집착을 보여 주었다.

당시 대학 졸업자들은 고등교육 유민이라고 불릴 정도로 사회불안의 원인으로 작용할 만큼 매우 심각한 실업 상태에 있었다. 교육의 직업적 가치가 매우 낮았음에도 불구하고, 우골탑이 상징하듯 고등교육에 대한 집념 어린 투자를 하는 것은 교육에 대한 막연한 낙관적 믿음, 즉 언젠가는 교육이 모든 것을 보상해준다는 맹목적인 믿음과 관련이 있었다.

이 시기의 교육문화도 교육에 대한 낙관적 가치, 미래에 대한 현실적인 투자라는 전통적 교육문화와 큰 차이를 보이지 않았다. 국민학교도 변변히 마치지 못한 사람들이 대학에 입학하려는 사례가 속출할 수 있었던 것은 상징적 자격증을 획득하려는 전통적 교육 열망과 같은 맥락에서 이해될 수 있다.

외대가 36.0%(179명), 기타 국내대가 17.5%(87명)로 나타나고 있다. 1980년에는 서울대가 42.9%(566명), 고려대가 7.3%(97명), 연세대가 5.6%(74명), 해외대가 3.9%(53명), 기타 국내 대학이 40.1%(529명)로 나타났다(백완기, 1981: 179).

CHAPTER

03

1960·70년대 교육문화의 특징

1960년대에 들어서도 경제 사정은 크게 변하지 않았다. 당시 열악한 산업 구조로 인해 무위도식하는 고등교육 실업자는 증가하고 있었다. 고등교육 유민의 증가는 국가 경제에 상당 부분을 의존하는 농촌 경제에 큰 부담으로 작용하였다. 대학망국론의 표현도 무리가 아니었다. 고등교육 유민은 온갖 희생을 감수한 주위의 기대를 받는 고학력 인텔리라는 점에서 사회 불안의 요인이 되기도 하였다. 이 시기를 대학 입학을 징집 연기 혜택과 입신출세 같은 도구적 수단으로 인식하는 사회적 분위기가 팽배했다. 당시의 상황을 이만갑(1961: 51)과 유진오(1962: 86-88)는 다음과 같이 생생하게 전하였다.

> 한국 대학생의 대량 실업은 사회 불안을 조성하는 요소였다. … 그들은 부모와 사회에 의하여 지도적 인물이 되고 귀한 몸이 되리라는 기대를 받아 왔고 또 그 자신이 그렇게 될 것을 은근히 기대해 왔다. 그러나 막상 졸업하고 보니 자기를 반갑게 맞이하여 주고 자리를 내주는 사람이 없다는 것을 알게 될 때 그들은 우선 한없이 실망하게 될 것이다.
>
> 오늘날 우리 대학은 병역 기피자의 소굴로 지탄받고 있으며 … 학교 내에 존경을 받아야 할 대학교수는 지식(知識) 행상(行商)으로 비난받고 있다. … 대학 교육을 받는 목적은 입신출세하기 위한 것이다. 훌륭한 사람은 염두에

두지 않고 오로지 입신출세에만 연연한다. … 만일 대학에 입학하는 학생들이 예외 없이 현실적인 출세에만 매달린다면, 대학은 민족의 일꾼을 양성하는 기관임을 멈추고 수단과 방법을 가리지 않고 남을 거꾸러뜨리고 남의 위에 올라섬으로써 무서운 미래의 이리떼를 길러내는 기관이 될 것이다. 향학열은 좋지만 그릇된 향학열은 잘못 해석된 민주 질서 밑에서 전통적인 근로천시 경향과 놀고먹는 계급 숭상의 비뚤어진 생각과 결합할 때 대학 발전의 원동력이 아니라 대학 부패의 온상이 될 것이다.

고등교육의 과도한 팽창이 빚어낸 대량 실업자 상태는 5·16 혁명 정권에게도 중요한 문제였다. 군사 혁명 정권은 4·19 혁명 후 격증하는 학원 분규의 원인이 대학의 자유방임적 정책과 무관하지 않다고 보았다(이혜영, 1992). 군사 정권의 이런 인식을 차치하더라도 당시의 고등교육 유민 상태는 사회적으로 매우 불안하였으며, 고등교육의 무분별한 팽창으로 인해 그 질적 수준이 매우 낮았다.

고등교육 불안은 대학 정비의 필요성에 대한 국민적 공감대를 형성하게 하였다. 당시 1961년 실시된 공보부의 대학 정비 필요성에 대한 인식 조사에 의하면, '잘되었다'가 71.8%, '지나치다'가 16.5%, '잘된 것이라고 볼 수 없다'가 7.2%, '모르겠다'와 '기타'는 4.5%로 나타났다(손준종, 1994: 66, 재인용). 전반적으로 대학 정비의 필요성을 인식하고 있음을 보여준다. 그만큼 고등교육 개혁은 사회적으로 매우 중요한 문제였다.

급기야 군사혁명 정부는 1961년에 「교육에 관한 임시특례법」을 발표하여 고등교육을 통제하기 시작했다. 고등교육 통제의 큰 방향은 4년제 대학 정원의 감축 그리고 교육대학과 전문대학의 증가다. 이런 방향은 1970년대 말까지 이어지며 대학 정원의 억제책으로 대학의 사회적 가치를 높이는 원인이 되었다.

대학 정원을 통제하기 위해 1963년에는 사립학교법을 발표했으며, 1965년에는 대학 학생 정원령을 공포하여 본령이 규정한 학생들을 제외하고는 정원을 초과할 수 없도록 하였다. 대학 학생 정원령이 제정된 근본 배경은 수용 능력을 무시한 학생 수의 증가, 간판 위주·영리주의 사립대학 운영, 이에 따른 대학 졸업생의 실업률 증가(1965년 취업률은 37.6%) 등을 들 수 있었다(김종철, 1989: 276).

또한 부정 입학, 부정 졸업[4]을 방지하고 고등 교육의 질을 높이기 위해 1967년에는 학위등록제를 공포하여 소정의 과정을 이수한 사람과 일정한 시험에 합격한 사람에게만 학위를 수여하도록 하였다.

고등교육에만 문제가 있었던 것은 아니다. 중학교에 진학하기 위한 입시 경쟁도 상당히 치열했다. 국민학생도 중학교에 진학하기 위해 지옥 같은 입시 경쟁을 경험해야 했다. 중학교도 일류, 이류 같은 학교 간 등급이 정해져 있었기 때문이다. 중학교 입시 경쟁은 오로지 일류 중학교에 입학하기 위한 것으로 어린 학생의 심신 발달의 저하는 물론 교육 자체를 황폐화하고 있었다. 당시의 국민학생의 입시경쟁 상황은 다음과 같은 진술에서도 생생하게 확인될 수 있다.

> 학교에서 무엇을 배우는지, 어떤 인간이 길러져 나오는지에 대한 관심보다 세칭 일류 학교의 입학이 대부분 학부모나 일부 교육자들에게는 절실한 관심사요, 실제 목표였다. 따라서 어린이의 건전한 심신 발달을 저해하고 사회 문제를 야기시킬 정도로 입시 지옥의 치열한 경쟁의 장으로 학교를 몰아

4 당시의 부정 입학과 부정 졸업은 매우 심각했다. 사립대학은 열악한 재정 구조로 인해 청강생이나 정원 외 학생을 입학시키면서 재정적인 도움을 받았다. 그러나 1966년 학생 정원령의 개정을 통해 대학 신입생의 명단을 관보에 공고했으며 1966년에는 학위등록제를 교부하였다. 대학생 정원의 엄격한 실시를 위해 문교부 장관에게 정원 초과에 대한 취소권을 부여하고 대학 입학 합격자의 입학 허가 통지제도 등을 제정하였다. 이 제도는 정원 외 모집을 어렵게 하는 조치로 재정이 어려운 사립대학은 수차례의 반발을 하였다(순준종, 1994: 83). 그런데도 사립대학 부정은 심각한 수준으로 나타났다. 1968년 12월 사립대학 특별 감사에 의하면 한결같이 사립대학들은 수많은 정원 외 학생인 청강생을 뽑았고, 시험 성적과는 관계없이 기부금을 많이 내는 학생을 부정 입학시켰으며 부정 졸업을 남발했다. 어느 대학은 유령 원서를 접수하여 유령 지원자를 합격시켜 놓고 그 자리에 막대한 돈을 낸 사람이 입학한 사실도 있었다. 그러나 학교와 교수 처우에 대한 투자는 한 푼도 사용하지 않았으며 불과 5년 또는 10년 만에 사립대학 재단의 재산은 1백 배, 1천 배로 기하급수적으로 늘었다. 당시 전국 73개의 사립대학의 정원은 101,455명이지만, 특감위의 조사 결과에 의하면 정원 외 학생인 청강생이 4만 내지 5만으로 추산된다고 하였다. 이런 사태가 얼마나 뿌리 깊은 관습이었는지 과거 문교부 장관은 20~30%의 정원 외 학생을 모집해도 좋다고 묵인한 적이 있었으며 1965년에 권오병 장관은 정원 외 학생을 신고하면 양성화해 준다고 해서 이를 인정해 준 적이 있다(윤용남, 1969: 124−129).

1960년대의 교육풍경 1

1960년 후반의 신문의 사회면엔 「'죽음의 과외공부': 충무국민학교생 합승에 머리 치어」, 「과외공부 손녀 기다리다 역사(轢死)」, 「과외공부 귀로(歸路) 어린이 피살」 등과 같은 섬뜩한 제목의 기사들이 등장하곤 했다. 당시 언론에 따르면, 일부 국민(초등)학생들은 가방에 드링크제를 넣고 다니면서 코피 흘러가며 밤늦게까지 과외를 했고, 교사들의 30%는 부직(副職)으로 과외를 할 정도였다. 서울 덕수초등학교 6학년생 4명이 가출해 1주일째 행방을 알 수 없는 사건이 일어났다. 언론은 과외 공부에 대한 '동심(童心)의 저항'이라 했고, 학부모들은 언론을 통해 "이젠 과외 안 시킨다. 빨리 집으로 와다오"라고 호소하였다. 그래서 서울시교육위원회는 시내 초등학교 교사 8,221명으로부터 "과외수업을 하지 않겠다"는 각서를 시내 187개 초등학교장에게 긴급 지시하기도 하였다. 1968년 1월, 사회·언론·정부기관의 회의체인 사회정화대책회의는 1968년을 '과외추방의 해'로 정하기도 하였다(강준만, 2009: 114-115).

넣었다(문교부, 1988: 220).

국민의 뜨거운 교육열이 우리나라 발전의 원동력이 되었지만 한편으론 상급 학교 입시 지옥, 과열 과외, 재수생 문제, 콩나물시루 교실, 고등실업자와 같은 수많은 교육 문제와 사회 문제를 낳았다. … 치열한 입시 경쟁과 함께 중요한 것은 일류 지향성이었다. 이른바 이 일류병 때문에 재수생이 늘어나 사회 문제화되기까지 하였다. 어린 국민학생이 일류 중학에 입학하기 위해 심신의 발육에 지장을 줄 정도까지 과외 공부를 하면서 입시 준비로 시달리고 또 국민학교 교육 자체가 입시 준비를 위하여 비정상적으로 운영하고 있었다(문교부, 1988: 390).

국민학교 때부터의 지옥 같은 입시 경험은 사회 문제로 비화할 정도로 심각한 수준이었다. 치열한 입시 경쟁은 부모의 교육열을 가열시켰다. 그 대표적 사건이 1965년의 무즙 파동과 1968년의 창칼 파동이다. 무즙 파동은 법정 소송으로 이어져 학생의 당락에 직접적인 영향을 미쳤다.

1967년 10월에는 부산의 어느 국민학교 5학년 학생이 밤 12시에 통행금지 있던 시절에, 비교적 심야인 밤 10시경에 과외 공부를 받고 집으로 돌아오다가 피살당하는 사건이 발생하였다. 이 사건은 사회에 엄청난 충격을 주었으며, 1969년

1960년대의 교육풍경 1

'꼭 일류 중학교에 넣겠다'는 부모들의 허영심은 피곤해 죽을 지경인 어린이들을 못살게 하였다. J 국민학교 6학년 박모 군은 각성제인 '카페냐'를 복용한다. … 노이로제 증세 보여 …. 하루 5시간 수면하고…(경향신문, 1664. 11. 06).

밤 10시 넘어서까지 공부한다. 졸면서 …. 할 수 없이 가정교사가 묘안을 생각해냈다. 아이의 책상 앞 벽에 못을 박고 심 군의 목을 걸치도록 했다. 심 군의 목에 노끈이 걸려 목을 졸라 잠이 깬다는 것이다. 이 광경을 보는 그의 부모나 가정교사는 '자기의 목을 졸라매는 기분'이라고 전했다(경향신문, 1966. 12. 17).

당시교육혁명[5]이라고 불리는 중학교 무시험제를 채택하여 중학교 평준화 정책을 단행한 직접적인 계기가 되었다.

이 사건으로 인해 세칭 일류 학교라고 불리는 중학교를 연차적으로 폐교하거나 학교명을 바꾸게 했으며 53억 원을 투자해 377개교의 신설과 8579개 교실을 신축하였으며 11,517명의 교원을 증원하였다(문교부, 1988: 391−392).

중학생의 양적 증가는 고등학교의 진학 경쟁이 원인이 되어 과열 과외, 재수생 문제 등 심각한 사회 문제를 파생시켰다. 당시 인문계고 지원자의 40%만이 고교에 진학할 수 있었다. 입시 스트레스 때문에 중학생의 27%가 정서 불안 등의 중3병을 앓고 있었고 좋은 학교를 찾아 지방에서 서울로 해마다 1만 5천 여 명이 전입하는가 하면 중학생의 91%가 하루 4시간 이상 과외 수업을 받기까지

5 1968년 7월 15일에 발표된 중학교 무시험 진학 제도는 7·15혁명이라고 부를 만큼 전격적으로 이루어졌다. 1967년 5월 21일에 제17대 문홍주 문교부 장관이 물러나고 권오병은 다음 해 2월에 중학교 무시험 진학을 골자로 입시 개선안 발표, 그해 10월에는 대학입학 예비고사 제도 시행의 공포, 그리고 그해 12월에 전술한 국민교육헌장을 제정하였다. 이 세 가지 교육개혁에 대해 당시 언론은 세 개의 폭탄에 비유했다. 1960년부터 중학교 입학시험의 폐지와 더불어 공사립 중학교 50여 개를 연차적으로 폐교했다. 당시 문교부는 서울의 국민학교 재학생 수를 10만 1천 명으로 발표하고 학급 증설을 계획하였다. 그러나 국민학교 재학생 수는 10만 4천 명이었으며, 여기에 무시험 진학에 자극되어 시골에서 2천 5백 명의 학생이 전입하였다. 그리고 중학교 수용 능력은 폐지키로 한 경기중, 서울중, 경복중, 경기여중, 이화여중을 제외하면 6만 5천 명에 불과했다. 문교부의 대처 방식은 철저하게 비교육적이었다(정재걸, 1996: 32−33).

했다(동아일보, 2002. 3. 4).

중학교의 심각한 입시 지옥을 해결하기 위해, 1973년에 정부는 「고교평준화 정책」을 발표하여 고등학교의 교육기회를 확대하였다. 고등학교 확대는 다시 대학교육의 정원 통제로 인해 치열한 대학입시 경쟁의 서막을 올리게 하였다. 사회적으로 대학의 가치가 높아짐에 따라 대학입시 경쟁의 가열화와 학벌 중심의 학력 체제가 강화되었다. 당시 정부가 혁신적이라고 생각한 중학교 무시험 제도와 고교평준화 정책은 우리의 교육열을 국6병에서 중3병, 그리고 고3병으로 옮긴 것에 불과하였다. 교육문제 해결을 위한 근본적인 처방이 되지는 못했다.

고교평준화로 인해 1970년대는 고등학생의 과열 과외와 재수생 문제가 사회적으로 심각하게 대두됐다. 중등교육의 확대와 대학교육의 통제 정책으로 인해 과외의 양적 팽창과 더불어 질적으로도 사회적 심각성을 증대시켰다. 당시 학원가는 재수생으로 넘쳐흘렀고 소위 명문 학원에 들어가기 위한 선발 시험을 거쳐야만 했으며 그 경쟁률도 높았다. 재수생은 매년 증가 추세에 있었다. 재수생이 일반화되는 것을 빗대어 '재수는 필수, 삼수는 선택'이라는 유행어가 등장하기도 하였다. 다음은 1970년의 재수생을 100%로 환산했을 때의 연도별 증가 현황이다.

표 5-2 연도별 재수생 증가 현황

연도	1970	1973	1974	1975	1976	1977	1978	1979	1980
증가율	100.0	141.2	140.6	146.0	166.9	204.8	256.7	307.7	402.8
연도	1981	1982	1983	1984	1985	1986	1987	1988	1989	1990
증가율	476.0	443.6	542.4	534.4	583.8	528.4	505.5	561.5	600.5	621.8

자료: 강창동, 1993: 152, 재구성.

위의 표에서 보듯이 재수생은 70년대 초기에는 완만하게 상승하다가 후반에는 2배에서 4배로 급격하게 증가한다. 이러한 재수생의 증가는 곧 과외 문제와 직결된다. 재수생 문제는 과외 문제와 더불어 동전의 양면과 같기 때문이다. 대학 진학을 위한 과외 열풍은 전국적인 현상으로 나타났다.

홍성길에 의하면 입시생의 90% 이상이 과외 공부를 하고 있으며 학원 강사는 전직 일류 대학교수나 일류 대학 출신, 일류 고교 교사 출신이라는 그럴듯한 간판을 내걸고 있는 입시 기술자들이라고 하였다.

당시 빗나간 교육 숭배로 인해 월급 6~7만 원의 5급 공무원은 국장이나 과장같이, 월급 10만 원의 말단 사원은 사장이나 전무같이 매월 월급의 절반을 과외비로 지출할 정도였다. 과외 강사료는 천차만별이었다. 당시 종합반 강사료는 월 20만 원이고 A급 강사료는 거의 천문학적 액수인 월 3백만 원이었다(홍성길, 1977: 257-260). 다음은 당시의 과열 과외의 심각한 상황을 전하고 있는 진술들이다.

> 당시의 과열 과외의 문제는 심각한 사회 문제의 범위를 넘어 망국 과외로 불리고 있었고 "과외 때문에 못 살겠다, 과외를 없애 주면 대통령 표도 찍어 주겠다."는 말까지 나올 정도였다(중앙일보, 1988. 9. 29).
>
> 학교는 학교대로 학부모는 학부모대로 교육 본연의 자세에서 벗어나 온갖 수단과 방법을 가리지 않고 상급 학교 진학에만 열중했다. 그것도 일류 대학에만 진학시켜 명문교로서 전통과 가문의 체면과 개인의 부귀영화에만 급급한 것이다. 누가 무엇이라고 하더라도 과외 공부는 학교 교육의 정상 기능을 불신시키고 학생들의 심신 성장을 저해해 왔으며 학부모들에게는 과중한 과외비를 부담시켰을 뿐만 아니라 과외 공부를 시키는 국민과 시키지 못하는 국민 간에 위화감과 불신감을 조성해 온 것이다(정태수, 1991: 98).

이 시기에 들면서 재수생과 과외 문제는 사회적으로 확대되어 나타났다. 여기에는 다양한 사회적 요인이 있었지만, 전통적 교육문화, 즉 교육을 통해 지위 상승할 수 있다는 근본적 믿음이 크게 작용했다. 교육이 제도화되어 학력으로 나타나면서 교육적 효과, 즉 학력(學歷)의 사회적 효과가 확실히 나타났다.

학력은 개인의 고부가 가치를 높이는 퇴화하지 않는 상품이다. 학력은 혈통주의를 나타내는 족보와 같이 현대사회의 새로운 사회적 신분증명서다. 제도화된 교육을 나타내는 학력은 새로운 혈통주의적 족보라는 것이다. 학력의 가치는 경제적 가치뿐만 아니라 문화·상징적 가치를 포괄하고 있으며 학력은 만능의 사회적 가치 지표다.

이상백·김채윤(1966: 50)의 연구에 의하면 당시 서울, 대구, 전주를 중심으로 지위 결정 요인을 조사한 결과 직업이 8.6%, 학력이 22.7%, 수입이 5.3%, 가문이 7.4%, 명성이 4.1%, 재산이 10.4%, 인격이 40.6%로 나타났다. 추상적 변인인 인격을 제외하면 학력의 사회적 지위 결정력이 상대적으로 얼마나 크게 작용했는지를 보여주고 있다. 현대사회에서 다른 요인들을 학력의 파생 효과와 밀접한 관계가 있다고 본다면 학력이 주는 사회적 효과는 더욱 커지게 된다.

1978년 「동아연감」에 나타난 학력 엘리트별 지위 구성을 살펴보면 법조계는 서울대가 35.4%, 일본 유학이 30.0%, 고려대가 10.1%, 경성제대가 10.1% 순이다. 각료는 서울대가 37.5%, 사관학교가 11.5%, 일본 유학이 17.7%, 고려대가 6.3% 순이다. 고급 공무원은 서울대가 25.2%, 고려대가 10.4%, 일본 유학이 10.3%, 연세대가 6.1% 순이다. 교수는 서울대가 28.7%, 일본 유학이 19.3%, 고려대는 4.8%, 연세대는 4.8% 순이다. 일본 유학이 비교적 많은 것은 일제강점기의 유학파와 관련이 있는 것 같다. 임금 격차에서도 학력의 경제적 가치가 뚜렷하게 나타났다.

결혼에서조차 학력을 중요한 자산으로 상정하였다. 전근대 사회의 결혼은 비슷한 신분끼리 통혼하는 계급내혼제(階級內婚制)가 중심이었다. 현대사회에 들어 학력이 중요한 사회적 가치 척도가 되면서 학력내혼제(學歷內婚制)가 이루어지고 있었다. 학력내혼제는 새로운 신분증명서가 비슷한 학력 출신자들이 결혼하는 것을 의미한다. 1966년 조사에 의하면 학력이 전문대졸 이상인 경우 처의 학력이 고졸자 전체의 73%, 대졸자 전체의 80%를 차지하였으며, 전체적으로 비슷한 학력끼리 통혼이 이루어지고 있었다(이상백·김채윤, 1966: 121).

학력내혼제적 경향은 1980년대에도 나타났다. 미혼 여성의 결혼관 조사에서 배우자의 학력으로 대학을 65.5%, 대학원을 16%, 초급대학을 7.4%가 원하고 있었다. 배우자의 학력을 대졸 이상으로 원하는 응답자를 직업별로 보면 교사가 90.9%, 간호사가 89.6%, 회사원이 83.5%, 은행원이 65.3% 순으로 나타났다(동아일보, 1985. 5. 14).

표 5-3 학력 수준별 임금 격차

구분	1971	1972	1973	1974	1975	1976	1977	1978	1979	1980
고졸	100.0	100.0	100.0	100.0	100.0	100.0	100.0	100.0	100.0	100.0
전문대졸	-	-	-	-	136.2	145.3	147.4	149.2	147.6	146.3
대졸	175.2	182.3	186.1	198.3	136.2	229.7	230.4	231.3	230.7	228.5

자료: 노동부, 직종별 임금실태 조사.

주목할 점은 이 시기에 들어서 교육에 대한 낙관적 믿음을 역사적으로 확인할 수 있었다. 위의 표를 보면 학력별 임금 격차가 크게 나타나고 있으며, 대졸 학력은 신분 이동의 지표로 작용하고 있었다. 이 시기는 사회이동이 활발하게 일어났으며 대다수가 학력에 의해 사회적으로 지위 상승을 경험할 수 있었다.

1950년대까지는 농업에 종사한 사람이 전체의 70%를 차지했으며 제조업이 10%일 정도로 매우 열악한 경제 구조였다. 1960~1970년대의 산업별 의존도 변화 비율은 1차 산업의 비중이 줄어들고 상대적으로 2차 산업의 비중이 높아졌으며 3차 산업 역시 매우 높았다. 경공업과 중화학 공업의 의존도는 1960년에는 78.2%, 1970년에는 56.65%와 43.4%, 1980년에는 44.1%에서 55.9%로 변화하였다(박현채 외, 1988: 86).

1960년대 후반부터 산업 구조는 점차 안정적 단계로 진입하고 있었다. 산업 구조가 질적으로 변화하여 경제적으로 확대되었다. 따라서 농·림업에 종사하던 인구가 산업 구조에 편입할 수 있었다. 자연스럽게 산업별 종사 인구 비율도 변할 수밖에 없었다. 산업별 인구 종사의 변화는 전체적인 지위 상승을 의미한다. 70%에 달하던 농·림업 인구가 2·3차 산업에 편입할 수 있었던 것은 전반적으로 경제가 질적으로 도약했기 때문이다.

이 시기에 들어 경제 규모가 확대됨에 따라 학력(學歷)이 사회적 지위 배분의 확실한 지표로 작용하였다. 당시 학력은 객관적인 능력의 대리 지표로서 강력한 지위 배분의 선별 도구로써 이용됐다. 이 시기는 학력 수준에 따라 지위 배분이 확실히 나타났다고 할 수 있다.

해방 이후와 1950년대의 고등교육 유민들은 산업의 구조적 확대로 인해 경제적 가치를 높일 수 있는 사회적 기반을 마련할 수 있었다. 사회 전반에 걸쳐 학력에 의한 지위 배분이 뚜렷이 일어난 시기였다. 이 시기는 고등교육의 정원 통제로 인한 학력 디플레이션 현상으로 대학의 사회적 가치가 높았다.

닭이 먼저인가 알이 먼저인가라는 근본적인 의문이 생긴다. 학력에 따른 생산성 수준이 산업 구조를 확대한 것이냐, 아니면 산업 구조의 확대가 학력을 요구한 것이냐이다. 이 시기의 학력에 의한 사회적 지위 이동은 산업의 확대에 따른 구조적 이동과 밀접한 관련이 있었다. 단지 산업의 구조적 확대로 인해 학력이 중요한 선별 지표로서 등장하자, 학력은 사회이동의 기회를 제공하는 공적 인증서의 기능을 했었다.

1960년대 후반부터 1970년대까지는 급속한 경제성장을 이룬 시기다. 이 시기의 주역들은 1940·50년대와 1960년대 초반에 고등교육을 받은 사람들이다. 그 당시의 대학 건물과 시설은 매우 열악했으며, 실질적인 경제 기반이 된 이·공계나 경제학 계통의 학문을 가르칠 인력 또한 제대로 구성되지 못한 시기였다. 또한 정치사회적으로 격변의 시기이므로 공부 또한 제대로 한 시기라고 할 수 없다. 1960년대의 이런 상황에 대해 오탁번(1979: 202)은 다음과 같이 회고하고 있다.

> 그 당시에는 강의 계획이나 진도표 같은 것은 애당초 없었다. 교수가 이따금 생각났다는 듯이 강의실에 나타나서 두서없이 이야기하다가는 또 몇 주일씩 멋대로 휴강이 계속되었다. 그럴 때면 우리들은 강의실에서 빈둥거리면서 담배를 피우거나 낙서를 즐겼다. 그러다가는 아무 때나 종강이 되었고 교재로 쓴 책은 제1장 서론도 다 끝나지 않고 있는 경우가 대부분이었다. 서론에서 종강이 되는 것은 참 크나큰 진리를 내포하고 있다고 우리는 느꼈다. 영원한 서장(序章), 우리들은 늘 불완전함 속에서 새롭게 출발하는 신세였다.

김영봉 외(1981)의 연구에서도 교육을 통한 인적 자본이 한국의 경제 성장에 기여했다는 증거는 희박하며, 1960년대의 경제 성장을 예상해 교육 수요를 증대시켰다는 증거 역시 찾아보기 어렵다고 하였다. 한준상(1990: 213)은 1965년

이래 산업일꾼 양성의 필요성이 전반적으로 강조되었어도 실업계 고등학교 졸업생의 취업률은 50% 미만이었다고 하였다.

이처럼 산업 구조와 교육 구조는 불일치를 보였다. 따라서 학력이 지위 배분의 지표로 강하게 작용할 수 있었던 것은 산업 구조의 확대에 따른 것이다. 이 시기의 사회이동은 산업 구조의 효과로 이루어진 구조적 이동과 무관하지 않았다.

그런데 외형적으로 보면 학력은 사회이동의 강력한 지표로 이용됐으며, 일반인들은 교육이 미래를 위한 현실적 투자라는 낙관적 인식을 확인할 수 있었다. 대다수 사람은 전체적으로 학력에 의한 구조적인 사회이동을 경험했기 때문에 교육의 효과, 즉 학력의 효과를 가장 확실하게 느낄 수 있었다. 교육의 신화를 확인한 시기라고 할 수 있다.

CHAPTER

04

1980년대 교육문화의 특징

1980년대에 주목할 만한 사건은 7·30 교육개혁조치다. 당시 제5공 정권은 정치적 불안정을 무마하기 위해 광범위한 국민적 지지를 확보할 필요가 있었다. 전 국민이 관심이 있는 교육 분야는 제5공 정권의 정치적 입지를 보장해 줄 수 있는 좋은 개혁 대상이었다. 당시의 교육문제는 사회적으로 매우 중요한 관심사였다. 치맛바람, 암기식 교육, 과열 과외, 재수생 문제 등은 교육적으로나 사회적으로도 심각한 문제였다. 특히 과열 과외는 사회적으로 계층 간의 위화감과 불신감을 조성하고 학교교육의 정상화에 중대한 걸림돌로 작용하였다. 오죽했으면 과열 과외나 재수생 문제를 해결해 주면 대통령 표라도 찍어 주겠다는 말이 나올 정도였다.

과열 과외를 해소하고 전 국민의 지지 기반을 마련하기 위해 제5공 정권은 1980년 7월 30일 「교육 정상화 및 과열 과외 해소 방안 발표문」이라는 이름으로. 이른바 7·30 교육개혁조치를 발표했다. 7·30 교육개혁조치는 과열 과외 해소뿐만 아니라 교육문제를 포괄적으로 해결하려는 종합적 교육 개혁안이었다. 7·30 교육개혁조치는 세계에서 그 유례를 찾아보기 어려울 정도로 고등교육 정원을 일시에 30% 증원했다. 30%의 대학 정원은 상대평가를 통해 중도에 서서히 탈락시키는 취지를 가지고 있었다.

7·30 교육개혁조치는 본고사를 폐지하고 내신 성적과 예비고사 성적으로 대학

입학자를 선발하고, 궁극적으로 예비고사까지 없애고 내신 성적으로만 가려내고자 하였다. 사회적으로 문제가 되는 과외는 법을 동원하여 강제로 금지했었다.

7·30 교육개혁조치는 끊임없는 논란의 대상이 됐었다. 7·30 교육개혁의 핵심인 졸업정원제가 7년 만에 폐지됐으며 과외금지도 사실상 해제되어 거의 실패한 교육정책이 되었다. 7·30 교육개혁의 대학 정원 30%의 갑작스러운 증원정책은 고등교육의 양적 팽창을 통해 원하는 대다수 사람의 고등교육의 욕구열을 충족시켜 과열 과외의 해소와 재수생 문제, 그리고 각종 교육문제를 해결하고자 하였다. 이런 노력에 긍정적인 면이 전혀 없지는 않았지만, 장기적으로 한국의 교육문제를 더욱 악화시키는 결과를 초래했다.

〈표 5–2〉를 보면 재수생 수를 100%로 잡았을 때, 1970년대 내내 약 200%대를 유지하고 있었다. 1980년대에 들어서는 500%에서 600%의 현격한 증가세를 보였다. 이렇게 대학 입학 경쟁에 참가하는 사람의 수가 크게 늘어난 것에 대해 김재웅(1996: 55)은 다음과 같이 논의했다.

> 한 고등학교에서 성적이 50% 정도 되는 학생까지 대학에 가게 되다 보니, 종전의 대학 문턱은 자기에게 너무 높아 감히 올려다보지 못하던 학생(예컨대, 성적이 한 학교에 70%에서 80% 수준에 있는 학생)까지도 대학 진학 경쟁에 뛰어들게 된 것이다. 따라서 경쟁에서 이기기 위하여 과외 수업을 해야 하는 학생의 수는 오히려 더 늘어났다고 할 수 있다.

과외도 비슷한 양상을 보였다. 1980년 대도시가 31.9%, 도시가 16.3%, 농촌이 7.8%가 과외를 하고 있었다. 과외 학생 수는 대도시인 경우에 국민학교는 전체의 25.3%, 중학교는 30.2%, 인문고는 43.9%, 그리고 실업고는 23.2%가 과외 수업을 받았다. 학교급별 과외 이유로는 중학교에서는 진학이 100%, 인문고는 79.4%, 실업고는 79.9%로 나타났다. 부모의 학력이 높을수록 과외를 많이 시키는 것으로 나타났다.

부모 학력이 대졸 이상일 경우, 국민학교는 35.7%, 중학교는 41.4%, 인문고는 49.5%, 실업고는 34.6%로 나타났으며, 부모 학력이 고졸일 경우 각각 18.5%,

24.3%, 33.3%, 22.6%를 과외 시켰다. 부모 학력이 중졸일 경우 8.9%, 14.3%, 22.3%, 18.2%로 나타났다. 국졸 이하는 미미하게 과외를 시켰다(김영철 외, 1981: 19-31). 후반으로 갈수록 과외 비율은 서울이 79.9%, 대도시가 75.5%, 도시가 62.3%, 읍면이 36.0%로 80년대 초에 비하면 급격한 증가세를 보였다(강무섭 외, 1991: 43).

과외비 지출 실태를 보면 특A급 과외비는 80만 원~1백 50만 원이 보통이며, 베테랑급 학원 강사를 초빙해 가르치는 5과목의 한 달 과외비는 월 6백만 원을 지출했으며, 예체능계의 경우 레슨비까지 합치면 월 1천만 원을 넘는 집도 있었다. 유명 학원의 베테랑급 강사는 한 달에 1천만 원~1천 5백만 원의 수입을 올리고 있었다(중앙일보, 1989. 9. 22).

이미나(1992: 271)는 과외비 지출에 대해 소득이 높아질수록 식비가 차지하는 비율이 낮아진다는 엥겔의 법칙도 여기에 적용되지 않는다고 하였다. 구체적으로 과외나 학원에 자녀를 보내는 가구들 중, 그 비용을 조달하기 위해 부업을 하는 가구가 9%며, 심지어 파출부를 하여 과외비를 마련하는 부업 주부가 7%나 있다고 하였다. 이러한 과외 부작용은 과외 망국론이라는 극단적인 용어를 낳기도 하였다.

자녀의 대학 진학에 대한 부모의 요구 조사에서도 이런 현상은 잘 나타났다. 학부모들은 아들인 경우 대학 이상을 96.3%(대학이 38.74%, 대학원이 57.6%), 딸인 경우 90.4%(대학이 52.4%, 대학원이 38.05%)를 원하는 것으로 나타났다. 그들은 대학 이상의 고학력화를 요구하고 있었다. 이런 고학력 요구는 대학 학력의 사회적 가치가 높다고 인식하기 때문이다. 구체적으로 학교교육이 개인의 사회경제적 지위 향상에 긍정적으로 영향을 끼친다고 73.9%가 인식하고 있으며, 부정적으로 인식하는 사람은 13.3%에 불과하였다(배종근·이미나, 1987).

고3생과 학부모와 대학진학 욕구는 '어떤 일이 있어도 대학 진학한다'가 37.1%와 32.2%, '능력이나 경제적 여건에 따라 대학 진학한다'가 각각 36.6%와 41.1%, '능력과 경제적 여건의 무리가 크면 보내지 않겠다'가 각각 21.7%와 24.4%로 나타났다. 전체적으로 각각 73.9%와 73.3%가 대학 진학을 강하게 요구하였다.

대학에 진학하는 이유에 대해 재수생과 고3생, 그리고 학부모의 인식 경향을 보면, '전문적 지식과 기술을 얻기 위해서'에서 15.5%, 39.7%, 37.0%가 1순위로 보았으며, '좋은 직업을 얻는 데 유리해서'에서 25.6%, 36.5%, 40.2%가 1순위로 보았다. '보수나 승진, 결혼 조건 등의 도구적 수단과 관련'해서 15.7%, 2.8%, 5.2%가 1순위로 보고 있었다. 그러나 사람들에게 대학에 가는 이유에 대해 질문을 하면 '좋은 직업을 얻는 데 유리해서'가 79.1%로 압도적인 비율을 차지하고 있는 것으로 나타났다(최영표 외, 1989: 110-113).

대학진학 욕구가 강한 것은 학력이 사회적 이해관계를 구현하는 현실적인 지표로 작용하였다. 교육 자체가 매우 도구적인 이해관계와 밀접한 관련이 있었다. 이런 교육적 욕구는 학교교육의 정상화를 왜곡시키는 교육 운동적 특성이 있다. 구체적으로 일반계 고등학교 교사의 교육목표는 진학 중심 교육이 98.2%를 차지하고 있으며 학생들도 93.5%가 비슷한 인식을 하였다(강무섭, 1990: 135-136).

중등 학생의 현실적인 고민도 진학 문제와 관련이 있었다. 이들의 고민 형태를 보면 '진학'이 43.2%, '학업 성적'이 31.9%, '이성 문제'가 12.1%, '교육 문제'가 6.9%, '가정 문제'가 4.2%, '직업'이 1.7%로 나타났다. '공부와 관련된 진학과 학업 성적'은 75.1%로 압도적인 비율을 차지하고 있었다.

학력을 위한 도구적 입시교육 상황은 학생들을 파행적인 교육경쟁의 사각지대로 몰아넣었다. 대학진학 요구가 학문적 자아실현보다는 사회적 이해관계 구현을 위한 현실적 열망과 관련이 있었기 때문이다.

학교교육은 단순한 입시 차원을 넘어서 교육전쟁을 방불케 하였다. 당시 치열한 입시경쟁 상황을 대변하는 것으로 하루에 4시간을 자면 합격하고 5시간을 자면 떨어진다는 4당5락(四當五落)이라는 언표가 유행될 정도였다. 다음 두 가지 사례는 당시의 입시 경쟁 상황을 잘 표현해 주고 있다. 하나는 당시의 교실 상황이고, 다른 하나는 대학입시교육을 빗대기 위해 당시 어느 고교생이 쓴 고교 교육헌장이다.

> 교실 뒤 게시판에 "정복하지 않는 사람은 정복당한다.", "네가 지금 그냥 앉아 있을 때 다른 사람 책장은 넘어간다." 등의 표어가 붙어 있지요. 학생들에게 공부를 독려하는 가장 기본적인 패턴이 네가 공부 안 하면 밟힌다,

죽는다, 이거든요(이종각, 1989: 248).

우리는 명문대 입학의 역사적 사명을 띠고 이 학교에 들어왔다. 선배의 빛난 성적을 오늘에 되살려 안으로는 이기주의적 자세를 확립하고 밖으로는 친구 타도에 이바지할 때다. 이에 우리의 나아갈 바를 밝혀 입시의 지표로 삼는다.

영악한 마음과 빈약한 몸으로 입시를 기술을 배우고 익히며, 타고난 저마다의 소질을 무시하고 우리의 성적만을 행복의 기준으로 삼아 찍기의 힘과 눈치의 정신을 기른다. 시기심과 배타성을 앞세우며 능률적 찍기 기술을 숭상하고 경애와 신의에 뿌리박은 상부상조의 전통을 바탕으로 성적이 향상되며, 남의 성공이 나의 파멸의 근본임을 깨달아 견제와 시샘에 따르는 책임과 의무를 다하며 스스로 남의 실패를 도와주고 봉사하는 척하는 학생 정신을 드높인다.

이기 정신에 투철한 이기 전략이 우리의 삶의 길이며 명문대 입학의 이상을 실현하는 기반이다. 길이 후배에게 물려줄 영광된 명문대 입학의 앞날을 내다보며 신념과 긍지를 지닌 눈치 빠른 학생으로서 남의 실패를 모아 줄기찬 배타주의로 명문대에 입학하자.

교실수업 상황은 살벌한 교육전쟁을 연상케 하며, 고교교육현장은 매우 섬뜩한 느낌이 들 정도로 입시교육에 대해 냉소적인 입장을 보인다. 입시교육 경쟁은 매우 배타적이며 삭막할 정도의 도구적 경쟁 양식을 보여주고 있다. 실제 연구에서도 우선 '이기고 보자는 인식'이 팽배하고 있었다. 입시경쟁에서 교육은 사라지고 삭막한 경쟁만 대신하였다.

이동원 외(1992: 7)의 연구에서, '경쟁에서는 이겨야 하며 최고가 되어야 한다'에는 아버지와 어머니 모두 79.0%에 이르고 있으며, '우선 내 자녀가 잘되어야 한다'에는 아버지 79.0%, 어머니 82.6%가 동의하고 있다. 이러한 학부모의 교육관이 투영된 수험생들의 40.3%가 '개인의 이익이 공동 이익에 우선'한다는 생각에 동의하고 있었다.

임두순 외(1994: 11)의 연구는 공부하는 이유에 대해 '타 학생보다 앞서기 위해서'가 일반인 35.4%, 중·고생은 46.2%, 대학생은 52.3%로 다른 항목보다 월등한 차이를 보여주었다.

이러한 교육경쟁 양식은 점수 위주와 입시 위주의 수월주의 경쟁양식과 아울러 이기적이며 배타적 특성을 나타내고 있었다. 수월주의 경쟁양식은 수단과 방법을 가리지 않고 교육경쟁에서 이겨야 한다는 이기적인 성격이 있었다. 이기적인 수월주의 경쟁양식은 교육행위를 가열시키고, 비교육적이고 비인간적인 교육방법을 부채질하는 결과주의 교육행위를 초래하였다.

결과주의 교육인식은 비인간적이고 이기적인 교육행위를 교육결과에 의해 정당화시킨다. 결과주의 교육인식은 교육 본질뿐만 아니라 학부모의 교육관마저 왜곡시키는 핵심적 요인으로 작용한다. 결과주의 교육행위에서는 교육은 존재하지 않고 오직 경쟁에서 이기는 것만이 미덕이 된다. 김희복(1992: 209－210)의 연구에서는 이런 상황을 잘 표현하고 있다.

> 이왕이면 좋은 선생님한테 해야 한다. 좋은 학교 나온 과외 선생한테 시키는 게 본전을 뽑을 수 있다. 돈이 비싸도 서울 대학을 나온 사람한테 배워야 한다. 공부하는 요령을 제대로 가르쳐 주니까. 돈이 문제가 아니죠.
>
> 돈 아껴서 무엇합니까? 요즈음은 애도 많지 않고 죽을 때 돈 가지고 가는 것도 아닌데 일생에 단 한 번밖에 안 되는 고등학교 시절에 아이 성적을 올리기 위해서는 빚을 내서라도 남 하는 과외나 합숙 학원에 보내야죠. 그래서 자기 원하는 일류 대학에 가면 그게 돈 버는 것 아닙니까? 아닌 말로 남은 몇억씩 돈을 들여 대학에 뒷구멍으로 넣으려고 하는데 그것보다야 훨씬 낫죠.

이처럼 각박한 교육경쟁 지대에서 고통받는 사람은 학생만이 아니었다. 각박한 교육경쟁 상황은 가족들에게도 학생만큼의 엄청난 고통을 분담하게 하였다. 구체적으로 어머니(36.2%)와 아버지(25.4%)가 '수험생의 짜증을 경험'하였으며 이들 중 수험생의 짜증을 받아주는 경우가 49.2%이다. 또한 '아버지보다 수험생을 먼저 배려'하는 것이 48.8%로 나타났다. '수험생 어머니의 기상 시간이 새벽 5시 이전'이 34.9%, 5~6시가 59.5%, 6시 이후가 5.6%에 불과했다. '어머니의 취침 시간은 밤 12시 이전'이 40.1%, '12~01시'가 43.3%, '01시 이후'가 16.5%나 된다(이동원 외, 1992). 또한 학부모들은 자녀들의 대학 진학을 위한 주거 이동에 대해서 '무리를 해서라도 이사를 한다'가 3.2%로, '여건만 허락한다면 이사를 한다'가 41.4%로, 54.6%가 긍정적인 인식을 하였다(임두순, 외, 1994: 36).

이런 현상은 가문의 사회적 지위를 높이기 위한 전통적 가족주의 교육문화와 밀접한 관련이 있다. 자녀를 출세시키기 위한 가문의 집단적 노력은 그 지위와 명예를 함께 공유한다는 오랫동안 강화된 교육적 인식과 무관하지 않다.

> 남편의 장례식을 치르고 일단 전세방으로 이사를 했습니다. 그날, 보잘것없는 직장에 다니던 큰아들의 친구와 둘째 천수와 함께 앞날을 의논하다가, 남편 생각, 아버지 생각에 모자가 다 같이 울음을 터뜨리고 말았습니다. 하지만 어렵더라도 천수의 공부만은 계속 시키기로 했습니다. 천수는 머리가 좋고, 잘했기 때문에 학업을 중단하는 것이 마음 아팠고 천수를 통해 집안을 일으켜 보자는 욕심도 있었습니다(김옥수, 1989: 35).
>
> 나는 딸의 고달픔을 덜어 주기 위해 집에서 공부할 때는 내가 대신 돋보기를 들어주었다. 엄마, 이쪽으로 해줘야지 엄마 졸려? 아니, 졸리긴. 밤에 너하고 공부하려고 낮잠을 자 두었는걸, 그런데 너 피곤하면 자자(김덕희, 1987: 37).

1980년대에 들면서 교육문제는 더욱 광범위하고 심각하게 전개되었다. 7·30 교육개혁안인 졸업정원제는 대학교육의 문을 확대하면서, 대다수의 대학교육 수요를 충족시키고 아울러 과열과외나 재수생 등의 교육문제가 완화될 것이라고 보았다. 그러나 대학문의 개방은 많은 사람에게 손쉽게 대학에 진학할 수 있다는 인식을 심어주었으며, 기대와 달리 재수생 수는 더욱 증가하였다. 7·30 교육개혁안의 실패 원인은 한국의 교육경쟁 형태를 양적으로만 접근한 데에서 찾아볼 수 있다.

한국의 교육경쟁 특성은 양적(수직적) 경쟁과 질적(수평적) 경쟁의 형태를 띠고 있다. 학력의 수직적 경쟁 구조란 위계화된 학력에서 단순히 대학 학력을 취득하기 위한 경쟁 형태다. 학력의 수평적 경쟁 구조란 원하는 대학과 학과에 들어가기 위한 경쟁 형태, 즉 일류 대학과 학과에 진학하기 위한 것이다.

한국의 학력경쟁 구조는 이 두 가지 경쟁 형태가 공존하고 있어서, 단순히 대학정원 확대와 같은 양적 접근으로 해결되지 않는 이유가 바로 여기에 있었다. 한국의 학력경쟁 구조는 수요와 공급의 균형점에 이르면 학력경쟁 구조가 완화할 것이라는 기대와 달리, 오히려 학력경쟁이 더욱 가열된 불완전 경쟁 구조를 보였다.

구체적으로 성적별 과외 이유에 진학이 차지하는 비율은 인문고의 경우, 상위 학생은 진학이 86.5%, 중위 학생은 7.2%, 하위 학생은 64.3%로 나타났으며, 실업고의 경우 상위 학생은 81.5%, 중위 학생은 80.3%, 하위 학생은 73.8%로 나타났다(김영철 1981: 32). 이렇게 보면 과외 이유는 대학 진학인 수직적 경쟁 구조의 형태를 띠고 있었다.

대학 신입생을 대상으로 과외를 받는 이유에 대한 조사에서 '좋은 대학에 들어가기 위해서'에 고교내신 등급이 1~3급인 경우 상위 학생들은 20.5%, '모자라는 과목을 보충하기 위해서'가 61.5%를 차지하였다(강무섭, 1990: 187). 다른 연구조사에 의하면 재수생의 진학 욕구는 각각 '일류 대학 진학'에 26.5%, '원하는 대학 진학'이 58.7%, '어떤 대학이든 진학'이 9.7%로 대학과 관련하여 94.9%로 나타났다(최영표, 1989: 111).

과외나 재수를 하는 이유가 단순히 대학에 들어가기 위한 것만 아니라, 원하는 대학에 들어가기 위한 수평적 경쟁 형태를 보여주고 있었다. 다시 말해 공부를 잘하든 못하든, 모두가 교육 경쟁에서 벗어나지 못하고 있으며 모든 학생이 교육의 무한경쟁 속에 놓여 있었다. 아무리 우수한 학생이라도 교육경쟁에서 제외될 수 없었다.

한국의 학력경쟁 구조는 양적(수직적) 경쟁과 질적(수평적) 경쟁이 공존하는 불완전한 경쟁 구조를 띠고 있었다. 7·30 교육개혁안은 양적으로 편향된 방법으로 오히려 교육경쟁을 악화시키는 결과를 초래했다. 7·30 교육개혁안은 뿌리가 없는 꽃만 내세운 교육정책이었다.

수직적·수평적 교육경쟁이 일어나는 이유는 사회적 차별 형태가 수직적·수평적 차별 형태로 이루어지기 때문이다. 학력과 직종별 취업 현황을 살펴보면 전문·기술직, 행정관리직, 사무관리직에서 대졸자의 점유율이 전체 73%이며,

고졸자의 경우는 35.6%로 나타났다. 대졸자와 고졸자가 현격한 차이를 보였다(경제기획원, 1987).

1987년의 조사에 의하면 대졸자는 고졸자와 비교하여 남자는 1.868배, 여자는 2.334배였다. 고용구조와 인적 속성을 조정한 후의 순임금은 각각 1.5222배와 1.687배였다. 대졸자와 고졸자 간의 총임금 격차 중 남자는 약 60%, 여자는 약 52%가 다른 조건이 일정하고 학력이 다르다는 이유만으로 존재하는 격차였다(성백남, 1987: 12). 신규 채용에서도 학력이 93.9%, 중도 채용에서도 85.4%로 결정적인 영향력을 미치고 있었으며, 나머지 사회 변인들은 대체로 미미한 것으로 나타났다(이효수, 1984: 235).

실제 인식 조사에서도 응답자의 72%는 사회적 지위를 높이려는 욕망은 학력이 높을수록 강하고, 높은 지위를 가지고 있는 사람은 대학 졸업자라고 응답한 사람이 54.1%였다(한준상, 1990: 229). 다른 연구에서는 '학력이 없으면 실력과 능력이 있어도 불리하게 대우받는 일이 많다'고 인식한 사람이 77.2%, '다소 있다'가 21.5%로 전체에서 98.7%가 학력이 능력보다 우선시되고 있었다(김용숙, 1990: 159).

학력의 사회적 효과에 대해서는, '경제적 부의 증대에서 다소 크다'가 48.0%, '매우 크다'가 25.5%로 전체의 73.0%를 차지하였으며, '사회적 지위 향상'에서는 각각 42.0%와 40.0%로 전체의 82.0%로 인식하고 있었다. 이러한 학력에 의한 수직적 차별에 대한 연구는 일반화할 정도로 많이 있었다. 중요한 점은 학력에 의한 수직적 사회 차별화가 학력의 수직적 경쟁 구조의 형성에 큰 영향을 미친다는 것이다.

학력에 의한 수평적 경쟁 구조도 학력의 수평적 사회 차별과 무관하지 않다. 1980년 2급 이상인 고급공무원의 1,357명의 학벌을 보면 서울대가 566명(41.7%), 고려대가 97%(7.1%), 그리고 연세대가 74명(5.5%)으로 서울대가 압도적인 우위를 보였다. 1968년만 해도 서울대 출신의 국장급 공무원은 29%에 불과하였다(손인수, 1981: 87).

1981년에서 1984년의 사회 엘리트의 학력 구성에 대한 연구에 의하면 2급 이상의 공무원인 경우 서울대가 41.7%, 고려대가 7.1% 순으로 나타났다. 재계 엘리트인 경우는 서울대가 32.8%, 연세대가 8.0%, 고려대가 6.3% 순이다. 법조계 엘리트는 서울대가 71.1%, 고려대가 8.6%, 성균관대가 3.5% 순이다(김용숙, 1984: 78－83).

이처럼 사회 상류층 지위는 소수 명문대가 압도적인 점유율을 나타내었다. 소수 명문대는 동문 중심의 보이지 않는 문화적 연대감을 통해 사회적으로 유리한 위치에 있을 수 있었다. 학교 동창의 영향력에 대한 실증적 연구에서 전문직이나 서비스업에 종사하는 교육 수준이 높은 대학 이상의 출신자들은 동문의 영향력을 매우 중요하게 인식하였으며, 상대적으로 교육수준이 낮을수록 친족의 영향력을 중요하게 여기고 있었다(김선업, 1993: 180). 학벌의 보이지 않는 이점(利點)인 학연은 수평적 사회차별의 중요한 요인으로 작용한다. 김수곤(1985: 42)은 학벌의 실제적인 사회적 이점에 대해 다음과 같이 생생하게 말하였다.

> 일류가 아닌 대학을 나온 졸업자들은 이류 시민이 될 수밖에 없다. 더욱이 기업가들은 일류대 졸업자들의 그 친구나 동문이 중요한 자리를 차지하고 있기 때문에 비공식적인 통로로 일을 빨리 처리할 수가 있기 때문에 일류대 졸업자들을 선호한다고 공공연히 말하고 있다.

학력에 대한 수직적·수평적 사회차별로 인해 한국의 입시경쟁 구조도 수직적·수평적 경쟁 구조가 공존하고 있다. 한국의 교육경쟁 구조는 사실상 학업 성적과 관계없이 모든 학생이 참여하는 불완전 경쟁 형태를 띠고 있다. 1980년대의 특이한 현상은 학력의 사회적 가치가 과거보다 많이 저하됐다는 것이다. 졸업정원제로 인한 대학생의 증가는 사회적으로 학력 인플레이션을 유발했기 때문이다.

1980년대에 들어와 뚜렷한 고학력화 현상이 나타났으며, 학력의 사회이동 효과가 실제로 많이 줄었다. 우선 고학력화 현상은 노동인구의 저하를 유발하였다. 중·하 계층에서는 노동력 부족 현상이 일어나고 상위 계층에서는 노동력의 과잉 공급 현상이 나타났으며, 신규 대졸자 취업률이 60% 이하로 떨어졌다.

1980년과 1988년의 학력별 경제 활동 인구에 대한 비교 수치에서 남자인 경우 중졸 이하가 −2.9%로 감소하고 있으며, 고졸이 +6.9%로 증가하였다. 여자인 경우는 중졸 이하가 −0.05%, 고졸이 +11.4%, 대졸이 +16.3%로 증가한 것으로 나타났다(이효수, 1991: 9−18).

1980년대의 연령별 사회이동률 조사에서 세습 이동은 50대는 49.93%, 40대는 37.98%, 30대는 40.14%, 20대는 40.10%이며 구조적 이동에서 50대는 9.92%, 40대는 24.04%, 30대는 21.66%, 20대는 21.66%로 세습 이동과 구조적 이동은 비교적 증가세를 보였다. 반면에 순수 이동은 50대가 42.15%, 4대는 37.98%, 30대는 38.21%, 20대는 38.21%이며, 개방 계수는 50대는 0.61%, 40대는 0.66%, 30대는 0.63%, 20대는 0.52%로 순수 이동과 개방 계수는 점점 감소하였다(안치민, 1987: 49).

1980년대에 들어와 순수 학력에 의한 사회이동 효과가 점점 낮아짐에 따라 학력의 사회경제적 가치는 과거보다 많이 하락했다. 학력 인플레이션으로 인한 고학력 현상과 학력의 사회이동력의 약화 등은 학력의 실제 가치를 저하했다.

'대학 졸업장의 가치 인식에서도 매우 낮아졌다'에서 일반인이 22.00%, 교원이 19.6%, 대학생이 22.7%이며, '다소 낮아졌다'가 40.9%, 49.4%, 48.6%로 나타났다. 대다수 사람들은 62.9%, 69.0%, 71.3%가 대학 학력의 가치 저하를 인식하고 있었다(김영화 외, 1994).

대학의 사회적 가치가 과거보다 낮아지고 있지만, 오히려 대학입시 경쟁은 더욱 치열한 양상을 띠었다. 전통적 교육문화를 통해서도 알 수 있듯이 교육은 사회의 포괄적인 가치를 수용하고 있었기 때문이다. 한국에서 학력은 경제적 가치, 사회적 가치뿐만 아니라 문화적·상징적 가치를 포함하고 있는 다목적 평가 수단이다. 한국에서 학력은 문화적·상징적 사회 차별 기제로서 폭넓게 관여하고 있다. 학력에 의한 상징적 차별 효과는 일상생활의 무형 가치로서 매우 크게 나타나고 있다.

전통적 교육문화에서 파생된 교육의 긍정적 신뢰감과 더불어 학력이 능력의 대리 지표로 이용됨에 따라, 학력의 사회적 시너지 효과는 폭넓게 작용하였다. 학력 수준이 제도적 차원의 선별 기준으로 활용될 뿐만 아니라 엄격한 의미에서 학력과 무관한 개인 간의 일상관계에서도 이용되고 있었다.

대학을 나오지 않는 사람들이 겪는 가장 큰 문제는 사회적으로 인정되는 직업 획득의 어려움, 승진 불리, 인간적 무시 순으로 나타나고 있다. '사회적으로 인정되는 직업 획득의 어려움'에서 일반인은 46.0%, 교원은 59.0%, 중·고생은 35.3%, 대학생은 43.8%로 나타났다. '승진의 어려움'은 23.0%, 16.9%, 7.5%, 4.2%이며, '인간적으로 무시당한다'가 15.5%, 13.3%, 46.9%, 27.2%로 의외로 상당히 많이 공감하고 있는 것으로 나타났다. '수입이 적다'에서 7.3%, 3.8%, 6.1%, 2.8%이며, '결혼 배우자'에 대해서는 3.8%, 3.5%, 6.1%, 2.8%이며, '인맥 형성의 어려움'은 4.5%, 3.7%, 1.9%, 4.3%로 나타났다(김영화, 1994: 188).

학력과 무관한 인간적 무시 현상은 학력의 상징적인 사회 차별화가 그만큼 크게 작용하고 있다는 것을 말해준다. 대학 학력은 단순히 사회경제적 혜택만 구현하는 것이 아니라, 보이지 않는 무형의 상징적 가치가 매우 크게 작용하고 있다. 대학 학력의 사회경제적 가치 저하에도 불구하고, 대학입시 경쟁이 치열한 이유는 대학 졸업장의 폭넓은 상징적 가치 효과가 사회적으로 높았기 때문이다.

김영화(1994: 193)의 조사는 학력의 상징적 가치 효과를 잘 보여주고 있다. '대학 졸업이 고위 직업 획득과 관계가 없을 때도 그래도 4년제 대학에 보낸다'에 일반인은 62.7%, 중·고생은 48.4%가 인식하고 있으며, '전문대학에 보낸다'에 22.8%, 22.78%로 나타났다. '대학 졸업이 고수입 획득 효과가 없을 때도 4년제 대학에 보낸다'에 일반인이 65.3%, 중·고생은 50.7%이며, '전문대학'은 21.0%, 25.9% 순으로 나타났다.

한국에서 대학의 학력 수준은 사회경제적 차별과 보이지 않는 신분적 상징 차별 기제로 이용되고 있다. 1980년대의 특징은 학력의 사회적 가치가 현저하게 저하됐음에도 불구하고 학력취득 경쟁은 더욱 치열해졌다.

1960·70년대는 안정적인 사회계층 구조가 형성되지 않아, 학력에 의한 구조적 사회이동이 활발하게 일어났다. 그러나 1980년대 들어 사회계층 구조가 서서히 굳어짐에 따라 학력에 의한 순수 이동은 약화하고 있었다.

학력에 의한 순수 이동의 약화는 대졸 학력이 사회적 지위 이동의 보증서가 아니라, 지위 경쟁에 참여할 수 있는 최소한의 자격증을 의미하게 한다. 대학 졸업장은 지위경쟁 구조의 진입을 위한 사회적 기회를 부여하는 자격증이라는 것이다.

대학 졸업장은 과거보다 사회적 가치가 많이 약화됐지만 대학 졸업장이 없으면 지위경쟁 구조에 진입할 기회마저 잃게 되고, 사회·경제적 차별뿐만 아니라 보이지 않는 상징적 차별을 감수해야 한다. 이 점은 과거와 비교하여 대학 졸업장의 사회적 의미가 많이 달라졌지만, 여전히 대학 졸업장을 취득해야 하는 충분한 이유가 된다. 대학 학력은 보이지 않는 사회적 신분 차별을 막아주는 최소한의 보호 기제라는 기본 역할을 충분히 수행하고, 사회적으로 폭넓고, 유용하게 활용되는 상징적 자격증의 역할을 수행하기 때문이다.

1980년대의 이러한 교육 특성이 전통적인 교육문화와 어떤 관계가 있는지를 주목할 필요가 있다. 세밀하게 생각하면 교육에 대한 집착 욕망은 시대가 변해도 크게 다르지는 않다. 단지 시대의 성격에 따라 사회적 표현 방식이 달랐을 뿐이다. 교육의 사회적 이해관계의 구현은 전통적 교육문화에서도 지속해서 보였다. 교육이 제도적으로 어떻게 사회적 이해관계와 결합하고 있느냐에 따라, 교육에 대한 집착 정도와 성격이 달라졌다.

특히 숭문주의 교육문화는 알게 모르게 신분적 차별을 정당화하는 이념적 기제로 작용했다. 교육은 상징적인 사회적 차별 기제로서 폭넓게 이용됐다. 한말과 일제강점기부터 교육은 체계적인 근대학제가 도입되면서 제도화된 모습인 학력(學歷)의 형태로 나타났다. 학력은 교육에 의한 신분 차별 형태가 학력(學歷)에 의한 사회적 차별 형태로 나타난 것에 불과하였다.

우리 사회에서 교육에 의한 사회적 차별은 광범위하게 나타났다. 학력은 경제적, 사회적 차별뿐만 아니라 신분 차별의 기준으로 작용하였다. 학력에 의한 사회적, 신분적 혜택이 그만큼 크다는 것이다. 학력은 현대판 신분증명서인 셈이다.

대학 학력은 보이지 않는 계급적 신분을 나타낸 증명서다. 성적과 관계없이 모든 학생이 참여하는 불완전 경쟁 구조를 형성하게 된 것도 이런 이유에서다. 한국의 교육문제를 해결하기가 까다로운 이유는 학력이 인간적 무시와 같은 모든 사회적 차별의 만능 척도로 이용되었기 때문이다. 한국의 교육문제는 상처난 환부와 같이 미숙하게 처방을 하면, 오히려 그 상처가 더욱더 깊어지고 커질 가능성이 매우 높다.

CHAPTER

05

1990년대 교육문화의 특징

1990년대에 들어서도 한국의 교육문제는 완화될 기미가 보이지 않고 오히려 심각한 양상으로 치닫고 있었다. 1990년대는 1980년대의 교육문제들이 확대·심화되고 있었다. 과외 양상도 고등학교에만 주로 집중되던 것이 초등학교에서도 과외 열풍이 불었다. 실제 조사에 의하면 전국적으로 초등학생의 경우 69.4%가 과외를 받거나 받은 경험이 있었다고 한다. 초등학생의 50% 이상과 중·고등학생은 86.9%가 국어, 영어, 수학의 주요 과목에 집중하여 과외를 받고 있었다(윤정일 외, 1997: 16-28).

대학입시와 무관한 초등학생의 경우도 다가올 입시를 미리 준비하기 위한 과외가 성행하는 이상 현상이 일어났었다. 1950·60년대 명문 중학교 진학을 위한 과외 광풍을 무색하게 하였다. 학부모들은 원하는 대학에 들어가려면 초등학교 때부터 대학입시 공부의 기본을 확실히 잡아놔야 한다는 인식을 하였다.

대학 입시에서나 볼 듯한 논술 대비 학원이 성행했으며 지원자가 몰려 대기자만 수백 명이 되었다(조선일보, 2002. 3. 3). 심지어 강남 영재 학원에는 초등학생을 대상으로 선발 시험까지 치르는 경우가 있으며, 50 대 1의 경쟁을 넘는 경우가 있었다. 이러한 학원 경쟁 선발 시험으로 학원에 들어가기 위해 다시 과외를 시키는 진풍경이 벌어지기도 하였다(한국일보, 2002. 3. 3).

한국은행(2002)의 발표에 의하면 가계 소비지출 구조에서 교육비는 1990년에

4.4%를 차지하던 것이 2000년에는 4.9%로 증가했다. 2000년을 기준으로 한국의 교육 지출비는 OECD 선진국과 비교하여 일본의 2.3배, 미국의 2.0배, 영국의 3.5배, 독일의 7.0배, 프랑스의 8.2배에 이르렀다.

자녀에 대한 부모의 교육경쟁 수준은 1980년대와 비슷한 경향을 띠고 있었지만, 교육경쟁의 가열화 정도는 더욱 심각한 상태였다. 학생과 학부모는 각박한 교육경쟁 지대에서 더욱 고통스러운 경험을 할 수밖에 없었다.

고3 수험생들은 정규수업 이외에 3시간 이상 공부하는 학생이 93.7%를 차지하였다. 대부분의 수험생은 깨어 있는 시간의 2/3를 공부에 할애하였으며 절반 정도는 6시간 이하의 수면으로 수면 부족에 시달리고 있었다. 남은 시간이 있으면 공부 이외의 여가 활동을 하거나 수면을 보충하고 싶다는 것이 거의 대다수인 99% 학생의 꿈이 될 정도였다. 또한 대학 입시에 대한 막연한 불안감, 강박증을 경험한 학생이 84.3%, 학업 입시에 부담감을 경험한 학생이 86.6%로 거의 대다수 학생이 느끼고 있었다. 성적 부진으로 부모와의 갈등과 소외감을 경험한 학생이 46.8%, 친구와 지나친 경쟁심을 느낀 학생이 23.3%로 나타났다. 자녀의 학업 성적이 기대에 못 미치는 데 따른 문제에 대해 아버지는 77.0%, 어머니는 77.9%가 경험하고 있었다. 입시에 대한 불안감도 아버지는 60.4%, 어머니는 72.1%가 느끼고 있었다. 어머니의 경우 수험생 자녀에 대한 정신적·육체적 부담감이 54.1%, 가족의 단란한 시간 부족이 49.7%, 자녀의 성적 부진에 대한 부모의 자책감이 48.4%에 이르고 있었다(김명자, 1994: 102−112).

입시에 대한 부담감은 수험생만 지는 것이 아니고 부모도 함께 그 고통을 겪고 있으며, 심각하다 못해 처절할 정도였다. 다음 기사는 이런 상황을 절실히 보여주고 있다.

> 우린 단지 점수만 따는 기계에 불과해. 선생님들은 점수를 잘 따야 내신이 좋고 좋은 대학에 가서 행복한 삶을 누린다는 거야. 점수=행복이란 말이잖아. 애들은 눈에 불을 켜고 남보다 더 잘하려고 친구들을 딛고 일어서려고 난리들이야. … 언니, 고3은 인간도 아니야. 새벽 6시 30분부터 저녁 11시까지 계속 공부한다는 건 정말 인간의 한계를 뛰어넘는 일이야. 그리고 한

반의 반 이상은 대학 진학에 낙오된다고. 그들은 뭐지, 대학 가는 애들 들러리인가(양성임, 1997: 28-30).

고교에 진학하자 공부에 몰두한 반 친구에게 말을 붙이기도 어려웠다. 모두가 경쟁자가 돼버린 듯했다. 말끝마다 "공부하라."며 입시로 몰아세우는 선생님들의 체벌도 심해졌다. 오전 7시 30분까지 학교에 가면 밤 12시나 돼야 귀가했다. 방과 후엔 학원으로 직행해야 하고 일요일에는 영어와 수학 과외로 쉬는 날이 없었다. 스트레스나 장염으로 배가 수시로 아프고, 시험 때가 되면 역류성 식도염으로 먹은 것을 토해낸 적도 한두 번이 아니다(조선일보, 2001. 4. 7).

우린 노예죠. 운전해서 아이들을 날라야지, 정보 수집하고 전략 세워야지, 어디 가서 추천서 받아 와야지, 아이들이나 남편이나 스트레스 많다지만 그것 우리한테 쏟아붓지. … 카레이서가 따로 없어요. 아침은 굶어도 잠은 5분 더 자겠다고 하니까, 정각에 도착 못 하면 1시간씩 벌서야 하니까, 그 시간 맞추느라고 총알택시 곡예 운전도 이젠 도사예요. 아침 5시 50분에 일어나 아이들 학교 보내고 남편 출근시키고, 밤 1시에 독서실에서 공부하던 아이 데려옵니다. 하루 4시간 잠자기도 힘들어요. 토막잠 잡니다(조선일보, 2000. 1. 1).

한 마디로 살벌한 교육전쟁을 연상시킨다. 이런 교육현상을 매우 특수한 상황이라고 넘어가기에는 오늘의 한국 교육 상황은 매우 심각하다. 세계은행보고서는 한국의 학교교육은 섬처럼 고립되어 있다는 의미심장한 표현을 하였다.

1990년대 후반부터는 한국의 교육 상황을 대변하듯 예기치 않는 교육 언표들이 성행하기 시작하였다. 조기유학, 외기러기 아빠, 나홀로 아버지, 맹모 아빠, 한총련(한시적 총각들의 모임), 교육 엑소더스 등과 학교붕괴, 교실붕괴, 학교위기, 교육 아노미라는 용어가 난무하고 있다. 그만큼 한국 교육이 매우 심각한 수준에 있다는 것을 우회적으로 표현한 것이다.

실제 국정감사 조사(2001)의 성인 조사에서 응답자의 41.5%가 교육 이민을 하고 싶다고 하였다. 2000년 한국개발원의 조사에 의하면 오늘날 한국 현실에 대해 학부모의 88.3%, 교육전문가 92.9%가 심각한 위기 상황이라고 진단하였다. 한국 교육의 대탈출 현상인 교육 엑소더스가 심각한 수준으로 나타났다.

한국 교육은 부도난 회사나 난파선으로 극단적으로 비유되었다. 실제 조기 유학의 경우 99년 1학기 2,723명, 2학기는 2,565명이 유학을 떠난 것으로 집계됐으며, 도피성이 아닌 학생들의 도약형이 특징으로 드러났다. 그만큼 한국 교육에 대해 기대할 것이 없다는 것이다. 다음은 조기 유학에 대한 학부모들의 절망적 심정을 토로한 것이다(조선일보, 2001. 4. 7).

> 세탁소를 하는 부인의 벌이를 합쳐도 옛날의 반의반에 한참 못 미치는 소득이지만 김씨는 후회 없다고 하였다. 한국의 학교와 학원은 아이들에게 약육강식만 가르치는 정글입니다. 어린아이에게까지 이런 스트레스를 줘야 하나 회의를 떨칠 수 없더군요.
>
> 우리나라 교육은 말하자면 부도난 겁니다. 부도난 회사에 뭘 기대하겠어요. 서모(50세)씨는 "이 나이에 자취생 노릇 하고 싶은 사람이 어디 있겠느냐."며, "그렇지만 가스실 같은 한국 교육에 아이들이 질식하는 모습은 더 이상 보기 싫다."고 말했다.
>
> 외기러기 3년 차라는 한 대기업 고참 부장(47세)은 "나를 손가락질해도 별수 없다."면서 이렇게 말했다. "한국 교육은 난파선 신세입니다. 배가 가라앉는데 그냥 가만히 있다, 죽으란 말입니까?"
>
> 2001년 대한민국 조기 유학 붐은 더 이상 부유층만의 사치가 아닌 것이 되고 있으며 공교육이 무너져 내리면서 조기 유학 붐이 중산층까지 맹렬히 번지고 있다. 정부가 중졸 이상으로 조기 유학 대상을 규제하고 있지만 학부모와 학생들은 불법 유학도 불사하고 있다. … 상담 중에도 유학을 못 보내는 "우리 부모는 무능하다."고 하는 학생들을 야단친 적이 한두 번이 아니라고 한다.

당시의 정부도 교육의 이런 현상을 매우 예민하게 받아들이고 있었다. 2001년 3월 17일 김대중 대통령은 교육부총리에게 연간 7조 1천억 원의 사교육비,

중고생의 70.8%의 과외, 1999년에 1만 1237명의 조기유학 현상을 심각하게 지적했다.

LG 경제연구원의 조사에 의하면 OECD 23개국의 교육투자 효율성 지수에서 우리나라는 19위를 차지했다. 그러나 사교육비를 제외한 공교육만의 교육투자 효율성은 일본에 이어 2위를 차지했다. 이런 결과는 우리나라의 사교육비는 GDP 중 무려 3%를 차지하며 세계에서 가장 높은 사교육비 비중을 나타내고 있다(동아일보, 2002. 2. 8).

이런 제반 현상들은 불행하게도 한국 교육이 황폐해지어 가고 있는 징후를 보여주고 있었다. 실제 윤철경(1997)의 조사 연구에서 교사의 87%, 학생의 71%가 학교 붕괴가 이루어졌다고 하였다. 전국교직원노동조합이 개최한 토론회에서 발표된 조사에 의하면 교사들의 78.6%가 학교가 붕괴했다고 인식하고 있었다(전종호, 1999).

그럼 오늘날 한국의 교육현상이 교육 황폐화를 넘어 사회적으로 치유될 수 없는 악성 종양같이 절망적 현상이 나타난 까닭은 무엇일까? 이런 현상을 세밀하게 분석해 보면 대학입시가 그 중심에 있었다. 우리의 교육적 행위들은 대학에 진학하기 위한 처절한 교육적 몸부림이다.

대학입시 경쟁은 한국 교육문제의 핵심이다. 학교교육은 대학 진학을 위한 도구에 지나지 않으며 대학입시 경쟁의 논리 구조가 한국 교육 경쟁의 성격을 결정한다. 대학입시 경쟁은 학교교육을 입시 위주의 성적 중심 교육, 암기식 교육, 비인간화 교육으로 왜곡시켰다. 학교교육은 점점 황폐해지어 교육은 사라지고 치열한 경쟁만 존재한다.

학교는 교육을 위한 공간이 아니라 단지 대학입시를 위한 삭막한 경쟁을 조장하는 징검다리에 불과하였다. 학교가 교육을 포기한 것이 아니라 대학입시 경쟁이 학교의 교육적 기능을 마비시켰다. 학교는 무기력한 공간으로 변하고 교육문제에 대해 속수무책일 수밖에 없다. 학교의 교육적 기능 마비는 과열 과외의 조장, 사교육비의 증가, 이기적이며 결과주의 교육경쟁의 가열화 원인이 되었으며, 학교는 삭막한 공간으로 변할 수밖에 없었다. 이를 대변하듯 맹모 아빠, 외기러기 아빠 같은 교육 언표들이 난무하고, 비인간화의 경쟁지대인 학교의 삭막한 공간을 탈출하고자 조기 유학이나 교육 엑소더스 현상이 일어났다.

대학입시 경쟁은 심각한 교육문제들의 기저에 직접적인 원인으로 작용하였다. 학교 시설 같은 제반 문제도 중요한 요인이지만, 직접적인 문제는 아니었다. 구체적으로 교사 1인당 학생 수 비율을 보면 1980년 초등학교는 47.5명, 중학교 45.1명, 고등학교 33.3명이다. 1990년에는 35.6명, 25.4명, 24.6명이며 1995년에는 28.2명, 24.8명, 21.8명이다. 2000년에는 28.7명, 20.1명, 19.9명이며 2001년에는 28.7명, 19.6명, 18.3명으로 나타났다(통계청, 2001). 이렇게 교사 1인당 학생 수는 급격하게 줄고 있었지만, 교육문제는 오히려 더욱 심각해지고 있었다.

그럼 우리 사회에서 대학 입시는 어떤 의미를 차지할까? 대학입시는 생소한 문제가 아니라 오래 전부터 제기된 문제다. 정도의 차이가 있지만, 위의 제반 문제들은 과거에도 볼 수 있었다. 문제의 초점은 1990년대 이후에도 더욱 치열하게 전개된다는 점이다. 이런 교육상황을 밝히기 위한 접근 방법은 많지만, 지금까지의 논의 흐름을 지키기 위해 교육문화사 관점에서 이해하고자 한다.

교육은 사회적 이해관계인 혜택 여부에 따라 그 운동 흐름이 결정된다. 이런 측면에서 본다면 1990년대 이후는 1980년대와 다른 양상을 보인다. 과거에는 대학 졸업장이 사회적 지위 이동의 보증서였다. 그러나 1980년대부터는 대학 졸업장이 사회경쟁 구조에 진입하는 기본 자격증 정도로 인식되었다. 대학 졸업장은 사회적 성공의 지표가 아니라 단지 사회적 신분 보증을 위한 지표로 등장했다.

1990년대부터는 교육 출세주의 인식에서 교육 신분주의, 즉 학력 신분주의 경향이 나타났다. 과거의 대학 졸업장은 사회 지위 이동을 보증하는 지표였지만 1990년대는 사회적 지위 경쟁의 참여 기회를 부여하는 최소한의 자격증에 지나지 않았다. 대학 졸업장은 경제적 보상보다 신분 경쟁을 위한 지표였다. 대학 졸업장의 차별은 산업구조에서의 경제적 차별 같은 보이는 차별보다 보이지 않는 차별에서 더욱 심각하게 나타났다. 다음 표를 보면 학력 간 경제적 차별이 상당히 좁혀지고 있다는 것을 알 수 있다.

표 5-4 교육 정도별 임금 수준

연도	1980	1985	1986	1987	1988	1989	1990	1991
중졸 이하	68.8	74.7	77.6	80.3	82.1	83.1	83.8	84.6
고졸	100	100	100	100	100	100	100	100
초대졸	146.3	129.8	129.8	127.2	121.1	119.1	117.4	117.4
대졸	228.5	226.5	236.5	224	202.7	191	185.5	179.3
연도	1992	1993	1994	1995	1996	1997	1998	1999
중졸 이하	87.3	88.1	86.9	87.2	85.3	84.4	83.9	86.0
고졸	100	100	100	100	100	100	100	100
초대졸	113.8	109.5	107.4	108.4	107.5	106.41	107.3	104.7
대졸	168.8	161.3	155.7	155.9	156	155.6	158.2	159.5

1. 고졸 임금 수준 = 100
2. 자료: 통계청, 한국의 사회지표.

위의 표를 보면 학력별 임금 수준 측면에서 중졸과 대졸의 격차가 갈수록 좁아지고 있다. 이 표는 경제적 차별이 학력에 의한 사회적 차별의 결정적인 지표가 아니라는 것을 시사한다. 학력 추구열은 경제적 차별만으로 해석하기에 설득력이 약해지고 있다. 그 이유는 다음과 같다.

첫째, 산업구조의 팽창으로 인해 과거보다 고졸 출신의 경제활동 영역이 넓어지고 있다. 기업이 아니라도 고졸 출신들의 경제적 부를 증진할 수 있는 영역이 과거보다 다양해지고 넓어졌다.

둘째, 정보화 산업으로 인해 과거보다 능력만 있으면 충분히 경제적 보상을 받을 수 있는 여건이 마련하고 있었다.

셋째, 지식 기반사회(knowledge-based society)에서는 유연한 사고와 창의력을 통해 고부가가치를 창출할 수 있는 인간을 요구하기 때문에 학력(學歷) 개념이 과거보다 많이 약화되고 있었다.

넷째, 고학력 실업자(석사 이상)가 사회적으로 문제가 될 만큼 1980년대부터 심각하게 제기되었으며, 여전히 완화될 기미가 없다. 고학력 진학률을 보면 1975년의 석사과정은 12,351명, 박사과정은 1,519명이었으나 1985년의 석사과정은

57,692명이었으며, 2000년의 석사과정은 197,436명, 박사과정은 32,001명으로 급신장하였다(서정호, 2001: 90). 이처럼 고학력에 대한 경제적 보상은 전체적으로 매우 낮은데도 불구하고 고학력 진학열은 여전히 수그러들지 않고 있었다.

다섯째, 사회경제적 지위(SES: Social Economic Status)가 높은 사람들은 굳이 기업에 들어가 임금노동자가 될 필요가 없음에도 불구하고, 일류 학벌을 위해 고액 과외를 서슴지 않으며, 과열 과외를 조장하고 있었다.

이러한 교육의 사회적 제반 현상들은 학력의 경제적 차별만으로 설명하기 어렵다. 그렇다면 학력에 의한 어떤 차별 기제가 중요하게 작동하고 있어서 학력 추구열이 완화될 기미가 보이지 않는 것일까. 그 이유는 다음과 같다.

첫째, 대졸 학력은 비록 지위 경쟁에 참여하는 자격증에 불과하지만 그래도 사회의 최고 지위에 도달할 가능성의 지표라는 교육적 믿음이 있었다. 즉, 학력에 의한 순수 사회이동력은 약화됐지만 그나마 대졸 학력이 있어야만 최고 지위에 도달할 기회가 부여된다는 것이다.

둘째, 학력은 문화자본(cultural capital)으로서 사회에서 중요한 재화 기능을 한다. 학연을 그 예로 들 수 있다. 사회 경쟁의 공정성에 대한 여론조사에서 개인의 노력과 능력보다는 학벌과 출신 지역이 중요하다는 의견에서 10.9%가 매우 동의, 50.9%가 동의하는 편으로 총 60.9%가 학연의 중요성을 강조하였다. 특히 사회 활동의 핵심 세대인 30대(66.2%)와 40대(67.3%)는 더욱더 높게 인식하고 있었다(한겨레, 2000. 12. 31).

셋째, 보이지 않는 사회 관습적인 학력 차별이 존재하였다. 앞서 논의했지만 학력이 낮으면 인간적 무시를 경험하는 사람이 있으며 또한 결혼 같은 중요한 문제에서 차별의 준거로서 학력이 관행적으로 이용되고 있었다. 점차 비슷한 학력끼리 결혼하는 학력 간의 동질혼[6] 경향이 높아지고 있었다. 학력에 의한 결

6 학력 동질혼의 경우 장상수의 연구에서 잘 보여주고 있다. 남성이 대졸 이상인 경우 배우자의 학력은 대졸 이상이 167명(40.2%), 전문대가 64명(15.4%), 고졸이 164명(39.5%), 중졸이 16명(4%), 초졸 이하 4명(1%)이다. 남성이 전문대졸 이상인 경우 배우자는 대졸 이상이 5명(3%), 전문대졸이 29명(17%), 고졸이 115명(68%), 중졸이 16명(10%), 초졸

혼의 사회적 차별은 학력 간의 동질혼 경향과 일정한 관련이 있다. 학력에 의한 배우자 선택 차별은 사회적으로, 관행적으로 나타나고 있으며, 현대판 사회적 신분 차별이라고 할 수 있다. 다음의 사례는 약간의 과장된 경우라도 학력에 의한 결혼 차별 관행에 대해 의미 있는 시사를 한다(조선일보, 1999. 5. 3).

고졸 출신의 29세의 평범한 청년이며 자신의 또래에 비해 드물게 가게를 운영하고 있었다. 그는 결혼상담소를 여러 곳 방문했지만 가는 곳마다 대부분의 여성이 고졸 학력자와는 만나지 않으려고 하였다. 인간성, 직장, 능력 모든 것이 현실적으로 필요 없다는 것이다. 고졸 여성 또한 최소 전문대학 이상의 졸업자를 원한다고 하였다. 중졸자를 원했더니 가입자가 한 명도 없다고 했다. 결혼상담소를 나올 때 남녀평등, 학벌이라는 단어가 뼈저리게 가슴에 와 닿았고 눈물마저 핑 돌았다.

학력은 경제적 차별뿐만 아니라 광범위한 사회적 신분 차별의 강력한 준거로

이하는 3명(2%)이다. 남성이 고졸일 경우 배우자는 대졸 이상이 16명(0.7%), 전문대졸이 20명(2%), 고졸이 529명(59%), 중졸이 252명(28%), 초졸 이하 86명(10%)이다. 남성이 중졸 이상인 경우 배우자는 대졸 이상이 0명(0%), 전문대졸이 1명(0.2%), 고졸이 585명(13%), 중졸이 236명(54%), 초졸 이하는 140명(32%)이다. 남성이 초졸 이하인 경우 배우자가 대졸 이상이 0명(0%), 전문대졸이 1명(0.2%), 고졸이 18명(4%), 중졸이 60명(12%), 초졸 이하는 402명(84%)이다. 그리고 나이별로 본 학력 간의 동질혼 경향은 의미 있는 시사를 한다. 55세~64세는 대졸 이상자 간의 동질혼 경향은 14%이며, 45세~54세는 36%, 35세~44세는 50%, 25세~34세는 57%이다. 고졸자 간의 동질혼 경향은 55세~64세는 18%이며, 45세~54세는 49%, 35세~44세는 68%, 25세~34세는 83%이다. 중졸자 간의 동질혼 경향은 55세~64세는 36%이며, 45세~54세는 61%, 35세~44세는 60%, 25세~34세는 63%이다. 초졸자 간의 동질혼 경향은 55세~64세는 50%이며, 45세~54세는 79%, 35세~44세는 59%, 25세~34세는 14%이다(장상수, 2001: 184－197). 이처럼 비슷한 학력 간의 동질혼 경향은 전체의 57%에 해당하며 학력이 배우자 선택에서 의미 있는 사회적 지표로 활용되고 있다. 주목할 점은 젊은 층일수록 학력 간의 교차혼이 약화하고 학력 간의 동질혼 경향이 강해지고 있다. 여러 이유가 있겠지만 과거보다 학력이 결혼의 지표로서 점점 강화되고 있다는 것이다.

활용되고 있었다. 최돈민(2001: 61-94)의 조사에서 '고학력자는 명예, 존경, 승진 등 각종 혜택이 존재한다'에 대다수인 90.5%, '대학을 나와야 결혼을 잘 한다'가 57.4%, '자녀세대에도 고학력자가 유리한 사회적 지위를 차지한다'에 64.2%가 동의하고 있다. 대학 학력이 신분 차별의 실제적 준거이므로 취업이 잘되는 전문대보다 4년제 대학 이상을 요구하였다. 4년제 대학의 요구에서, 아들인 경우 50.5%, 석사가 12.6%, 박사가 26.8%로 총 89.9%로 나타났다. 딸인 경우에는 4년제 대학이 58.7%, 석사가 9.6%, 박사가 20.7%로 89.0%로 나타났다.

학부모들은 고학력 실업자가 많은 데도 불구하고 석사 이상의 고학력을 요구하였다. 아들인 경우 39.4%, 딸인 경우가 30.3%로 비교적 높게 나타났다. 학력은 관습적인 문화적, 상징적 신분 차별의 기제로 이용되고 있으며, 현대판 신분의 징표였다.

학력이 사회 생산성에 기여한다는 과학적이고 객관적인 증거가 있다면 학력이 높은 사람이 사회에서 높은 보상을 받아야 한다. 사회적 생산성에 따라 보상이 달라야 한다는 것은 사회정의 실현의 기반인 공정성과 밀접한 관련이 있다.

능력주의(meritocracy) 이념에 의해 공정한 사회 보상 체계를 확립한다면, 학력(學歷)보다 학력(學力)에 의해 누구나 자신의 타고난 능력과 땀 흘린 노력만큼 보상을 받는 건강한 사회가 될 것이다. 능력주의는 공정한 기회와 공정한 업적 평가를 통한 사회 정의 실현의 척도이기 때문이다. '학력(學歷)=학력(學力)'이라는 등식이 성립된다면 학력에 의한 사회 불평등에 대해 이의를 제기하기가 어려울 것이다.

그러나 Berg(1970)에 의하면 학력이 높은 사람일수록 일반적으로 생산적이라는 생각은 처음부터 상정하지 말았어야 하며, 오히려 미국의 경우에는 교육 경력이 높을수록 비생산적이라고 했다. 학력이 높은 종사자일수록 직장에 대해 불만족스러운 반응과 전직 노력을 하고 있다고 한다. 그는 교육과 생산성은 일반적으로 무관한 관계로 결론을 내릴 수밖에 없었다고 한다(한준상, 1990: 215-216). 사실 오랫동안 이 문제에 대해 집중적으로 연구해 온 교육경제학은 교육과 생산성의 관계에 대해 교육이 높을수록 생산성이 높다는 뚜렷한 증거를 제시하지 못하였다.

삼성전자 인재개발연구소도 비슷한 입장을 보였다. 1996년에 입사한 사원 2,318명을 대상으로 최근 3년간 인사고과를 조사한 결과 서울대, 고려대, 연세대 등 세칭 일류대학 출신은 67.7점, 중위대학 출신은 66.6점, 기타 대학 출신은 66.7점, 해외대학 출신은 67.5점으로 학벌과 관계없다고 한다. 입사 시 대학 학점이 높았던 직원 중 근무 성적도 높은 경우는 4%에 불과하다고 한다. 별도로 준비한 SSAT(직무적성검사) 성적이 높은 사람이 근무 성적이 높은 경우는 18%로 학점보다 높게 나타났다(조선일보, 2002. 2. 5).

이런 연구 결과들은 학력과 생산성이 반드시 일치하지 않는다는 것을 보여주고 있다. 이렇게 보면 학력(學歷)의 사회적 의미는 달리 해석되어야 한다. 지금까지의 논의를 통해 교육은 사회적 이해관계에 따라 교육의 모습이 결정된다고 하였다. 우리 사회에서는 교육은 출세주의의 도구로 인식되어 왔다.

그러나 교육적 출세 가능성은 확률적으로 매우 낮았다. 과거제의 경우, 문·무과의 합격 영광을 누릴 수 있는 사람은 극소수에 제한되었다. 그나마 상당수의 과거합격자는 부친이 유품관이었으며 신분적 세습률이 매우 높아서 교육 출세주의는 과학적 근거를 가진 것은 아니었다.

근대학제가 도입된 한말과 일제강점기에는 학력(學歷)과 직업이 연계되면서 학력은 외형상 사회적 지위의 중요한 결정 변수로 등장했지만, 당시의 학력은 사회적 희소가치로 인해 사회의 지위 구조에 자연스럽게 편입될 수 있었다.

이 점은 해방 이후도 비슷하게 나타났다. 비교적 1960년대와 1970년대의 학력의 지위 결정력이 높았지만, 이 당시 대다수 인구는 농·림업에 종사하였으며 산업구조가 확장됨에 따라 자연스럽게 이루어진 구조적 이동의 결과였다. 이러한 구조적 이동에 학력이 강력한 선별 지표로 활용됐기 때문에, 외형상 학력에 의한 사회이동력이 높은 것처럼 보였다.

1980년대에 들면서 학력은 그 자체의 순수 이동력이 약화되고, 지위 경쟁에 참여하는 최소한의 자격증으로 나타났다. 1990년대는 경제적 차별보다 오랫동안 남아 있어 온 교육(학력)이 사회·신분적 차별의 중요한 기제가 되었다. 교육에 의한 사회·신분적 차별은 당시에 나타난 최근의 것이 아니라, 아주 오래 전부터 작용하고 있었다.

고려·조선시대에도 꾸준히 보인 문화적·상징적 차별을 예로 들 수 있다. 교육은 알게 모르게 문화적·상징적 혜택과 관련을 가지고 전개됐다. 이 점은 교육에 대한 인식과 운동을 결정하는 중요한 요인으로 작용하였다. 교육과 사회적 혜택의 성격에 따라 교육 인식이 달라진다. 조선시대에 상징적 지위였던 진사·생원도 양반 신분의 보증과 더불어 지방의 유력자로서의 혜택으로 인해 치열한 경쟁을 감수해야 했다. 과거 합격 여부를 떠나 과거 시험을 치른다는 것도 암묵적으로 양반이라는 상징적 지위를 통해 양반이 가지고 있는 혜택을 보장받고자 하는 심리적 욕망이 작용한 것이다.

전통적인 교육적 욕망은 현대사회의 학력(學歷)에 대한 사회적 의미를 시사해 준다. 학력은 신분 유지와 출세주의적인 도구적 특징을 지니고 있다는 것이다. 서울대에서도 학과와 관계없이 고시에 매달리는 현상을 들 수 있다. 고시 정원의 확대로 인해 종전보다 비교적 손쉽게 합격할 수 있으며 고시 합격으로 인한 사회적 메리트가 그만큼 크기 때문이다. 저비용 고효율의 대표적인 교육적 투자인 셈이다. 따라서 대학원생이 격감하고 인문·사회대생 절반이 고시에 매달리는 기현상이 벌어졌다(한겨레, 2002. 3. 7).

고시에 몰리는 것은 직접적인 경제적 혜택과 관련이 있지만, 한국 사회에서 고시가 상징하는 신분적 위세가 높기 때문에 일어난 현상이다. 교육적 욕망의 기저에는 사회적 욕망이 숨어 있으며 교육은 사회적 욕망을 현실적으로 실현하는 수단이다. 교육(학력)은 사회 지위 이동의 도구며, 보이지 않는 혜택을 부여받는 공식적인 사회 신분의 상징체다.

대졸 학력은 사회의 신분 지표로 이용되는 문화 자본과 같은 현대판 족보다. 대졸 학력은 경제적 차별과 같은 보이는 차별보다 보이지 않는 신분적 차별의 준거로 광범위하게 작용하고 있다. 우리 사회에서 검증되지 않은 사람도 학력이 높으면 능력이 높을 것이라는 무의식적 연관 반응은 사회적으로 알게 모르게 조건 강화된 결과다. 학력의 사회적 파생 효과는 학력과 관계없는 인간적 무시, 결혼 등의 관행적 차별이 이루어지게 한다. 학력의 신분적 차별은 오래 전 베버(M. Weber)에 의해서도 지적된 바 있다(정우현 역, 1989).

> 옛날에는 족보를 가지고 증명하여 줌으로써 출생을 보장하여 준다든지, 재력이나 권력의 획득을 도와준다든지, … 그러나 오늘날에는 교육이 바로 이런 기능을 대신에 해주고 있다. … 학력 증명서를 가진 자들은 사회 저명인사 집안과의 혼인 관계를 맺길 바라게 되고, 직장에서 그들은 항상 최고 상사의 사위가 되었으면 하는 기대를 한다. 또한 이들은 명예를 소중히 여기는 상류의 사교계에 진입하기를 바라며, 노동의 대가로 임금 이외의 지위에 상응한 급료를 요구하고 있으며 승진의 보장은 물론이고 노후에 대한 보장을 요구하는 등 학력을 바탕으로 사회적이고도 경제적인 특권과 지위를 독점하고자 한다. … 특정 시험을 치르고 정선된 교육과정 이수에 대한 요구를 받게 된 것은 "교육에 대한 갈증"이 원인이 아니라 교육적 특권을 소유한 사람들이 그 지위를 독점하기 위해 새로이 지위에 들어오기를 바라는 후보자의 공급을 제한해서 오는 현상이다.

미국 사회의 학력의 신분 차별적 기능에 대해서는 콜린스(R. Collins)에 의해서도 논의되었다. 그에 의하면 학교는 인지적 측면을 전수하는 것이 아니라 지위집단(status group)에서 요구하는 문화를 전수한다고 한다. 지위집단은 자신들의 신분에 적합한 가치, 신념, 삶의 양식 같은 문화를 통해 사회적 이해관계를 높인다. 현대사회에서 이런 지위집단 문화를 전수하는 데에는 학교가 가장 중요한 기능을 한다. 학력은 지위 구조에 진입하는 문화적 자격증이지만, 생산성이나 기능적 수월성을 나타내는 지표와 무관하다. 학력은 능력이나 자질을 나타내는 것이 아니라 단순히 지위집단 가치를 대변하는 상징체에 불과하다는 것이다. 따라서 현대사회에서 학력은 지위집단의 상징적 신분 기제라는 것이다.

CHAPTER
06
2000년대 교육문화의 특징

이 시기는 과거와 달리 유례없이 교육에 대한 이념적 갈등이 첨예하게 대립한 교육의 격동기였다. 교육에 대한 진보와 보수의 이념적 논쟁은 온 나라를 뜨거운 용광로 속에 몰아넣었다. 교육행정정보시스템(NEIS), 고교평준화, 3불 정책(본고사, 고교등급제, 기여입학제 불가), 무상급식, 반값등록금 등은 정치사회적으로 날서린 이념적 대립각을 세워 국론을 분열시킬 정도였다. 그만큼 우리의 교육은 온 국민이 생존권적 차원에서 뜨거운 관심을 가진 매우 현실적인 주제여서 정치사회적으로 매우 민감하게 작동하였다.

2000년대에 들어서면서 "이해찬 세대"라는 말이 사회적으로 회자되었다. 1998년 이해찬 교육부 장관은 밀레니엄 시대에 적합한 창의적 인재를 양성하기 위해, 당시 중학교 3학년을 대상으로 한 '2002학년도 대학입시제도안'을 발표하였다. 그 내용은 특기와 적성을 중시하여 공부를 하지 않아도 대학에 갈 수 있으며, 아울러 하나만 잘해도 대학에 입학할 수 있다는 것이었다.

기대와 달리 2002학년도 대학수학능력시험은 너무 어려워 사회적으로 엄청난 분노를 일으켰으며, 이해찬 세대는 '단군 이래 최저 학력'이라는 오명을 썼다. 이런 교육정책은 한국 교육에 대한 최소한의 본질적 측면을 도외시한 구름 위의 정책에 불과했다.

한국 교육의 기저에는 역사적으로 오랫동안 형성된 학(력)벌주의라는 뿌리 깊

반값등록금과 우골탑(牛骨塔)의 부활

상아탑(象牙塔)은 세속적인 생활에 관심을 두지 않고, 고고(孤高)하고 조용하게 학문과 예술에만 매진하는 것으로서 19세기에 프랑스에서 나온 말이다. 그 이후 상아탑은 세속적인 일을 떠나 학문에만 전념하는 대학을 상징하는 단어가 되었다. 현대사를 거치면서 상아탑은 우리의 대학 현실을 빗댄 용어로 새롭게 등장하였다. 해방 이후, 우리나라는 일제강점기와 6·25 전쟁을 거치면서 전 국토가 쑥대밭이 되었다. 특히 남한은 지하자원뿐만 아니라 산업기술도 없고, 경제적으로는 전근대적 농업에만 의존하였다. 1950년대의 농촌경제는 전체 경제의 거의 70%를 차지하고 있었다. 그런데 대학에 보내기 위해서는 목숨만큼 소중한 소와 논밭을 팔아야만 했다. 당시의 소와 논밭은 한 가정을 지탱하는 생명줄이었다. 소와 논밭이라는 생명줄의 대가로 대학 등록금을 마련해야 했기 때문에, 그 슬픈 애환을 표현하기 위해 대학의 상아탑을 빗대어 '우골탑'이라고 하였다. 당시 이런 현상은 농촌경제에 의존하던 우리나라 경제의 전반에 큰 영향을 주어, '대학망국론'이라는 신조어를 탄생하게 하였다. 그러다가 약 50년 후, 뜻밖에 우골탑은 다른 이름으로 부활하였다. 한국의 등록금이 물가상승률을 앞질러 급속하게 인상하기 시작한 것은 1989년과 2003년 국립대학 기성회비와 사립대학 등록금의 자유화 조치가 계기가 되었다. 2011년의 반값등록금 운동은 이런 배경에서 탄생했다. 당시 우리나라는 1인당 국민소득이 세계 20위권이었지만, 대학 등록금은 미국 다음으로 세계 2위에 해당하였다. 대학 등록금의 부담은 1950년대의 우골탑으로 회귀할 정도로 엄청났다. 구체적으로 우골탑을 빗대, 부모의 등골이 휜다는 '등골탑(鐙骨塔)', 부모의 등골이 빠진다는 '인골탑(人骨塔)', 돈이 없어 쪽방에 쪼그려 자며 대학에 다녀야 한다는 '쪼글탑' 이외에 가골탑(家骨塔), 모골탑(母骨塔)이라는 유행어가 생겼다. 대학 등록금이 얼마나 큰 부담이 되었는지, 생생하다 못해 이처럼 섬뜩한 용어가 등장하게 된 우리의 대학교육 현실이 안타까울 뿐이다.

은 의식이 작동하고 있다. 학(력)벌주의는 우리의 교육을 움직이는 근간이며, 대다수의 교육문제는 학(력)벌주의의 파생체에 불과하다. 이해찬 세대는 우리의 학(력)벌주의를 과소평가한 안이한 인식의 결과였다. 학(력)벌을 통한 우리의 교육 출세주의 인식은 어느 날 갑자기 형성된 것이 아니라, 역사적으로 긴 세월을 거쳐 매우 단단하게 축적된 것이다.

그래서 한국 교육문제의 실제적 뿌리인 학(력)벌 출세주의를 특정의 교육정책에 의해 단숨에 해결할 수 있다는 인식은 '한강에서 바늘을 찾는 것'처럼 요행을 바라는 거의 기만적 행위에 해당한다. 한국의 교육문제는 외형은 쉽게 해결할 수 있는 것처럼 보이지만, 교육문제의 핵심에 접근하면 정치, 경제, 사회, 문화, 역사 등과 뒤엉켜 있어 매우 복잡한 양상을 띠고 있다.

실제 이 시기에 들어서도 학(력)벌을 통한 교육 출세주의 인식은 크게 변하지 않았으며, 우리의 교육문제를 더욱 복잡하게 만들고 있었다. 정태화(2003)의 조사에 의하면, '개인의 능력이 같을 경우 사회적 성공과 출세에 가장 중요한 요소'에서 응답자의 76.9%가 학벌과 학력을 가장 중요한 요소로 생각하였다. '학벌이 지위상승·경제적 이익 추구에 도움을 준다'에서 찬성은 69.3%이며, 반대는 14.0%로 나타났다. '공교육 부실과 사교육 확대 원인이 학벌이다'에서 찬성은 74.6%이며, 반대는 10.6%로 나타났다. '대학입시경쟁의 심화 원인이 학벌이다'에서 찬성은 81.4%이며, 반대는 7.8%에 불과하였다.

이코노미스트(2007. 11)의 조사에 의하면, '능력·성적을 떠나 출신대학이 취업에 영향을 미친다'에서 94.3%가, '능력·성적을 떠나 출신대학이 승진에 영향을 미친다'에서 63.9%가 동의하고 있다. '우리 사회는 학벌사회다'에는 89.6%가, '우리 사회는 출신대학이 너무 많은 것을 좌우한다'에는 72.1%가, '한국 기업은 출신대학을 지나치게 중시한다'에는 86.6%가, '우리 사회의 지도층 중에 가짜 학위 소지자가 많을 것이다'에는 72.3%가, '신정아 전 동국대 교수의 사기행각에 학벌주의 풍토가 토양이 됐다'에는 85.3%가, '우리 사회는 외국에서 취득한 학위를 과대평가하는 경향이 있다'에는 88.2%가, 그리고 '우리 사회는 실력보다 학벌이 중요하다'에서 62.6%가 찬성하고 있는 것으로 나타났다.

취업정보 커뮤니티(2011. 5. 8)에서 구직자를 대상으로 한 조사에 의하면, 55.9%가 '취업 활동 중에 학력 차별을 경험'한 적이 있다고 하였으며, 이 중에서 '면접 때 학벌과 관련된 질문을 받았다'가 70.5%로 나타났다. 또한 취업포털 인크루트(2011. 5. 14)에 따르면 고스펙의 필요조건으로 78.2%가 '명문대의 학벌'을 1순위로 꼽았다.

연합뉴스(2011. 9. 1)에 의하면 우리나라에서 가장 심각하다고 묻는 차별에서 동성애는 16.9%, 외모는 11.7%, 장애인은 10.7%, 출신국가는 6.8% 등의 순으로 나타났는데, '학력과 학벌 차별'은 다른 요인과 달리 29.6%로 압도적으로 높게 나왔다. 심지어 국내 유명 결혼정보업체의 내부 심사 기준표에는 회원의 학

(력)벌을 매우 중요한 결혼 지표로 삼고 있었다. 안타까운 점은 본인의 학(력)벌뿐만 아니라 심지어 부모의 학(력)벌까지도 차등화된 점수를 적용하고 있었다. 한국 사회에서 모든 길은 학(력)벌을 통한다고 할 수 있다.

한국 사회의 비정상적인 학(력)벌에 대한 맹신은, 자연히 치열한 사교육 경쟁으로 나타났다. 1980년대까지의 사교육은 대체로 고등학생을 중심으로 이루어졌다. 1990년대부터는 초등학생 때부터 대학입시를 위한 사교육이 성행하기 시작하였다. 2000년대는 대학 본고사에 논술이 중요하게 주목받으면서 대학입시를 위한 초등학생의 사교육은 전쟁터를 방불케 하였다. 조선일보(2002. 3. 3)는 '오전엔 초등학생 오후엔 중등생'이라는 자극적인 제목을 가지고 당시 초등학생의 치열한 사교육 현실을 전하고 있다.

> 대학입시에서 논술이 합격의 주요 변수로 작용하면서 큰 인기를 끌고 있다. 지원자가 몰리다 보니 대기자만 수백 명에 이른다. 처음 입학하며 1학기 동안 그 학년에 맞는 책들을 읽게 한 후, 3번의 시험을 거쳐 독해력, 작문력, 논리력을 점검한 후 반 편성을 한다. 6학년까지 마치면 '감자', '배따라기', 등 한국문학은 물로 '바보 이반 이야기'같은 어지간한 외국 문학까지 섭렵한다.

학(력)벌 경쟁에 우위를 점하기 위해, 한창 밝게 성장해야 할 초등학생들은 원하지 않는 사교육 시장에 내몰리고 있었다. 실제 박효정 외(2004: 59)의 조사에 의하면 초등학생들의 주된 고민으로 '공부와 성적 문제'가 63.9%로 압도적이었으며, 이성, 외모, 건강, 성격, 친구 관계, 선생님 관계, 가족 관계는 뜻밖에 큰 문제가 아닌 것으로 나타났다. 초등학생의 사교육은 대학입시를 미리 준비하고, 학(력)벌 경쟁에서 우위를 점유하기 위한 것이다.

특히 영어 사교육은 매우 심각한 상황이었다. 한국 사회에서 영어는 신분 상승을 위한 매우 중요한 사회적 자본이었다. 이종각(2003: 38)은 초등학생까지 고액 영어캠프를 하며, 유아 영어교육시장은 200억 규모에 이르며, 영어 학습지를 공부하는 영·유아가 11만 명이 넘는다고 하였다. 유치원에서 문자를 가르칠 뿐만 아니라 원어민 영어교육까지 하고 있으며, 결국 과도한 조기교육과 입시위주교육 때문에 아동권리 침해가 일어나 '아동권리위원회'로부터 지적을 받기도 하였다.

한지혜(2004: 232)에 의하면 과도한 조기 교육열은 대학입학과 취업에서 유리한 위치를 점유하기 위한 것과 무관하지가 않았다. 또한 조기교육을 시키는 어머니들은 '영어를 하면 나중에 성인이 돼서도 사회생활이 용이'하며, '궁극적으로 좋은 대학과 좋은 직업을 가질 수 있다'라고 강하게 인식하고 있었다.

심지어 뉴욕타임스지(2008)는 '영어를 배우기 위해 한국의 어린이들은 아버지와 헤어지는 법을 배운다'라는 특집 기사를 통해서 한국의 사교육 실태를 뼈아프게 꼬집었다. 과거와 달리 유치원과 초등학교부터 시작된 사교육비는 그 규모가 엄청나고, 가계비에 상당한 부담을 줄 수밖에 없었다.

최상근 외(2003: 10)의 조사에서 우리나라 전체 사교육비는 2001년은 약 10.7조 원, 2003년은 약 13.6조 원으로 추산하고 있다. 2003년의 사교육비는 초등학생이 약 7.2조 원(52.5%), 중학생이 약 4조 원(30%), 고등학생이 2.4조 원(17.5%)을 지출한 것으로 나타났다. 사교육비는 저출산 아동에도 불구하고 오히려 증가 추세를 보인다. 다소 계산법은 다르지만, 한국은행(2009)의 사교육비 조사에서도 다음 표와 같이 가파른 증가세를 보인다.

표 5-5 연간 교육비 및 사교육비 지출 (단위: 억원)

연도	총지출 대비		교육비 대비	
	교육비	비중(%)	사교육비	비중(%)
2000년	175,453	5.4	61,620	35.1
2002년	228,926	5.8	93,258	40.7
2004년	283,439	6.8	128,559	45.4
2006년	335,729	7.1	156,571	46.6
2007년	368,639	73	173,935	47.2
2008년	398,771	7.5	187,230	47.0

이코노미스트(2008: 19)는 당시 사교육비 추산을 20조 4000억 원이라고 하며, 지하경제를 포함하면 33조원에 이른다고 하였다. 현대경제연구소는 '지하경제'

추정 규모인 15조 507억 원을 포함한 2010년 사교육 시장의 규모는 36조 2016억 원이라고 하였다. 이러한 사교육비 지출의 이면에는 교육 출세주의를 구현하는 학(력)벌을 획득하기 위한 교육적 욕망이 숨어 있다. 한국 사회에서 학(력)벌 획득은 경쟁의 차원을 넘어서 거의 전쟁에 가깝다고 할 수 있다. 이러한 학(력)벌 전쟁에 대해 강준만(2009: 219)은 다음과 같이 개탄하고 있다.

> 학부모는 자녀들을 연쇄 과외수업으로 몰아내고 학교와 학원은 학생을 점수 기계로 만든다. 초등학교 5, 6학년생이 선행학습이다 하면서 중3학년생이 배우고 있는 과정을 미리 공부해야만 안심이 되는 한국사회인 것이다. 이 말도 안 되는 기형적 교육시스템 속에서 우리 언론매체는 무엇을 하였는가. 여전히 학벌 위주의 보도 행태를 나타냈고 암묵적으로 인정하는 논평을 생산하였다. '능력은 학력이고 학력은 점수다'라는 명제에 동조하지 않았던가.

이렇게 사교육이 주는 가계 부담은 엄청났으며, 한 가정의 정상적인 생활을 저해할 정도로 그 심각성은 매우 컸다. 자연히 역대 정부는 사교육에 대해 심각한 고민을 하였다. 그래서 역대 정부는 분노한 국민을 달래기 위해 '사교육 경감 대책(안)'을 발표했으며, 심지어 이명박 정부는 학원과의 전쟁을 선포하였다. EBS 수능 강의도 그 대책(안) 중의 하나였다. 이런 대책은 한국 교육문제의 본질을 호도하는 미봉책에 불과하였다. 우리의 교육문제는 강제적 외압에 굴복할 만큼 그렇게 간단하지 않았다. 오히려 사교육 문제는 깊은 늪에 빠진 것처럼 해결하기 어려워지고, 더욱 복잡하게 전개되었다.

사교육은 우리 교육문제의 핵심은 아니다. 그 뿌리는 학(력)벌주의라는 바위보다 더욱더 단단한 교육 출세주의 인식에 있다. 사교육은 학(력)벌 출세주의가 파생한 그림자에 불과하다. 그래서 역대 정부들은 이런 교육문제를 해결하기 위해 큰 노력을 해왔다. 가장 손쉬운 방법이 대학입시(안)를 수정하는 것이다. 새로운 대학입시(안)를 통해 우리의 교육문제를 해결하려는 발상은 집권 기간 국민을 현혹하는 것에 불과하다. 해방 이후 지금까지 정권이 바뀔 때마다 끊임없이 대학입시(안)가 바뀌었다.

그러나 새로운 대학입시(안)은 그때마다, 학(력)벌 출세주의라는 거대한 블랙홀에 왜곡되어 새로운 교육적 기형아만 탄생시켰다. 예컨대 대학입시에서 고교 내신성적의 비중이 커지자, 그때부터 각 고등학교에서는 내신성적을 자의적으로 부풀리기 시작했다. 당시 내신성적 부풀리기는 사회적으로 큰 충격을 주었으며 심각한 문제로 받아들여졌다.

내신성적 부풀리기를 해결하기 위해, 노무현 정부는 2004년 10월 28일에 「2008학년 대학입학제도 개선안」을 발표하였다. 그동안 과목 석차만을 표시하던 내신성적을 원점수, 과목 평균, 표준편차까지 학생부에 기재하여 엄격하게 관리하게 하였다. 이런 내신성적의 기재 방식은 학급 친구들까지 대학입시의 적으로 만들어, 치열한 내신 경쟁을 하게 하여 학생들의 학업 부담을 더욱더 무겁게 했다. 그래서 '내신+수능+논술'이라는 2008학년의 대학입시체제를 "죽음의 트라이앵글"이라 불렀으며 학생들의 촛불 집회로 이어지게 하는 등, 사회적으로 엄청난 파장을 몰고 왔다. 죽음의 트라이앵글이 적용되는 당시의 교육적 현실에 대해 강준만(2009: 241-242)은 다음과 같이 생생하게 전하고 있다.

> 아니나 다를까, 새 제도가 처음 적용된 2005년의 고1 교실은 친구의 책을 숨기고 공책을 찢는 '정글'이 되었다. 뒤이어 '고1 중간고사가 끝나고 비관 자살하는' 사상 초유의 사건이 속출했고, 중간고사 성적이 기대에 못 미친 학생들은 학교를 자퇴하고 검정고시로 내신 지옥에서 탈출하려 했다. 심지어 현직 교감이 나에게 전화해서 '아들이 시험을 망쳤는데 자퇴시켜야 하는 게 아니냐'고 묻기도 했다. 정부의 기대와 반대로 내신성적을 올리기 위해 사교육이 번창하였다. 결국 학생들은 촛불을 들고 거리로 나섰다.

이명박 정부는 취임 초기부터 교육정책을 쉴 새 없이 쏟아내어, 교육문제의 양상은 더욱 복잡하게 전개되었다. 전국 초·중등학교의 일제식 학력 전수평가, 초등교육의 영어몰입교육, 국제중학교 설립, 학교 자율화 추진 조치로 인한 우열반 편성, 0교시 수업 부활, 사설 기관의 모의고사 부활 등은 사회적으로 크게 쟁점화되었다.

이명박 정부는 고등학교의 선진화를 위한 「고교다양화 300프로젝트」를 추진하여, 특성화고(전문계고, 전문계특목고, 특성화고), 특목고(과학고, 외국어고·국제고, 예술·체육고, 마이스터고), 자율고(자율형공·사립고, 기숙형고)라는 네 가지 유형을 제시하였다. 「고교다양화 300프로젝트」는 외형만 달랐지, 1960년대와 같이 새로운 명문고를 부활시켜 고등학교의 서열화를 촉진하였다. 「고교다양화 300프로젝트」는 의도와 달리 중학생의 입시부담만을 증가시켰다.

이명박 정부에서 또 하나 주목할 대학입시안은 입학사정관제다. 입학사정관제는 노무현 정부에서 실험적으로 시작됐지만, 본격적으로 도입된 것은 이명박 정부에 의해서다. 입학사정관제는 명분상, 성적 중심의 대학입시, 특목고의 입시 학원화, 사교육 등의 심각한 교육문제를 완화하기 위해 대두된 것이다. 입학사정관제는 의외로 복잡하여 상당한 준비 기간이 필요한데도, 우리의 경우는 거의 전격적으로 도입되었다. 미국과 일본의 입학사정관제는 자율적으로 대학 주도로 이루어져 자연스럽게 정착했지만, 우리의 경우는 예산 지원을 통한 정부 주도로 이루어졌다는 점이 큰 차이점이다.

입학사정관제는 인위적으로 만들어진 점수화된 인재보다 타고난 잠재력이 높은 자연적 인재를 선발하기 위한 것이다. 개인의 잠재력 지표는 시험 점수에서 포착되지 않는 학생의 특별한 각종 경험에 대한 이력, 각종 자격증, 리더십, 봉사활동 등을 의미한다. '모든 길은 대학입시로 통하는 한국 사회'에서 입학사정관제는 개인의 잠재력 지표를 상품화시킨 스펙 관리의 시대를 도래하게 하였다.

초등학생부터 리더십을 입증할 수 있는 학교 임원이 되기 위해 웅변 학원에서 스피치, 대화법, 인간관계 등의 전반에 대해 배운다. 초등학교 반장선거, 어린이회장 선거를 위해서 웅변, 스피치 학원에서는 '선거 컨설팅'이 인기였으며, 속성 코스에서 연설문 대필과 실습 1일의 비용이 25만 원이라고 한다(경향신문, 2010. 3. 9). 심지어 5세부터 스펙을 쌓기 위해 각종 학원에 다니고 있으며, 그중에서 IQ 높이는 사교육도 성행하고 있을 정도다. "私교육이 死교육"을 시키고 있는 셈이다(한국경제, 2010. 3. 15). 따라서 입학사정관을 위한 스펙 관리는 초·중등학생에게 엄청난 입시부담으로 작용할 수밖에 없었다. 이런 현실에 대해 MBC '후플러스'(2010. 5. 20)는 다음과 같이 함축적으로 보도하였다.

최근 국제중, 특목고, 대학교에 이르기까지 입학사정관 전형이 늘며 봉사점수나 수상 경력을 쌓아 '스펙'을 넓히려는 열풍이 학부모 사이에 뜨겁게 불고 있다. 문제는 돈만 있다면 봉사점수나 수상경력도 살 수 있다는 현실에 있다. 실제로 자기소개서를 대필해 명문대학에 진학시켰다는 스펙 브로커도 등장했으며 봉사활동 경험을 5만 원에 파는 봉사 단체도 있다.

입학사정관제 역시 학(력)벌 출세주의라는 블랙홀을 비켜가지 못했다. 잠재력이 풍부한 타고난 인재를 선발하기 위한 참고 지표인 스펙은 기형적으로 변해, 오히려 사교육 열풍을 주도하였다. 입학사정관제를 통해 학생들의 입시부담을 덜어 준다는 것이, 초등학생부터 스펙 관리를 하게 하여, 그 부담감을 엄청나게 높였다. 이때부터 "내신+수능+논술"이라는 죽음의 트라이앵글에서 입시사정관제를 위한 '스펙'이 가미되면서 "죽음의 사각지대"라는 신조어가 탄생하였다. 스펙 관리가 얼마나 힘들었으면 "저승 스펙"이라는 단어가 생길 정도였다.

죽음의 사각지대의 표현이 암시하듯이, 입학사정관제는 우리 학생들에게 대학입시 부담감을 극복하기 위한 엄청난 인내심을 요구한다. 실제 CNN은 한국의 고3은 지옥의 해며, 힘든 입시 스트레스로 인해 매년 200여 명의 학생이 자살한다고 방송하였다(조선일보, 2011. 11. 12). 고등학생 네 명 중 한 명이 학습과 시험 스트레스로 인해 자살 충동을 느끼며, 실제 학생 10만 명당 5.2명이 자살한다고 하였다(프레시안, 2012. 2. 17).

이 시기의 교육문제도 어두운 터널에 갇힌 것처럼 해결의 실마리를 찾지 못하고 있었다. 오히려 교육상황은 더욱더 악화하고 있었다. 우리의 교육문제는 매우 다양하고 복잡하게 전개된 것처럼 보이지만, 비슷한 패턴을 반복하고 있다. 다양하고 복잡하게 양산되는 우리의 교육문제는 학(력)벌 출세주의의 파생체에 불과하다. 학(력)벌 출세주의는 너무나 강력한 악성 종양이 되어, 해방 이후의 수많은 교육정책을 무력화시켰다. 오히려 교육문화를 왜곡하여 학생들에게는 무거운 짐을 지우고, 학부모들에게는 엄청난 부담감을 지게 하였다.

역대 정부의 교육정책은 국민들을 현혹하기 위해 모든 교육문제를 해결할 수 있는 것처럼 야심차게 출발하였다. 그러나 입안에서는 달지만 삼키면 독이 되어 오히려 교육적 상황만 악화시켰다. 교육을 교육적 차원에서 보지 않고 정치적 차원으로 접근했기 때문에 생긴 부작용이었다.

한국의 교육문제는 매우 간단하지 않다. 조선시대를 포함하여 지난 수백 년 동안 누구도 해결하지 못했다. 한국의 교육문제는 깊은 역사적 뿌리만큼 해결하기 어려운 문제다. 한국의 교육문제를 일시에 해결하려는 일부 위정자의 생각은 엄청난 착각이며, 큰 오만이다. 이로 인해 힘든 것은 안타깝게도 우리의 어린 학생들이다. 그래서 한국의 교육문제 앞에서는 언제나 겸손해야 한다. 한국의 교육문제는 상대하기에 너무나 큰, 거대한 산맥과 같다.

CHAPTER

07

근·현대 교육문화의 사회학적 논의

01

교육문화의 사회적 특징

지금까지의 논의를 중심으로 현대사회와 전통적 교육문화의 관계에 대한 이해가 필요하다. 현대사회의 교육문화와 전통적 교육문화는 역사적 시·공간의 단절로 인해, 정말 다른 문화적 맥락 속에서 형성됐는가를 살펴보아야 한다. 지금까지 이 책은 일관된 논의의 흐름을 유지하기 위해, 현실 사회에서 나타난 교육적 욕망에 초점을 두었다. 교육문화는 교육에 대한 집단적 욕망이며, 교육에 대한 인식 틀이다. 교육문화는 사회적 이해관계를 구현하기 위한 교육적 욕망의 흐름 체계다.

전통적 교육문화는 유교적 숭문주의라는 지배집단의 문화적 정당성 아래 입신양명주의, 문벌주의, 가족주의 교육문화로 구분하였는데, 현대사회에도 이와 비슷한 교육문화의 맥락을 유지하고 있다. 단지 시대의 무대에 따라 전통적 교육문화가 변형되어 표현됐을 뿐이다.

과거와 현대사회에 이르기까지 한국의 교육문화는 사회적 이해관계 구현이라는 교육의 도구적 맥락에서 전개됐다. 즉, 고려와 조선시대의 과거제는 사회적 혜택의 성격과 정도에 따라 과거응시에 대한 접근 방식이 달랐다. 강경과 제술의 선발 방법, 원점에 의한 과거응시의 기회 부여, 그리고 별시에 대한 첨예한 정치사회적 이해관계 대립에서도 나타났다. 사회적으로 과거제에 예민하게 반응하는 것은 사회적 이해관계와 밀접히 관련됐기 때문이다.

과거 합격이 사회적으로 주목받았던 것은 모든 혜택이 관료에게 집중되어 있어서, 과거의 후광효과가 그만큼 컸기 때문이다. 과거 합격은 지위, 권력, 부의 상징이었으며 모든 사람의 선망이 되었다.

유교 교육은 인의 실천을 통해 모든 사람이 화평해져 궁극적으로 중화(中和) 세계를 구축하는 것이지만, 실제로는 과거 합격이라는 세속적인 명제 아래 구속되어 있었다. 과거 합격은 유교적 정치 이상을 구현하기 위한 것이 아니라, 관료 신분적 혜택을 누리기 위한 것이다. 유교 교육과 과거 합격을 통한 사회적 이해관계의 구현은 조선시대뿐만 아니라 중국에서도 보인 현상이다.

중국의 엽적(葉適)에 의하면 사람들이 지혜와 지식을 얻기 위해 공부하지 않고 오로지 관료가 되기 위해 공부할 때는 건전한 사회는 올 수 없다고 하였으며 … 13세기 초, 한 지방의 역사가는 학교는 관료들의 상점으로 간주하고 과거는 사인들의 직업으로 여겨지고 있으니 슬프다고 한탄하였다. … 또한 과거 합격을 쟁취하는 것 자체가 백만 명 이상의 사람들에게 하나의 생활을 제공해 주고 … 성공하여 관료가 된 응시자는 그의 가정과 친척, 이웃 및 지방 사대부들에게 정치적·경제적·사회적으로 커다란 이익을 안겨 준다고 하였다(양종국 역, 2001: 164-283).

우리의 사정도 크게 다를 바가 없다. 이의현(李宜顯)에 의하면 선비가 글의 뜻을 연구하지 않고 암송과 제술만 일삼으며 다른 사람이 대리시험을 보게 하면서도 꺼리지 아니하여 사람들이 이것을 예사로 안다. 명경과에 급제한 자로서 문학을 모르는 자가 많으며 … 선비가 적게 읽고서 오직 앞사람의 것을 표절하여 과명을 얻었으므로 식견이 보잘것 없고 … 요행으로 된 자가 너무도 많아 … 사람이 사람으로 될 수 없고 나라가 나라로 될 수 없다고 하며 이것이 큰 변이라고까지 하였다(이만규, 1991: 99).

손인수(1999: 25)에 의하면 조선시대 유생들이 과거에 집착했던 이유는 과거에 합격할 경우에 받게 되는 경제적·사회적 혜택 때문이라고 한다. 그중에서도 관직의 획득을 의미하는 사회적 혜택이 중심이었다. 조선 사회는 일종의 관료주의 사회였으므로 모든 부의 근원이 관직의 획득에 있었다.

유교 교육을 통한 과거 합격은 교육 출세주의 성격을 극명하게 보인다. 교육은 사회적 이해관계를 구현하기 위한 세속적 욕망의 수단이었다. 현실적으로 교육은 과거 합격을 위한 도구적 수단이었으며, 또한 과거 합격을 위해 수단과 방법을 가리지 않는 부정행위가 자행됐었다.

실제 과거 합격은 극소수의 혜택에 불과하였다. 과거 합격을 통해 입신양명한다는 것은 확률적으로 대단히 어려운 일이었다. 유품관의 자제들이 과거 합격 세습률이 높았기 때문에 개천에서 용이 난다는 입신양명적인 사례는 희귀할 수밖에 없었다.

따라서 과거 합격이 주는 외연적 의미는 교육 출세주의와 가깝지만 실제로는 교육 신분주의 의미가 컸었다. 과거 합격이 가지는 상징성이 그만큼 크다는 것이다. 유교 교육은 지배 집단과 문화적 동류감을 형성하는 연결 고리이므로 암묵적으로 지배 신분을 상징하고 있었다.

중국에서는 진사(進士)와 거인(擧人) 나중에는 공생(貢生)도 집 대문(大門)에 비단으로 된 문기(門旗)를 게양하여 그 특권적 지위를 과시하였다. 조선시대에서도 사실 명예직에 가까운 생원과 진사는 국왕이 인증한 지위이므로 이를 통해 사회적 신분을 유지하였다. 백패를 안고 죽었다는 것은 곧 신분적 상징체를 생명처럼 소중히 여겼다는 것이다.

문음으로 당상관이 된 관료가 과거에 다시 응시했다는 것은 교육 출세주의보다 교육적 신분주의에 가깝다. 과거응시를 통해 사회적으로 그 신분에 대한 정당성을 확인받으려는 욕망과 가깝기 때문이다. 수많은 사람이 합격 여부를 떠나 과거에 응시한 것도 과거라는 제도를 통해 사회적 신분을 보장받기 위한 상징적 시위와 같았다. 과거의 부정행위도 사회적 신분을 얻으려는 욕망이 이면에서 작용한 것이다.

전통적 교육문화의 이면에는 세속적인 교육적 욕망이 짙게 깔려 있다. 교육적 욕망은 사회적 이해관계의 구현, 즉 교육을 통한 입신양명의 출세주의 성격이 강하였다. 그러나 교육 출세주의의 이면에는 교육을 통해 사회적 신분을 강화하려는 교육 신분주의가 깊게 작동하였다. 교육은 신분 상징체였다. 문기(門旗)를 게양한다든가, 실직과 관계없는 백패의 상징적 지위, 학생지묘, 의복 등의 문화적 구별짓기를 통해 신분 위세를 나타내려는 사회적 욕망과 밀접한 관련이 있었다.

교육은 사회적 욕망을 실현해 주는 수단이다. 교육은 지배 문화의 신분적 지위를 묵시적으로 표현한 것이며, 과거 합격은 교육을 통해 제도화된 신분적 지위를 표면적으로 드러낸 것이다. 교육에 대한 집착은 교육을 통해 사회적 지위와 위세를 획득하기 위한 교육적 열망이다. 결국 교육적 욕망은 사회적 욕망이고, 사회적 욕망은 교육적 욕망이다.

현대사회에서도 이 점은 크게 다르지 않다. 교육이 제도화된 학력(學歷)으로 변모됐다는 점에서 차이가 있을 뿐이다. 교육적 욕망이 학력 욕망으로, 교육 출세주의가 학력 출세주의로, 교육 신분주의가 학력 신분주의로 대신했다. 학력 욕망은 궁극적으로 교육적 욕망의 변형된 모습이다. 교육적 욕망이 제도화의 가면을 쓴 학력 욕망으로 대치됐다. 교육적 욕망과 학력 욕망은 같은 속성을 지녔다는 것이다.

교육의 제도화된 상징인 학력(學歷)은 현대사회에서 지위와 신분을 나타내 주는 묵시적 기제다. 학력은 제도화된 교육경쟁을 통해 사회적 지위 구조에 편입하는 능력의 대리 지표다. 학력 수준은 객관적이고 과학적 선별 장치를 통해 이루어진 능력의 위계적 지표다. 오늘날 학력은 지위 구조에 편입하는 사회적 여과 장치다. 학력만큼 개인의 능력을 광범위하게 나타내 주는 객관적인 선별 지표는 거의 존재하지 않는다. 학력이 차지하는 사회적 외연 효과는 클 수밖에 없다.

학력은 교육적 능력의 지표지만 사회적 능력의 지표는 아니다. 그런데도 학력은 사회적으로 공인된 지위 배분의 선별 지표로 활용되고 있다. 학력은 능력주의(meritocracy)의 이데올로기에 의해 보호되고 있기 때문이다. 학력은 객관적 검증을 거친 능력을 제도화하였다. 학력은 과학적인 검증 절차를 거쳤다는 점에서 교육적 능력주의가 암묵적으로 사회적 능력주의로 연결됐다고 본다. 학업성적이 우수한 사람은 사회적으로 능력이 있으며, 사회적으로 높은 지위를 차지할 수 있는 자격이 있다는 것이다.

그러나 교육에서 요구하는 능력과 사회에서 요구하는 능력은 반드시 일치하지 않는다. 학교교육은 체계적이고 논리적이며 추상성이 강한 인지적 사고가 높은 사람에게 유리하다. 학문적 능력은 인지적 추상화의 게임 능력과 관련이 있기 때문이다.

사회에서 요구하는 능력은 교육에서 요구하는 능력과 아주 다르다. 교육적 능력은 논리이며 수리적인 사고가 중요한 영역을 차지하고 있지만, 사회적 능력은 사교 능력, 언어 구사 능력, 예의범절, 예술 및 패션 감각, 운동 능력, 리더십, 의지력, 그리고 통찰력과 직관적 사고 등의 문화적 자본(cultural capital)과 관련이 있다.

'교육적 능력주의=사회적 능력주의'라는 등식이 구조적으로 성립하기 어려운데도 사회적으로 같은 것으로 보는 착각을 한다. 우리 사회에서 교육적 능력주의는 엄격한 의미에서 학습 능력주의와 가깝다. 그러면 학습 능력주의와 사회적 능력주의가 일치하는 기묘한 등식이 성립한다.

학습 능력주의와 사회적 능력주의의 기묘한 등식에도 불구하고 우리 사회에서 학력은 사회적 능력의 대리 지표로서, 그리고 신분 자격증으로써 이용되고 있다. 학력은 고부가 가치의 변하지 않는 사회적 자본(social capital)이기 때문이다. 학력은 모든 사회 가치 판단의 준거인 동시에 다목적 평가 수단이다. 학력은 외재적 차별 기제다. 상징적 무형의 자산이다. 현대사회에서 학력은 사회적 지위를 결정하는 중요한 기제로 작용한다. 학력은 귀속사회(ascribed society)와 달리 현대사회에서 '학력 혈통주의'에 따라 사회적 신분 결정의 중요한 준거 역할을 한다. 권위 있는 학위(學位)는 신분상 높은 위치를 점유하게 하는 계급적 기제다.

부르디외(P. Bourdieu)에 의하면 학위는 상징적 능력의 지표로서, 사회에서 학위를 취득한 사람들은 엄격한 선발 과정을 거친 능력 있는 사람임을 확인해 주는 교육 자격증이라고 한다. 교육 자격증의 획득은 사회적 차이를 발생하게 하는 높은 질의 문화적 자본을 소유한 것을 의미하고, 이를 통해 사회적 지위를 객관적으로 보장받게 된다. 학위 취득은 직업 체제에서 지위와 역할 할당의 메커니즘으로서 재산 상속의 형태로 대치되고 있다. 학력은 지배 신분의 이점을 정당화하는 상징적 기제다. 학력은 지배 신분 문화를 합리화하는 제도화된 상징적 자격증이라는 것이다.

베블렌(T. Veblen)은 『유한계급론(theory of leisure class)』에서 가치 있는 재화의 과시적 소비 행위나 한가한 생활양식, 축제나 무도회 같은 향연은 단순한 소비적 활동이 아니라 계급적 차이를 구별짓기 위한 사회적 위세를 나타낸 것이라고 했다. 이러한 소비적 행위 양식에는 사회적 신분을 표현하는 상징적 가치가 반영되어 있다. 사회적 지위를 내포한 징표들은 은밀한 사회적 권력이 스며있는 신분적 위세의 상징이며 기호다. 특히 고등교육은 유한계급의 신분적 위세를 보증하는 제도적 수단이다. 대학의 학사모, 가운 등의 상징물들은 유한계급의 욕구를 충족시키는 상징체들이다. 학위는 글을 모르는 사람들에게 매력적이고 신비한 힘을 소유하게 된다. 따라서 대학은 유한계급의 신분적 정체성과 위세를 상징하는 도구적 수단이다. 대학은 유한계급에게 신분적 품위를 유지해주는 소비 대상에 불과하다는 것이다(최광열 역, 1983).

콜린스(R. Collins)에 의하면 학력은 지위 집단에 편입하는 문화적 자격증으로서 생산성과 무관하다고 본다. 실제 학교에서 배우는 교과내용은 업무 수행에 있어서 별로 활용되지 못하며 직업적 능력 배양은 직업 생활을 경험하면서 점차 배워간다는 것이다. 전문직종인 변호사, 경영자, 약제사, 교사를 양성하는 대학 교육은 실제의 현장 적용에서 아무런 도움이 되지 못하거나, 업무상 필요로 하는 중심적인 내용의 교육은 거의 하지 못하는 실정이다. 또 대학의 학업성적은 직업적 성공과 무관하며 실제 고용주는 학업 성적에 의해 종업원을 선발하는 것이 아니며, 오히려 특정 학과 수료와 전반적인 인격 형성을 요구하고 있다고 한다(정우현 역, 1989: 23-27). 대학 교육에서 배우는 것은 인지적 기술이 아니라 지배 집단과 동류감을 형성하는 문화적 양식을 체득하는 데 있다.

보드리야르(J. Baudrirllard)에 의하면 어떤 상품을 소비한다는 것은 기호의 관계망 속에서 사회적 의미를 소비하는 것이지, 직접적인 대상을 소비하는 것은 아니라고 한다. 상품은 하나의 기호며, 기호의 관계망[7] 속에서 사회적 위세와

7 보드리야르에 의하면 인간은 의미 발산하고 소비하는 존재며, 인간관계는 의미체계라고 한다. 기호는 인간관계 속에 의미를 부여받는다. 사회관계에 따라 어떤 상징이 의미를

서열을 내포하고 있는 의미체계다. 따라서 상품은 사회적 차별의 상징적 기제다. 상품 가치는 그 대상을 직접 소비하는 사용가치보다는 사회적 위세와 신분을 표징하는 교환가치에 의해 결정된다. 교환가치는 계급적 신분 관계에 의해 그 특성이 형성된다. 어떤 상품을 소비한다는 것은 계급적 신분을 상징하는 기호를 소비하는 것을 의미한다(이규현 역, 1998). 기호와 상징의 소비는 타인과의 관계 속에 성립된 사회적 욕망이다.

현대사회에서 학력은 사회적 위세를 상징하는 기호다. 학력은 사용가치를 창출하는 경제적 생산성의 직접적인 지표가 아니라 사회적 신분과 위세를 표징하는 기제다. 대학 졸업장은 그 자체로서 사용가치와 무관하지만, 기호의 관계망에서 이루어진 매우 높은 교환가치를 가지고 있다.

보드리야르는 교환가치는 사용가치의 유용성에 의해 보증받는다고 한다. 학력은 경제적 보상과 각종 사회적 혜택을 받을 수 있다는 사용가치의 유용성으로 교환가치가 높아진다. 기호의 관계망 속에서 사용가치의 유용성은 교환가치를 보증하기 위한 이념적 수단이다. 학력은 외형상 실제적인 사회적 혜택을 창출하는 사용가치의 유용성을 통해 사회 신분과 위세를 상징하는 강력한 기제다.

현대사회에서 기호와 상징을 소비하는 것은 사회적 구별짓기의 행위 기제다. 신분적 구별 짓기의 암묵적이며 강력한 사회적 기호는 학력이다. 학력을 획득하는 것은 사회적 신분 기호를 획득하는 것이다. 학력 추구열은 사회적 신분이나 위세를 보증받으려는 사회적인 기호 욕망이다.

대학 진학열은 사회적 신분을 획득하려는 기호 욕망이다. 일류대 졸업장을 획득하려는 치열한 노력은 높은 사회적 위세(상징)를 얻기 위한 사회적 욕망이

부여받게 되고 기호로 나타난다. 기호는 사회 질서며, 사회적 신분과 위세를 나타내는 사회적 차이다. 따라서 인간은 사회적 관계를 나타내는 기호의 의미를 소비하는 것이지 실질 대상의 객관적 가치를 소비하는 것은 아니다. 개인적 차원에서 인간은 타인과의 차이 속에서 자신의 의미를 확인한다. 차별화의 논리에서 인간은 의식적 혹은 무의식적으로 사회적 지위와 위세라는 사회적 차이를 기호로써 표출한다. 사회는 의미 공간이며 기호체계의 질서다. 어떤 기호가 의미가 있는 것은 결국 사회의 신분적 위계 특성이 그 가치를 규정한다는 것이다(이재우, 1995).

다. 교육적 욕망은 기호 욕망이며 사회적 욕망이다. 학력에 의해 좌우되는 결혼이나 인간 무시 등과 같은 행위는 신분적 차별 행위며, 학력이 신분적 차별 기제의 기호이자 상징이기 때문이다. 학력은 신분을 상징하는 기호며 사회적 욕망이다.

조선시대에서는 교육이 신분 차별의 기준이며 상징이었다. 유교 교육은 지배 신분의 상징이었다. 유교 문화는 지배 신분의 언어이자 행동이었다. 과거제는 유교적 문화 연대감을 통해 지배 집단 문화를 확인시켜 주는 제도적 장치다. 교육은 유교 문화를 익히는 것으로 지배 신분의 상징체다. 교육은 지배 신분을 획득하려는 사회적 욕망의 표현체다. 교육을 통해서만 지배 신분을 차지할 수 있기 때문이다.

유교 문화를 상징하는 기호들은 곧 암묵적으로 지배 신분을 상징하고 있었다. 백패와 홍패는 지배 문화를 상징하는 기호였다. 합격·불합격에 관계없이 수많은 응시자가 과거장에 몰린 것은 지배 신분의 기호를 획득하려는 상징적 행위였다. 교육경쟁은 사회적 위세를 획득하려는 기호 경쟁이자 상징 경쟁이며 동시에 이미지 경쟁이다. 교육적 욕망은 지배 신분의 위세를 획득하기 위한 사회적 욕망이다.

전통적 교육문화는 교육을 통해 현실적인 사회적 신분을 획득하려는 교육적 욕망과 밀접한 관련이 있다. 이 점은 현대사회에서도 큰 차이가 없다. 단지 교육의 제도화된 모습인 학력이 사회적 위세를 획득하기 위한 수단으로 변했다는 점이다.

따라서 학력 욕망은 사회적 신분을 얻으려는 사회적 욕망이며, 이를 통해 사회적 이해관계를 구현하기 위한 것이다. 학력 욕망은 과거와 같이 교육 신분주의를 실현하려는 교육적 욕망과 비슷한 맥락 위에 있다. 현대사회의 다양한 교육운동도 학력을 취득하여 사회적 신분을 획득하려는 교육적 욕망에 지나지 않는다. 교육적 욕망은 사회적 욕망의 실현체며, 교육적 욕망이 사회적 욕망이라는 점에서 현대사회에서도 비슷하게 작용하고 있다.

02

교육문화의 사회운동 특징

교육문화는 교육에 대한 정신적 경향성이며 인식 틀이다. 교육문화는 교육적 욕망의 사회적 흐름이다. 교육문화는 시대의 성격에 따라 끊임없이 변모하는 운동 흐름을 가지고 있다. 교육문화의 운동 흐름은 일정한 경향성을 띠지만, 때로는 급격한 변화를 보인다. 교육문화는 물의 흐름 틀과 같이 부분적으로 무수한 변화를 겪지만, 일정한 흐름을 유지하고 있다. 분자(개인)적 교육문화 운동은 변화무쌍하지만, 거시적 교육문화의 운동 흐름은 이러한 분자적 흐름을 규제하고 일정한 흐름 틀 속에 종속시킨다.

교육문화의 운동 특성은 크게 두 가지로 구분해 볼 수 있다. 편집증적 운동과 분열증적 운동[8]이다. 편집증적 운동은 모든 의미와 규칙을 하나의 원칙 아래에 종속시키는 것을 말한다. 편집증은 강한 수직적 위계 논리를 가지고 있으며 예측을 가능하게 한다. 편집증적 특성이 강한 사회는 왕조 사회나 전제군주사

8 여기서 편집증과 분열증은 정신 신경증만을 지칭한 것이 아니라 사회적 운동의 특성을 구분하기 위한 것이다. 편집증은 어떤 한 곳에 끊임없이 집착하는 것이며 이를 중심으로 논리적이고 체계적인 사고를 한다. 편집증이 과대해지면 망상이나 가벼운 분열증 같은 병적인 현상이 나타난다. 편집증은 하나의 기표 아래 모든 기의를 수렴하는 것이다. 사회 편집증은 대타자인 하나의 기표가 가치 판단의 기준이 되어 모든 가치를 수렴한다. 분열증은 비논리적이고 비체계적이어서 사고 과정이 단절된 특징을 보이며 정상인이 생각할 수 없는 기묘한 행동을 한다. 분열증은 하나의 기의 아래 다양한 행동의 기표로 표출된다. 분열증적 사고는 어떤 체계에 갇히지 않는 자유로운 상상을 기반으로 창의적인 생성을 한다. 사회적으로 분열증을 굳이 구분한다면 부정적 분열증과 긍정적 분열증이 있다. 부정적 분열증은 기존 사회의 억압적 틀을 벗어나기 위해 자살 같은 부정적이고 파괴적인 행위를 표출한다. 부정적 분열증은 기존의 사회적 억압 틀, 즉 편집증적 효과에 의해 나타난 편집증적 분열증인 특징을 가지고 있다. 긍정적 분열증은 긍정적 생성을 도모하는 창조적 힘을 가지고 있다. 긍정적 분열증은 기존 개념(사회)을 질적으로 개선하거나 혹은 전혀 다른 개념(사회)을 창출하는 창조적 힘이다.

회, 그리고 나치즘 등을 예로 들 수 있다. 이런 사회는 모든 논리를 거대 틀로써 대타자인 하나의 기표 아래 종속시키고, 모든 사회 가치 판단의 기준으로 작용하게 하는 강한 편집증적 힘을 가지고 있다.

교육문화의 편집증적 운동은 특정 교육표상 아래 모든 교육적 운동 논리를 종속시키고 가치를 부여하는 힘을 가지고 있다. 교육적 편집증은 하나의 가치 아래, 다른 모든 가치를 수렴하기 때문에 교육에 대한 집착 정도를 일컫는다.

분열증적 운동은 일정한 경계선이 없으며 울타리가 존재하지 않는 유목민적 자유로운 특성이 있다. 분열증적 힘은 모든 논리를 하나에 귀속시키는 독점적 기준을 인정하지 않으며 자유롭게 의미 공간을 확대할 수 있다. 분열증적 힘은 개인의 욕망을 극히 존중하며 기존의 독점적 논리로부터 탈주를 도모하게 한다. 분열증은 카오스적인 무질서를 기반하기 때문에 예측하기 어렵다. 분열증적 힘은 자기 파괴적인 부정적인 면과 새로운 생성을 도모하는 긍정적 면을 동시에 가지고 있다.

분열증적 교육 문화 운동은 기존의 교육문화에서 벗어나거나 또는 개선을 시도하거나 그리고 성격이 전혀 다른 새로운 교육문화를 창출하는 힘이다. 교육에 대한 분열증적 운동은 억압적 교육 틀에 벗어나고자 하는 근본적으로 자유로운 힘을 가지고 있다.

편집증적 운동과 분열증적 운동은 양극단에 있다. 그 중간에는 수많은 운동 흐름이 혼재한다. 편집증적 운동 흐름 속에 분열증적 운동이, 분열증적 운동 흐름 속에 편집증적 운동이 나타날 수 있다. 또한 편집증과 분열증 사이에 가치가 전도되는 도착증은 양극단을 오가며 혼재되어 나타난다.

교육문화는 교육적 욕망의 사회적 흐름이며 교육에 대한 정신적 경향성이다. 편집증적 교육문화는 교육적 욕망을 하나의 교육표상 아래 집중시킨다. 교육행위나 인식은 특정의 교육표상 아래 이루어진다. 편집증적 교육문화는 교육운동의 일정한 흐름을 가지고 있어서 집단이나 개인의 교육행위에 대한 예측을 가능하게 한다.

한국의 교육문화는 교육을 통해 사회적 이해관계를 구현하기 위한 특징이 있다. 시대의 특성에 따라 교육적 이해관계의 성격이 달리 나타났지만, 궁극적으로 교육의 사회적 이해관계 구현이란 맥락을 유지하고 있다. 교육 출세주의와 교육 신분주의, 그리고 학력 출세주의와 학력 신분주의는 교육의 사회적 이해관계 구현을 표현하는 언표들이다.

한국에서 교육은 사회적 이해관계를 구현하는 효과적인 기제다. 전통적 교육문화인 숭문주의, 입신양명주의, 문벌주의, 가족주의 교육문화는 사회적 이해관계를 포함하고 있다. 한국의 교육문화는 사회적 이해관계 구현이라는 강한 편집증적 특성을 보인다. 교육을 통한 신분 보증과 출세주의는 사회적 이해관계와 밀접한 관련이 있다.

한국의 교육문화는 사회적 이해관계 구현이라는 교육적 욕망이 역사적으로 코드화되어 있다. 사회적 이해관계를 구현하기 위해 교육의 집착 정도가 강하게 나타나는 편집증 특징이 있다. 교육적 편집증의 운동은 다른 교육행위를 종속시키고 규제하는 힘이 있다. 편집증적 교육문화는 사회적 이해관계의 구현이라는 결과주의 교육행위를 초래하며, 그것을 정당화하는 힘을 가지고 있다.

조선시대의 과거제에서 보듯이 모범 답안 초록집만 외우거나, 예상문제만 공부한다든가, 심각한 시험 부정도 서슴지 않았다. 현대사회에서 학급 친구들을 경쟁 대상이나 심지어 적으로 여기는 등의 이기적인 수월주의 경쟁, 불법 과외, 부정 입학, 뇌물성의 촌지 형태와 다를 바 없다.

교육적 편집증이 강할수록 수단과 목적을 전도하는 교육적 도착증 증세를 드러낸다. 교육적 편집증, 즉 교육에 대한 집착이 클수록 교육적 부작용인 도착증이 심하게 나타난다. 과열 과외, 입시 지옥, 재수생, 비인간화 교육 등은 교육적 편집증의 효과에서 기인한 것이다. 점수 따는 기계, 치맛바람, 우골탑, 4당5락 등은 교육경쟁에서 우위를 확보하려는 교육적 편집증의 언표에 지나지 않는다.

교육적 편집증이 클수록 교육적 도착증이 강하게 나타난다. 교육적 도착증은 교육의 사회적 은유와 환유[9] 작용에 의해 나타난 현상이다. 학력에 의해 사회에

---

9 은유는 기표의 한 의미가 유사성으로 다른 기표로 대체되는 것을 말한다. 교육, 학습, 가르침이나 혹은 칼, 송곳, 못곳 같은 기표의 유사성을 들 수 있다. 즉, 두 개 이상인 언어들 사이의 유사성 연상 작용을 통해 다른 용어로 대치되는 것이다. 은유는 계열성을 지

서 인간 무시가 일어난 것은 학력이 직업적 지위와 사회적 신분이라는 개념과 암묵적으로 연결되어 있으며, 학력이 낮으면 능력이 낮다는 무의식적 인식은 의미 연관 효과인 사회적 은유 작용의 결과다. 비슷한 학력 수준과 결혼이 이루어지는 학력내혼제 역시, 학력이 높으면 사회적 지위와 신분이 높다는 인식과 결합하여 나타난 것이다. 사회적으로 학력에 의한 결혼 차별도 궁극적으로 신분 차별과 관련이 있는 사회적 은유 작용의 결과다.

과외를 받으면 성적이 올라가고 원하는 대학에 진학할 수 있다는 믿음은 일류대학 출신에게 과외를 받으면 더욱더 효과적이라는 인식과 결합할 수 있다.

니고 공시적인 특징을 지니고 있다. 환유는 한 의미의 기표가 인접성에 의해 자리를 옮겨 치환하는 것을 말한다. 환유는 결합성과 통시적인 특징이 있다. 칼을 보고 공포나 강도로, 뱀을 보고 공포로 인식하는 것은 의미적 결합 관계를 통해 다른 기표로 자리 이동한 것이다(김형효, 1993: 66−84). 은유의 연상 작용이 심하면 처음과 전혀 다른 모습이 연출된다. 예컨대 원숭이 똥구멍 빨개 → 사과 … 비행기 → 백두산이라는 은유적 연상 작용이다. 따라서 교육의 사회적 은유 작용이란 교육 → 과거 합격 → 사회신분 보장(결혼 등과 같은 각종 신분 차별에 대한 보장) → 사회적 행복 보장의 의미적 연관 관계로 이어진다. 결국 교육은 사회적 신분 보장이라는 등식으로 인해 교육(학력) → 교육(학력) 출세주의나 혹은 교육(학력) 신분주의로 변하게 된다. 교육은 암묵적으로 사회 행복의 보증서로 상징하는 이상한 등식이 성립하게 된다. 과거제의 예에서 보듯이 과거 합격자는 극소수에 지나지 않았다. 지극히 논리적으로 말하면 교육에 대한 투자는 맹목적일 수 있다. 그러나 이러한 교육적 신화는 현대사회의 대학 진학에서도 계속 나타나고 있다. 대학 졸업장이 출세와 신분의 상징이라는 것도 전통적인 교육문화와 비슷한 맥락을 가지고 있다. 현대사회에 나타난 교육의 제 문제들은 교육의 사회적 은유 작용의 결과다. 교육의 사회적 은유 작용이란 교육에 대한 사회적 인식이 논리적 연상 작용을 통해 계속 새로운 교육 기표로 전환하는 것이다. 한국의 교육 문제들은 교육의 사회적 은유 작용에서 파생된 부작용으로 교육의 본질과 다른 모습으로 나타난 것이다. 예컨대 과외 → 공부를 잘함 → 일류대학 → 사회적 지위 획득 → 사회 행복 보증이라는 논리적 연상 작용은 결국 과외 → 사회적 지위와 연결되며, 공부를 잘하는 사람은 출세한 사람이라는 논리적 관련성이 있게 된다. 그러나 서로의 연결고리를 자세히 살펴보면 상당히 문제가 있음을 발견할 수 있다. 이런 점은 과열 과외, 재수생, 비인간화 교육, 자살 행위 등과 같은 심각한 교육 도착증의 원인으로 작용하게 한다. 존속 살해도 이러한 사회적 연상 작용에 의한 편집증적 강박 증세에서 나타난 현상이다. 사실 한국의 교육 부작용은 교육의 사회적 은유와 환유 작용이 동시에 빚어낸 부정적 결과라고 할 수 있다.

고액 과외와 족집게 과외를 받으면 성적을 효과적으로 높일 수 있다는 인식은 교육의 사회적 은유 작용에 의해 기인한 것이다. 일류 과외를 받으면 일류대학에 진학할 수 있다는 착각이 일어난 것도 이런 작용과 무관하지 않다.

심지어 일류대에 진학하고 싶어 과외비를 마련하기 위해 어머니를 살해한 끔찍한 존속살인 사건은 전형적인 교육의 사회적 은유 작용의 악순환을 보여주고 있다. 학교 교실에서 점수에 의해 인간 무시가 이루어지는 것도, 공부를 못하면 재능과 노력의 부족, 그리고 미래의 사회적 신분이 낮다는 암묵적인 차별 인식이 작동된 교육적 욕망의 은유 작용이 빚어낸 도착증이다. 촌지가 교육적 뇌물로 인식되는 경향도 과도한 교육적 도착증이 빚어낸 사회적 은유 작용의 결과다.

교육적 편집증이 강할수록 교육적 도착증인 사회적 은유 작용의 악순환이 심각하게 나타난다. 편집증은 강한 논리적 연관 관계를 맺고 있기 때문이다. 교육적 편집증은 의식적이든 무의식적이든 교육에 대한 의미 연관 관계를 통해 교육적 은유 작용의 부작용을 초래한다.

교육적 편집증이 강하면 교육적 억압 기제에서 벗어나기 위한 분열증적 증세를 보인다. 입시 스트레스를 이기지 못해 자살이라는 극단적인 행위를 선택하는 것도 교육적 억압에서 해방되기 위한 분열증적 특성이 있다.

한국의 입시 중심의 교육 현실을 냉소적으로 표현한 '고교교육현장'은 억압적 기제에 대한 저항이며 탈출하고 싶다는 무의식적 욕망의 표출이다. '행복은 성적순이 아니잖아요', 교육 엑소더스, 맹모 아빠, 기러기 아빠들은 교육의 억압적 틀에서 탈출을 시도하는 교육적 분열증의 언표들이다. 이런 언표들은 교육적 편집증의 테두리 안에서 파생된 부정적 분열증적 특성이 있다.

교육 엑소더스와 조기 유학은 극심한 교육적 도착증의 울타리를 탈출하려는 분열증적 욕망에서 기인한 것이다. 교육의 사회적 이해관계 구현이라는 교육적 편집증의 구심력에서 벗어나기 위한 교육적 행위다. 교육의 부정적인 분열증은 교육적 편집증의 효과가 빚어낸 결과다.

교육의 사회적 이해관계의 구현이라는 교육적 편집증에서 파생된 교육적 도착증의 심각성은 사람들이 이런 사태에서 탈출을 도모하는 교육적 분열증을 드러내게 한다. 한국의 교육적 분열증은 긍정적 생성을 위한 창조적 힘으로 비롯된 것이 아니라, 단지 파행적인 교육적 편집증에서 벗어나고자 하는 편집증적 분열증의 특성을 보인다.

교육자살, 조기유학, '행복은 성적순이 아니잖아요' 등과 같은 교육적 분열증은 교육의 사회적 이해관계가 파생한 은유 효과에 불과하다. 교육적 분열증의 심층 기저에는 교육적 편집증의 원인인 교육의 사회적 이해관계가 깊게 작용하고 있다. 교육적 분열증의 현상은 교육의 사회적 이해관계라는 편집증이 파생한 표면 효과다.

한국의 교육문화는 교육의 사회적 이해관계 구현이라는 강한 편집증적 운동 특성이 있다. 고려와 조선시대 그리고 현대사회에서도 비슷한 교육 운동적 맥락을 보인다. 교육적 편집증은 교육이 세속적 욕망을 충족시키기 위한 신분 상승의 도구라는 교육적 인식 경향성을 강화하였다. 교육적 편집증은 거대한 물의 흐름 틀과 같이 교육운동의 흐름을 주도하고 있다. 교육적 편집증은 거대한 교육인식의 흐름 체계다. 교육운동은 거대한 교육인식의 흐름 틀에 의해 규정된다. 한국의 교육운동은 교육의 사회적 이해관계 구현이라는 거대한 인식 흐름에 의해 좌우되는 편집증적 특징을 보인다.

03

교육문화의 야누스적 특징

교육문화는 교육적 욕망의 사회적 흐름이며, 교육적 인식의 사회적 경향성이다. 교육적 욕망은 교육에 대한 집착 정도를 일컫는다. 교육적 욕망은 교육에 대한 집착을 직접적인 교육의 실천 행위로 나타나게 한다. 교육과 사회적 신분 지표의 강력한 결합 관계는 교육적 욕망을 부추기는 강력한 사회적 원인으로 작용한다. 이 점에서 보면 교육적 욕망은 사회적 욕망을 실현하기 위한 것이다. 교육적 욕망은 사회적 욕망이다.

한국의 교육문화는 교육의 사회적 이해관계 구현이라는 도구적 특성이 있다. 이러한 도구적 특징은 유교적 숭문주의의 이념적 효과에 의해 교육에 대한 긍정적 가치를 심화시켰다. 전통적으로 과거 합격의 후광 효과는 모든 사람의 염원이었으며, 교육을 통한 입신양명은 역사적으로 긍정적 가치를 일신시켰다.

현대사를 살펴보아도 학력은 사회이동의 외형적 지표로 이용됐으며 아울러 교육은 지위의 사다리라는 낙관적 가치를 확인하였다. 교육에 대한 긍정적 가치는 역사적으로 유교적 숭문주의 문화로 인해 더욱 상승효과를 가질 수 있었다. 유교적 숭문주의에서 교육은 인격 도야를 위한 이념적 특성이 있었다. 유교적 숭문주의는 교육이 인간의 자아실현과 이를 통한 입신양명의 수단이라는 긍정적 가치를 심화시켰다. 유교적 숭문주의의 고귀한 교육목적은 세속적인 출세주의를 정당화하였다.

한국의 교육문화 전통에서 교육은 인격도야를 위한 숭고한 목적이 있으며 아울러 사회적으로 지위 이동의 정당화된 기제라는 긍정적이며 낙관적인 가치를 역사적으로 지속시켰다. 교육은 개인뿐만 아니라 사회의 모든 문제를 해결해주는 만능 장치라는 인식이 강화될 수 있었다.

한국의 전통적 교육문화는 교육에 대한 본질적 가치보다 도구적 가치로서 교육운동의 흐름을 주도하였다. 교육운동의 흐름 기저에는 교육은 사회적 이해관계의 구현 수단이라는 인식이 작용하고 있었다. 교육 출세주의와 교육 신분주의 혹은 학력 출세주의와 학력 신분주의는 교육의 도구적 수단에 대한 직접적 표현이다.

교육의 도구적 가치에서 파생한 교육적 편집증은 교육에 대한 강한 집착증이다. 교육에 대한 집착이 클수록 교육적 편집증이 강해지고 교육적 부작용인 교육적 도착증이 심각해진다. 교육적 편집증과 도착증은 교육과 사회적 이해관계의 강력한 결합에 의해 교육에 지나치게 집착해서 나타난 현상이다. 한국의 억압적 교육환경에서 벗어나고자 하는 분열증적 현상도 교육적 편집증의 효과, 즉 교육의 강력한 도구적 가치에 의해 파생된 것이다. 따라서 한국에서 교육은 생존경쟁의 수단 그 자체로 나타나고 있다.

한국의 교육문화 속에는 교육의 본질적 가치와 도구적 가치가 혼재하는 양면

성의 야누스적 특성이 있다. 교육의 본질적 가치와 도구적 가치는 양극단에 있으며 서로를 정당화하는 이념적 특성이 있다. 서로를 정당화하는 양극단의 가치는 교육에 대한 집착을 오히려 강화하는 작용을 하였다.

교육에 있어서 유교적 숭문주의의 본질적 가치는 입신양명주의의 세속적 가치를 정당화한다. 입신양명주의는 숭문주의 이념이 파생한 교육의 본질적 가치로 인해 암묵적으로 높은 인격의 소유자가 높은 지위에 오른다는 인식을 통해 사회적으로 정당화된다. 그 역도 성립한다.

현대사회에서도 이와 비슷한 경향을 보인다. 많이 배운 사람, 즉 학력이 높으면 고귀한 품성과 높은 능력이 있을 것이라는 암묵적 인식은 학력 출세주의나 학력 신분주의를 정당화한다. 이 점은 교육에 대한 집착을 부추겨 과열 과외, 재수생, 치맛바람, 뇌물성의 촌지 등과 각종 교육 문제의 원인으로 작용한다. 한국에서 교육은 야누스적 가치와 모든 면에 적용되는 만능적 가치를 지니게 된다.

야누스적 가치를 파생시킨 직접적 기반은 교육의 도구적 가치다. 교육 신분주의 같은 도구적 가치가 교육의 야누스적 가치를 파생한 원인이다. 이런 야누스적 가치는 교육에 대한 긍정적 인식을 촉진하는 힘이 있다. 본질적·도구적 가치의 양 극단에서 보더라도 교육의 긍정적 가치를 정당화하는 이념적 특성이 있다. 교육을 통한 인격도야와 입신출세는 교육과 긍정적 가치를 연결할 수 있는 충분한 이유가 되기 때문이다. 이러한 양 가치적 관점은 교육에 대한 집착을 정당화하는 힘을 가지고 있다.

한국에서 교육에 대한 집착 정도인 교육적 욕망은 강할 수밖에 없다. 교육적 욕망은 교육에 집착하려는 교육열로 나타난다. 교육열은 직접적인 교육행위를 표출하게 하는 교육적 실천 에너지다. 이 점에서 보면 한국의 교육열은 강력한 교육적 편집증의 에너지를 가지고 있다. 교육적 편집증 에너지는 어느 날 갑자기 생긴 것이 아니라, 오랫동안 역사적으로 강화되어 온 교육적 열망이다. 지나친 교육적 편집증의 에너지는 심각한 교육적 도착증의 원인으로 작용하지만, 그렇다고 이러한 에너지를 약화할 필요는 없다고 본다.

교육적 편집증의 열망은 현재 우리 사회에서 뜨거운 감자임에 틀림이 없지만, 한편으론 엄청난 교육적 에너지다. 이런 교육적 에너지를 긍정적인 질적 가치로 전환해야 한다. 새로운 교육 비전을 통해, 교육적 편집증 에너지의 실천 방향을 바꿈으로써 생산적 에너지로의 질적 변환을 유도해야 한다.

지금까지 교육열은 우리 사회에서 빛과 어둠의 양면적 역할을 해 왔다. 일제 강점기나 어두운 현대사에 있어서 교육은 민족을 중흥시키는 희망이었으며, 우리 사회를 밝히는 거의 유일한 등불이었다. 그러나 교육은 많은 사회적 부작용을 일으키는 원인 제공처였으며, 사람들을 불편하게 하는 억압 기제였다. 이 모두는 교육적 편집증의 열망이 너무 커서 나타난 결과다.

오늘날 교육적 편집증 에너지는 심각한 사회 문제를 일으키는 원인이지만, 교육에 대한 엄청난 에너지를 가지고 있다는 점에 주목해야 한다. 에너지의 질적 변환을 통해 긍정적 생산을 창출하는 에너지로 활용해야 한다.

과열 과외 그 자체를 교육적 부작용으로만 보는 것이 아니라, 어떤 내용의 공부가 이루어지고 있는가를 문제 삼아야 한다. 학력(學歷) 경쟁도 사실 단점만 있는 것이 아니다. 학력 경쟁은 교육적 긴장감을 유발하고 교육적 에너지를 집중시키는 동기를 부여한다는 장점도 있다. 학력(學歷) 경쟁은 학력(學力)을 높이는 경쟁 체제로 유도해야 한다.

교육적 편집증의 에너지를 약화하지 않고 사회적으로 긍정적 생성을 도모하기 위해서는 분열증적인 교육적 비전이 필요하다. 어떤 학력(學歷)을 가지고 있더라도 누구나 자신의 재능과 노력에 대해 자부심을 느끼게 해야 한다. 학력(學歷)의 지명도가 중요한 것이 아니라, 학력(學歷)을 통해 이루어진 능력을 중요시해야 한다. 개개인 모두가 학력(學歷)을 통한 학력(學力)에 대한 신뢰감을 느끼게 하는 교육적 방향을 모색해야 한다.

21세기는 교육의 세기라고 할 수 있다. 이런 측면에서 본다면 엄청난 교육적 에너지를 가진 한국 사회는 미래 사회에서 비교 우위를 점할 수 있는 훌륭한 교육적 인프라를 가지고 있다. 동시에 엄청난 교육적 에너지가 부정적인 사회 문제의 원인이 될 수 있다는 점도 깊이 인식할 필요가 있다.

REFERENCE

참고문헌

강광식(1999). 조선 전기 도학적 덕교육론 연구. 박사학위논문. 한국정신문화연구원 한국학 대학원.

강광식(2000). 新儒學思想과 朝鮮朝 儒教政治文化. 서울: 집문당.

강길중 역(1995). 중국문화와 과거제도. 대구: 중문.

강명관(2007). 조선의 뒷골목 풍경. 서울: 푸른역사.

강무섭(1990). 입시위주 교육의 실상과 대책(I). 서울: 한국 교육개발원.

강무섭(1991). 과외수업 실태 분석 연구. 서울 한국 교육개발원.

강성희(2000). 17世紀 校生考講의 制度化와 그 運營. 석사학위논문. 서울대학교.

강주진(1983). 書院과 그 社會的 機能, 국사편찬위원회. 朝鮮前期 書院과 鄕約. 한국사론. 제 8집. 서울: 민족문화사.

강준만(2009). 입시전쟁잔혹사. 서울: 인물과 사상사.

강창동(2009). 교육사회학의 이해. 서울: 학지사.

강창동(2003). 지식기반사회와 학교지식. 서울: 문음사.

강창동(1993). 韓國 學歷主義의 社會史的 研究. 박사학위논문. 고려대학교.

강창동(1996a). 한국 학력경쟁 구조의 특성. 송복주 교수 정년 기념 논문집. 춘천: 조양기업 출판사.

강창동(1996b). Bourdieu의 장과 하비투스에 관한 교육적 논의. 교육학연구. 제34권 제1호.

강창동(1996c). 한국가족주의의 교육문화적 성격. 교육사회학연구. 제6권 제1호.

강창동(1998). 한국 교육열의 사회적 특성. 한국 교육사회학회. 한국인의 교육열: 그 개념, 본질, 운동 논리, 대응 논리. '98 제124차 학술대회 발표자료.

강창동(2000a). 한국 교육열의 편집증적 성격에 관한 사회학적 연구: 들뢰즈와 가타리를 중심으로. 교육학연구. 제38권 제3호.

강창동(2000b). 교육평가에 대한 니체의 함의. 교육문제연구. 제13집.
강창동(2001). 조선조 성리학과 교육문화의 관계에 관한 연구. 교육학연구. 제39권 제4호.
강창동(2005). 과거제 선발 경쟁의 교육사회학적 성격에 관한 연구. 교육문제연구. 제22집.
강창동(2006). 한국 초등교육의 학력(學歷) 자본화에 대한 사회학적 고찰. 교육문제연구. 제26집.
강창동(2007). 조선조 종법제 가족주의와 교육경쟁 성격에 관한 사회학적 고찰. 교육과정평가연구. 제10권 제1호.
강창동(2007). 한국 대학입시제도의 사회사적 변천과 특징에 관한 연구. 교육문제연구. 제28집.
강창동(2008). 한국의 편집증적 교육열과 신분 욕망에 대한 사회사적 고찰. 한국 교육학연구. 제14권 제2호.
강창동(2009). 학교교육의 상징적 폭력에 작용에 관한 이론적 고찰. 한국 교육학연구. 제15권 제2호.
강창동(2010). 學力 개념에 관한 사회학적 연구. 교육사회학연구. 제20권 제1호.
고병익 외(1991). 문화전통과 사회발전. 서울: 미원문화재단.
고영진(1996). 조선중기 예학사상사. 서울: 한길사.
김경동(1990). 한국전쟁과 한국사회의 인식변화. 현대사회. 제36권 봄호.
김동춘(1999). 가속이기주의. 역사비평. 여름호. 서울: 역사비평사.
김명자(1994). 대입 수험생 가족의 전반적 현황 및 문제. 한국가족연구회 편. 자녀교육열과 대학입시. 서울: 하우.
김부태(1995). 한국학력사회론. 서울: 내일을 여는 책.
김선업(1993). 연줄망과 연고주의. 임희섭·박길성 공편. 오늘의 한국 사회. 서울: 나남.
김영명(1992). 한국 현대 정치사. 서울: 을유문화사.
김영모(1967). 이씨 왕조시대의 지배층(elite)의 형성과 이동에 관한 연구. 중앙대학교 논문집. 제14집.
김영모(1977). 조선지배층연구. 서울: 일조각.
김영모(1990). 현대사회계층론. 서울: 한국복지정책연구소.
김영봉 외(1981). 한국의 교육과 경제발전. 서울: 한국개발원.
김영철 외(1981). 學校敎育 定常化를 위한 過熱課外 解消對策. 서울: 한국 교육개발원.
김영화 외(1994). 한국인의 교육의식 조사 연구. 서울: 한국 교육개발원.
김용숙(1984). 한국의 파워 엘리트의 학벌. 광장.
김용숙(1990). 점수병 학교·학력병 사회. 서울: 성원사.

김의규 편(1988). 高麗社會의 貴族制說과 官僚制論. 서울: 지식산업사.
김형효(1993). 構造主義 思惟體系와 思想. 서울: 인간사랑.
국사편찬위원회(1996:5). 한국사 5: 삼국의 정치와 사회 I −고구려. 서울: 탐구당문화사.
국사편찬위원회(1995:6). 한국사 6: 삼국의 정치와 사회 I −백제. 서울: 탐구당문화사.
국사편찬위원회(1998:9). 한국사 9: 통일신라. 서울: 탐구당문화사.
국사편찬위원회(1996:11). 한국사 11: 신라의 쇠퇴와 후삼국. 서울: 탐구당문화사.
국사편찬위원회(1993:12). 한국사 12: 고려 왕조의 성립과 발전. 서울: 탐구당문화사.
국사편찬위원회(1993:12). 한국사 13: 고려전기의 정치 구조. 서울: 탐구당문화사.
국사편찬위원회(1995:15). 한국사 15: 고려전기의 사회와 대외관계. 서울: 탐구당문화사.
국사편찬위원회(1994:16). 한국사 16: 고려전기의 종교와 사상. 서울: 탐구당문화사.
국사편찬위원회(1994:17). 한국사 17: 고려전기의 교육과 문화. 서울: 탐구당문화사.
국사편찬위원회(1993:18). 한국사 18: 고려무신정권. 서울: 탐구당문화사.
국사편찬위원회(1996:19). 한국사 19: 고려후기의 정치와 경제. 서울: 탐구당문화사.
국사편찬위원회(1994:20). 한국사 20: 고려후기의 사회와 대외관계. 서울: 탐구당문화사.
국사편찬위원회(1996:21). 한국사 21: 고려후기의 사상과 문화. 서울: 탐구당문화사.
국사편찬위원회(1995:22). 한국사 22: 조선왕조의 성립과 대외관계. 서울: 탐구당문화사.
국사편찬위원회(1994:23). 한국사 23: 조선초기의 정치구조. 서울: 탐구당문화사.
국사편찬위원회(1994:24). 한국사 24: 조선초기의 경제구조. 서울: 탐구당문화사.
국사편찬위원회(1994:25). 한국사 25: 조선초기의 사회와 신분구조. 서울: 탐구당문화사.
국사편찬위원회(1995:26). 한국사 26: 조선초기의 문화 I . 서울: 탐구당문화사.
국사편찬위원회(1996:27). 한국사 27: 조선초기의 문화 II . 서울: 탐구당문화사.
국사편찬위원회(1996:28). 한국사 28: 조선중기 사림세력의 등장과 활동. 서울: 탐구당문화사.
국사편찬위원회(1995:29). 한국사 29: 조선중기의 외침과 그 대응. 서울: 탐구당문화사.
국사편찬위원회(1998:30). 한국사 30: 조선중기의 정치와 경제. 서울: 탐구당문화사.
국사편찬위원회(1998:31). 한국사 31: 조선중기의 사회와 문화. 서울: 탐구당문화사.
국사편찬위원회(1997:32). 한국사 32: 조선후기의 정치. 서울: 탐구당문화사.
국사편찬위원회(1997:33). 한국사 33: 조선후기의 경제. 서울: 탐구당문화사.
국사편찬위원회(1995:34). 한국사 34: 조선후기의 사회. 서울: 탐구당문화사.
국사편찬위원회(1998:35). 한국사 35: 조선후기의 문화. 서울: 탐구당문화사.
국사편찬위원회(1997:36). 한국사 36: 조선후기 민중사회의 성장. 서울: 탐구당문화사.
권인호(1990). 朝鮮中期 士林派의 社會政治思想 硏究. 박사학위논문. 성균관대학교.

김길락(1996). 象山學과 陽明學. 서울: 예문서원.
김대용(1992). 朝鮮初期 敎育體制의 性格에 關한 硏究. 박사학위논문. 연세대학교.
김대환(1999). 한국전쟁과 한국사회의 인식 변화. 현대사회. 제36권, 봄호.
김덕희(1987). 엄마의 간절한 소망을 도시락 속의 쪽지에. 어머니의 내신성적. 서울: 삼중당.
김두헌(1989). 韓國家族制度硏究. 서울: 서울대학교출판부.
김석근·이근우 역(1992). 島田虔次(저). 朱子學과 陽明學. 서울: 까치.
김성우(2001). 조선중기 국가와 사족. 서울: 역사비평사.
김영모(1977). 朝鮮支配階層硏究. 서울: 일조각.
김영모(1982). 일제하의 사회계층 형성과 변동에 관한 연구. 조기준 외. 일제하의 민족생활사. 서울: 현암사.
김영모(1990). 現代社會階層論. 서울: 한국복지정책연구소출판부.
김옥수(1989). 파출부 아들의 빗나간 결심. 고3 엄마. 서울: 작은기획.
김용덕(1959). 高麗 光宗朝의 科學制度 問題. 중앙대 논문집. 제4집.
김용선(1992). 高麗 貴族社會 成立論. 주보돈 외 4인. 韓國社會發展史論. 서울: 일조각.
김용선(1999). 족보 이전의 가계 기록. 한국사 시민강좌. 제24집. 서울: 일조각.
김용천 역(2007). 平田 茂樹(저). 과거와 관료재. 고양: 동과서.
김의규 편(1988). 高麗社會의 貴族制說과 官僚制論. 서울: 지식산업사.
김종숙(1989). 朝鮮時代의 子女敎育觀에 關한 硏究. 석사학위논문. 국민대학교.
김종철(1979), 한국고등교육연구. 서울: 배영사.
김종철 외(1989). 한국고등교육의 역사적 변천에 관한 연구. 서울: 한국대학교육협의회.
김준석(1981). 朝鮮前期의 社會思想: 小學의 社會的 機能 分析을 중심으로, 연세대학교 국학연구원. 동방학지. 제29집.
김재우(1987). 조선총독부의 교육정책에 관한 분석적 연구. 박사학위논문. 한양대학교.
김재웅(1996). 1980년대 교육개혁의 정치적 의미와 교육적 의미: 졸업정원제와 과외 금지 정책을 중심으로. 한국 교육정치학회. 한국의 교육개혁과 그의 정치학. 1995/6년도 연차 학술대회 발표 논문집.
김창현(1999). 朝鮮初期 文科及第者 硏究. 서울: 일조각.
김충열(1994). 中國哲學散稿 I · II. 서울: 온누리.
김충열(1996). 東洋人性論의 序說. 한국동양철학회 편. 論東洋哲學의 本體論과 人性. 서울: 연세대학교출판부.
김태길(1983). 韓國人의 價値觀 硏究. 서울: 문음사.

김필동(1989). 朝鮮前期 鄕約의 普及과 그 社會的 意味. 한국사회와 문화. 제10집.

경제기획원(1987). 경제활동인구연보.

김희복(1992). 學父母 文化 硏究. 박사학위논문. 서울대학교.

나 광(1996). 王陽明의 心論. 한국동양철학회 편. 東洋哲學의 本體論과 人性論. 서울: 연세대학교출판부.

노길명(1989). 朝鮮朝 宗敎文化 性格과 그 變動. 홍승이 교수 기념회갑 논문집. 사회 변동과 사회과학 연구.

노명호(1988). 高麗社會의 兩側的 親屬組織 硏究. 박사학위논문. 서울대학교.

노명호(1999). 한국사 연구와 족보. 한국사 시민강좌. 제24집. 서울: 일조각.

노영구 역(1996). 宮島博史(저). 양반. 서울: 강.

노용필(1996). 古代의 敎育과 人才養成. 한국사 시민강좌. 제18집. 서울: 일조각.

노태준 역해(1997). 古文眞珍. 서울: 홍신문화사.

미원문화재단(1991). 文化傳統과 社會發展. 서울: 미원문화재단.

문교부(1980). 韓國敎育三十年.

문교부(1988). 文敎40年史.

문옥표 역(1988). C. Geertz(저). 문화의 해석. 서울: 까치.

문홍빈(1988). 朝鮮朝 書院敎育의 性格에 關한 硏究. 석사학위논문. 한양대학교.

박의수(1997). 조선시대의 과거제도와 그 비판론 분석. 고려대학교 교육철학연구회 편. 새로운 교육의 탐색. 서울: 내일을 여는 책.

박외현(1983). 高麗 科擧制度의 政治社會的 機能. 석사학위논문. 연세대학교.

박용운(1980). 高麗時代 臺諫制度 硏究. 서울: 일지사.

박 주(1997). 朝鮮時代의 旌表政策. 서울: 일조각.

박찬수(1991). 高麗時代 敎育制度 硏究. 박사학위논문. 고려대학교.

박찬수(1996). 高麗의 國子監과 私學十二公徒. 한국사 시민강좌. 제18집. 서울: 일조각.

박창희(1991). 武人政權下의 文人들. 한국사 시민강좌. 제8집. 서울: 일조각.

박현채 외(1988). 한국자본주의와 사회구조. 서울: 한울.

박홍갑(2001). 양반나라 조선나라. 서울: 가람기획.

박홍갑(2014). 우리 성씨와 족보 이야기. 서울: 산처럼.

박효정(2004). 한국 초등학생의 생활 및 문화 실태 분석 연구. 서울: 한국 교육개발원.

배용광(1984). 동서양 규범문화의 변화. 한국정신문화연구원. 한국사회의 규범문화. 서울: 고려원.

배종근·이미나(1987). 한국 교육의 실체. 서울: 교육과학사.
백승종(1999). 위조 족보의 유행. 한국사 시민강좌. 제24집. 서울: 일조각.
백완기(1981). 한국사회에서 엘리트의 형성과정. 경제발전과 사회계층. 서울: 한국사회과학협의회.
변태섭(1985). 高麗貴族社會의 歷史性. 김의규 편. 고려사회의 귀족제설과 관료제론. 서울: 지식산업사.
서정호(2001). 학교교육 투자에 대한 경제성과 분석: 학력별 임금을 중심으로. 아시아교육연구. 2권 2호.
석태종(1987). 교육기회와 사회계층과의 관계에 관한 연구. 박사학위논문. 고려대학교.
성백남(1987). 학력별 임금격차의 실태 및 원인. 서울: 한국 교육개발원.
성백효 역주(1999a). 論語集註. 서울: 전통문화연구회.
성백효 역주(1999a). 大學·中庸集註. 서울: 전통문화연구회.
성백효 역주(1999a). 小學集註. 서울: 전통문화연구회.
손인수(1981). 한국인의 교육관과 역사·철학적 이해. 한국 교육 발전방향 탐색. 서울: 한국교육개발원.
손인수(1984). 韓國人의 價値觀: 敎育價値觀의 再發見. 서울: 문음사.
손인수(1997). 율곡사상의 교육이념. 서울: 문음사.
손인수(1999). 세종시대의 교육문화연구. 서울: 문음사.
손준종(1994). 한국고등교육 정원정책 결정 요인에 관한 연구: 국가 역할을 중심으로. 박사학위논문. 고려대학교.
송 복(1981). 禮의 理念的 考察. 연세대학교 인문과학연구소. 인문과학. 45집.
송영일(2001). 조선시대 경연과 제왕교육. 서울: 문음사.
송준호(1992). 朝鮮社會史 研究. 서울: 일조각.
송찬식(1999). 족보의 간행. 한국사 시민강좌. 제24집. 서울: 일조각.
송하경(1996). 陸·王의 太極論. 한국동양철학회 편. 東洋哲學의 本體論과 人性論. 서울: 연세대학교출판부.
신천식(1999). 祖先前期 敎育改革과 科擧運營. 서울: 경인문화사.
신천식(1999). 朝鮮前期 敎育制度史 研究. 서울: 경인문화사.
신현준(1995). 들뢰즈/가타리: 존재의 균열과 생성의 탈출. 이진경·신현준 외. 철학의 탈주. 서울: 새길.
심성보 역(1987). 尹健次(저). 한국근대교육의 사상과 운동. 서울: 청사.

안치민(1987). 사회이동 분석을 통해 본 한국 사회의 사회 불평 체계의 특성. 석사학위논문. 고려대학교.

안태호(1987). 대량소비구조의 변천. 세계평화교수협의회. 한국현대사의 재구성. 서울: 일념.

양길석(2006). 2008학년도 대학수학능력시험 점수체제(9등급제)에 대한 비판적 고찰. 한국교육학연구. 제12권 제2호.

양성관·전상훈·이일권(2008). 새 정부의 학교정책의 방향과 과제: 고교다양화 300 프로젝트 사례 분석을 중심으로. 교육행정학연구. 제26권 제2호.

양성임(1997). 잘못이 없다는 글로 채워진 반성문. 윤길순 외. 고생하는 엄마 고3 엄마. 서울: 아카데미북.

양재혁(1998). 동양철학 서양철학 어떻게 다른가. 서울: 소나무.

양종국 역(2001). 송대 중국인의 과거생활. 서울: 신서원

역사학회 편(1992). 科學. 서울: 일조각.

오금성(1992). 中國의 科學制와 그 政治·社會的 機能. 역사학회 편. 科學. 서울: 일조각.

오만석(2000). 한국인의 교육열에 대한 사회문화적 이해. 오만석 외. 교육열의 사회문화적 구조. 서울: 한국정신문화연구원.

오욱환(2000). 한국사회의 교육열: 기원과 신화. 서울: 교육과학사.

오천석(1969). 민족중흥과 교육. 서울: 현대교육총서출판사.

오천석(1975). 韓國新教育史(上). 서울: 광명출판사.

오천석(1975). 韓國新教育史(下). 서울: 광명출판사.

오탁번(1979). 영원한 서장, 영원한 출발. 유네스코 한국위원회(편). 보람있는 대학생활. 서울: 유네스코한국위원회.

옥선화(1989). 現代 韓國人의 家族主義 價値에 대한 硏究. 박사학위논문. 서울대학교.

유승국(1999). 한국의 유교. 서울: 세종대왕기념사업회.

유인희(1996). 程·朱의 人性論. 한국동양철학회 편. 東洋哲學의 本體論과 人性論. 서울: 연세대학교출판부.

유진오(1962). 우리나라 대학의 회고와 전망. 사상계. 2월호.

유정동(1995). 東洋哲學의 基礎的 硏究. 서울: 성균관대학교출판부.

유정동(1996). 程·朱의 太極論. 한국동양철학회 편. 東洋哲學의 本體論 과 人性論. 서울: 연세대학교출판부.

유칠노(1984). 韓國古代의 儒教思想. 한국정신문화연구원. 哲學思想의 諸問題(Ⅱ): 韓國哲學의 根源 探究. 서울: 정화인쇄문화사.

유칠노(1996). 中道와 原始儒家의 本體論. 한국동양철학회 편. 東洋哲學의 本體論과 人性論. 서울: 연쇄대학교출판부.
윤사순(1989). 한국유학사상론. 서울: 열음사.
윤사순(2001). 양반의 정신세계. 한국사 시민강좌. 제29집. 서울: 일조각.
윤사순·유정동 역(1993). 이황. 이이(저). 한국의 유학사상. 서울: 삼성출판사.
윤용남(1969). 牛骨塔 特監 傍聽記. 월간중앙. 3월호.
윤종주(1985). 인구동태와 교육인구의 변천. 李刊京鄕 思想과 政策. 여름호.
윤정일 외(1997). 과외실태 조사연구. 서울: 한국교원단체총연합회.
윤철경(1999). 학교붕괴 실태 및 대책연구. 서울: 한국 교육개발원.
이강수(1996). 原始儒家의 人間觀. 한국동양철학회 편. 東洋哲學의 本體論과 人性論. 서울: 연쇄대학교출판부.
이광규(1990). 韓國家族의 家族分析. 서울: 일지사.
이광린·신용하 편저(1984). 史料로 본 韓國文化史: 近代篇. 서울: 일지사.
이광율(1998). 朱子哲學 硏究. 서울: 중문.
이광호(1990). 한국 교육체제 개편의 구조적 특성에 관한 연구. 박사학위논문. 연세대학교.
이규현 역(1998). J. Baudrirllard(저). 기호의 정치경제학 비판. 서울: 문학과 지성사.
이기백 편(1992). 高麗光宗 硏究. 서울: 일조각.
이만갑(1961). 사회불안의 선위·인텔리 실업자. 사상계. 2월호.
이만규(1977). 조선교육사 Ⅰ. 서울: 거름.
이만규(1988). 조선교육사 Ⅱ. 서울: 거름.
이미나(1992). 대학입시의 의미와 그 내적 논리. 충북대 호서문화연구소. 호서문화연구. 제10집.
이병훈(1989). 韓國儒學史. 서울: 아세아문화사.
이병휴(2001). 양반이란 무엇인가. 한국사 시민강좌. 제29집. 서울: 일조각.
이부영 외(1988). 한국인의 성격. 서울: 고려원.
이상백·김채윤(1966). 한국사회계층 연구. 서울: 민조사.
이성무(1963). 李朝 三儀政의 社會的 背景. 한구사회학. 제1집.
이성무(1973). 十五世紀 兩班論. 창작과 비평. 제8권 제2호, 여름호, 통권 28호.
이성무(1975). 朝鮮初期의 文科의 應試資格. 국민대학논문집. 제9집 2부.
이성무(1975). 韓國의 科擧制度. 서울: 한국일보사.
이성무(1976). 官職制度를 通해 본 朝鮮初期 兩班의 身分的 地位. 국민대학 인문과학편. 제

11집.
이성무(1984). 朝鮮初期 身分史 研究. 역사학회. 역사학보. 제102집.
이성무(1992). 朝鮮初期 兩班 研究. 서울: 일조각.
이성무(1992). 韓國의 科擧制度와 그 特性. 역사학회 편. 科擧. 서울: 일조각.
이성무(1994). 韓國의 科擧制度. 서울: 집문당.
이성무(1999). 朝鮮의 社會와 思想. 서울: 삼신문화사.
이수건(1992). 朝鮮前期의 社會變動과 相續制度. 역사학회 편. 韓國 親族制度 研究. 서울: 일조각.
이수건(1999). 족보의 양반의식. 한국사 시민강좌. 제24집. 서울: 일조각.
이순형(2000). 한국의 명문 종가. 서울: 서울대학교출판부.
이영춘(1998). 朝鮮後期 王位繼承 研究. 서울: 집문당.
이영화(2000). 조선시대 조선사람들. 서울: 가람기획.
이원명(1997). 高麗時代 性理學 收容 研究. 서울: 국학자료원.
이원재(2001). 과거공부를 알아야 우리 교육이 보인다. 서울: 문음사.
이원호(1987). 開化期 教育政策史. 서울: 문음사.
이윤근(1982). 한국 국민소득 추계와 그 내용(1926-1936). 조기준 외. 일제하의 민족 생활사. 서울: 민음사.
이을호 역(1992). 정다산의 대학공의. 서울: 명문당.
이이화(1999). 역사 풍속 기행. 서울: 역사비평사.
이재룡(1995). 조선 예의 사상에서 법의 통치까지. 서울: 예문서원.
이정규·홍영란(2002). 한국사회에서의 학력의 가치 변화 연구. 서울: 한국 교육개발원.
이재우(1995). 장 보드리야르: 기호의 장벽과 상징의 저항. 이진경 외. 철학의 탈주. 서울: 새길.
이종각(1989). 연합적 경쟁 구조와 학생 삶의 구속 논리. 안범희(편). 교육민주화: 발전론적 시론. 춘천: 강원대학교 출판부.
이종각(1995). 교육인류학탐색. 서울: 하우.
이종각(1996). 제5공화국 교육 개혁의 실상과 허상. 송복주교수 정년 기념 논문집. 강원대학교 사범대학 교육학과, 춘천: 조양기업 출판사.
이종각(2000). 교육열의 개념 재정립. 오만석 외. 교육열의 사회문화적 구조. 서울: 한국정신문화연구원.
이종각(2003). 학력중시 사회의 실상과 과제. 한국직업능력개발원 정책포럼. 학력중시사회에서 능력중시로의 전환. 서울: 한국직업능력개발원.
이종욱(1992). 新羅時代의 血族集團과 相續. 역사학회 편. 韓國親族制度硏究.
이종태(2000). 학교교육 위기의 실태와 원인 분석. 서울: 한국 교육개발원.
이준구(1982). 朝鮮後期 兩班身分 移動에 關한 硏究(上). 역사학회. 역사학보. 제97집.
이준구(1983). 朝鮮後期 兩班身分 移動에 關한 硏究(下). 역사학회. 역사학보. 제97집.
이준구(1983). 朝鮮後期 身分職役 變動 硏究. 서울: 일조각.
이진경 외(1997). 탈주의 공간을 위하여. 서울: 푸른솔.
이창걸(1993). 朝鮮後期 支配엘리트의 充員에 關한 實證的 硏究. 박사학위논문. 고려대학교.
이충우(1980) 경성제국대학. 서울: 다락원.
이코노미스트(2007). 학력과 출세. 914호(11월 27일).
이코노미스트(2008). 사교육이 대한민국 교육을 망치다. 957호(10월 14일).
이태진(1989). 貴族 兩班 社會의 民衆生活, 이가원 외. 한국학 연구 입문. 서울: 지식산업사.
이태진(1992). 朝鮮後期 兩班社會의 變化. 주보돈 외 4인. 韓國社會 發展史論. 서울: 일조각.
이태진(1998). 조선왕조실록. 한국사 시민강좌. 제23집. 서울: 일조각.
이태진(1990). 朝鮮 儒敎社會史論. 서울: 지식산업사.
이해준(1996). 朝鮮後期 村落社會史. 서울: 민족문화사.
이형성 역(1999). 大濱晧(저). 범주로 보는 주자학. 서울: 예문서원.
이효수(1984). 노농시장 구조론. 서울: 법문사.
이효수(1991). 高學歷化 現象과 雇用. 서울: 한국노동연구원.
이혜영(1992). 대학 입학정원 결정의 사회적 동인에 관한 연구. 박사학위논문. 서울대학교.
이혜영 외(1997). 한국 근대 학교교육 100년사 연구: 일제시대의 학교교육(Ⅱ). 서울: 한국 교육개발원.
이홍우 외(1988). 한국적 사고의 원형: 그 원천과 흐름. 서울: 고려원.
이훈상(1990). 朝鮮後期의 鄕吏. 서울: 일조각.
임두순 외(1994). 한국의 교육지표. 서울: 한국 교육개발원.
임민혁 역(1999). 朱熹(저). 주자가례. 서울: 예문서원.
전종호(1999). 학교 붕괴 현상에 대한 교육주체의 의식 조사 연구. 전국교직원노동조합. 참교육토론회. 학교를 어떻게 살릴 것인가－학교 붕괴의 원인과 진단.
정구선(2010). 조선의 출셋길, 장원급제, 서울: 팬덤북스.
정낙찬(1992). 朝鮮後期 成均館大司成 硏究. 박사학위논문. 영남대학교.
정낙찬(2001). 양반사회의 명과 암. 한국사 시민강좌. 제29집. 서울: 일조각.

정만조(1997). 朝鮮時代 書院 硏究. 서울: 집문당.
정석종(1992). 朝鮮後期 社會變動 硏究. 서울: 일조각.
정우현 역(1989). R. Collins(저). 학력주의사회. 서울: 배영사.
정비석(1988). 나비야 청산가자. 서울: 신원문화사.
정순우(1991). 19세기 서당 성립과 향촌 사회의 동향. 한국정신문화연구원. 한국의 사회와 문화. 제16집.
정인재(1996). 淸代 氣學派의 人性論. 한국동양철학회 편. 東洋哲學의 本體論과 人性論. 서울: 연세대학교 출판부.
정진영(1999). 조선시대 향촌 사회사. 서울: 한길사.
정재걸(1995). 교육사 연구와 교육입시학. 황응연. 한국 교육학회 소식 서울: 한국교육학회.
정재걸(1996). 제3공화국의 교육개혁과 정치. 한국 교육정치학회. 한국의 교육개혁과 그의 정치학. 1995/6년도 연차학술대회 발표 논문집.
정태수(1991). 7·30 교육개혁. 서울: 예지각.
정태현 역주(1999). 孝經大義. 서울: 전통문화연구회.
정태화(2003). 학벌주의 극복을 위한 종합대책 연구. 교육인적자원부. 인적자원개발정책연구 2003-4.
조영록 외 역(1988). 何柄棣(저). 中國 科擧制度의 社會史的 硏究. 서울: 동국대학교 출판부.
조윤덕(1998). 한국인과 중국 조선조 교육열의 비교. 한국 교육사회학회. 한국인의 교육열: 그 개념, 본질, 운동논리, 대응논리. '98 제124차 학술대회 발표자료.
조준하(1972). 禮의 淵源的 考察. 석사학위논문. 성균관대학교.
조좌호(1996). 韓國 科擧制度 硏究. 서울: 범우사.
중국사연구회 역(1993). 宮岐市定(저). 중국의 시험 지옥. 서울: 청년사.
중앙대학교부설 한국 교육문제연구소(1974). 文教史: 1945-1973. 서울: 중앙대학교출판국.
지교헌 외 2인(1991). 朝鮮朝 鄕約 硏究. 서울: 민속원.
지두환 역(1999). 조선 과거실록. 서울: 동연.
지두환(1998). 조선시대 사상사의 재조명. 서울: 역사문화.
지승종(1989). 朝鮮後期 社會와 身分制의 動搖. 한국정신문화연구원. 한국사회와 문화. 제10집.
장덕삼(1988). 朝鮮朝 書堂教育의 實際와 社會的 役割에 關한 硏究. 박사학위논문. 홍익대학교.
장상수(2001). 한국의 사회이동. 서울: 서울대학교 출판부.
장하진(1985). 1950년대 한국사회구조에 관한 계급론적 연구. 박사학위논문. 이화여자대학교.
차채호 외 역(1996). G. Hofstede(저). 세계의 문화와 조직. 서울: 학지사.

차미희(1999). 朝鮮時代 文科制度 硏究. 서울: 국학자료원.

차장섭(1997). 朝鮮後期閥閱硏究. 서울: 일조각.

최광열 역(1983). 有閑階級論. 서울: 양영각.

최길성(1991). 韓國의 祖上 崇拜. 서울: 예진.

최돈민(2001). 한국 학력주의 교육관 타파 방안 연구. 서울: 한국 교육개발원·교육인적자원부.

최봉영(1996). 韓國人의 社會的 性格 Ⅰ·Ⅱ. 서울: 느티나무.

최봉영(1997). 조선시대 유교문화. 서울: 사계절.

최봉영(1997). 한국문화의 성격. 서울: 사계절.

최영표 외(1989). 고학력화 현상의 진단과 대책. 서울: 한국 교육개발원.

최옥환(1983). 朝鮮後期 別試文科에 關한 硏究. 석사학위논문. 전북대학교.

최완기(1983). 朝鮮朝 書院 成立의 諸問題. 국사편찬위원회. 朝鮮後期 書院 鄕約. 한국사론. 제8집, 서울: 민족문화사.

최재석(1964). 韓國家族의 傳統的 價値意識. 아세아연구. 제7권 2호.

최재석(1966). 韓國人의 社會的 性格. 서울: 민중서관.

최재석(1991). 조선시대의 가족·친족제. 한국정신문화연구원. 한국의 사회와 문화. 제16집.

최재석(1994). 韓國 家族 硏究. 서울: 일지사.

최재석(1996). 韓國 家族制度 硏究. 서울: 일지사.

최진옥(1998). 朝鮮時代 生員進士 硏究. 서울: 집문당.

통계청(2001). 한국의 교육지표.

피정만(1990). 朝鮮時代 成均館의 敎育制度에 關한 硏究. 박사학위논문. 성균관대학교.

하현강(1991). 武臣政變은 왜 일어났는가. 한국사 시민강좌. 제8집. 서울: 일조각.

한국고문서학회(1996). 조선시대 생활사. 서울: 역사비평사.

한국고문서학회(2001). 조선시대 생활사 1·2. 서울: 역사비평사.

한국동양철학회 편(1996). 東洋哲學의 本體論과 人性論. 서울: 연세대학교출판부.

한국산업사회학 엮음(1998). 사회학. 서울: 한울아카데미.

한국역사연구회(2001). 조선시대 사람들은 어떻게 살았을까. 서울: 청년사.

한국역사연구회 조선시기사회사연구반(2000). 조선은 지방을 어떻게 지배했는가. 서울: 아카넷.

한국철학사연구회(1997). 한국철학사상사. 서울: 한울아카데미.

한국철학회 편(1987). 韓國哲學史 上·中·下卷. 서울: 동명사.

한동일(1981). 朝鮮時代 鄕校 敎育制度의 硏究. 박사학위논문. 성균관대학교.

한우근·이성무 편저(1991). 史料로 본 韓國文化史: 朝鮮後期篇. 서울: 일지사.

한우근·이태진 편저(1992). 史料로 본 韓國文化史: 朝鮮前期篇. 서울: 일지사.

한우영(1991). 朝鮮前期 社會經濟 研究. 서울: 을유문화사.

한준상(1990). 한국 대학교육의 희생. 서울: 문음사.

허탁·이요성 역주(1998). 朱子語類 1·2. 서울: 청계.

허흥식(1977). 高麗 科擧制度의 檢討. 한국사연구회. 한국사연구. 제10집.

허흥식(1981). 高麗 社會史 研究. 서울: 아세아문제연구소.

허흥식(1991). 高麗 科擧制度史 研究. 서울: 일조각.

허흥식(1992). 高麗時代의 夫妻形態와 그 變遷, 역사학회 편. 韓國 親族制度 研究. 서울: 일조각.

홍승재·박언곤(1990). 朝鮮時代 建築과 禮制에 關한 研究. 대한건축학회 논문집. 제6권 제1호, 통권 27호.

홍성호(1977). 課外盛業地帶. 월간중앙. 3월호.

황선명(1987). 朝鮮 宗教社會史 研究. 서울: 일지사.

황원구(1963). 李朝 禮學의 形成過程. 연세대학교 동방학연구소. 동방학지. 제6집.

황원구(1981). 朱子家禮의 形成過程. 연세대학교 인문과학연구소. 인문과학. 45집.

황준연(1995). 율곡철학의 이해. 서울: 서광사.

저자약력

강 창 동

- 강원대학교 사범대학 교육학과
- 고려대학교 대학원 교육학과 석사 및 박사
- 한국 교육과정평가원 선임연구원 및 교육정책연구실장
- 대통령자문정책기획위원회 교육정책평가전문위원
- 국무총리자문교육정보화위원회 전문위원
- 전국국공립대학교교수연합회(국교련) 공동회장
- 국립 한경대학교 교수회장
- (현) 국립 한경대학교 교양교육대학 교수

【주요 저서】

- 교육사회학의 이해(3판, 학지사, 2018)
- 시간의 가장자리(글나무, 2016)
- 지식기반사회와 학교지식(문음사, 2003)
- 한국 교육의 사회학적 이해(공저, 교육과학사, 1998)
- 교육학개론(공저, 하우, 1996)
- 교육사회학연구(공저, 교육과학사, 1990)

제3판
한국의 교육문화사

초판발행 2002년 7월 15일
제2판발행 2013년 1월 31일
제3판발행 2019년 2월 22일
중판발행 2023년 1월 30일

지은이 강창동
펴낸이 노 현

편 집 배근하
기획/마케팅 김한유
표지디자인 김연서
제 작 고철민 · 조영환

펴낸곳 ㈜ 피와이메이트
서울특별시 금천구 가산디지털2로 53 한라시그마밸리 210호(가산동)
등록 2014. 2. 12. 제2018-000080호
전 화 02)733-6771
f a x 02)736-4818
e-mail pys@pybook.co.kr
homepage www.pybook.co.kr
ISBN 979-11-89643-43-0 93370

정 가 19,000원